標準日本史年表

序

日本史年表を発行してから4年になるが，かなり多く利用されるとともに種々の御注文も受けた。その一つは，もう少し詳細のものが欲しいということであった。こういう小冊子で詳細のものを作ることは困難であるが，できるだけのことをしてみたのが本書である。

この年表に入れた事項は，諸種の著書や論文に引用されたり記述されたりしているものをできるだけ多く収録するようにした。また関係事項を多くして，年表を見ながら，時勢の推移を知ることができるように考えた。同じ目的で所々に見出しを入れたり，項目中でもその目的に添う表現をしたりもした。

年表の生命は正確さにあると考えるので，全部とはいわないが，大部分は原典を調査して誤りのないように努めた。また従来の年表にないものも多く加えた。とくに社会生活の欄中に災害や風俗に関するものが多くなったのは，民衆生活を何らかの形で示そうと考えた結果である。

利用者諸賢からさらに御教示を頂いて，より正確な，より便利なものにしたいと考えている。

1955年4月　　　　　　　　　　編　者

吉 川 弘 文 館

図式日本史年表

世紀	前二千年紀	前一千年紀	1	2	3	4	5	6	7	8	9	10	11	12	13	14	15	16	17	18	19	20
年代		1000 … 1	1	100	200	300	400	500	600	700	800	900	1000	1100	1200	1300	1400	1500	1600	1700	1800	1900
時代	原始時代						古					代			中		世		近	世		近代 現代
政治 中心地					小国家群	大和各地		飛	鳥	平城京（奈良）	平安京（京都）				鎌倉	吉野 京都	室町（京都）	安土桃山	江	戸		東京
政治 形態						氏族政治			律令政治			摂関政治		院政	幕府政治 執権政治		幕	府	政治 幕藩体制		藩閥政治	立憲政治
政治 政権（権力）							大伴氏 物部氏	蘇我氏	天		皇	藤原氏		上皇 平氏 源氏	北条氏	足利氏	戦国大名	織田・豊臣	徳	川	氏	天皇 官僚 政党 （民主）
外交									積極外交 遣隋使 遣	渤海使 唐	使	消極外交	日宋私貿易		元寇	天竜寺船 倭	勘合貿易	寇 朱印船貿易 南蛮貿易	鎖 長崎貿易		国	国際外交 国際貿易
経済	採集経済 原始生産 狩漁	原始農耕 猟撈	直播 単純手工業			水田耕作	農		池堤溝	業	田植水田耕作 麦作の奨励	貨幣流通の初め	生	手工業	産 二毛作の初め	座 用水 堤防	家内工業	楽市楽座 水車 魚肥	千歯こき	マニュファクチュア 新田開発	工業生産 化学肥料	資本主義 工場工業 機械化
社会						氏族制 族長と奴隷	屯倉制		班田制 律 貴族と公民		令	荘 貴族と荘民	制	園	制 封 武士と下人	守護領国制	大名領国制	建	大名知行制 郷村制 地主と小作 武士と農民		制	近代私有制 公民 市民 資本家と労働者
文化	旧石器文化	縄文文化	弥生文化			古墳文化			飛鳥文化 白鳳文化	天平文化	弘仁文化 貞観文化	藤原文化			鎌倉文化	室町文化 北山	東山	桃山文化	江戸文化 元禄		化政	近代文化 明治 大正 昭和
文化（続）		縄文土器 土偶	弥生土器 青銅器	鉄器		土師器	須恵器 埴輪 玉 漢字の伝来	医術・薬学の伝来 儒教の伝来 仏教の伝来	貴族仏教 造船技術	古事記 万葉集	密教 かな文字	国風文化	浄土教 末法思想 女流文学 絵巻物	刀剣・甲冑	庶民仏教 大和絵	連歌 漆器	水墨画 宗派神道 能楽	鉄砲伝来 キリシタン 障壁画 築城技術	朱子学 西洋思想 俳諧 歌舞伎	蘭学 国学 浮世絵	心学 文明開化	近代的諸科学 国粋思想 欧化思想
朝鮮			楽浪郡 三韓（馬韓・辰韓・弁韓）		帯方郡	高句麗 百済 新羅 伽耶			新	羅			高		麗		李氏朝鮮					（日本領） 韓国 朝鮮
中国	殷	周 秦 前漢	新 後	漢	魏 呉 蜀 西晋	東晋 五胡十六国	南北朝	隋		唐		五代	北宋	金 南	宋	元	明			清		中華民国 （台湾）中華民国 中華人民共和国
ヨーロッパ		ギリシア	ロ	ー	マ		民族移動		封	サラセン帝国	建	制		十 字	軍	ルネサンス	地理上の発見 宗教改革		絶対主義	自由主義 国民主義	帝国主義	国際主義

日本史重要年表

原始・古代

原始時代

○旧石器文化
○縄文文化
○弥生文化

57　倭国王，後漢に遣使
107　倭国王，後漢に遣使
239　邪馬台国女王卑弥呼，魏に遣使

○古墳文化

350頃　大和朝廷の統一
369　朝鮮半島に進出
413以後　しばしば中国に遣使(倭の五王)

飛鳥時代

538頃　仏教伝来(一説552)
562　伽耶，新羅に滅ぼされる
593　四天王寺造立
593〜622　聖徳太子の摂政
607　遣隋使の初め。法隆寺創建
630　遣唐使の初め
645 (大化 1)大化の改新
663　白村江の戦い
672　壬申の乱。飛鳥京に遷都
694 (朱鳥 8)藤原京に遷都
701 (大宝 1)大宝律令成る

奈良時代

710 (和銅 3)平城京に遷都
712 (〃 5)「古事記」成る
720 (養老 4)「日本書紀」成る
752 (天平勝宝 4)東大寺大仏開眼供養
759 (天平宝字 3)頃「万葉集」成る

平安時代

794 (延暦13)平安京に遷都
805 (〃 24)最澄帰朝し，天台宗を開く
806 (大同 1)空海帰朝し，真言宗を開く
842 (承和 9)承和の変
858 (天安 2)藤原良房，摂政となる
887 (仁和 3)藤原基経，関白となる
894 (寛平 6)遣唐使を廃止
905 (延喜 5)「古今和歌集」成る
927 (延長 5)延喜格式の撰上
939 (天慶 2)天慶の乱
1016 (長和 5)〜27　藤原道長全盛
1019 (寛仁 3)刀伊の賊入寇
1051 (永承 6)前九年の役起る
1053 (天喜 1)平等院鳳凰堂成る
1069 (延久 1)記録荘園券契所設置
1083 (永保 3)後三年の役起る
1086 (応徳 3)院政始まる
1124 (天治 1)中尊寺金色堂成る
1156 (保元 1)保元の乱
1159 (平治 1)平治の乱
1167 (仁安 2)平清盛，太政大臣となる
1175 (安元 1)法然，浄土宗を開く
1185 (文治 1)平氏滅ぶ。守護・地頭を設置
1191 (建久 2)栄西，禅宗を伝える

中世

1192 (建久 3)源頼朝，鎌倉幕府を開く

鎌倉時代

1216 (建保 4)鴨長明死(方丈記)
1219 (承久 1)源氏滅び，北条氏執権
1221 (〃 3)承久の乱
1224 (元仁 1)親鸞，「教行信証」を著す(真宗)
1232 (貞永 1)御成敗式目を制定(貞永式目)
1253 (建長 5)日蓮，法華宗を開く
1274 (文永11)文永の役
1281 (弘安 4)弘安の役
1297 (永仁 5)永仁の徳政令
1317 (文保 1)文保の和談(両皇統迭立)
1331 (元弘 1)元弘の乱起る
1333 (〃 3)鎌倉幕府滅ぶ
1334 (建武 1)建武の中興

室町時代

1338 (暦応 1)足利尊氏，室町幕府を開く
1349 (貞和 5)足利基氏，鎌倉公方となる
1354 (文和 3，正平 9)近江土一揆。北畠親房死
1392 (明徳 3，元中 9)南北朝の合一
1397 (応永 4)足利義満，金閣を造営
1404 (〃 11)勘合貿易の初め
1426 (〃 33)近江坂本の馬借一揆
1431 (永享 3)明兆死
1441 (嘉吉 1)嘉吉の変
1457 (長禄 1)太田道灌，江戸城を築く
1467 (応仁 1)応仁の乱起る
1485 (文明17)山城国一揆起る
1488 (長享 2)加賀一向一揆起る
1489 (延徳 1)足利義政，銀閣を造営
1491 (〃 3)北条早雲，伊豆に拠る
1506 (永正 3)雪舟死
1531 (享禄 4)一向一揆，朝倉氏と戦う
1539 (天文 8)頃山崎宗鑑「新撰犬筑波集」を撰す
1543 (〃 12)種子島に鉄砲伝来
1549 (〃 18)ザビエル，キリスト教を伝える
1555 (弘治 1)川中島の戦い
1560 (永禄 3)桶狭間の戦い
1568 (〃 11)織田信長入京
1573 (天正 1)室町幕府滅ぶ

織豊時代

1582 (天正10)九州の少年使節渡欧。本能寺の変
1585 (〃 13)豊臣秀吉，関白となる
1590 (〃 18)豊臣秀吉の全国統一
1592 (文禄 1)文禄の役
1597 (慶長 2)慶長の役
1600 (慶長 5)関が原の戦い

近世

江戸時代

1603 (慶長 8)徳川家康，江戸幕府を開く
1615 (元和 1)大坂夏の陣
1624 (寛永 1)日光東照宮陽明門成る
1635 (〃 12)参覲交代制の確立
1637 (〃 14)島原の乱
1639 (寛永16)鎖国
1643 (〃 20)田畑永代売買の禁
1649 (慶安 2)慶安御触書
1657 (明暦 3)江戸明暦の大火
1673 (延宝 1)分地制限令
1687 (貞享 4)生類憐みの令
1688 (元禄 1)〜1703　元禄時代
1693 (〃 6)井原西鶴死
1694 (〃 7)松尾芭蕉死。菱川師宣死
1702 (〃 15)赤穂浪士の討入り
1709 (宝永 6)新井白石を登用
1715 (正徳 5)正徳海舶互市新令
1716 (享保 1)享保の改革。尾形光琳死
1721 (〃 6)目安箱設置
1722 (〃 7)上米の制(1730　廃止)
1724 (〃 9)近松門左衛門死
1726 (〃 11)物価取締令
1742 (寛保 2)公事方御定書を定む
1758 (宝暦 8)宝暦事件
1767 (明和 4)明和事件
1772 (安永 1)田沼意次，老中となる
1774 (〃 3)杉田玄白，「解体新書」を刊行
1778 (〃 7)ロシア船，蝦夷地に来航
1783 (天明 3)天明の大飢饉
1787 (〃 7)松平定信,老中となる(寛政の改革)
1790 (寛政 2)寛政異学の禁
1792 (〃 4)林子平，「海国兵談」の筆禍
1798 (〃 10)本居宣長，「古事記伝」を完成
1800 (〃 12)伊能忠敬，蝦夷地を測量
1804 (文化 1)ロシア使節レザノフ，長崎に来航
1808 (〃 5)間宮林蔵，間宮海峡を発見
1815 (〃 12)杉田玄白，「蘭学事始」を著す
1825 (文政 8)外国船打払令を発す
1828 (〃 11)シーボルト事件
1837 (天保 8)大塩平八郎の乱
1839 (〃 10)蛮社の獄
1841 (〃 12)天保の改革
1853 (嘉永 6)アメリカ使節ペリー，浦賀に来航
1854 (安政 1)日米和親条約調印
1858 (〃 5)日米修好通商条約調印
1859 (〃 6)安政の大獄
1860 (万延 1)桜田門外の変
1862 (文久 2)生麦事件
1864 (元治 1)長州征伐
1866 (慶応 2)江戸・大坂に打ちこわし起る
1867 (慶応 3)大政奉還

近代・現代

明治時代

1868 (明治 1)明治維新。五箇条の誓文
1869 (〃 2)版籍奉還
1871 (〃 4)廃藩置県
1873 (〃 6)徴兵令公布。地租改正条例公布
1875 (〃 8)千島・樺太の交換
1877 (明治10)西南の役
1882 (〃 15)日本銀行設立。壬午事変
1884 (〃 17)甲申事変
1885 (〃 18)内閣制度実施。坪内逍遥「小説神髄」
1889 (明治22)大日本帝国憲法発布
1890 (〃 23)第1回帝国議会開く。北里柴三郎，破傷風血清療法の発見
1894 (明治27)〜95　日清戦争
1895 (〃 28)下関条約調印。三国干渉
1897 (〃 30)金本位制確立。志賀潔，赤痢菌を発見
1899 (〃 32)改正条約施行
1900 (〃 33)北清事変
1902 (〃 35)日英同盟成立
1904 (明治37)〜05　日露戦争
1905 (〃 38)ポーツマス条約調印
1906 (〃 39)南満州鉄道株式会社創立
1910 (〃 43)大逆事件起る。韓国併合
1911 (〃 44)野口英世，梅毒スピロヘータ純粋培養に成功

大正時代

1913 (大正 2)憲政擁護運動起る
1914 (大正 3)〜18　第1次世界大戦
1918 (〃 7)シベリア出兵。米騒動
1920 (〃 9)国際連盟加入
1922 (〃 11)ワシントン条約
1923 (大正12)関東大震災
1925 (〃 14)治安維持法・普通選挙法公布

昭和時代

1927 (昭和 2)金融大恐慌起る
1930 (〃 5)金輸出解禁。ロンドン条約
1931 (昭和 6)満州事変。金輸出再禁止
1932 (〃 7)五・一五事件。満州国建国
1933 (〃 8)国際連盟脱退
1936 (〃 11)二・二六事件。日独防共協定締結
1937 (昭和12)日中戦争起る
1938 (〃 13)国家総動員法発令
1939 (〃 14)〜45　第2次世界大戦
1940 (〃 15)日独伊三国軍事同盟
1941 (昭和16)〜45　太平洋戦争
1945 (〃 20)ポツダム宣言受諾。降伏文書調印

(現代)

1945　財閥解体。農地改革。労働組合法公布
1946　日本国憲法公布
1947　六三三制新教育実施
1948　極東国際軍事裁判終る
1949　湯川秀樹，ノーベル賞を受ける
1950　朝鮮戦争起る。警察予備隊設置
1951　サンフランシスコ平和条約調印
1954　MSA協定。自衛隊発足
1955　ガット加入。原子力基本法
1956　日本，国際連合加盟
1957　日ソ通商条約調印
1960　日米新安保条約調印
1962　日中総合貿易覚書調印
1965　日韓基本条約調印
1968　小笠原諸島復帰。川端康成，ノーベル賞受賞
1972　沖縄復帰。日中国交正常化成る
1973　石油ショック
1979　東京サミット
1989　昭和天皇崩御

1945年以後は年号を省略した。

年表〔1〕

年代	時代	社会	文化	世界史 (朝鮮)	世界史 (中国)	世界史 中国・朝鮮	世界史 オリエント・インド	世界史 ヨーロッパ	年代
BC	先史時代 / 石器時代	○**原始社会** 男子は狩猟・漁撈 女子は貝・果実の採集 食物は貝・魚・鳥獣肉・果実類	○旧石器時代 ○先土器文化 （群馬県・長野県・東京都等にて遺跡発見）			約50万年前 旧石器時代，原始人類の出現（直立猿人，北京人類） 約3万年前 現世人類の出現 約1万年前新石器時代に入る 3000頃 黄河流域に新石器文明	4000頃 オリエント青銅文化起る（スメル文明の初め）		BC
3000			○**新石器時代**に入る ○**縄文文化** 貝塚			○彩陶文化 ○黒陶文化	3000頃 インド青銅文化起る。エジプト第一王朝 2750頃 アッカド人，スメル人を征服 2000頃 古バビロニア王国	2000頃 クレタ青銅文化起る	3000
2000	器 / 縄文文化時代	○葬制…屈葬	住居址 竪穴住居 平地住居 縄文式土器（椀・皿・鉢等）		殷 西	1500頃 **殷**の王朝興る ○青銅器。甲骨文字。干支の初め 1200頃 **周（西周）**興る ○青銅器の普及，貨幣流通	1750頃 ハンムラビ王 1580頃 エジプト新王国興る	1600頃 西ヨーロッパ鉄器時代に入る 古	2000
1000	代	**氏族社会**……母系制社会	石器 骨角器 土偶・土版 霊魂崇拝・呪術		周 東	771 東周興る **771～403 春秋時代**	1000頃 インドにカースト制度興る 960頃 ヘブライ王ソロモン 720頃 アッシリアのオリエント統一 **565頃～478頃 シャカ（仏教）**	1200頃 ギリシアにポリス起る 880頃 フェニキア人，ギリシアに文字を伝える 800頃 ギリシア人の地中海進出 **776 第1回オリンピア競技** 753 ローマの建国（伝説） 560～27 ペイシストラトス時代 509 ローマ共和政治始まる **500～479 ペルシア戦争**	1000
500	原史時代 / 弥生式文化時代	○大集落の発生 屈葬から伸展葬へ……甕棺・箱式石棺 **氏族社会**……父系制社会への移行 ○稲作（水稲耕作）の発生 ○登呂遺跡 ○**農業を主とする経済生活**始まる 小国家群時代 ○部族国家の発生	○**大陸文化の影響** 前二・三世紀頃 ○**弥生文化** 弥生式土器 ○天地根元造 前期―遠賀川式 中期―櫛目文等 後期 100頃 金石併用時代に入る（青銅器・鉄器ほぼ同時に伝わる） ○**銅剣・銅鉾**……北九州中心	四郡	周 秦 前漢	**550～479 孔子（儒教）** **403～221 戦国時代** ○合従連衡の策など行わる 221 秦の始皇帝，中国を統一 **202～8AD 前漢** 139? 張騫西域に赴く（西方文化・ぶどう・馬などの輸入） 108 漢の武帝，朝鮮に4郡設置 97 司馬遷の史記成る	525 ペルシアのオリエント統一 **336～323 アレクサンドロス大王** 330 ペルシア滅ぶ 323 インドにマウリア朝興る 273～233 インド，アショーカ王 247～226AD パルティア王国（安息） ○バクトリア国（大夏）	451 ローマ十二表法成る 444～429 ペリクレス時代 264～146 ポエニ戦争 202 ザマの戦い（ハンニバル敗れる） 146 カルタゴ滅ぶ 44 カエサル（シーザー）死 ローマ帝国 27BC～14AD アウグストゥス（初代ローマ皇帝） 4? キリスト生れる	500
AD 1 一世紀	金石併用時代	○倭国，百余国に分立 ○部族国家の成立 ○身分階級の発生 歴史中国王朝との通交 57 **倭奴国王，後漢に遣使，光武帝の印綬を受く**（漢委奴国王金印）	○**銅鐸**……近畿中心 ○**袈裟襷文銅鐸** ○氏族神崇拝 ○巫（みこ） ○高床式住居	韓	新 後	8 前漢滅亡，王莽，新皇帝と称す 23 王莽敗死し，新滅ぶ **25～220 後漢** 25～57 後漢光武帝	45 インドにクシャナ朝興る	**30? キリスト処刑される** 40～60 パウロの伝道活動 64 皇帝ネロ，キリスト教徒を迫害 96～180 五賢帝時代	AD 1 一世紀
100 二世紀		○二世紀中頃，倭国に内戦起る 189? **卑弥呼，倭女王となる** 107 **倭国王師升等，後漢に遣使**		三韓（弁韓・辰韓・馬韓） 高句麗 楽浪・帯方	漢	67 仏教，中国に伝わる（一説2BC） 105? 蔡倫，紙を発明 166 ローマ皇帝マルクス＝アウレリウス（大秦王安敦）の使者，中国に至る 184 黄巾（道教徒）の乱起る	○**ガンダーラ美術**， 140～170 クシャナ朝のカニシカ王（仏教を保護）	98～117 皇帝トラヤヌス（帝国の領土最大となる） ○この頃，新約聖書成る 161～180 皇帝マルクス＝アウレリウス＝アントニヌス 193～284 ローマ帝国，軍人皇帝時代 代	100 二世紀
200 三世紀	歴史時代 / 古墳文化時代	247 倭女王卑弥呼，狗奴国王卑弥弓呼と争う 238 魏，帯方郡を支配 239 **倭女王卑弥呼，帯方郡に遣使。**また魏都に至る。魏の明帝，卑弥呼を親魏倭王に封じ金印紫綬を授く 243 卑弥呼，魏王に物を贈る 245 魏の斉王，倭国使に物を賜う 266 倭女王壱与，晋に遣使（以後147年間中国との国交断絶?）	古墳文化 三世紀頃に，古墳文化起る ○鏡・玉・装身具 ○伝承文学・口碑歌謡の発生 ○農耕神崇拝		三国（魏呉蜀） 西晋	205? 朝鮮に帯方郡設置 208 赤壁の戦い 220～280 中国，三国時代 234 諸葛亮（181～，孔明） 265 晋王司馬炎，帝を称す（西晋～316） 280 晋，中国を統一 300～306 八王の乱	226 パルティア滅ぶ **226 ササン朝ペルシア興る** ○ゾロアスター教，ペルシアの国教となる ○マニ教の成立 ○クシャナ朝分裂	215 ローマ帝国全自由民に市民権賦与 ○帝国内の平等化 250～305 キリスト教徒全般に対する大迫害つづく ○ローマの政治的・経済的不安 313 ミラノの勅令（キリスト教の布教を許す）	200 三世紀
300 四世紀	（古代）	313 高句麗，楽浪・帯方二郡を滅ぼし，その地を併合	○神明造（神社建築）		東晋	313 楽浪・帯方2郡滅ぶ 317～420 東晋 343 高句麗，国内城に奠都	320～520頃 インド，グプタ朝	**330 コンスタンチノープル奠都**	300 四世紀

赤字名詞は国宝を示す

★朝鮮四郡 真番・臨屯・楽浪・玄菟

年表〔2〕

参考資料　古事記・日本書紀・後漢書・魏志・宋書・好太王碑文

年代	時代	天皇	政治	外交	社会経済	文化	世界史 東洋 朝鮮	世界史 東洋 中国	世界史 東洋	世界史 西洋	世界史	年代
四世紀	歴史時代	応神	国家の統一 ○中央政治 大臣・大連・伴造 ○地方政治 国造・県主・稲置	南朝鮮の経営 367　百済の使者来る 369　倭軍出兵，百済と通交，半島南部を勢力下におく 391　倭軍出兵，百済・新羅を破る(好太王碑) 397　百済，太子を倭に質とする 400　高句麗軍南下，伽耶を攻撃	部族社会 ○**氏姓国家**—氏族社会の発展 ○各氏族には部・奴婢が隷属	古墳文化 ○石上神宮七支刀 ○刀剣・甲冑・勾玉・土師器 ○祝詞　○語部の存在 ○叙事詩の伝統 ○**前方後円墳の盛行**	356 新羅 346 百済 高句麗	東晋	分裂より統一へ 364　百済，倭に遣使を図る 371　百済，漢城に奠都 383　淝水の戦い 391～412　高句麗好太王(広開土王) 398　北魏の建国　○**五胡活躍** 400　好太王の軍，長駆南下	民族の大移動 374　フン族，ゴート族に迫る 375　**ゲルマニア民族の大移動始まる** 380　サンピエトロ大寺成る 395　ローマ帝国，東西に分裂		四世紀
400												400
五世紀	古	仁徳 履中 反正 允恭 安康 雄略 清寧 顕宗 仁賢	438　倭王讃(仁徳?)死，弟珍(反正?)立つ 462　倭王済(允恭?)死，子興(安康?)立つ ○倭王武(雄略?) 487　紀生磐，百済に反乱	404　倭軍，帯方郡の故地に出兵，高句麗軍と戦う 中国通交の復活 413　倭国，晋に朝貢 421　讃，宋の武帝より除授 425　司馬曹達，宋に遣使 430　宋に朝貢 438　珍，宋に朝貢，安東将軍の号を得る 443　済，宋に遣使 460?　興，宋に遣使 462　興，宋に遣使 478　武，宋に遣使(註) 479　斉の高帝，倭国王を鎮東大将軍とする	○労役と調賦の初め ○頭髪 男子はみずら。女子は長く垂らす ○灌漑農業行われる ○交換経済の萌芽 軽市 餌香市	○**大陸文化の伝来(儒教・易・暦・医・天文・機織)** ○応神天皇陵　○埴輪 ○神社建築——大社造り ○仁徳天皇陵 ○横穴式石室 ○養蚕の導入 須恵器・馬具・金銀細工 ○宮廷工芸起る ○稲荷山古墳出土鉄剣，船山古墳出土太刀 503　隅田八幡宮人物画像鏡	伽耶諸国(任那) 新羅 百済 高句麗	宋(南朝) 北魏(北朝) 斉	399～416　法顕のインド旅行(仏国記) 420～479　宋 427　高句麗，平壌に遷都 439　北魏，江北を統一。天下二分して南北朝となる ○中央アジアにエフタル興る 462　雲岡の石窟掘り始め ○**道教の成立** 475　高句麗軍，百済に侵入，百済，熊津に遷都 479　宋滅び，斉興る(～502) 485　北魏，均田制を施行 493　竜門の石窟掘り始め	410　西ゴート族，ローマ侵入 415　西ゴート族の王国建設(首府トロサ。後イスパニアに移る) 429　ヴァンダル王国建設 449　アングロ・サクソン族のブリタニア侵入始まる 476　西ローマ帝国滅ぶ 486　**フランク王国の建設**(メロヴィング朝) 493　東ゴート族，イタリアに建国(首府ラヴェンナ)	中	五世紀
500												500
六世紀	代 (飛	武烈 継体 安閑 宣化 —531— 欽明(きんめい) —571— 敏達 用明 崇峻 —592—	527　筑紫国造磐井の反乱 538　**百済の聖王，仏像及び経論を献じる(一説552)** 古代国家の創始 587　蘇我氏，物部氏(守屋)を滅ぼす 592　蘇我馬子，崇峻天皇を謀殺 593　**聖徳太子，摂政となる** 594　仏教興隆の詔	朝鮮利権の失墜 502　梁の武帝，倭王を征東大将軍とする 512　百済に伽耶の四県を与える(大伴金村) 513　百済に己汶・帯沙を与える 532　伽耶の金官国，新羅に降る 554　百済の聖王，新羅と戦い戦死。内臣(佐伯連)，百済救援に出兵 562　伽耶，新羅に滅ぼされる 隋との交通 600　隋に使を出す	氏姓社会の完成 ○氏族集団より村落集団へ ○家屋建築 切妻造り 四注造り 土地私有の発生 ○朝廷領 御県・屯倉	仏教の伝来 飛鳥文化 513　百済，五経博士を献じる 522　司馬達等帰化，仏像崇拝 538　**仏教伝来**(一説552) 550年代　百済より医・易・暦など伝来 577　百済より経論・律師・禅師・仏工・寺工渡来 585　物部守屋等，仏寺・仏像を焼き棄てる 588　法興寺着工(～96) 593　**難波四天王寺創建** 595　高句麗僧恵慈来朝	(伽耶 —562) 新羅 百済 高句麗	梁 東魏　西魏 北斉　北周 陳	520頃　インド，グプタ朝滅亡 523～554　百済の聖王(聖明王) 528　新羅，初めて仏教を行う 538　百済，扶余(泗沘)遷都 550　北斉興る。インドにカルキヤ朝興る 562　新羅，伽耶を滅ぼす 574　北周の武帝，仏教を圧迫 581　北周倒れ，隋興る 589　**隋，中国を統一** 592　隋，均田制施行	○フランク，サリカ法典成る 527～65　**東ローマ皇帝ユスティニアヌス大帝** 529　ユスティニアヌス法典成る ベネディクト教団成立 534　ヴァンダル王国滅ぶ 553　東ゴート王国滅ぶ 568　北イタリアにランゴバルド王国興る ○ササン朝ペルシア全盛時代(531～79　コスロー1世)		六世紀
600												600
七世紀	鳥 時 代)	推古(すいこ) —628— 舒明(じょめい) —641— 皇極(こうぎょく) 645	603　冠位十二階を制定 604　憲法十七条を制定。初めて暦日を用いる 607　敬神の詔。国ごとに屯倉を置く 616　掖玖人帰化 618　安芸国に船を作らせる 622　**聖徳太子逝去**(49) 626　蘇我馬子死，子蝦夷大臣(おおおみ)となる 642　蘇我入鹿執政，勢をふるう 643　蘇我入鹿，山背大兄王及びその一族を滅ぼす 645　**蘇我氏滅ぶ。大化の改新始まる**	607　**小野妹子を隋に遣わす** 608　隋使裴世清，妹子を伴い来朝。妹子再び入隋 609　小野妹子帰朝 614　犬上御田鍬を隋に派遣 615　犬上御田鍬帰朝 (618　隋滅ぶ) 621　新羅初めて朝貢 唐との交通 630　**犬上御田鍬を唐に派遣(遣唐使の初め)** 632　唐使高表仁，御田鍬を伴い来朝 640　高向玄理・南淵請安帰朝	○皇族領 御子代・御名代 ○氏上の私領 田荘 ○貴族と貧民との生活程度の差ははなはだしくなる ○豪族による大土木事業起る 642　地震多し	602　百済僧観勒暦本を献じる 603　蜂丘寺(広隆寺)創建。同寺弥勒菩薩像 607　**法隆寺創建**。同寺丁卯年銘薬師如来像 ○玉虫厨子 610　高句麗僧曇徴帰化，紙・墨を作る 611～15　三経義疏(聖徳太子) 612　百済，伎楽舞を伝える 620　天皇記・国記等の撰 622?　天寿国繡帳 623　法隆寺金堂釈迦三尊像(鞍作止利) ○法隆寺百済観音像 628　法隆寺戊子年銘釈迦三尊像。日蝕，記録に初見 634　彗星，記録に初見 634?　法隆寺夢殿観音像 638　法起寺金堂 641　浄土寺(山田寺)起工 642　百済大寺(大安寺)造営 643　浄土寺金堂 645　天皇記・国記を焼失	新羅 百済 高句麗 (三国)	隋 唐	604～17　隋の煬帝 605　隋，大運河の起工 607～647　インド，ハルシャ＝ヴァルダーナ王(戒日王) 610?　インド，アジャンター窟院の起工 612～14　隋の煬帝，高句麗に出兵失敗 618　**隋滅び，唐興る**(～907) 624　唐，官制・律令・税制を定め，均田制を布く 626～49　唐の太宗(貞観の治) 633～45　**玄奘三蔵のインド旅行**(大唐西域記) 637　唐の太宗，律令を制定 638　虞世南(558～) 641　欧陽詢(557～) 642　百済，新羅の諸城を攻略 644　太宗，高句麗を親征(失敗)	○イギリス，七王国時代始まる 604　ランゴバルド法典編集 610　マホメットの**イスラム教**成立 616　ササン朝のエジプト遠征 サラセン帝国の興隆 622　ムハンマド，メッカよりメディナへ逃れる(**ヒジュラ，イスラム暦元年**) 632　ムハンマド(571～) 641　ニハーヴァンドの戦い 642　**ササン朝ペルシア滅ぶ** 644　サラセン帝国カリフ，オトマン即位(～656)	世	七世紀

注　この時倭王武，使持節都督倭新羅任那加羅秦韓慕韓六国諸軍事安東大将軍の号を得る　　赤字名詞は国宝を示す

年表〔3〕

参考資料　日本書紀・続日本紀・令義解・令集解・正倉院文書

年代	時代	天皇	政治	政治（辺境の開拓）	外交（朝鮮半島の放棄）	外交（遣唐使）	経済（新政による経済政策）	経済（貨幣制の創設）	社会生活（社会制度の改革）	社会生活（僧侶の社会事業）
七世紀	古代 白鳳時代	645 孝徳 —654— —655— 斉明 —661— 天智 —671— 弘文 —672— 天武 —686— 持統 —697—	**大化の改新** **645（大化 1）大化の改新始まる**。初めて左右大臣・内臣・国博士を置く。初めて年号を立つ。難波長柄豊碕宮に遷都 646（〃 2）**改新の詔**。百官を定める 650（白雉 1）穴戸国白雉を献上，改元 658 有間皇子（孝徳天皇皇子）の変，殺される 667 近江大津京に遷都 669 **藤原鎌足**（56，一説50） **律令制国家の開始** 671 近江令を頒つ 672 **壬申の乱**。飛鳥浄御原宮に遷都 681 浄御原令の撰修始まる。氏上を定める 683 諸国の境界を定める。684 **八色の姓制定** 689 **飛鳥浄御原令22巻を頒つ** 690 初めて元嘉暦と儀鳳暦を並び行う 694 初めて巡察使を置く。**藤原京に遷都** 697 先帝に太上天皇の称を上る（上皇の初め）	647 渟足柵を設ける 648 磐舟柵を設ける 655 蝦夷・隼人内属 657 吐火羅人来朝 658 **阿倍比羅夫，蝦夷を討つ** 660 阿倍比羅夫，粛慎を討つ 664 筑紫に水城を作る。明年大野・椽二城を築く 665 耽羅人来朝 682 **多禰島服属** 698 西南諸島に巡察使を遣わす 699 多禰・夜久・菴美等の島人来朝	646 高向玄理を新羅に遣わす 647 新羅，金春秋を質とする 651 新羅使の唐服着用を責める 660 百済，唐・新羅に破られ，救いを求める 662 阿曇比羅夫を百済に遣わす 663 **白村江の戦い**（日本軍唐軍に敗れる。日本，半島の利権を放棄する） **対新羅関係の冷却化** 676 新羅王子等入貢する 689 新羅使の無礼を責める 695 小野毛野を新羅に遣わす	第1回遣唐使＝630 653 大使吉士長丹・高田根麻呂出発，僧道昭等随行（根麻呂遭難する） 654 押使**高向玄理**等，唐に至る（玄理，唐に客死） 659 坂合部石布出発 665 送使守大石出発 667 伊吉博徳発遣 669 河内鯨発遣	646 改新の詔（公地公民の宣言）。市司・要路・津港等の調賦を廃する。薄葬を命じる 647 駅伝の制 652 **班田収授法施行**（班田終るという） 668 近江に牧を置き馬を放つ。越国，燃土と燃水（石油）を献上 674 対馬，銀を献上（国内産銀の初め） 676 諸氏に賜う部曲と親王諸臣諸寺に賜う山林を廃する 691 伊予，銀を献上 693 詔して桑・梨・栗・青菜・苧等を植えさせる 698 因幡・周防，銅鉱を献上	684 銅銭及び銀銭を用いる 694 初めて鋳銭司を任じる	645 戸籍を作らせる。奴婢の法を定める 652 戸籍を作り里・五保の制を定める 664 西国に**防人**を置く **670～71 庚午年籍成る** 673 人材登用の詔。美濃不破関設置 679 逢坂関設置 682 男女ともに結髪させる 684 **八色の姓を制定** 〃 四国大地震 689 双六を禁ず 691 奴婢・陵戸の制を定める	646 道登，山城宇治橋を造る ○道昭の社会事業（造船・架橋等）
700 八世紀	奈良時代	文武 —707— 元明 —715— 元正 —724— 聖武 —749—	**701（大宝 1）大宝律令成る**（翌年頒つ） 704（慶雲 1）諸国に国印を造らせる 708（和銅 1）武蔵国，和銅献上，改元 **710（和銅 3）平城京（奈良）に遷都** 715（霊亀 1）左京の人霊亀献上，改元 **718（養老 2）養老律令成る**（藤原不比等） 719（〃 3）初めて按察使を置く 720（〃 4）藤原不比等（62） 723（〃 7）左京の人白亀を献上，翌年神亀と改元 **仏教国家の出現** 729（天平 1）左大臣長屋王（天武皇孫）の事件。光明子（藤原不比等女）皇后冊立 731（〃 3）主典以上の選挙により，藤原宇合等，参議となる 740（〃 12）藤原広嗣の乱 741（〃 13）山背恭仁（くに）京に遷都 744（〃 16）難波京に遷都（翌年平城に復す） 745（〃 17）僧玄昉左遷	708 出羽郡をたてる 709 巨勢麻呂・佐伯石湯，蝦夷を討つ 712 出羽国を置く 713 丹後・美作・大隅国を置く 719 渡島蝦夷入貢 720 大伴旅人，隼人を討つ 724 藤原宇合，蝦夷を討つ。多賀城を築く 733 出羽の柵を秋田村に遷す 742 大宰府廃止 745 大宰府復活	703 波多広足を新羅に遣わす 704 幡文通を新羅に遣わす 712 道首名を遣新羅大使とする 719 新羅，騾馬を献じる 732 新羅，鸚鵡等を献じる。その請願により，貢使を3年1度とする 738，742 新羅使を放還 743 新羅使の無礼を責め放還 **渤海との交通** 727 **渤海使出羽に来り，ついで入京** 728 引田虫麿に渤海使を送らせる 730 虫麿帰朝 739 渤海使来朝 740 大伴犬養を遣渤海使とする	702 執節使粟田真人・大使高橋笠間出発 704 粟田真人帰朝 717 押使多治比県守・大使大伴山守出発，阿倍仲麻呂・吉備真備・僧玄昉等留学（県守翌年帰朝） 732 初めて造客館司を置く 733 大使多治比広成出発 735 広成・**吉備真備・僧玄昉**等帰朝	702 初めて度量を分つ 木曽の山道を開く **土地私有の再現** 706 諸臣の食封を定む。諸臣の山沢占有を禁じる 710 守山戸を置き伐木を禁じる 713 諸寺の占有していた田野を還収する 722 百万町歩開墾計画。備荒麦を植えさせる **723 三世一身法を定める** ○この頃，薩摩・大隅は未だ班田せず 729 国司の私墾田は転任の際公収とする **743 墾田永世私財法** 746 寺院の墾田買収を制限する 749 私稲の**出挙**を禁ず。諸大寺への墾田寄進を	**708（和銅 1）** 銀銭及び銅銭を鋳造 **（和同開珎）** 711 蓄銭叙位令を下し，私鋳銭を禁じる 721 銀銭1を銅銭25に当てる 722 銀銭1を銅銭50に当てる 749 陸奥小田郡より黄金を献じる	701 蝗害17カ国また風害あり 703～5 連年凶作のため減税 713 乳牛飼育 719 **百姓に右襟を命じる** 721 凶作，減税 724 高官の家屋に瓦をふき丹塗を許す。端午の馬射節。諸国大地震 734 朱雀門外の歌垣。七夕の賦詩 735 豌豆瘡流行死者多し 741 牛馬を殺すことを禁じる 748 諸国の田租を免じる	○**行基の社会事業，諸国を行脚** 723 **興福寺に施薬院・悲田院を建てる** 726 行基，山崎橋を造る 730 皇后宮職に施薬院を置く
750 紀	代（天平時代）	孝謙 —758— 淳仁 —764— 称徳 —770— 光仁 —781— 桓武	**752（天平勝宝4）東大寺大仏開眼供養** 756（〃 8）聖武法皇崩御（56），遺品を東大寺等に収蔵（正倉院御物） 757（天平宝字1）橘諸兄（74）。参議橘奈良麻呂（諸兄男）の事件。**養老律令実施** 762（〃 6）孝謙上皇親裁 763（〃 7）儀鳳暦を廃し大衍暦を行う 764（〃 8）大師（太政大臣）恵美押勝の叛 765（天平神護1）**道鏡太政大臣禅師となる** 766（〃 2）道鏡法王となる 769（神護景雲3）和気清麻呂を，宇佐八幡宮に遣わす。清麻呂を大隅に配流 **弊政刷新への動き** 770（宝亀 1）道鏡を配流，清麻呂を召還 779（〃 10）藤原百川（48） 780（〃 11）官吏を減員，政治刷新を計る 784（延暦 3）山背（山城）長岡京に遷都 **794（延暦13）平安京に遷都**	756 筑前怡土（いと）城起工 758 大宰府をして唐の大乱に備えさせる 陸奥桃生城・出羽雄勝柵を築く 759 出羽に雄勝・平鹿二郡を建てる 767 桃生城・伊治城（陸奥）成る 768 **怡土城成る** 774 大伴駿河麻呂，蝦夷を討つ 780 陸奥覚鱉城成る 〃 陸奥出羽の俘囚伊治呰麿の反乱 789 蝦夷征討軍敗れて帰る	752 新羅の王子・調貢使来る 759 **新羅征討の議起る** 760 新羅使を放還 763 新羅使を放還 764 新羅征討の議を中止 770 新羅使，藤原清河・阿倍仲麿の書をもたらす 774 新羅使の無礼を責め放還 780 新羅使の朝貢を受ける （渤海との交通） 753 渤海使入朝 759 渤海使入朝 760 渤海使入朝 761 渤海に遣使 763 渤海使入朝 772 渤海使入朝 773 渤海使を放還 777 渤海使入貢 779 渤海使入貢 792 渤海使の入貢年次を定める	752 大使藤原清河，副使大伴古麻呂・吉備真備出発 753 大伴古麻呂，唐にて席を新羅の上とする 759 高元度，前大使藤原清河を迎えるため出発（安禄山の乱により果せず，779 清河は客死） 762 遣唐使を任命，発遣を中止 777 副使小野石根出発（帰途難船し石根等死亡） 779 唐使来朝	制限。この頃，諸大寺の荘園激増する 757 **諸臣に功田を賜う** 762 河内狭山池を修造 764 大和・河内・山城等に池を造らせる 765 一切の墾田の私有を禁ずる（寺院を除く） ○この頃，国司の遥任・遥授の風起る 772 再び墾田の私有許可 773 穀価騰貴のため常平法を定める 774 諸国に溝池を造る 776 検税使を諸国に派遣 781 学田を不輸租田とする 783 諸寺の田地買収の禁 784 **王臣諸寺の山林数沢を兼併するを禁じる** 785 国司の正税私有の禁	760 万年通宝（銅），太平元宝（銀），開基勝宝（金）新鋳 765 神功開宝新鋳	758 勤倹・礼節の美俗を令す 759 **諸国に常平倉を置く** 761～62 凶作，餓死者多し ○**食器の美化** ○**飲食物の改良** 765 京畿内の踏歌を禁じる 772 下野の民，課役を免がれるため陸奥に逃れる 775 天長節の初め **兵農分離の初め** 780 百姓より徴兵し，練達の者に武を習わせる 792 **軍団を廃し健児**（こんでい）**を置く**	759 普照，道路に植樹を計画 761 東大寺の薬物を病人に施す

★皇朝十二銭　和銅開珎・万年通宝・神功開宝・隆平永宝・富寿神宝・承和昌宝・長年大宝・饒益神宝・貞観永宝・寛平大宝・延喜通宝・乾元大宝

文化						世界史					年代
一般	文学	仏教	美術		動向	東洋			西洋		
新文化の進展	歴史編集の初め	国家仏教の興隆	官営仏寺の建立	仏像彫刻の隆盛		朝鮮	中国	唐帝国の発展	サラセンの隆昌		
645 高向玄理・僧旻，国博士となる 653 僧旻(?) 658 僧智踰，指南車を作る 660 **中大兄皇子漏刻(水時計)を造る** 671 漏刻により鐘鼓を打って時刻報知を始める 675 占星台設置 685 伊勢神宮式年遷宮の初め 692 僧観成鉛粉(おしろい)を作る	645 蘇我氏の兵変により，天皇紀・国紀焼失 668 船王後墓誌 ○額田王(万葉歌人，天武天皇妃) 677 小野毛人墓誌 681 帝紀・旧辞の撰修 682 境部石積等に新字(にいな)を作らせる 691 諸氏に纂記を作らせる 692 神祇官，神宝書4巻を進上 (697 続日本紀「宣命」の初め……宣命62編) 700 那須国造碑	645 **仏教興隆の詔** 657 維摩会の初め 658 智通・智達渡唐し玄奘に学ぶ 659 京内諸寺に盂蘭盆経を講じさせる 673 初めて一切経を川原寺に写す 675 諸方より一切経を収集 680 初めて金光明経を講じる 685 家ごとに仏像を礼拝させる 686 金剛場陀羅尼経(現存最古写経) 692 大宰府に命じて大隅・阿多に仏教を伝え仏像を送る	655 大和川原寺(弘福寺)創建 668 近江崇福寺創建，宝鐸を掘り出す 669 藤原鎌足，山城山階寺創建 670 法隆寺炎上 673 百済大寺を高市に移して再建し，大官大寺と改める 680 天武天皇，皇后の発病により薬師寺の造立を発願 685 大和法起寺三重塔 686 近江三井寺(**園城寺**)創建 698 **薬師寺**の造立終る〔薬師寺式伽藍配置〕	649 兵庫一乗寺観音菩薩像 650 漢山口大口，詔により千仏像を刻む(法隆寺金堂四天王像はその1つ) 651? 法隆寺辛亥年銘銅観音像 ○**法隆寺宝蔵六観音像** 654? 御物甲寅年銘金銅釈迦像飛天舟形光背 658 戊午年銘弥陀像光背 666 野中寺丙寅年銘弥勒菩薩像 666? **法隆寺丙寅年銘金銅半跏思惟像** 678～85 浄土寺(山田寺)丈六仏像 681 当麻寺金堂弥勒仏像 685 興福寺仏頭 692 出雲鰐淵寺壬辰年銘観音像 697 薬師寺の仏像開眼 698 妙心寺銅鐘。長谷寺銅版法華説相図(押出物，一説686)	白鳳時代文化	三国時代	唐	649 新羅初めて唐服採用 650 サラセン，唐と通商開始 663 百済滅ぶ 668 高句麗滅ぶ **671～95 義浄のインド旅行**(南海寄帰内法伝) 674 唐，新羅を討つ **676 新羅の朝鮮半島統一始まる** 唐風文化の爛熟 690～704 唐の則天武后，実権を握る 696 唐軍，吐蕃を破る 698 渤海の建国	642 ササン朝ペルシアの滅亡 644～59 カリフ・オトマンの治世 **661～750 ウマイヤ朝(サラセン帝国確立)** 673～77 サラセン軍コンスタンティノープル包囲 678 ピピン，フランクの実権を握る 695 東ローマ，サラセンと戦う 700 サラセン人，大西洋岸に達する	中	七世紀 700
701 釈奠の初め 728 文章博士1名を置く 731 宸翰雑集(聖武天皇) 734 相撲節会の初め 735 吉備真備，大衍暦を献上 738 諸国に国郡図を造らせる 744 楽毅論(光明皇后)	701 大学・国学を置く 707 正倉院王勃詩序。威奈大村骨蔵器。文禰麻呂(書根麻呂)墓誌 712 **古事記**(太安万呂) 713 **風土記**撰上の詔 714 国史撰上の詔。播磨風土記成る 720 **日本書紀**(舎人親王) 723 太安万呂(?) 729 小治田安万侶墓誌 和歌・漢詩の隆運 731 大伴旅人(67) 733 出雲風土記成る 733? 山上憶良(74?) 734 七夕賦詩の初め 735 舎人親王(60) ○**柿本人麻呂** 750 石上乙麻呂(?)	700 道昭(72,法相宗) 710 僧知海，一切経の書写発願 717 百姓のみだりに僧尼となるを禁ず 722 僧綱の怠慢を戒め弊風をただす 728 金光明経10巻を諸国宛に頒つ。義淵(?，法相宗) 733 盂蘭盆会の初め 736 インド僧等来朝 737 諸国に造仏・写経を命じる 741 千手千眼陀羅尼経残巻 744 道慈(70余，大安寺造営者) 746 玄昉(?) 749 **行基**(82)。**天皇「三宝の奴」と称す**	703 南法華寺(壺坂寺)創建 708? この頃法隆寺再建(金堂その他) 710 山階寺を奈良に移し**興福寺**と改称 715 越前気比神宮寺創建 718 **薬師寺**を奈良に移す(**三重塔＝白鳳遺構**)。法隆寺西円堂 723 僧満誓をして筑紫観世音寺を造らせる(746成る) 726 興福寺東金堂 727 大和長谷寺造立 729 正倉院白銅柄香炉箱銘 730 薬師寺東塔。興福寺五重塔 733 奈良羂索院建立 734 興福寺西金堂 739 法隆寺夢殿，同伝法堂(天平住宅の遺構) 741 国分寺を造らせる(一説738) 742 大官大寺再建〔大安寺式伽藍配置〕 745 **東大寺起工**〔東大寺式伽藍配置〕 〃 大官大寺を大安寺と改称 748? **東大寺三月堂(法華堂)**	701 大宝令に画工司を置く 711 法隆寺五重塔塑像及び中門仁王(頭部) ○この頃，**法隆寺金堂壁画** ○**薬師寺東院堂聖観音像** 715 栗原寺三重塔伏鉢 718? 薬師寺金堂薬師三尊像 727 興福寺銅梵鐘 734 興福寺十大弟子・八部衆像 737 疫病流行により国ごとに丈六釈迦三尊像を造らせる ○天平絵因果経 ○**法隆寺橘夫人厨子及び同阿弥陀三尊像** 747～49 東大寺大仏の鋳造(大仏師国中公麻呂) 748? 東大寺三月堂不空羂索観音・梵天・帝釈・四天王・仁王像 749 聖武天皇勅書	天平時代	新	渤	712～56 **唐玄宗皇帝(開元の治)** 721 劉知幾死(史通) 722 唐，傭兵制採用(兵農の分離) 727 渤海使初めて日本に通交 735 新羅の朝鮮半島統一成る 742 慶州石窟庵建立 745 ウイグル，突厥の地を併合	711 **サラセン人，西ゴート王国を滅ぼし(ヘレスの戦い)**イスパニア支配 714～41 フランク宮宰カール・マルテル 726 **東ローマ皇帝レオ3世の偶像禁止令** 732 **トゥール・ポワティエの戦い(フランク，サラセン軍を撃退)** 750～1258 アッバス朝(首府バグダード)		八世紀 750
752 仏足石記・仏足石碑成る 757 家毎に孝経を蔵させる 768? この頃，春日神社創建 ○この頃石上宅嗣，芸亭(うんてい)建設(図書館の起り) 792 学徒に漢音を習熟させる	751 **懐風藻**成る 759 **万葉集**(集中作品年の最も新しいものこの年) 762 多賀城碑。石川年足墓誌 770 阿倍仲麻呂，唐に客死(70)。威奈大村骨蔵器 772 歌経標式(藤原浜成) 775 吉備真備(81) 780 西大寺資財帳 781 石上宅嗣(53) 785 淡海三船(64) 〃 **大伴家持**(68?) 789? 高橋氏文 794 続日本紀撰修始まる	751 天竺僧菩提仙那を僧正とする 754 唐僧鑑真来朝し律宗を伝える 760 道璿(59,華厳宗) 763 **鑑真**(76) 766 仏像を伊勢神宮に造る 770 **百万塔成る(陀羅尼経は現存世界最古の印刷物)** 773 **良弁(85，華厳宗東大寺開山)** 779 唐大和上東征伝(淡海三船)	754? **正倉院鳥毛立女屏風** 755 東大寺に戒壇を建つ 756 **正倉院御物**の初め(この頃東大寺正倉院成る＝校倉(あぜくら)造り) 759 **唐招提寺**(金堂)創建(**鑑真**) 761 下野薬師寺・筑紫観世音寺に戒壇を建てる 763 当麻寺当麻曼荼羅 765 大和西大寺建立 765? 栄山寺八角堂 770 紀伊粉河寺創建 ○大和秋篠寺本堂 782 **室生寺建立**(金堂・五重塔は貞観遺構) 783 京畿に仏寺の私営を禁じる 788 最澄，比叡山**延暦寺**を創建 789 造東大寺司を廃す	752 **東大寺大仏開眼供養**(当時のものは連弁毛彫のみ現存) ○東大寺誕生釈迦仏及び灌仏盤 759 唐招提寺金堂薬師如来像 762 西大寺金光明最勝王経 763? 鑑真和上像 764? 唐招提寺金堂盧舎那仏像 765 西大寺金堂四天王踏鬼 766? **新薬師寺十二神将像** 771 東大寺大仏光背 774 国中公麻呂(?) ○東大寺三月堂執金剛神像 791 興福寺四天王像(大安寺旧蔵) 793 新薬師寺薬師像〔一木彫〕	文化	羅	海	751 唐の高仙芝，タラス河畔にサラセン軍と戦って敗れる 755～63 **安禄山の乱** 756? 渤海，上京竜泉府に遷都 759 **王維**(699～) 762 **李白**(701～) 763 吐蕃，長安に入寇 764 唐，青苗銭を行う 770 **杜甫**(712～) 780 **唐，両税法を行う** 781 **景教流行中国碑建設** 784 **顔真卿**(708～)	751～987 フランク，カロリンガ朝 754 ピピンの寄進(ローマ教皇領の初め) 756 **サラセン帝国東西に分裂**(イスパニアの後ウマイヤ朝756～1031(首府コルドバ)西カリフ国建つ) 762 東カリフの首都バグダード建設 768～814 フランク王，**カール大帝** 774 カール，ランゴバルドを滅ぼし，イタリア王を兼ねる 786～809 **サラセンの，ハルン・アル・ラシッド時代(黄金時代)**	世	紀

★**奈良(南都)六宗** 三論・成実・法相・華厳・倶舎・律　★**奈良七大寺** 元興・大安・興福・西大・薬師・東大・法隆の各寺　★**四天王** 持国天(東)・増長天(南)・広目天(西)・多聞天(北)

参考資料　日本後紀・続日本後紀・文徳実録・三代実録・日本紀略・類聚三代格・弘仁式・延喜式・類聚国史・政事要略

年代：八世紀（800）・九世紀（850・900）・十世紀
時代：古代　平安時代　初期

天皇：781 桓武（かんむ）―806― 平城（へいぜい）―809― 嵯峨（さが）―823― 淳和（じゅんな）―833― 仁明（にんみょう）―850― 文徳（もんとく）―858― 清和（せいわ）―876― 陽成（ようぜい）―884― 光孝（こうこう）―887― 宇多（うだ）―897― 醍醐（だいご）―930― 朱雀（すざく）946

政治

律令政治の中興

794（延暦13）平安京に奠都
797（〃 16）勘解由使(かげゆし)を置く(806廃す)。刪定令格を公布
799（〃 18）和気広虫(70)。和気清麻呂(67)
807（大同 2）参議をやめ観察使を置く(～810)。十五条の憲法を下す。近衛府を置く
810（弘仁 1）**初めて蔵人所を置く**。藤原薬子の乱
811（〃 2）六衛府の制成る。坂上田村麻呂(54)
814（〃 5）源氏賜姓の初め(嵯峨源氏)

律令制の変革・朝儀の整備

816（弘仁 7）このころ**検非違使を置く**
820（〃 11）弘仁格式の撰
821（〃 12）検非違使庁を置く。内裏式の撰修
824（天長 1）勘解由使を復する
825（〃 2）平氏賜姓の初め(公家桓武平氏)
830（〃 7）新撰天長格式の撰修
833（〃 10）**令義解の撰上**(清原夏野等，834施行)
839（承和 6）犯人追捕を検非違使の職とする。諸国に庚午年籍を写進させる
842（〃 9）承和の変(伴健岑・橘逸勢等の陰謀？)。皇太子を廃し，大納言藤原愛発らの職を罷める

藤原氏の台頭

853（仁寿 3）藤原良房の邸に行幸，観桜の宴あり
857（天安 1）大衍暦を廃し五紀暦を用いる。藤原良房，太政大臣となる
858（天安 2）藤原良房，摂政の職務を行う
861（貞観 3）宣明暦を行う(～1684)
866（〃 8）良房に摂政の詔が出る。**応天門の変**，大納言伴善男坐して伊豆配流。国司に精兵を訓練させる
868（〃 10）新定内外交替式を頒つ
869（〃 11）貞観格を撰上(藤原氏宗等)，頒布
871（〃 13）貞観式を撰上(藤原氏宗等)，頒布
884（元慶 8）藤原基経に万機を掌らせる
887（仁和 3）藤原基経，関白となる(関白の初め)
888（〃 4）阿衡一件(学閥の争い，基経の専恣)
889（寛平 1）高望王に平姓を賜う(武家桓武平氏)
890（〃 2）蔵人式の撰上(橘広相)
891（〃 3）藤原基経(56)
893?（〃 5）**初めて滝口武士を置く**
899（昌泰 2）藤原時平左大臣，菅原道真右大臣任官
900（〃 3）三善清行，明年の辛酉革命の議を奏する
901（延喜 1）**菅原道真，大宰権帥に左遷される**
903（〃 3）菅原道真(59)
907（〃 7）延喜格の撰上(藤原時平等，908施行)
914（〃 14）三善清行，意見封事
921（〃 21）内外官交替式の撰上
923（延長 1）菅原道真の本官を復す
927（〃 5）**延喜式の撰上**(藤原忠平等)
930（〃 8）藤原忠平，摂政となる
932（承平 2）詔して服御常膳の4分の1を減ず
935（〃 5）承平・天慶の乱はじまる(～941)
937（承平 7）官符を下して，平将門を追捕させる
939（**天慶 2）平将門叛す。藤原純友叛す(天慶の乱)**
940（天慶 3）平貞盛・藤原秀郷等，平将門を誅する
941（〃 4）小野好古ら，藤原純友を誅する。この年日向・豊後の賊徒を平らげる

辺境の服属

794　大伴乙麻呂，蝦夷を討つ
797　坂上田村麻呂，鎮守府将軍となる
801　**坂上田村麻呂，蝦夷を平定**
802　胆沢城(陸奥)を築く
803　志波城(陸奥)を築く
811　文屋綿麻呂，蝦夷を討つ
823　加賀国新置
824　多褹島を大隅に隷す

地方政治の弛緩

○地方官の遥任多し
840　京都に群盗起るを以て六衛府に夜行させる。陸奥の民庚申と称して逃散する。地方政治粛正を勅する
854　陸奥凶作により騒乱
855　筑紫の浪人を検束
857　近江に相坂等の三関を置く。対馬の叛民，国守を殺害する
857，58　京中及び附近の群盗を捕える
862　山陽南海に海賊横行
866　山陽南海の海賊を追捕する
875　下総俘囚の乱
878　出羽夷俘の乱(元慶の乱，藤原保則らこれを討つ)
881　瀬戸内の海賊追討
883　上総俘囚の乱。群盗，筑後守を殺す。郡司の譲職を禁じる
884　石見の国司郡司内紛
886　北辺・西国の警備を厳にする
906　鈴鹿山の群盗を殺す
931　京中群盗多し。夜警させる
933　南海諸国の警固使を定める
935　平将門，伯父常陸大掾平国香を殺す
936　紀淑人，藤原純友等を降す(前海賊)

外交

対新羅渤海関係

795　東国の防人をやめ，防人司を廃する
796，798　渤海使入貢
804　能登客院を造る。大伴岑万呂，新羅に遣使
○この頃渤海使しばしば入貢(809，10，14，15，19，21)
811　新羅人，対馬に来る
813　新羅人，肥前に侵寇
836　紀三津，新羅に遣使
842　新羅使を放還。渤海使17年ぶりに入貢
843　対馬の防人を復する
849　渤海使入貢。唐の商人来航
856　新羅人漂着以後新羅人しばしば来着するも放還する
869　新羅人博多に侵寇
872　渤海使入貢
877　渤海使の朝貢を受けず送還する
883　渤海使入貢
893　新羅の賊，肥前肥後を侵す
907　渤海使入朝　渤海使に勅書を賜う
920　渤海使入貢(**渤海使の終り**)
929　新羅，朝貢することを乞う，これをしりぞける
930　渤海との交通絶える
935　**呉越，初めて入貢**
936　藤原忠平，書を呉越王に贈る。高麗，朝貢を乞う，許さず
939　高麗，貿易を乞う
940　藤原仲平，書を呉越王に贈る

遣唐使

804　大使藤原葛野麻呂出発，最澄・空海ら随行
805　大使帰朝
819　唐人来朝し唐の騒乱を伝える
834　藤原常嗣を遣唐大使とす
836　藤原常嗣出発し難船す，翌年また難船
838　藤原常嗣漸く唐に至り(円仁等随行)翌年帰朝(最後の遣唐使となる)。小野篁西道謡を作り遣唐使を諷刺する
839　建礼門外にて唐物を交易する(官市)
849　唐の商人来航
862　この頃唐の商人多数入国
885　大宰府において唐物の売買を禁じる
894　菅原道真を遣唐使に任ず(発遣を中止，**遣唐使廃す**)
907　唐滅ぶ
919　唐商人孔雀献上

経済

班田制の崩壊

○この頃より諸国の山野・空閑地・荒廃田を皇族に賜わり開墾させる
796　隆平永宝を新鋳
799　私稲の出挙を許す
800　売官を禁じる
806　**王臣寺家の山野占有の禁**。勅旨田に托して私田を開発する者を検察する
807　畿内国司の私佃を許す
810　畿内に班田を行う。新銭鋳造
818　富寿神宝新鋳
828　**畿内に班田を行う(以後50年間班田行われず)**
833　山城に魚の濫獲を禁ず
835　葛原親王，甲斐の空閑地500町を賜わる。承和昌宝新鋳。備前御野郡の空閑地100町を後院勅旨田とする
836　肥前神埼郡の，空閑地690町を勅旨田とする
848　長年新宝新鋳。
850　富者の山野江河池沼を占有するを禁じる
○淳和・仁明の時勅旨田(官営開墾)多し
859　饒益神宝新鋳

荘園の発達

864　正税の出挙を許し，田租を禁じる
867　**京都に常平所をおく(穀価調節)**
870　貞観永宝新鋳
879　畿内に班田を行わせる(～881)。畿内の4000町歩を諸司の給与に充てる
881　石見美濃郡より銅を出す。肥前の班田40年停滞。遠江磐田郡の帳外浪人を施薬院に寄せて紙を作らせる。材木の価，車賃等を減定する
885　878年以来親王賜田50例に及ぶ
886　828年以来，勅旨田3300町，後院勅旨田900町に及ぶ
890　寛平大宝新鋳
895　王臣諸家の私物出挙を禁じる
896　百姓の荒田閑地占有を禁じる
901　京都に味噌醸造起る
902　**初めて荘園整理の令を下す**。諸臣の山川藪沢占有を禁じる
907　延喜通宝新鋳(908ともいう)
915　旱害のため，910年以前の未進調庸を免除する
926　諸国の公田を3分し，中田・下田・下々田各1とす(917には上田1・中田・下田・下々田各2)
927　公田の穫稲，上田500束，中田400束，下田300束，下々田150束，地子は5分の1
931　諸国をして不堪佃田を開発させる
○この頃班田は全く行われず，荘園益々増大する

植栽の奨励

799　天竺人三河に漂着し綿種を伝える
800　綿種を紀伊等に植えさせる
806　河辺の伐木を禁ず。凶作造酒制限
807　諸国に桑・漆を植えさせる
808　麦苗を刈るを禁じる
811　奥羽の開墾を奨励。麦を刈りて馬草とするを許す
815　近畿地方に，茶(と)を植えさせる
829　諸国に水車を造らせる
839　畿内にそばを植えさせる。麦苗を刈るを禁じる
840　諸国に黍・ひえ・麦・大豆・胡麻等を植えさせる
841　大和宇陀郡の人稲を干すに稲機(いなはた，はさ)を用いる，これを諸国に用いらせる

社会生活

交通の整備・風俗の改善

796　**東海道を開く**
797　男女の混浴を戒める
799　追善供養を軽くさせる
800　富士山噴火
801　諸国の舟運橋梁を充実させる
802　箱根路を開く。凶作
804　牛の屠殺を禁じる
806　洪水。明年疫病流行
812　摂津大輪田泊を修造
814　疱瘡流行，死者多し
815　霖雨，諸国被害多し
821～27　小野岑守，大宰府に続命院を建て，往来の宿舎に備える
○世上奢侈の風あり
832　清原夏野，播磨魚住泊を築造
833　武蔵に悲田所をおく
835　東海・東山両道の河川に渡舟を増し，橋を造り布施屋を建てる
837　小野宗成，出羽最上郡に済苦院を建てる
847　僧道昭，山城大井川を修治
○近江和邇泊を修造
○三月三日草餅の風あり
853　諸国に疱瘡流行，死者甚だ多し。遠江広瀬河の渡船2隻を加える
855　山崎津頭300余家焼失
858　九州暴風雨，京都洪水
864　富士山噴火
869　陸奥大地震大津浪
871　鳥海山噴火
874　国司と郡司・百姓の子女との婚姻を禁じる
878　京都飢饉，常平倉をおく。関東地方大地震
881　京都の児童，成人のため戦陣の法をなす
885　京都300余家焼失
887　畿内大地震，津浪あり
890　四方拝の初め
899　足柄関・碓氷関をおく
911　正月若菜を供す
○5月に印地打の行事あり
914　美服を禁じる
915　大旱害，疱瘡流行
917　旱天久しく京中の水涸渇す，神泉苑の水を汲ませる
918　三善清行の奏により深紅の服を禁じる
930　疫病流行，病者を悲田院・施薬院に収容
937　富士山噴火，湖水を埋める
○衣服の日本化進行

赤字名詞は国宝を示す

文化							世界史					年代
一般	文学	仏教	美術			動向	東洋				西洋	
学術の奨励	唐風文芸の高潮	平安仏教・密教	建築技術の進歩	彫刻・工芸の盛行	絵画・書道の隆昌		朝鮮	満州	中国	古代帝国の没落	ノルマンの活躍	
796 諸国に地図を作らせる ○この頃より催馬楽行われる	797 **続日本紀**(菅野真道等) 799 天下に布告して本系帳を徴す	797 三教指帰(空海) 798 大安寺等十大寺を官寺とする	795 **大極殿**落成 796 東寺・西寺・鞍馬寺建立 798 清水寺創建	○元興寺薬師如来像	○西大寺十二天像 797 藤原継縄供養経(知恩院)	弘				780～804 唐の徳宗皇帝	○アラビア夜話 800 **カール，西ローマ皇帝となる**	八世紀 800
804 皇太神宮儀式帳・止由気宮儀式帳撰上 808 紀伝博士を置く。**大同類聚方(安倍真直・出雲広貞)** 810 初めて賀茂斎院をおく 834 紀伝博士をやめ文章博士を2人とする 835 治瘡記(紀福吉) 847 荘子竟宴。天皇初めて漢書を読む	807 **古語拾遺**(斎部広成) 814 新撰姓氏録(万多親王) 814? **凌雲集**(小野岑守) 818 文華秀麗集(藤原冬嗣) 819? 文鏡秘府論(空海) 821 藤原冬嗣，勧学院創立 822? 日本霊異記(景戒) 827 経国集(良峰安世) 828 空海，綜芸種智院創立 ○和気広世，弘文院創立 831 秘府略(滋野貞主等) 835? 遍照発揮性霊集(空海) 840 日本後紀(藤原緒嗣等) 842 **嵯峨上皇**(57)。菅原清公(73)。橘逸勢(?) ○檀林皇后・橘氏公，学館院創立 850 **檀林皇后**(65，橘嘉智子) 852 小野篁(51)。滋野貞主(68)	805 **最澄，帰朝し，天台宗を創める** 806 **空海，帰朝し，真言宗を創める** 816 天台霊応図・新集聖教序(最澄) 820 顕戒論(最澄) 822 **最澄**(57，**伝教大師**)。延暦寺に戒壇の設置を許す 823 東寺を空海に賜う(教王護国寺) 833 円澄(62) 835 **空海**(62，**弘法大師**) 838 金剛寿命陀羅尼経の書写下命 840 淳和上皇の遺骨を山嶺に散じる 847 円仁帰朝	○高雄山寺(神護寺)建立 810 唐招提寺五重塔 813 興福寺南円堂 816 **高野山金剛峯寺創建** 819 金剛峯寺金堂 821 延暦寺東塔 822 東大寺真言院 824 延暦寺講堂 825 東寺講堂 836 **河内観心寺建立** 841 神護寺宝塔 846 西大寺炎上。延暦寺定心院建立 848 安祥寺創建	○神護寺金堂薬師如来像 805 最澄帰朝し唐の仏像を献ず(伝教大師将来目録) 811 正倉院薬壺 816 興福寺南円堂銅燈籠 ○法華寺十一面観音像〔飜波式衣文〕 827 **橘寺薬師三尊像** 833 広隆寺講堂阿弥陀如来像 839 **東寺講堂諸像開眼供養〔密教様〕** 847? **観心寺如意輪観音像〔密教様〕** 848? 神護寺五大虚空像菩薩像	804 延暦寺伝教大師入唐牒 806 空海，真言七祖師像・三十帖冊子を将来(弘法大師請来目録＝最澄筆) 811 羯磨金剛目録(最澄) 812? 風信帖(空海) 818 空海等，応天門の額字を書く 821 **東寺龍猛・龍智像** 823 光定戒牒(嵯峨天皇) ○神護寺両界曼荼羅図 833 御物伊都内親王願文 838 **園城寺黄不動絵像**	仁時代 貞	新羅	渤海	唐	808 吐蕃，唐と和す 819 **柳宗元**(773～) 820～72 中央アジアにターヒル朝コラサン 824 **韓退之**(768～) 830～44 党錮の獄(唐の党争始まる) 843頃 ウイグル衰える 844 会昌の仏教弾圧 848 キルギス，室韋を破る	○カール大帝のルネサンス 813～30 アッバス朝のカリフ，マームウン(サラセン文化全盛) ○**ノルマン活躍開始** 827 エグベルト，イングランドを統一 840 史家アンハルト死(770～) 842 東ローマ聖像礼拝を許可 843 **ヴェルダン条約**(フランク王国3分) 844 サラセン人，ヴェネツィア艦隊を破る	中 九 850
856 天皇，晋書を読む 858 滋野安成，老荘を講じる 859? 神楽の楽譜を撰定 ○惟宗直宗(?，明法家) 881 初めて淳和院別当を置く 882 日本紀竟宴 883 観心寺資財帳。林邑楽人調習 890 広隆寺資財交替実録帳 891 名論要抄(医書，菅原是綱) 898 紀長谷雄，群書治要を講書(講書の初め)	869 続日本後紀(藤原良房・伴善男等) 875? 日本国現在書目録(藤原佐世) 877 大江音人(67) 879 日本文徳天皇実録(藤原基経等)。都良香(46) ○小野小町(?) 880 在原業平(56)菅原是善(59) 881 在原行平，奨学院創立 855 在民部卿家歌合 890 橘広相(53)。僧正遍昭(75) 892 類聚国史(菅原道真)。新撰字鏡(僧昌住) 893 新撰万葉集上巻(菅原道真)。在原行平(76) 894 句題和歌(大江千里) 900 菅家文草(菅原道真)	853～58 円珍入唐 857 常陸大洗磯前神等を薬師菩薩名神とする。空海に大僧正を贈る 864 **円仁**(72，**慈覚大師**)。法橋・法眼・法印の僧位制定 ○行歴抄(円珍) 866 大師号の初め(伝教) ○高丘親王(真如)羅越にて死 879 真雅(79) 885 菩提心義(安然)受戒を厳にする 891 **円珍**(78，**智証大師**) 895 大安寺縁起(伝菅原道真作)	855 泉涌寺創建 856 檀林寺創建 860 **石清水八幡宮創建** 866 応天門焼失 871 応天門修復成る 874 貞観寺建立 875 東大寺東南院 876 嵯峨院を大覚寺と改称 877 醍醐寺創建 879 相模国分寺国分尼寺，地震のため破壊 882 能登金光明寺落雷 889 円成寺建立(藤原淑子) 896 山城浄福寺建立(珍子女王) 896? 勧修寺創建	851 安祥寺五智如来像 855 東大寺大仏の頭落ちる 861 大仏の修理成る 858 大雲寺銅鐘(旧延暦寺西宝幢院) 863 奈良仏隆寺銅鐘 ○東寺兜跋毘沙門天立像 873 法隆寺夢殿道詮律師像 ○室生寺諸仏(金堂釈迦如来像・弥勒堂釈迦像等) 884 高瀬舟を神泉苑に浮べる 890? 園城寺智証大師坐像 896? 薬師寺僧形八幡三神像〔一木彫〕 897 鞍馬寺毘沙門天像	847 旧武蔵国分寺一切経 世俗画の発達 853 百済河成(72) 855 円珍，唐にて五部心観を得 859 円珍入唐求法目録 875 神護寺銅鐘(藤原敏行筆，志我部海継作) 880 **巨勢金岡**，先哲絵像 881 藤原高子願経 888 巨勢金岡，本朝鴻儒を障子に描く 892? 園城寺智証大師像 899 **東寺真言院両界曼荼羅図**	観時代 藤	羅	海		○**この頃ジャワにボロブドゥール成る** 851 吐蕃，唐に入貢 859 南詔独立し，大礼と号する 863 大礼，安南を併合 866 この頃吐蕃衰える 874～999 サーマン朝 875～84 **黄巣の乱** 880 黄巣，長安に入る 889 朱全忠を東平郡王とする 891 新羅大乱 900～36 後百済	860 ノルマン，アイスランド発見 862 **ルーリックのノヴゴロド王国創建(ロシアの起源＝伝承)** 870 メルセン条約 871～901 イングランド王アルフレッド 878 デーン人，ブリタニア侵入の初め 885 ノルマン人，パリ包囲(パリ伯防御) 893 マジャール人，ハンガリーの地に侵入	世 世紀 900
909 楽器目録成る 914 碁式(寛蓮) 918 掌中要方(深根輔仁) 921 養生秘要抄(深根輔仁) 925 風土記勘進の詔 ○和名類聚鈔(源順)	901 日本三代実録(藤原時平等) 903 **菅原道真**(59) 904 興福寺蔵日本霊異記上巻書写 国文学の勃興 905 **古今和歌集**(紀友則・紀貫之等，勅撰集の初め) 912 紀長谷雄(68) 913 新撰万葉集下巻 ○新撰和歌集(紀貫之等) 918 三善清行(73) ○**土佐日記(紀貫之)**	906 益信(80，広沢流) 909 聖宝(78，小野流) 927 寛建入唐，道真の詩集・道風の書を携行 浄土思想の発生 938 **空也，念仏宗を創める** 939 空也，坐禅修行を始める	911 大安寺講堂・三面僧房焼失 919 筑前安楽寺建立 921 近江崇福寺炎上 924? 法性寺創建 926? 醍醐寺本堂 927 西大寺五重塔焼く 934 東大寺西塔炎上 935 延暦寺炎上 938 延暦寺中堂再建 940 大宰府都府楼炎上	909 **醍醐寺薬師堂薬師三尊像**〔藤原初期遺品〕 911 高知延光寺銅鐘 914 東大寺銅鉢 917 栄山寺銅鐘 919 **三十帖冊子蒔絵筥**(仁和寺) ○**法隆寺講堂薬師三尊像**〔藤原初期遺品〕 924? 法性寺千手観音像 935 仏師会理(81)	905 観世音寺資財帳 909 僧素性，宮廷の屏風に和歌を書く 920 能書により小野道風昇殿聴許 927 智証大師諡号勅書(小野道風) 928 大江朝綱詩屏風土代(小野道風)。小野道風，賢君明臣の徳行を清涼殿南廂の壁に書く	原時代	高麗	契丹	五代	○この頃カンボジアにアンコール＝トムの建設 907 **唐滅び，朱全忠，皇帝を称す(後梁太祖。これより五代)** 916 契丹の耶律阿保機皇帝を称す 918 高麗の建国(王建) 926 渤海滅ぶ 935 新羅滅ぶ 936 **高麗，朝鮮半島を統一**	905 ノルマン人，グリーンランド発見 909～1171 ファーティマ朝(首府カイロ) 911 ロロ，ノルマンディー公となる。クリュニー修道院成る 912～61 コルドバのアブド・アッラフマーン3世(コルドバの全盛時代) 932 アルバッタニ(アラビア数学者850～) 936～73 オットー1世	十世紀

★八代集(勅撰和歌集) 古今・後撰・拾遺・後拾遺・金葉・詞花・千載・新古今

★三筆 嵯峨天皇・空海・橘逸勢

年表〔5〕

参考資料　日本紀略・本朝世紀・大日本史料第一編・同第二編・公卿補任・御堂関白記(藤原道長)・小右記(藤原実資)・大鏡・今鏡

年代	時代	天皇	政治 摂政関白	政治 摂関政治の成熟	政治 地方政治の乱れ	外交 呉越との交通	経済 荘園の乱立	社会 武士の興起	生活 社会の動揺
十		930 朱雀(すざく) —946—	941 藤原忠平 —949—	942 (天慶5)詔して封事を進上させる 947 (天暦1)検非違使右庁を廃する	**939~941 天慶の乱** 944 美濃介橘遠保，賊のため殺される	942 新羅船，隠岐に寄着 947 藤原実頼，呉越王に書を贈る	○**この頃より口分田の公収なく，荘園の乱立始まる**	○**天慶の乱後武士公に認められる** 947 鎮守府将軍平貞盛，馬を献じる	944 京都大暴風雨 947 疱瘡流行，天皇・上皇罹患。京都暴風 949 院の下人と諸衛舎人と争闘
950 世 紀	古 / 平安時代	村上(むらかみ) —967— 冷泉(れいぜい) —969— 円融(えんゆう) —984— 花山(かざん) —986— 一条	—967— 藤原実頼 —970— 藤原伊尹 —972— 藤原兼通 —977— 藤原頼忠 —986— 藤原兼家 —990— 藤原道隆 —995— 藤原道兼 —995—	954 (〃 8)詔して再び封事を進上させる 956 (〃 10)炎旱により恩赦。公卿論奏して封禄の減給を請う，やがてこれを許す 957 (天徳1)菅原文時，意見封事三か条を奉る 960 (〃 4)内裏焼亡，賢所・累代の珍宝を焼く 967 (康保4)**初めて延喜式を頒つ** 969 (安和2)**安和の変**(左大臣源高明，大宰員外帥に左遷される~71) 976 (貞元1)内裏焼亡 977 (〃 2)藤原兼通・兼家兄弟の暗闘 980 (天元3)内裏焼亡 982 (〃 5)内裏焼亡 986 (寛和2)花山天皇出家(藤原道兼勧誘) 987 (永延1)新制五か条を定める 990 (正暦1)藤原道隆・道兼不和。藤原兼家(62) 995 (長徳1)疫病流行し，藤原道隆(43)・道兼(35)死し，藤原道長，内覧右大臣となる 996 (〃 2)~97 道隆の子伊周・隆家左遷 999 (長保1)新制十一条を定める 1000 (〃 2)道長の女彰子，一条中宮となる	955 駿河介橘忠幹，賊のため殺される 974 尾張の百姓の訴えにより国司を交替 978 備前介橘時望，海賊のため殺される **988 (永延2)尾張の郡司・百姓等，国守藤原元命の非政を訴える** 992 源忠良，阿波の海賊を追捕 997 南蛮人，壱岐・対馬を侵す 999 淡路の百姓の訴えにより国守を解任	952 高麗王の后，宝物を長谷寺に寄進 953 藤原師輔，呉越王に書を贈る 957 呉越王，黄金を贈り来り，釈書を乞う 972 高麗使来る。高麗に報符を送る **日宋私貿易** 980 宋商陳仁爽来着 987 宋商朱仁聡来着 996 宋人鵝・羊献上(翌年これを返す) 997 **高麗の賊九州侵寇**	952 京職に桑を植えさせる 957 常平所をおく 958 乾元大宝新鋳(これより造幣永く行われず) ○**国司の遙任盛んとなり地方荘園化進行。荘園の権門への集中** 984 世間，銭を嫌うこと甚し。再び荘園整理令を下す 986 売買の法を定める 987 諸寺に銭貨の流通を祈る。検非違使をして銭貨通用を強制させる 988 仁王会布施に銭貨を用いず	954 私に武器を帯びることを禁じる 961 源経基(清和源氏の祖) 968 **東大・興福両寺争乱** 969 源満仲，安和の変の密告により叙位(藤原氏に結托) 984 非職者の武装を禁じ罰法を定める 988 強盗藤原保輔(右馬権頭三男)を捕える 988 源頼光，藤原兼家に貢駒30疋 997 源満仲(85) **僧兵の闘争** 1000 興福寺僧徒の乱暴を禁じる	959 紫宸殿の前庭に橘を植える(**右近橘**) 962 京都鴨河洪水 964 紫宸殿の前庭に桜を植える(**左近桜**) 966 諸国疫病。京都洪水 974 疱瘡流行 975 東国風水害 976 京都大地震 980 京都大暴風雨，被害甚大 989 京都大風，古今無比 993 疱瘡流行 994 疫病西国に起り諸国に流行 995 疫病流行，中納言以上8人死亡 998 疱瘡流行
1000 十 一	中期(藤	—1011— 三条 —1016— 後一条 —1036— 後朱雀 —1045—	藤原道長(内覧) —1016— 藤原道長 —1017— 藤原頼通	**藤原道長及び一門の栄華** 1005 (寛弘2)内裏焼亡，神鏡焼損 1012 (長和1)道長の女妍子，三条中宮となる 1014 (〃 3)内蔵寮焼亡，累代宝物貴薬焼失 1016 (〃 5)道長，摂政となる 1017 (寛仁1)**道長，太政大臣となる**(~18) 1018 (〃 2)道長の女威子，後一条皇后となる 1021 (治安1)春日社行幸 1023 (〃 3)道長，子関白頼通を戒める 1027 (万寿4)強盗，内裏に侵入 1027 (〃 4)藤原道長(62) **貴族政治の惰勢** 1028 (長元1)疫病旱害により改元 1040 (長久1)賊，内裏にて御衣を盗む 1044 (寛徳1)疫病旱害により改元 1048 (永承3)新羅暦・宋暦の献上	1003 平維良，下総に叛す 1004 宇佐神人，帥の苛酷を訴え，帥，停任される 1008 尾張の百姓等，国司のことを愁訴する 1019 (寛仁3)**刀伊の賊(女真人)来寇**(藤原隆家・大蔵種材らこれを撃退) 1020 南蛮の賊徒，薩摩を侵す **東国の兵乱** 1028 (長元1)**平忠常の乱起る** 1029 伊勢の神民，伊賀守源光清の非政を訴える。光清を伊豆に配流 1031 源頼信，平忠常の乱を平定 1036 近江の百姓，国司を訴える 1038 前帥藤原実成，故殺死にて除名される 1050 興福寺の訴えにより大和守源頼親を土佐に配流	1003 宋商来着 1005 宋商曽令文来着 1029 宋商周文裔，書及び方物を右大臣に呈する 1031 耽羅人を放還 1044 宋商張守隆漂着(1050帰化) 1047 清原守武を入宋私貿易により罰する	1003 灌物布施銭を改めて紙を用いる 1017 天皇，賀茂社に八か郷を寄進 1021 天皇，春日社に大和添上郡を寄進 ○万寿年間，藤原頼通**島津庄**を建てる **荘園整理令** 1040 (長久1)長久の荘園停止令 1045 (寛徳2)**寛徳の荘園停止令(前任国司以後の新立荘園を禁じる)**	1006 興福寺僧徒強訴 1019 丹波氷上郡の百姓，陽明門にて24か条を訴える 1021 源頼光(74) 1025 渡辺綱(72) 1031 源頼信，平忠常を平げて東国に勢を張る 1035 **園城寺・延暦寺の僧徒争う** 1037 興福寺僧徒，東大寺東大院を破壊 1039 延暦寺僧徒，座主のことにて強訴 1042 延暦寺僧徒，園城寺円満院を焼く	1001 宮中官女の美服を禁じる。疫病流行 1014 賭射を禁じる 1015 咳病及び悪疫流行 1016 僧行円，粟田山道を修治 1017 勤倹奨励の詔。いなごの害甚し 1020 疱瘡流行。京都暴風 1025 赤斑瘡流行。奢侈を戒める 1027 京都1000余戸焼失 1030 諸国司の一町家を造り六位以下の者の築垣檜皮葺家屋を造るを禁じる 1032 富士山噴火 1034 京都大風，洪水 1040 大風にて外宮倒壊。奢侈を禁じる 1047 諸国旱害 ○この頃旅行に**握り飯**の利用すでに始まる
1050 世 紀	代 / 原時代)	後冷泉(ごれいぜい) —1068— 後三条 —1072— 白河(しらかわ) 1086	—1068— 藤原教通 —1075— 藤原師実 1094	1051 (〃 6)宮中に鶏合(木造)・菖蒲根合・哥合管弦の遊芸 1056 (天喜4)清涼殿和歌管弦の遊芸 1058 (康平1)大極殿・朝集堂火災 1059 (〃 2)皇居連日放火 1067 (治暦3)平等院行幸 1072 (延久4)大極殿造営成る 1073 (〃 5)**院の蔵人所を置く** 1074 (承保1)藤原頼通(83)。藤原彰子(上東門院，87) 1075 (〃 2)藤原教通(80) 1077 (承暦1)源師房(70) 1086 (**応徳 3**)**白河上皇，院政を始める**	**1051 (永承6)前九年の役起る**(陸奥俘囚長安倍頼時叛す，源頼義これを追討) 1057 安倍頼時，伏兵のため戦死 1062 源頼義・清原武則ら，厨川柵に安倍貞任を殺し弟宗任を降す(これより**源氏の基盤固まる**) 1070 源義家ら，陸奥の賊藤原基通を降す **1083 (永保3)後三年の役起る**(清原家衡叛す) 1087 源義光，兄義家応援のため陸奥に下向。源義家，清原氏を滅ぼす	1060 宋商林表等越前漂着 1070 宋商潘懐清，仏像を大宰府に献じる 1075 宋の神宗，経論・貨物を贈献 1077 復書・信物を宋帝に送る 1080 宋商孫忠来着。高麗の求医をしりぞける 1082 対馬の宗氏，高麗に遣使	1055 諸国をして寛徳2年以後新立荘園を停止させる **1069 (延久1)**再び寛徳2年以後新立荘園を停止させる。**初めて記録荘園券契所をおく** 1070 絹布の制を定める 1072 物価法を定める。量衡の制を定める(延久宣旨升)	1063 源頼義 伊予守，義家 出羽守，清原武則 鎮守府将軍となる 1075 延暦寺・園城寺の僧徒，戒壇のことにて相争う。 **源頼義**(88) 1079 延暦寺僧徒強訴 1081 延暦寺・園城寺僧徒相争う 1082 **熊野の神人強訴**	1052 疫病流行 1059 皇居に放火頻りにより諸門を警固 1069 菜蔬供御の初め 1072 私に狩猟を禁じる 1077 疱瘡流行 1079 京都大火 ○**自殺往生の思想**弘まる 1083 富士山噴火 1084 京都大風

国宝の分類別件数(1964年現在)絵画140・彫刻110・工芸241・書跡254・考古30，計775

一般 諸学の進歩	文学 国文学の興隆	仏教 浄土教の発達	美術 日本的建築の発達	美術 彫刻・工芸	美術 絵画・書	動向	朝鮮・モンゴル・中国	世界史 東洋	世界史 西洋 封建社会の発生	年代
947 菅原道真の祠を北野に建てる	○**伊勢物語** ○**竹取物語** 946 紀貫之(?)	944 橘在列出家(法名尊敬)	944 大和長谷寺全焼 948 清涼殿を建てる 949 醍醐寺法華三昧堂	945 棲霞寺阿弥陀三尊像 946 **岩船寺阿弥陀像〔藤原初期遺品〕**	945 山階寺九品往生図		五	936 高麗，朝鮮半島を統一する 946 契丹，後晋を滅ぼし，遼と称する 950〜60 後周	967〜1081 東ローマ帝国マケドニア朝(ビザンツ文化)	十世紀
949 坤元録(中国の地理)成る 957 大江朝綱(72) 963 内記局に勅書・宣命等の部類撰集を命じる 964 学館院を大学寮別曹とする 970 豊原有秋(78，楽人)。口遊(源為憲，数学書) 984 医心方(丹波康頼) ○政事要略(惟宗允亮) 991 弘決外典鈔(具平親王)	951 初めて**和歌所**をおく 〃 後撰和歌集(大中臣能宣・清原元輔) ○大和物語 960 **天徳内裏歌合** 966 前栽合 ○宇津保物語 ○落窪物語 974? 蜻蛉日記(道綱母) 980 源博雅(63) 981 菅原文時(83) 982 池亭記(慶滋保胤)。源高明(69，西宮記) 983 源順(73) 984 三宝絵詞(源為憲) ○曽根好忠(?歌人) 991 大中臣能宣(71) 998 拾遺和歌集(藤原公任)	954 明珍(84) 963 空也，金字般若経を供養し万燈会を設ける 964 延昌(85，慈念僧正) 972 **空也**(70) 983〜86 奝然入宋 985 **往生要集**(**源信**)。良源(74，慈恵大師) 988 円融法皇，両部灌頂を受ける 998 寛朝(84)	951 醍醐寺五重塔〔藤原初期建築遺構〕。六波羅密寺(空也) 958 法性寺炎上 960 東大寺尊勝院 963 雲林院多宝塔供養 965 近江崇福寺炎上 966 天台山火災 967 延暦寺五智院 970 金峯山寺炎上 972 延暦寺講堂 973 薬師寺焼亡 978 **藤原兼家の東三条殿成る(寝殿造り)** ○寝殿造りの大成 985 書写山法華堂 987 円教寺講堂供養 990 西寺炎上。法隆寺講堂 994 金剛峯寺金堂炎上 998 金剛峯寺金堂再建	950 仁和寺宝蔵御物実録帳 956 呉越王の八万四千塔将来 957 金堂唐花文毛彫如意(国立博物館蔵) 970 新薬師寺准胝観音像 978 井上家銅鐘 987 奝然入京，仏像(清凉寺釈迦像)を将来 988 仏像毛彫瑞花双鳳八稜鏡 990 法隆寺講堂薬師三尊像 993 善水寺薬師三尊像	951 醍醐寺五重塔壁面両界曼荼羅 952 醍醐寺五重塔真言八祖像 956 坤元録屏風(巨勢公忠) 959 小野道風，藻壁門額字を書く 960? 白氏詩巻(道風) 964 白沢王像(飛鳥部常則) 966 小野道風(71) 969? 詩懐紙(藤原佐理) 977 佐理，殿舎門等の額字を書く 991 離洛状(佐理) 998 藤原佐理(55) 1000 五雲鳳桐画様(巨勢広貴) 1001 藤原行成，年中行事障子に書する	藤原文化	高 契 代 宋	960 **宋，起る**(〜1127) 高麗，開京(開城)を首府とする 文治的統一国家 973 第二カルキア朝起る(インド) 979 **宋，中国を統一(集権的君主独裁)** 982〜1031 遼の聖宗(遼を契丹と復称) 993〜1212 カラハン朝(中央アジア) 997〜1186 ガズニ朝(アフガニスタン)	955 レヒフェルドの戦い(オットー，マジャール人を服属させる) 962 **オットー，神聖ローマ皇帝となる** 980〜1015 キエフ大公ウラディミル 987〜1328 **フランスのカペー朝** 989 ロシア，キリスト教に改宗 1000 **キリスト教徒のローマ巡礼(世界終末思想)**。ステファン，ハンガリー王号を称す	950 中世
1002 内侍所神楽の初め ○安倍晴明(?天文) 1012 大江匡衡(61) 1013 和漢朗詠集(藤原公任) 1015 薬師寺縁起 ○田楽，すでに行われる ○日本紀略 ○本朝麗藻(高階積善) ○本朝文粋(藤原明衡)	○**枕草子(清少納言)** 1004 和泉式部日記 1007 世俗諺文(源為憲) 1009 具平親王(46) 1010 国史編修の議 ○紫式部日記 1012 発心和歌集(選子内親王) ○**源氏物語(紫式部)** 1014? **紫式部**(45?) 1021 御堂関白記(藤原道長) 1025 小式部内侍(?) 1027 図書寮倉焼失，宝物焼く ○**栄花物語**(赤染衛門?) 1041 藤原公任(76，北山抄) ○扶桑集 ○狭衣物語 ○浜松中納言物語 1050 祐子内親王家歌合	1002 花山法皇，書写山に行幸 1003 寂照入宋 1004 法興院万燈会 1006 一条要訣(源信) 1007 **性空**(98，**書写上人**) 1016 奝然(?)。僧定誉，高野山の復興を図る 1017 **源信**(76，**恵心僧都**) ○**本地垂迹説** 1038 仏舎利を諸社に奉納 1041 大日本法華験記(鎮源) 1046 仁海(94) 1047 行円(62) 1049 諸国の神社に仏舎利を奉納	○**宇治上神社本殿** 1007 浄妙寺多宝塔。法性寺三月堂 1017 大安寺炎上。興福寺東塔・金堂等焼失 1018 円教寺焼失 1020 無量寿院落成 1022 **藤原道長，法成寺金堂五大堂供養，大仏師定朝造仏の功により法橋に叙せられる** 1026 道長，法成寺釈迦堂供養 1031 法隆寺南大門 ○宇治上神社拝殿 1041 祇園社炎上。長谷寺塔焼失 1046 興福寺焼失 1047 浄瑠璃寺創建 1048 興福寺再建 1050 大宰府安楽院焼失	1001 総持寺蔵王権現像毛彫鏡 1005 東福寺同聚院不動明王像 1007 瑞花双鸞八稜鏡。藤原道長，金峰山埋経及び経筒(金峯神社) 1013? 興福寺薬師如来像 ○東大寺開山堂良弁僧正像 1031 **延暦寺めっき銀経筥** 1041 定朝，竜頭鷁首船の竜頭を造る 1042 奈良手向山神社舞楽面 1047 近江西明寺薬師如来像	1002 性空像(広貴) 1003 行成，紫宸殿・承明門の額に書する ○四天王寺御手印縁起 1018 白氏詩巻(行成) 1021 玉篇 巻第九残巻の書写 1027 藤原行成(56)(世尊寺流祖) ○宅磨為成 1036 藤原定頼，大嘗会屏風に書する 1045 藤原定頼(51) 1046 誉田神社旧蔵大般若経 ○長法寺釈迦金棺出現図	—美術の国風化—浄土教芸術—	麗 丹 (北	1001 ガズニ朝のインド侵入本格化 1004 澶淵の盟成る 1011 契丹，高麗に侵入 1018 ガズニ朝，カナウジ占領 西アジアの風雲 1037 **セルジュク=トルコ起る** 1038 **西夏起る**(李元昊皇帝を称す) 1044〜1284 パガン朝(ビルマ) 1048 ゴール朝起る	1001〜04 ノルマン人イギリス侵入 1016〜42 デーンのカヌート，イングランドを支配 1035 ナバル・アルゴン・カスティリャ分立 1037 アヴィケンナ死(数学) 1038 アルハゼン死(光の反射) 1039〜56 ドイツ，ヘンリ3世	1000 十一世紀
1052 **藤原頼通宇治の別業を平等院と称する**。御霊会の初め 1066 新猿楽記(藤原明衡) 1070 初めて石清水放生会に勅使差遣 1080 版本法華経(最古の摺経) 1081 **医略抄(丹波雅忠)**	○更級日記(橘俊通妻) ○夜半の寝覚物語 1055 堤中納言物語 1056 皇后の御所に歌合 ○能因法師(?) 1066 藤原明衡(78) ○**大鏡** ○**今昔物語集** 1077 源隆国(74) 1078 清涼殿歌合 ○三十六人集 1082 藤原俊家(64) 1086 後拾遺和歌集(藤原通俊)	1052(永承7) **仏滅二千年末法の初年**という ○末法思想流行 1066 僧文豪，鳥部野に自ら焚死 1070 明快(86) 1073 在宋の成尋，新訳経論を贈進 1078 法勝寺大乗会 1081 成尋，宋に客死(71) 1085 京人の邪教崇拝を禁じる	1051 日野薬師堂(藤原資業，法界寺) 1053 平等院鳳凰堂〔藤原盛期建築遺構〕**落成**，同堂阿弥陀像(定朝)，**同堂扉絵及び九品来迎図** 1054 長谷寺再建供養 1056 平等院法華堂 1058 法成寺炎上 1059 法成寺無量寿院五大堂落成，同堂仏像(覚助) 1060 興福寺再び焼失 1061 平等院多宝塔 1063 鎌倉鶴岡八幡宮創建 1064 大宰府観世音寺焼失 1067 興福寺再建 1070 円宗寺創建 1076 法勝寺阿弥陀堂 ○石上神宮拝殿	1057 **大仏師定朝**(?，**藤原盛期代表作家**) 1064 広隆寺日光月光十二神将像(長勢) 1078 法隆寺金堂毘沙門天及び吉祥天像 1080? 法界寺阿弥陀像 1086 東寺十二天面	1054 藤原道雅 1069 聖徳太子絵伝(秦致貞) 1072 源兼行，大極殿の額に書する ○春日基光(土佐派の祖) 1078 諸観音図像 1086 金剛峯寺仏涅槃図		(遼) 宋)	1055 **セルジュク軍バグダード入城** 1061 ゴール軍，ガズニを占領 1066 蘇老泉(1009〜) 1069 **王安石の新法施行** 1071 セルジュク軍イェルサレム占領(聖都巡礼者を迫害) 1072 欧陽修(1007〜) 1073 周濂渓(1017〜) 1074 王安石，罷免される 1084 **資治通鑑(司馬光)** 1085 程明道(1032〜)。司馬光，新法廃止	1054 **ギリシア・ローマ両教会分立** 1066 **ノルマンディ公ウィリアム，イングランド侵入(ヘイスティングスの戦)** 1076〜1122 僧職叙任の争い 1077 **カノッサの屈辱** 1082 ヴェネツィア，東ローマ領内の商業権を獲得	1050 世紀

赤字名詞は国宝を示す

★**三蹟** 小野道風・藤原佐理・藤原行成

年表〔6〕

参考資料　百錬抄・本朝世紀・中右記(藤原宗忠)・台記(藤原頼長)・玉葉(九条兼実)・保元物語・平治物語・平家物語・大日本史料第3編

年代	時代	天皇	院政	摂政関白	政治：院政の成立	政治：武士階級の興隆	政治：僧兵の勢力増大	外交：日宋私貿易	経済：荘園整理令	社会生活：社会不安の激発
十一世紀 1100	古代 平安時代	1086 堀川(ほりかわ)	1086 白河(上)	1075 藤原師実 —1094— 藤原師通 —1099— 藤原忠実	1086 (応徳 3)**院政始まる** 1095 (嘉保 2)初めて院の北面の武士を置く 1099 (康和 1)仁和寺覚行を親王とする(法親王の初め)	1087 (寛治 1)後三年の役終る 1091 (〃 5)源義家の随兵入京を禁じる 1094 (嘉保 1)陸奥守源義綱(義家の弟), 出羽の賊を平げて入京 1098 (承徳 2)**源義家, 昇殿を許される** 1101 (康和 3)対馬守源義親を追討	1092　興福寺僧徒, 山城賀茂荘乱入 1093　興福寺僧徒入京して, 近江守高階為家を訴える 1095　延暦寺僧徒, **日吉神輿**を奉じて入京, 美濃守源義綱を訴える	1092　契丹との通交を協議する 1093　辺民, 宋人と共に高麗を侵す 1094　藤原伊房を契丹私貿易により処罰	1091　**源義家への荘園寄進を禁じる** 1092　義家の荘園設立を禁じる 1099　新置荘園の停止を命じる	1091　大風雨 1092　京都大火 1096　大地震, 近江勢多橋破壊 1098　京都大火 1099　近畿大地震
十二世紀 1150		—1107— 鳥羽(とば) —1123— 崇徳(すとく) —1141— 近衛(このえ)	〔1096(法)〕 —1129— 鳥羽(上) 〔1141(法)〕	(内覧) —1105— 藤原忠実 —1121— 藤原忠通	1101 (〃 3)藤原師実(60) 1108 (天仁 1)詔して服御常膳を減じる 1110 (天永 1)源俊房・大江匡房ら, 意見封事を進上 1115 (永久 3)～1119 (元永 2) 白河法皇, 毎年熊野に行幸 1125 (天治 2)京都大火 1129 (大治 4)白河法皇(77) ○**院司と朝臣との争い起る** 1132 (長承 1)院の北面において新制十四条を議定 1135 (保延 1)鳥羽上皇, 穀を出して貧民を救う 1145 (久安 1)新制九条を定める ○忠実, 次子頼長を愛する 1150 (久安 6)左大臣藤原頼長, 氏長者となる。忠通関白	1104 (長治 1)義家等, 悪僧を追捕 1106 (嘉承 1)源義家(68) 1107 (〃 2)流人源義親, 出雲目代を殺す, 平正盛これを追討(1108) 1108 (天仁 1)延暦寺僧徒, 日吉神輿を奉じて入京しようとする, 源平両氏にこれを防がせる。興福寺大衆, 多武峯を焼払う。平正盛, 源義親を誅す 1113 (永久 1)興福寺僧徒, 延暦寺衆徒と争う。平忠盛に興福寺を, 源光国に延暦寺を討たせる 1119 (元永 2)平正盛, 鎮西の賊を討つ 1123 (保安 4)平忠盛・源為義等, 延暦寺僧徒を撃退 1127 (大治 2)源為義, 検非違使となる 1128 (〃 3)藤原清衡(73) —平泉 1129 (〃 4)忠盛, 内海の海賊追討 1132 (長承 1)**忠盛に内昇殿を許す** 1135 (保延 1)忠盛, 諸国の海賊追討 1146 (久安 2)平清盛, 安芸守となる 1147 (〃 3)清盛の従者, 祇園神人と闘う。延暦寺僧徒, 神輿を奉じて入京し清盛を訴える。清盛に贖銅を課す	1102　天台衆徒強訴 1103　興福寺強訴 1105　延暦寺僧徒・日吉神人・祇園神人・石清水神人, 入京強訴 1120　興福寺の強訴により和泉守を転任させる 1121　延暦寺衆徒, 園城寺を焼く 1140　延暦寺僧徒, 園城寺を焼く。筑前大山・香椎・筥崎の僧徒神人ら, 大宰府を襲う 1142　園城寺僧徒, 延暦寺を襲う 1145　興福寺僧徒, 金峰山を攻める 1150　興福寺僧徒, 春日神人**春日神木**を奉じ入京強訴	1097　宋の牒状到来 1104　宋人来着 1105, 07　宋人来着 1110　宋人季侁, 書を治部卿に贈る 1111　宋人若狭到来 1116　宋の牒状到来 我が商人, 高麗と貿易 1121　宋に返牒を議す 1133　**宋商船来着, 平忠盛, 院宣と称してその貨物を奪う** 1145　南島人, 大宰府に漂着	○この頃**成功**(じょうごう)多し(売官売位) 1108　新立荘園の停止を命じる 1111　荘園記録所事始 1119　上野の荘園5000町を停止する 1147　延暦寺の僧綱ら, 越前白山を領とすることを請う 1148　藤原忠実, 荘園18か所を頼長に譲与	1106　京都大火。疫病流行 1107　京都大火 1114　博戯を禁じる 1119　京都に強盗横行 1125　京都大火。天下に殺生禁止令 1127　内裏火災, 諸庁舎を焼く 1130　私に狩猟することを禁じる 1134　洪水。ききん咳病流行。京都大暴風雨。この年より天下飢饉 1138　京都大火 1141　洪水 1146, 48　京都大火
紀	後期 中世	—1155— 後白河(ごしらかわ) —1158— 二条 —1165— 六条 —1168— 高倉(たかくら) —1180— 安徳(あんとく) —1185— 後鳥羽(ごとば) 1198	—1156— —1158— 後白河(上) 〔1169(法)〕 —1179— —1180— 高倉(上) —1181— 後白河(法) 1192	—1158— 藤原基実 —1166— 藤原基房 —1179— 藤原基通 —1183— 藤原師家 —1184— 藤原基通 —1186— 九条兼実 1196	1151 (仁平 1)頼長, 内覧となる。忠通, 弟頼長につき鳥羽法皇に訴える 1156 (保元 1)**保元の乱**(天皇方—平清盛・源義朝, 院方—源為義・源為朝・平忠正, 院方敗れ, 為義・忠正は斬られ, 為朝は伊豆大島に流罪) 新制七条を諸国に下す 1157 (保元 2)新制三十五条宣下 1159 (平治 1)**平治の乱**(藤原信頼・源義朝叛す, 平清盛らこれを討つ) 1164 (長寛 2)藤原忠通(68) **平氏の政権〔平家の全盛とその滅亡〕** 1167 (仁安 2) 2月～5月, **平清盛, 太政大臣となる** 1170 (嘉応 2)後白河法皇, 福原に行幸。藤原秀衡, 鎮守府将軍となる 1172 (承安 2)清盛の女徳子, 中宮となる(1181 建礼門院と称する) 1173 (〃 3)清盛, 摂津経島を築造 1174 (〃 4)後白河法皇, 再び福原に行幸し, ついで厳島に行幸 1177 (治承 1)**鹿谷の密議**(西光梟首, 藤原成親・同成経・平康頼・僧俊寛ら配流) 1178 (〃 2)新制十七条を下す 1179 (〃 3)平重盛(42)。新制三十二条を下す。清盛, 法皇を幽閉 1180 (〃 4)**以仁王の令旨。源頼政挙兵, 宇治に敗死**(76)。福原遷都。**源頼朝挙兵, 石橋山の戦い**。**木曽(源)義仲挙兵**。源頼朝, 鎌倉に入る。和田義盛, 侍所別当となる。源義経参着。富士川の対陣 1181 (養和 1)**平清盛**(64) 1182 (寿永 1)木曽義仲, 城永用を破る 1183 (〃 2)礪波山の戦い。義仲入京。義仲, 法皇の御所を襲う 1184 (〃 3＝元暦 1)木曽義仲(31), 粟津に敗死。**一の谷の戦い** 1185 (文治 1)**屋島の戦い。壇の浦の戦い, 安徳天皇**(8)**入水, 平氏滅ぶ** 1186 (文治 2)源頼朝の奏請により諸国の兵粮米を停止。小原御幸。源行家殺される。一条能保京都守護となる 1187 (〃 3)藤原秀衡(?)。新制七条を下す 1189 (〃 5)藤原泰衡, 源義経(31)を衣川に殺す。頼朝自ら奥州に発向, 泰衡(35)の一族を滅ぼす 1190 (建久 1)頼朝上洛。○この頃**奥州総奉行**を置く 1191 (〃 2)新制三十六条を下し諸司を戒飭する。頼朝, 権大納言となり, 政所を置き公文所を隷する 1192 (建久 3)後白河法皇(66)。源頼朝, 征夷大将軍に任ぜられ, **鎌倉に幕府を開く**	1153 (仁平 3)平忠盛(58) 1154 (久寿 1)源為朝の乱行によりその父為義の官を解く 1155 (〃 2)源義平, 叔父義賢を殺す 1157 (保元 2)藤原基衡(?) —平泉 1160 (永暦 1)源頼朝, 伊豆に配流	1153　延暦寺僧徒, 入京強訴 1158　興福寺僧徒, 大和の公田の検注を怒り上座の房舎を焼く 1160　延暦寺僧徒, 日吉神輿を奉じて入京強訴 1163　延暦寺僧徒, 園城寺を攻め堂塔を焼く(第4度) 1165　延暦寺僧徒, 清水寺を焼く。興福寺僧徒, 入京強訴 1168　高野山の衆徒, 根来の徒と争う 1169　延暦寺僧徒の申請により, 藤原成親を備中に流す 1173　興福寺僧徒, 多武峰を焼く 1177　延暦寺僧徒, 日吉・白山の神輿を奉じ京都に乱入 **武家政権への胎動** 1181　頼朝, 法皇に政治意見具申 1184　**公文所(別当大江広元)・問注所(執事三善康信)設置** 1185　義経, 頼朝に愁訴(腰越状)。**諸国に守護地頭を置く**	1151　藤原頼長, 宋商劉文中に史書受領の返礼して砂金を贈る 1160　高麗, 対馬の商人を抑留 1170　法皇, 宋使を福原に引見 1172　宋の明州刺史, 法皇と清盛とに方物を献じる 1173　法皇, 宋に返書し砂金を贈る。 ○**この頃, 清盛, 宋との貿易を計る** 1180　宋の商船, 摂津輪田泊に停泊 1190　辺民, 宋に漂着	1156　記録所を復す 1157　大内裏造営のため徭役を寺社領・諸家荘園に課す 1167　**平清盛**に播磨・肥前・肥後等の地を賜い**大功田**とする 南都十五大寺の荘園を没収 1179　万物沽価法 1181　東大寺・興福寺の荘園を没収 1186　国司等に成功を募り, 社寺を修治する 1192　銭貨を停止する	1151　大風雨, 洪水宇治橋流失 1152　京都火災多し 1154　やすらいを禁止 ○強装束・十二単衣, 男子のまゆずみ・白粉・染歯など始まる 1166　京都大火1000余戸を焼く 1168　京都大火3000余戸を焼く 1172　諸国に改元の流言あり, これを戒める 1174　相撲節会復活 1175　京都大火。疱瘡流行 1177　京都大火, 180町, 大極殿焼亡(第4度)。大地震 ○この頃京都・鎌倉間飛脚7日間 1182　京中飢え疫病流行, 死者巷に満ちる 1187　**源頼朝, 放生会を鶴岡八幡宮に行い, 流鏑馬**(やぶさめ)**を見る** 1188　殺生を禁じる 1189　頼朝, 上覧相撲を挙行

注,「院政」の欄, (上)は上皇, (法)は法皇の略, 以下同じ。

国宝の時代別件数(1964年現在), 上古9・飛鳥16・奈良94・平安270・鎌倉216・南北朝室町42・桃山8・江戸16, 計671（ほかに舶載のもの104）

文化							世界史					年代
一般	文芸	仏教	美術			動向	東洋				西洋	
諸学の振興	国文学の庶民化	仏教の世俗化	建築	彫刻・工芸	絵画・書		朝鮮	モンゴル	中国	宋と金の対立	十字軍時代	
1088 丹波雅忠(68) 1110 江家次第(大江匡房)	1093 郁芳門院根合 1094 高陽院七番歌合 1095 鳥羽殿前栽合 1096 洛陽田楽記(大江匡房) 清涼殿に田楽を行う。この年田楽の流行甚だしい	1089 仏舎利を諸社に奉納 1090 熊野三山検校を置く	1086 法界寺阿弥陀堂〔**藤原盛期建築遺構**〕 1087 興福寺大乗院創立 1091 清水寺焼失 1096 興福寺焼失。石山寺本堂 1098 興福寺再建	1089 長谷寺丈六四天王像供養 1091 仏師長勢(82) 1093 興善寺釈迦像	1088 藤原師通金峰山埋経 1092 白河上皇自筆金泥法華経供養 ○**源氏物語絵巻(春日隆能筆)** ○**高野山聖衆来迎図**	藤		遼	宋	1085 高麗の義天, 求経のため入宋 1095 宋, 保甲法を復行 1098 西夏, 宋に入寇 1100～25 徽宗(宣和画院設置)	1088 ボロニヤ大学創立 1095 教皇ウルバヌス2世十字軍を宣する **1096～99 第1回十字軍** 1099～1187 十字軍士イェルサレム王国を建てる	十一世紀 1100
○扶桑略記(皇円) 1109 童蒙頌韻(三善為康) 1111 **大江匡房**(71) 1112 楽人狛光季(86) ○和讃・今様などさかん 1115 白拍子の初め 1116 朝野群載(三善為康) 1121 綺語抄(藤原仲実) 1138 中右記(中御門宗忠の日記, 1087～)	○堀河院百首(藤原公実等) ○讃岐典侍日記 1106 **京都に田楽流行** 1118 藤原忠通第の歌合 1121 新撰朗詠集(藤原基俊) 1122 大学寮廟堂類壊す 1127 金葉和歌集(源俊頼) 1128 広田社歌合(第1次) 1133 相撲立詩歌(藤原基俊) ○打聞集 1139 拾遺往生伝 1140 佐藤義清出家(西行) 1144 伊呂波字類抄(橘忠兼) 1150 本朝世紀(藤原通憲)	1105 覚行法親王仏典を高麗に求める。覚行法親王(31) 1112 仏舎利を諸社に奉納 1115 東寺灌頂の初め 1120 大宰府観世音寺を東大寺末寺とする 1124 **良忍, 融通念仏宗を創める** 1132 良忍(61) 1143 覚鑁(かくばん)(49, 新義真言宗開祖) 1150 青蓮院の初め	1102 尊勝寺落成供養 1105 **平泉中尊寺(藤原清衡, 1126供養)** 1107 平泉大長寿院。京都浄瑠璃寺本堂 ○伯耆三仏寺奥院(投入堂) 1109 大原来迎院(良忍) 1112 播磨鶴林寺太子堂 1115 醍醐寺三宝院供養 1117 平泉毛越寺庭園 1124 平泉中尊寺金色堂 〃 醍醐寺薬師堂再建 1128 法勝寺五重塔供養 1130 法金剛院落成。同院阿弥陀像(院覚)。醍醐寺薬師堂吉祥天像 1131 **伯耆大山寺阿弥陀堂。同堂阿弥陀像** 1132 得長寿院落成 ○高蔵寺阿弥陀堂 1150 太秦広隆寺災上	1102 法勝寺薬師堂大威徳像(院助) 1108 仏師院助(?) 1113 棲霞寺釈迦像 1116 京都鳩が峯出土の金銅経筒。鞍馬寺経筒 1121 法隆寺聖霊院聖徳太子像 ○浄瑠璃寺本堂阿弥陀仏像9体 1127 鞍馬寺吉祥天像(快賢・静真等) 1144 法隆寺舞楽院 1148? 往生極楽院阿弥陀三尊像	1110 白河法皇金字金泥一切経供養 1112 東寺両界曼荼羅(賢禅) 1116 多賀切本朗詠集(藤原基俊) 1119 中尊寺清衡願経(金銀交書一切経) 1120 元永本古今集 1124 天治本万葉集。東大寺切三宝絵 1127 **東寺十二天五大尊絵像** 1132 大伝法院壁画(定智) 1140 鳥羽僧正覚猷(88, **信貴山縁起絵巻・鳥獣戯画巻**) 1141 久能寺経 1150 美福門院金字金泥一切経書写供養	原文化	高		(北宋)	1101 蘇東坡(1036～) 1107～09 高麗, 女真と戦う 1112 蘇欒城(1039～) 1115 **女真人(完顔阿骨打), 金を建国** 1119 女真文字の創製 1124 金, 遼を滅ぼす **耶律大石, 西遼建国** 1127 **宋室南遷** 1128 金, 国史の撰修 1138 宋, 臨安(杭州)に奠都 1141 西遼, セルジュク軍を撃破 1142 金, 南宋と和議 1145 朝鮮, 三国史記 1149～61 金, 海陵王	1109 スコラ学者アンセルムス(1033～) 1111 ドイツ王ヘンリー5世イタリア遠征, 帝冠を受ける 1118 御堂騎士団起る 1122 **ウォルムス協約** 1130 南イタリアに, 両シチリア王国創建 1130 修道院改革運動 1131～43 イェルサレム王国最盛 ○ゲルフ・ギベリン両党の争い 1143 リュベック建設 1147～49 第2回十字軍	十 1150
1156 藤原頼長(37, 台記)。薬種抄成る 1157 漏刻を置く 1159 藤原通憲(信西)自殺。法曹類林 1163 諸儒に伊勢熊野の神の同体か否かを勘申させる 1179 平清盛, 唐本太平御覧を献上 1184 長生療養記(蓮基)	○本朝続文粋 1153 大江氏の江家文庫火災 1155? 詞花和歌集(藤原顕輔) 1156 後葉和歌集(藤原為経) ○今撰集(顕昭) 1166 和歌現在書目録 1169 **梁塵秘抄(後白河法皇)**。春秋左氏伝の校編(清原頼業) 1170 今鏡。和歌初学抄(藤原清輔) 1171 広田社歌合(第2次) 1175 藤原兼実第の歌合 1177 続詞花和歌集(藤原清輔) 1178 長秋詠藻(藤原俊成) 1181 鴨長明集 1182 月詣和歌集(賀茂重保) 1183 古今集序註(顕昭) ○**保元物語** ○**平治物語** 1186 源頼朝, 西行を召し, 和歌・弓馬の道を問う 1187 **千載和歌集(藤原俊成)** 1189 御裳濯河歌合 1190 **西行(73, 山家集)**	1153 釈典の晴儀を復興。所々に社殿を建てまた家々に漢礼を行うことを禁じる 1155 行玄(59) 1167 重源入宋 1168 栄西入宋。重源・栄西帰朝 1169 重源, 天台新註疏を将来 1170 後白河法皇東大寺に受戒し, 勅封蔵の宝物を見る 1171 覚阿入宋 1173 文覚, 伊豆に配流 1175 **源空(法然)専修念仏(浄土宗)を唱える** 1183 解脱, 笠置山に入る 1186 栄西再び入宋 1191 **栄西帰朝し禅宗(臨済宗)を弘める**	1152 **平清盛, 厳島神社の社殿を修復** 1153 大悲山峰定寺 1156 高野山根本大塔 ○土佐豊楽寺薬師堂 ○豊後富貴寺 1160 信濃福徳寺本堂 〃 陸奥白水阿弥陀堂。同堂阿弥陀三尊及び二天像 1164 **蓮華王院(三十三間堂)創建** 1168 厳島神社社殿更に修築, 美を尽くす 1169 比叡山横川中堂焼失(翌年再建) 1170 豊後中尾五輪塔 1170? 金剛寺塔婆 1173 清水寺・六波羅密寺焼失 1174 摂津一乗寺三重塔 1177 高蔵寺薬師堂 1178 陸奥高倉阿弥陀堂 1180 平重衡, 東大寺を焼く 1183 宋の仏工陳和卿, 大仏修補開始。出雲鰐淵寺銅鏡 1186 三河金蓮寺弥陀堂 1187 周防阿弥陀寺創建(重源) 1188 興福寺金堂・南円堂再建 1190 **東大寺再建(重源)** 1191 東寺八脚門 1192 播磨浄土寺浄土堂(重源)	1151 長岳寺阿弥陀三尊像 1152 大宰府出土経筒 1154 峰定寺不動二童子・毘沙門像 1158 高野山遍照院大日如来像(康朝) 1159 東大寺多聞天像 1164 平清盛, 写経32巻(平家納経)を厳島神社に奉納 ○**中尊寺金色堂一字金輪如来像〔藤原末期遺品〕** 1173 厳島神社舞楽面 1175 七ツ寺大般若経筥(蒔絵十六善神像) 1176 **円成寺大日如来像(運慶)**。大覚寺五大明王像(明円) 1178 伊勢世義寺陶経筒 1183 厳島神社小唐櫃 1184 阿波雲辺寺毘沙門天像(慶尊) 1185 東大寺大仏落慶供養 1186 伊豆願成就院阿弥陀如来像(運慶) 1189 興福寺南円堂不空羂索観音・法相六祖像(康慶)	1153 鳥羽法皇, 金泥一切経を熊野に供養 1157 伝藤原清輔筆古今集 ○**東寺山水屏風** 1160 藤原伊行筆和漢朗詠集。高野切古今和歌集 1163 **観祐本高僧図像** 1167 最勝講薬師如来像(智順) 1171 後三年合戦絵巻(明実)。広田社歌合(俊成筆) 1172 仁和寺別尊雑記(心覚) ○文殊渡海図(珍海, 光台院) 1176 中尊寺秀衡願経(金字一切経) 1178 誓願寺盂蘭盆縁起(栄西) ○粉河寺縁起 ○病草紙 1184 元暦校本万葉集 1188 四天王寺扇面形法華経冊子 1191 **東寺十二天像屏風(宅間勝賀?)** 1192 神光院白描下絵金光明経	—地方文化の発達— 鎌倉文化	麗	金	南宋	○**アンコール・ワットの建設** 1153 金, 燕京に奠都 1157 **ホラズム興る**。セルジュク帝国衰え始める 1161 金, 汴京(開封)に遷都。采石の戦い ○**中国, 江南の開発進む。庶民階級の台頭** 1170～74 高麗, 鄭仲夫の乱 1176 金, 京府女真学を置く 1179 朱熹, 上疏時事を論じる ○朱子学起る 1181 **ゴールのムハンマド, パンジャブ侵入** 1187 ゴール朝, ガズニ朝を滅ぼす 1190 金初めて制挙, 宏詞科を置く 1193 金, 禁地の耕種をゆるむ	○パリ大学創立 **1152～90 ドイツ皇帝フレデリック1世赤ひげ** **1154～1399 イギリス, プランタジネット朝** ○オックスフォード大学創立 1159～81 教皇アレクサンドル3世 1163 ノートルダム大寺起工 1166 クラレンドン条約 1167 ロンバルディア同盟, 皇帝と対立 1171 ファーティマ朝滅びサラディン, エジプトを支配 1176 **レニヤノの戦い** 1177 ヴェネツィア和解 1180～1223 フランス王フィリップ2世 1181 イギリス, 軍事奉仕制復活 1183 コンスタンツ和約(諸市自由選挙権獲得) 1187 サラディン, イェルサレム王国を滅ぼす **1189～92 第3回十字軍** **1190 ドイツ騎士団起る**	二世紀

（西洋欄右側に縦書き「中世」）

年表〔7〕

参考資料　吾妻鏡・玉葉・明月記(藤原定家)・続史愚抄・大日本史料第四編・同第五編・増鏡

年代	時代	天皇	院政	将軍	執権
十二世紀	鎌倉時代	1185 後鳥羽(ごとば) —1198—	—1198—	1192 源頼朝 1199	
1200 十三世紀	中世	土御門(つちみかど) —1210—	後鳥羽	—1202 源頼家 1203	—1203 北条時政 —1205
		順徳(じゅんとく) —1221—	—1221—	源実朝 —1219	北条義時
		仲恭 —1221—	後高倉院 —1223—	(北条政子)	—1224
		後堀河(ごほりかわ) —1232—	—1232— 後堀河 —1234—	—1225 —1226 藤原頼経(九条)	北条泰時(やすとき)
		四条 —1242—			—1242 北条経時(つねとき)
		後嵯峨(ごさが) —1246—	—1246—	—1244 藤原頼嗣(九条)	—1246 北条時頼(ときより)
1250		後深草(ごふかくさ) —1259—	後嵯峨	—1252 宗尊親王	—1256 北条長時 —1264
		亀山(かめやま) —1274—	—1272— —1274—	—1266	北条政村 —1268
		後宇多(ごうだ) —1287—	亀山 —1287—	惟康親王	北条時宗(ときむね) —1284
		伏見(ふしみ) —1298—	後深草 —1290— —1298—	—1289 久明親王	北条貞時
1300 十四世紀		後伏見 —1301—	伏見 —1301—		—1301 北条師時 —1311
		後二条 —1308—	後宇多 —1308—	—1308	北条宗宣 —1311 北条熙時 —1315
		花園(はなぞの) —1318—	伏見 —1313— 後伏見 —1318—	守邦親王	北条基時 —1315 北条高時 —1326
		後醍醐(ごだいご) 1331—	後宇多 —1321—		金沢貞顕 —1326 北条守時
		光厳 (1339)(1336)		—1333	—1333

政治

貴族階級の政権

1192 (建久 3) 源頼朝，征夷大将軍となり，鎌倉に幕府を開く

1195 (〃 6) 頼朝再び上洛，天皇に従い東大寺の供養に臨む

1196 (建久 7) 関白九条兼実廃せられ，近衛基通関白となる(幕府の対公家策一頓坐する) 土御門通親，権力を振う

1197 (〃 8) 藤原(一条)能保(51，妻は頼朝の妹)

1202 (建仁 2) 土御門通親(54)

1206 (建永 1) 流言流布により源仲国らを追放

1207 (承元 1) 九条兼実(59)

1212 (建暦 2) 新制二十一条

1214 (建保 2) 延暦寺・興福寺僧徒蜂起，武士これを防ぐ

武家政治の初め(鎌倉幕府)

1193 (建久 4) 頼朝，弟範頼を殺す

1199 (正治 1) 源頼朝(53)。将軍頼家の独裁権を停止する

1200 (〃 2) 梶原景時・景季の変。三浦義澄(74)

1201 (建仁 1) 城長茂の乱。千葉常胤(84)

1203 (〃 3) 比企能員の変。将軍頼家，伊豆修善寺に幽閉され翌年殺される(23)。北条時政，執権(政所別当)となる

1205 (元久 2) 畠山重忠(42)殺される。北条時政，実朝の暗殺を企て，失敗して出家(1215死，78)。義時，執権となる

1213 (建保 1) **和田義盛挙兵敗死**(67)。義時，侍所別当兼任

1219 (承久 1) **源実朝**(28)，**公暁に殺される**。北条政子聴政

武家政権の確立

1221 (承久 3) 京都守護伊賀光季殺される。**承久の乱**。六波羅探題設置。三善康信(82)

1224 (元仁 1) 北条義時(62)。伊賀光宗の謀反。連署の初め

1225 (嘉禄 1) 大江広元(78)。北条政子(69)。評定衆を置く

1226 (嘉禄 2) 金峯山僧徒入京

1228 (安貞 2) 興福寺僧徒，多武峯を焼く

1232 (貞永 1) 御成敗式目(51条) **(貞永式目) 制定**

1236 (嘉禎 2) 興福寺僧徒蜂起により幕府，寺領荘園を没収し大和に守護を置く(後，撤廃)

1242 (仁治 3) 皇位継承の紛議起り，幕府の使者上洛

1244 (寛元 2) 幕府，奴婢養子・飢饉救助・人身売買・諸国守護奉行等の法を定める

1245 (〃 3) 封事進上の宣旨

○この頃，五摂家分立

1247 (宝治 1) **三浦泰村等一族滅ぶ**

1248 (〃 2) 百姓と地頭との訴訟法を定める

1249 (建長 1) **引付衆を置く**

1253 (建長 5) 新制十八条

1253 (〃 5) 奴婢仕役法を定める。新補地頭の非法を戒める

1255 (〃 7) 興福寺僧徒，東大寺の房舎を焼く

1256 (康元 1) 北条時頼，最明寺に出家，この時武士多く出家

1261 (弘長 1) 徳政及び新制二十一条を下す

1261 (弘長 1) 政所・公文所・問註所火災

1263 (〃 3) 北条時頼(37)

1264 (文永 1) 延暦寺僧徒蜂起 園城寺僧徒，延暦寺と争う

1266 (文永 3) 引付衆を廃し評定衆に聴訴させる

1268 (〃 5) 僧日蓮，外寇を警告

1269 (〃 6) 問注所を停止し五方引付衆を置く

元寇と戦後の経営(幕府の衰運)

1271 (文永 8) モンゴル使，国書を呈す，幕府これを朝廷に進上。天皇，勅旨を伊勢に派遣し，異国降伏を祈る

1274 (文永11) 文永の役—モンゴル(元)軍，対馬・壱岐を侵し，ついで肥前・筑前に上陸，一夜大風雨起り敵船沈没

1275 (建治 1) 北条実政，九州探題となる。モンゴル使を竜口に斬る

1276 (〃 2) 筑前の海岸に石塁を築く。1279 (弘安2) 元使を博多に斬る

1281 (弘安 4) 弘安の役—元軍10万，高麗軍と共に大挙襲来，筑前・長門を侵す。大風雨起り敵船また悉く沈没

1283 (〃 6) 延暦寺僧徒，禁中に乱入

1284 (弘安 7) 北条時宗(34)。1285 安達泰盛の一族滅ぶ

1286 (〃 9) **両皇統(大覚寺・持明院)迭立の議起る**

1286 (〃 9) 鎮西御家人の恩賞を行う

1293 (永仁 1) 鎮西探題を置き北条兼時を任じる

1293 (永仁 1) 一乗院僧徒，大乗院僧徒と合戦

1294 (〃 2) 霜月騒動の論功行賞を打切る

1299 (正安 1) 鎮西評定衆・引付衆を置く

1300 (〃 2) 鎮西検断職を置く

1304 (嘉元 2) 興福寺僧徒の訴により大和地頭職を停止

1308 (延慶 1) 幕府，両皇統迭立につき意見具申

1309 (〃 2) 大宰府，元軍襲来の由を奏す

朝権回復への動き

1317 (文保 1) **文保の和談**

1317 (文保 1) 諸国守護の注進状に誓詞を載させる

1318 (〃 2) 後醍醐天皇践祚

1319 (元応 1) 東大寺御輿入京

1320 (元応 2) 出羽の蝦夷反乱

1321 (元亨 1) 院政廃止，天皇親政

1321 (元亨 1) 高時，田楽・闘犬にふける。長崎高資専権

1322 (〃 2)～1328 (嘉暦3) 東北の安東季久の乱

1324 (正中 1) **正中の変**(日野資朝・俊基捕われる，土岐頼兼・多治見国長処刑)

1331 (元弘 1) **元弘の変起る**。天皇笠置潜幸。楠木正成挙兵。高時，光厳院擁立。赤坂城陥落

1332 (〃 2) 天皇，隠岐に配流される。護良親王挙兵，楠木正成千早城に拠りて相応じる

1333 (〃 3) 赤松則村挙兵。天皇隠岐を脱出，伯耆の名和長年，船上山に天皇を迎える。足利尊氏，六波羅を陥れる。新田義貞挙兵，鎌倉を攻める。北条高時(31)自殺し，**鎌倉幕府滅ぶ**。天皇京都還幸。護良親王，征夷大将軍となる。記録所・雑訴決断所・窪所・武者所を置く

1334 (建武 1) 建武の中興

外交

日宋私貿易

1216 実朝，宋の仏工陳和卿を引見，渡宋を企て大船を作らせる

1224 高麗人，越後に漂着

1226 肥前松浦党の者高麗の沿岸を侵す(倭寇の初め?)

○**この頃，宋，日本との貿易を禁ず。密貿易盛んに行われる**

1254 宋船入泊の員数を5隻と定める

1263 高麗使来り沿岸の賊の禁を乞う

1268 モンゴル使，高麗使の先導により来朝

1269 高麗返牒を乞う

1277 渡宋の商船，宋が滅んだため交易をやめて帰る

1291 元，征東行省を止める

1292 高麗使来朝，これに返書せず

1299 元，僧一寧を遣わし国書を呈して和交を求める

日元交通

1306 わが商船，元に至り貿易

○この頃，大友氏，元と私貿易を行う

1325 幕府建長寺船を元に遣わす

経済

荘園制の変革

1193 宋銭の通用を停止米を以て出挙の利を弁償させる

1196 摂津魚住泊・大輪田泊を修築

○**農業技術の進歩(畜力の利用増加し，二毛作始まる)**

1204 諸国の地頭の乱行を戒める

1207 幕府，武蔵の開発を地頭に命じる

1215 鎌倉の商人の員数を定める

1223 (貞応 2) 新補地頭の初め(得分を定める)。**大田文の作成**

1229～30 寛徳以後の新立荘園停止の厳命

1237 社寺国司領家の訴えは式目不拠とする

1240 鎌倉御家人の所領恩地の譲与売買制限

1247 新旧地頭の徴租法式を定める

1249 物価法を定める

1250 質債法を定める

1251 鎌倉の商区を定める

1252 売酒を禁じ，一家一壺のみ醸造を許す

1253 幕府，材木の尺法・出挙利銭の法を定める

1262 物価法・年紀銭負物利子法を定める

1267 養子法・遺産管理法を定める

1268 本物返の法

1270 所領の入質・売買・和与を禁ず

1272 田文を作らせる。

1286 徳政沙汰

1297 (永仁 5) 徳政令を出し，越訴・質権・売買地・利銭出挙のことを定める

1300 越訴を止める

○馬借すでに存在する

○無尽銭・質屋等現われる

○鎌倉に七商座・二十工座あり

○職人起る

1330 米価騰貴につき，京中の物価法を定める

社会生活

社会構成の変質

1193 富士の裾野の巻狩り。曽我兄弟の仇討

○武士社会の定型化

1201 諸国大風雨

1207 伊予の天竺冠者を処刑

1208 問註所焼く。京都大火(以後頻発，1213・1218・1245・1249)

1211 東海道に新駅設置

1214 栄西，実朝に茶を進める

1219 杉原紙初めて流布

1230～31 諸国大飢饉，餓死者多く

1235 僧徒の武装を禁ず

1238 双六を禁ず

1239 人身売買を禁ず

1241 鎌倉大地震

1244 幕府，賭博を禁ず

1245 幕府，殺生を禁ず 京都大地震

1247 鎌倉浮浪人を放逐

1250 諸国に鷹狩を禁ず

1251 鎌倉大火

1253 奴婢雑人の制

1254 鎌倉大火。京都地方大地震

1256 鎌倉大雨洪水。赤斑病流行

1257 鎌倉大地震

1259 諸国飢饉，餓死者多し

1260 鎌倉大火。院中の落書(武士の華美を風刺する)

1261 忍性，極楽寺に悲田院・療病院を設ける

1270 阿蘇山噴火

1280 鎌倉大火，鶴岡八幡宮炎上

1284 検約令三条

1293 鎌倉大地震，死者2万余人

1302 鎌倉大火，死者500余人

1310，1315 鎌倉大火

1317 京都大地震，数月続く

1323 鎌倉地方地震

1325 京都大雷雨，洪水

1331～33 元弘の変

★五摂家　近衛・九条・鷹司・二条・一条

★七商座　絹・炭・米・檜物・千朶積・相物・馬商

赤字名詞は国宝を示す

文		化					世界史						年代
一般	文芸	仏教	美		術	動向	東洋				西洋		
	歌書・説話集・歴史物語・軍記物	庶民仏教の興隆	建築様式の多様化	鎌倉彫刻の盛況	仏画・絵巻物の全盛		朝鮮	モンゴル	中国	遊牧民族の活躍	十字軍時代		
1194 初めて楽所を置く 1200 玉葉（九条兼実の日記，1164～）	○水鏡（中山忠親） 1194 山槐記（中山忠親の日記，1151～） 1195 中山忠親（65） ○とりかえばや物語	1194 延暦寺の強訴により禅宗弘通を禁止 1198 興禅護国論（栄西）。選択本願念仏集（法然） 1199 俊芿（しゅんじょう）入宋 1200 幕府，念仏宗を禁ず	1194 石山寺多宝塔〔和様〕 1195 東大寺大仏殿再建 1197 高野山不動院本堂 1199 東大寺南大門〔天竺様〕・同三月堂	1196 興福寺東金堂維摩像（定慶）。東大寺南大門石獅（陳和卿）。東大寺伎楽面（康慶） 1200 金剛峯寺孔雀明王像（快慶）	1192 白描下絵金光明経（神光院等） 1194 五部心観・胎蔵図様写 ○餓鬼草紙 1200 熊野懐紙（寂蓮）	鎌		金	南	1192 陸象山（1139～） 1193 ゴール朝，北インド征服 1196 宋，偽学の禁 1200 朱熹（1130～）	1189～92 第3十字軍 1195～97 回教徒，マドリード占領 ○この頃，ニーベルンゲンの歌成立 1198～1216 インノケンティウス3世		十二世紀 1200
○世俗浅深秘抄（後鳥羽天皇） 1207 裁判至要抄（坂上明基） 1211 蹴鞠裁韈の法を定める 1214 喫茶養生記（栄西） 1221 禁秘抄（順徳天皇） ○年中行事秘抄 1233 京都に，猿楽流行 ○諸学の世襲 紀伝道＝日野・菅原 明経道＝	1201 古来風体抄（藤原俊成） 1202 寂蓮（?，歌人） 1204 藤原俊成（91） 1205 新古今和歌集（源通具・藤原定家等） 1207 古今珠玉集 1212 方丈記（鴨長明） 1213 金槐和歌集（源実朝） 1215 古事談（源顕兼） 1216 鴨長明（64） 1220 愚管抄（慈円） 1223 海道記（源光行?） 1225 慈円（71，慈鎮） 1232 新勅撰和歌集（藤原定家） 1235 小倉百人一首（同上） ○宇治拾遺物語 1237 藤原家隆（80） 1241 藤原定家（80，明月記） 1243 東関紀行（源親行?） ○平家物語	1203 親鸞結婚 1206 重源（86） 1207 朝廷，専修念仏を禁じ法然を土佐に，親鸞を越後に配流 1211 俊芿帰朝（仏典将来） 1212 法然（80）。摧邪輪（高弁，選択集を攻撃） 1213 貞慶（59，解脱上人） 1215 栄西（75，臨済宗） 1223 道元入宋 1224 教行信証（親鸞） 1227 専修念仏を禁ず。道元帰朝（曹洞宗）。俊芿（62，台律の再興者） 1232 高弁（60，明恵上人） 1235 円爾渡宋，宋学輸入 1246 宋僧蘭渓道隆帰化 1231～53 正法眼蔵（道元）	〔和様新派〕 1202 建仁寺創建（栄西） 1206 栂尾高山寺創建（高弁） 1208 興福寺北円堂〔和様〕 1213 法勝寺九重塔 1214 海住山寺五重塔 1223 高野山金剛三昧院 1226 平泉毛越寺炎上 1233 宇治興聖寺（道元） 1240 唐招提寺鼓楼 1241 豊後富貴寺笠塔婆 1243 東福寺創建（円爾住持） 1244 越前永平寺創建（道元招請される）。奈良極楽院本堂 1249 六角堂・蓮華王院等炎上	1201 東大寺僧形八幡像（快慶） 1203 東大寺南大門金剛力士像（運慶・快慶等） 1208 東大寺重源像 1209 興福寺弥勒・無著・世親像（運慶） 1212 法勝寺南大門仁王像（院賢） 1213 興福寺天燈鬼・竜燈鬼像（康弁） 1223 運慶（?） 1223 加藤景正，道元に従って入宋，1227帰朝し瀬戸焼を始める 1232 法隆寺金堂阿弥陀三尊像（康勝） 1246 堀川愛染堂千躰愛染明王像（院誉） 1250 平泉地蔵院孔雀文銅磬	1201 熊野懐紙（後鳥羽天皇） 1202 理趣経（九条良経） ○神護寺源頼朝・平重盛像（隆信） 1205 藤原隆信（64，大和絵の祖） ○金戒光明寺山越阿弥陀図 1217 当麻寺新曼荼羅 1219 北野天神縁起a 1221 後鳥羽天皇像（藤原信実） 1228? 華厳縁起絵巻（高弁・成忍） 1229 高山寺明恵上人樹上坐禅図（成忍） 1231 神護寺真言八祖像（俊賀） 1233 三十六歌仙絵巻（信実）	倉時代文化	高	モンゴ	宋	1201 西遼滅ぶ 1206 アイバク，北インド統一（奴隷王朝） モンゴル帝国の成立 1206 モンゴル，チンギス汗即位（太祖，～27） 1211 モンゴル軍，華北侵入 1219 セルジュク・トルコ滅ぶ 1227 西夏滅ぶ 1234 金滅ぶ 1236～42 バツの西征（東ヨーロッパ侵入） 1236～52 高麗，大蔵経を開板 1241 ワールシュタットの戦い（モンゴル軍，東欧諸侯軍を破る） 1246 教皇，プラノ・カルピニをモンゴルに派遣	1204 第4回十字軍，コンスタンティノープルを攻略する ○スコラ哲学全盛 1215 イギリス，大憲章制定 ○ケンブリッジ大学創立 1228～29 第5回十字軍 1230～83 ドイツ騎士団，プロシア征服 1238～1492 グラナダ王国 1241 ハンザ同盟成立 1243 バツ，キプチャク汗国を建てる 1248～54 第6回十字軍	中	十三 1250
清原・中原 明法道＝中原・坂上 医道＝和気・丹波 1259 百錬抄 ○金沢文庫創立（北条実時） 1273 三宝絵詞書写 1274 釈日本紀（卜部兼方） 1284 本草色葉集（惟宗具俊） 1293 医家千字文（惟宗時俊）	1251 続後撰和歌集（藤原為家） 1252 十訓抄 1254 古今著聞集（橘成季） ○源平盛衰記 1263 初心愚草（宗尊親王） 1264 瓊玉和歌集（宗尊親王） 1265 続古今和歌集（藤原基家・為家等） 1180～1266 吾妻鏡（東鑑，幕府の記録） 1269 万葉集抄（仙覚） 1270 続教訓抄（狛朝葛） 1279 続拾遺和歌集（藤原為氏） 1280 十六夜日記（阿仏尼） 1283 阿仏尼（?） 〃 沙石集（無住） 1286 吉田本日本書紀神代巻	1253 日蓮，法華宗を開く。道元（54，曹洞宗） 1260 立正安国論（日蓮） 1260～65 宋僧普寧滞日 1262 親鸞（90，見真，真宗） ○歎異抄（親鸞の言行録） 1271 日蓮，竜口の法難 1275 一遍，時宗を開く 1278 蘭渓道隆（66）。北条時宗，宋より高僧招聘 1279 宋僧祖元来朝 1280 円爾（79） 1282 日蓮（61，立正） 1286 無学祖元（61，仏光） 1289 一遍智真（51，円照） 1291 無関普門（80，大明） 1294 日像，入京して法華宗の弘通を再開 1298 覚信（92，普化宗） 1300 叡尊に興正菩薩の号を賜う（菩薩号の初め）	1252 信濃善光寺供養 1253 鎌倉建長寺創建（道隆住持） 1256 鎌倉最明寺創建（北条時頼発願出家） 1265 摂津住吉神社本殿 1266 蓮華王院再建供養〔和様〕 1270 西大寺舎利堂 1272 大谷本願寺創建（親鸞の女覚信尼） 1274 身延山久遠寺創建 1281 常陸西蓮寺相輪橖 1282 鎌倉円覚寺創建 1285 円覚寺舎利殿〔唐様〕 1286 甲斐大善寺本堂 1287 伯耆大山寺阿弥陀堂 1291 亀山上皇，離宮を南禅寺とする	1251 吉野水分神社玉依姫像 1252? 鎌倉高徳院の大仏 刀剣技術の進歩 1253 上杉家太刀（粟田口国綱） 1254 蓮華王院千手観音像（湛慶・康円）。長命寺地蔵菩薩像（栄快） 1256 湛慶（84） ○建長寺北条時頼像 ○明月院上杉重房像 1259 白毫寺太山王像（康円） 1266 鶴岡八幡宮弁財天像 ○刀匠粟田口吉光 1274 上杉家太刀（備前長船長光） 1285 中野家文殊菩薩及び眷属像（康円） 1286? 円覚寺仏光国師像 1291 池田家太刀（来国俊） ○刀匠岡崎正宗 1294 瀬戸焼灰釉陶 1300 石井家短刀（備前長船景光）	1247 随身庭騎絵巻 1254 新因果経（慶忍） 1255 親鸞上人像（朝円） ○伴大納言絵詞（土佐光長） 1264 馬医草紙絵巻 1265 藤原信実（89） ○仁和寺聖徳太子像 ○来朝諸禅僧の墨蹟 1278 北野天神縁起b 1282 醍醐寺不動明王像粉本（信海） 1293 蒙古襲来絵詞（土佐長隆?） 1296 天狗草紙絵巻 1298 鑑真和上東征伝絵巻（蓮行） 1299 一遍上人絵伝（円伊）	―豪快・素朴・現実主義―	麗	ル		1258 フラーグ，バグダードを陥れ，イル汗国を始む 1260 フビライ即位（世祖） 1271～95 マルコ・ポーロの東方旅行（東方見聞録） 1274 元，日本遠征失敗 1278 文天祥捕えられる 1279 元，南宋を滅ぼす 1281 元軍，日本再遠征失敗 1289 ハイズの乱 1290～1320 インド，キルジ朝 1294～1328 大司教コルヴィノの中国伝道	1250～1517 エジプト，マルムーク王朝 1254～73 ドイツ大空位時代 1261 ビザンツ帝国再興 1265 イギリス，下院の基 1270 第7回十字軍 中世社会の変化 1291 スイスの原始三州独立の初め 1295 イギリス，模範議会	世	世紀 1300
1303 頓医抄（梶原性全） 1305 度会行忠（70，伊勢神道の祖） 1315 万安方（梶原性全） ○この頃僧玄恵，後醍醐天皇の侍講となり，朱子学を講じる 1330 神懐論（度会常昌）	1303 新後撰和歌集（二条為世） 1312 玉葉和歌集（京極為兼） 1320 続千載和歌集（二条為世） 1321 宮中歌合 1325 続後拾遺和歌集（御子左為藤・同為定） 1331?徒然草（吉田兼好）	1302 一向宗徒の横行禁止 1303 忍性（87） 1311 円爾に聖一国師の号を賜う（国師号の初め） 1312 無住（87） 1317 一山一寧（71） 1318 この年，僧多数入元 1321 元僧梵僊来朝。凝然（82，八宗綱要） 1322 元亨釈書（虎関師錬） 1329 北条高時，疎石を円覚寺住持とする	1302 近江石塔寺石宝塔 1305 伊予太山寺本堂 1308 近江苗村神社西本殿 1311 紀伊長保寺本堂・多宝塔 1320 長門功山寺仏殿。宇太水分神社本殿 1324? 大徳寺創建 1327 鎌倉瑞泉寺創建（疎石） 1329 備後浄土寺多宝塔 1333 甲斐清白寺仏殿	1301 円覚寺梵鐘 1307 武蔵慈光寺金銅花瓶 1312 瀬戸焼黄釉陶 1325 刀匠郷義弘（?） 1330 観心寺金銅透彫花瓶 1331 菊水双鶴鐘 1334 本阿弥家短刀（備前長船長重）	1300 法然上人行状絵図（土佐吉光） 1309 春日権現験記絵（高階隆兼） 1311 松崎天神縁起 1313 東北院職人尽歌合 1316 荏柄天神縁起 1323 真光寺遊行縁起 1329 大覚禅師画像（建長寺） 1330 大燈国師画像（妙心寺） 1333 之庵和尚像				元	1310 オゴタイ汗国滅ぶ 1313 元，科挙制を始める 1314 元，官民車服の制を定める 1320～1413 インド，トグラク朝 1321 チャガタイ汗国の分裂 1322 趙子昂（1254～） 1328 元，助役制を施行 1335 元，科挙制を廃止	1302 フランス三部会起る ○羅針盤の発明 1309～76 教皇のアヴィニョン幽閉 1315 モンガルテンの戦い ○イタリア，人文主義の思潮起る 1365～1321 ダンテ 1304～74 ペトラルカ 1313～75 ボッカチオ 1328～1498 フランスヴァロワ朝 ○商業都市起る		十四世紀

参考資料　太平記・梅松論・園太暦(洞院公賢)・康富記(中原康富)・後鑑・大日本史料第六編・同第七編

年表〔8〕

年代：十四世紀（1350）・十五世紀（1400・1450）
時代：中世　南北朝時代（1336〜1392）・室町時代

天皇

南朝：1318 後醍醐(ごだいご) —1339— 後村上(ごむらかみ) —1368— 長慶(ちょうけい) —1383— 後亀山(ごかめやま) —1392

北朝：1331 光厳(こうごん) —1336— 光明(こうみょう) —1348— 崇光(すこう) —1352— 後光厳(ごこうごん) —1371— 後円融(ごえんゆう) —1383— 後小松

（合一後）後小松(ごこまつ) —1412— 称光(しょうこう) —1428— 後花園(ごはなぞの) —1464— 後土御門(ごつちみかど) 1500

将軍

—1338— 足利尊氏(等持院) —1358— 足利義詮(宝篋院) —1368— 足利義満(鹿苑院) —1394— 足利義持(勝定院) —1423— 足利義量(長得院) —1425— —1429— 足利義教(普広院) —1442— 足利義勝(慶雲院) —1443— 足利義政(慈照院) 1473

管領

—1336— 高　師直 —1351— 仁木頼章 —1359— 細川清氏 —1362— 斯波義将 —1367— 細川頼之 —1379— 斯波義将 —1391— 細川頼元 —1393— 斯波義将 —1398— 畠山基国 —1405— 斯波義教 —1409— 斯波義淳 —1410— 畠山満家 —1412— 細川満元 —1421— 畠山満家 —1429— 斯波義淳 —1432— 細川持之 —1442— 畠山持国 —1445— 細川勝元 —1449— 畠山持国 —1452— 細川勝元 —1464— 畠山政長 1467

政治

建武の新政とその挫折

1334 (**建武 1**)**建武の中興**，**天皇親政**。護良親王，嫌疑を得て鎌倉に配せられる
1335 (〃 2)北条時行の乱。護良親王殺される。足利尊氏叛す。箱根竹下の戦い

吉野の朝廷

1336 (延元 1，建武 3)足利尊氏入洛，ついで鎮西に走る。多々良浜の戦い。尊氏また東上。湊川の戦い(楠木正成(43)戦死)。尊氏，光明帝を擁立。建武式目17条の制定。**後醍醐天皇**，**吉野に遷幸**
1337 (〃 2)越前金崎城陥落。北畠顕家，陸奥より西上，鎌倉を陥落
1338 (〃 3)北畠顕家(21)石津に戦死。新田義貞(37)藤島に戦死。結城宗広(73)
1339 (〃 4)後醍醐天皇逝去(52)
1341 (興国 2)北畠親房，常陸に入る
1343 (〃 4)北畠親房，吉野に帰る
1348 (正平 3)四条畷の戦い(楠木正行(23)戦死)。賀名生に遷幸
1352 (〃 7)新田義興，上野に挙兵
1354 (〃 9)**北畠親房**(62)
1359 (〃 14)筑後川の戦い(菊地武光，少弐頼尚と戦う)。河内観心寺に遷幸
1360 (〃 15)摂津住吉に遷幸
1367 (〃 22)葉室光資を京都に派遣し和議を計る，幕府これに応じず
1369 (〃 24)楠木正儀，北朝に通じる
1373 (文中 2)吉野に遷幸。菊地武光(?)
1377 (天授 3)菊地武朝，鎮西に連戦
1383 (弘和 3)懐良親王(55，征西宮)
1385 (元中 2)宗良親王(?)
1392 (**元中9＝明徳3**)**南北朝の合一**。細川頼之(64)。大内義弘，六国守護を兼ねる

武家の政権(室町幕府)

1338 (暦応 1)**足利尊氏征夷大将軍となる**
1349 (貞和 5)足利直冬，長門探題となる。足利基氏，**鎌倉御所**(鎌倉公方)となる
1350 (観応 1)足利尊氏，弟直義と不和発生。直義，南朝に降る。赤松則村(74)
1351 (〃 2)上杉能憲，高師直を殺す*
1352 (文和 1)尊氏，弟直義(47)を殺す
1358 (延文 3)**足利尊氏**(54)
1361 (康安 1)足方氏一門諸将間の紛争
1367 (貞治 6)足利氏満，鎌倉御所となる
1371 (応安 4)今川貞世，鎮西探題となる
1378 (永和 4)足利義満，室町新第に移る
1389 (康応 1)山名氏清等一族合わせて11国守護を兼ねる(六分一所殿)
1391 (明徳 2)明徳の乱(山名氏清(48)挙兵，敗死)

室町政権の確立

1394 (応永 1)〜95　足利義満，太政大臣となる
1398 (〃 5)三職(三管領)・七頭(内四氏を四職とす)の家を定める
1399 (〃 6)**応永の乱**(大内義弘(45)挙兵，敗死)
1408 (応永15)天皇，義満の北山第に行幸。足利義満(51)
1415 (〃 22)伊勢の国司北畠満雅乱を起す
1419 (〃 26)上杉憲実を鎌倉執事(関東管領)とする
1422 (〃 29)建武式目を増補
1423 (〃 30)義持，鎌倉御所足利持氏を討つ，持氏謝罪
1428 (正長 1)北畠満雅，小倉宮を奉じ南朝の復興を企図し敗死
1429 (永享 1)奉行の作法を定める
1439 (〃 11)永享の乱(足利持氏(42)父子自殺)
1441 (**嘉吉 1**)**嘉吉の変**(赤松満祐父子，将軍義教を殺す。ついで満祐(69)ら自殺)
1443 (〃 3)南朝遺裔の乱
1449 (宝徳 1)足利成氏，鎌倉御所となる
1455 (康正 1)上杉房顕，足利成氏と武蔵分倍河原に戦う。幕府，今川範忠に成氏を討たせる。**成氏**，**下総古河に敗走**(**古河公方**)。畠山持国(58)死，政長嗣ぐ
1457 (長禄 1)義政，弟政和を伊豆堀越に置く(**堀越公方**)
1464 (寛正 5)細川勝元に大内政弘を討たせる
1467 (**応仁 1**)**応仁の乱起る**(細川勝元(東軍)・山名持豊(西軍)，両党まず激戦)

地方分権の進行

1404 (応永11)島津元久を日向・大隅守護とする
1407 (〃 14)薩摩守護島津伊久死，元久侵入
1411 (〃 18)細川持有を和泉半国守護とする
1413 (〃 20)陸奥伊達持宗挙兵，敗退
1416 (〃 23)上杉氏憲(禅秀)の乱
1425 (〃 32)島津忠国を，日向・大隅・薩摩三国守護とする。甲斐の武田信長叛す(翌年謝罪)
1440 (永享12)足利持氏の遺子挙兵，結城氏朝これを援ける(結城合戦)
1441 (嘉吉 1)結城氏朝(40)自殺
1447 (文安 4)富樫成春・同泰高を各々加賀半国守護とする
1450 (宝徳 2)両上杉の執事長尾景仲・上杉房顕，足利成氏を攻める
1457 (長禄 1)太田道灌，江戸城を築く
1461 (寛正 2)畠山義就，乱を起す
1466 (文正 1)斯波義廉をしりぞけ，同義敏を越前・尾張・遠江三国守護とする

外交

日元交通

○私船の大陸との交通あり
○入元僧・帰化僧多し
1341　足利直義，疎石の請により**天龍寺船**を元に派遣

明・朝鮮交渉

1350　辺民，高麗の沿岸を侵し農民・米を掠奪
1355　辺民，高麗の全羅道を侵し，漁船40を取る
1358　辺民，高麗の鎮海を侵す
1367　高麗，禁寇を乞う
1369　辺民，明の山東・浙江を侵す。明，懐良親王に使を送り来り禁寇を乞う
1371　明の太祖また禁寇を乞う
1372　明使僧祖闡・克勤来朝
1374　幕府，使僧を明に派遣，明これを退せず
1375　高麗使，禁寇を乞う，義満これを拘留。明，重ねて禁寇を乞い，通商を勧める
1383　明の太祖，日本と絶交，
1391　辺民，明の雷州を侵す
1393　辺民，明・高麗を侵す
1398　義満，高麗に通交を求める
1399　対馬の宗氏，朝鮮と通交
1401　義満，商人肥富某・僧祖阿を明に派遣
1402　**義満**，**明の国書**(**義満を日本国王と呼ぶ**)**を受ける**
1404　**義満**，**明の勘合符を得る**
1408　南蛮船(南島人)渡来
1419　応永の外寇(朝鮮の兵，対馬を侵す。倭寇への反抗)
1423　朝鮮，銭数万貫及び大蔵経を幕府に贈る
1429　大内持直，朝鮮に通交
1432　遣明使僧道淵出発

勘合貿易

1434　**勘合貿易船発遣の初め**
1435　遣明使僧中誓出発
1439　朝鮮使来朝，琉球使入貢
1443　宗貞盛，朝鮮と嘉吉条約(癸亥条約)を結ぶ
1451　遣明使僧允澎出発
1455　建仁寺勧進船，朝鮮発遣
1460　出雲の民，寧波を侵す。肥前松浦氏に勘合符を与える
1461　天竜寺僧に勘合符を与える
1463　斯波義廉，朝鮮に遣使
1465　遣明使僧清啓出発

経済

荘園制の解体

1333　**記録所**・**雑訴決断所**・**武者所**を置く
1334　内裏造営のため紙幣を発行。乾坤通宝新鋳。諸国の地頭以下所管の田数を注進させる
1338　武士の手中にある公卿の家を返還させる
1346　幕府，故戦防戦及び苅田狼藉を禁じ，諸国の関料・津料を停止させる。年貢及び倹約法を定める
1352　近江・美濃・尾張三国本所領の半分を兵糧料所とする(**半済**の例)
1357　幕府，社寺本所領に関する条規を定める
1367　幕府，武士押領の山城寺社領を還付させる
1368　細川頼之，禁令数条を作る。諸国検田

幕府の財源の転換　商業資本の発生

大山崎塩物市打撃を受ける
1392　大内義弘，堺を経営
1393　**大内義弘**，**周防に機業を起す**。**土倉**・**酒屋役制を定める**
1402　備後守護山名時熙，高野山領大田荘を**守護請**する
○この頃，明の**永楽銭**輸入
1407　京都に地口銭を課す
1408　諸国関所の制を定める
1413　加茂太田社造営のため諸国に，**段銭**・**棟別銭**を課す
1414　即位の段銭を課す
1419　鎌倉に通行税を課す
1429　関所地の押領を禁じる
1430　訴訟・酒屋・土倉の制を定める
1434　硫黄の海外流出を禁じる
1436　貸借弁償法を定める
1437　貸借証券の20年を過ぎるものは無効とする
1440　負債の年紀を定める
1441　徳政の条目を定める
1444　内裏造営の段銭を課す
1450　島津氏より硫黄を徴す
1453　神宮造営の段銭を課す
1454　山城徳政一揆甚し，幕府ついに徳政令を更新
1455　諸寺祠堂銭を定める
1459　諸関を廃し，京に七口を設け税を課す。貸借法を更新。幕府，銭を五山に借りる

社会生活

農民の抗争

1334　**二条河原の落書**　上下の服制を定め華美を戒める
1336　山城・丹波の民衆乱暴
○南北の争乱のため農民疲弊
○農民の土倉・酒屋を襲うもの多し
1340　春日神木入洛
1344　東大寺僧徒，八幡神輿を奉じ入京
1345　延暦寺僧徒強訴
1354　**近江土一揆**
1355　伏見に一揆起る
1361　近畿大地震，四天王寺金堂倒壊
1364　春日神人及び興福寺僧徒，神輿を奉じ入京
1369　延暦寺衆徒，僧祖禅のことにつき強訴，よって南禅寺の楼門を破壊
1370　東国大風大飢饉
1371　興福寺僧徒強訴
1374　日吉・祇園・北野の神人入京強訴
1378　この頃**犬追物**大流行
1387　南九州国一揆
1394　阿蘇山大噴火
1407　会津大地震
1408　那須温泉湧出
1415　延暦寺僧徒，日吉神輿を奉じ入京
1418　大津の馬借蜂起
1424　諸国飢饉，悪病流行，死人多し
1426　**近江馬借一揆**
1428　**山城土一揆**(正長の一揆)。飢饉，疫病流行
1429　播磨丹波土一揆
1432　伊勢三郡土一揆
1437　東寺領久世荘の農民，東寺に群訴
1438　諸国大飢饉
1441　京畿土一揆
1447　山城西岡の民**徳政一揆**，京を焼く
1449　山城大地震
1450　浅間山噴火
1451　奈良徳政一揆
1454　**享徳の大一揆**
1457　長禄の大一揆
1463　京都土一揆
1465　山城西岡の民，徳政一揆

注　南朝・北朝1336〜1392，それぞれの年号を記載してある　**★三管領**　細川・斯波・畠山，**四職**　山名・一色・赤松・京極，**七頭**　山名・一色・土岐・赤松・京極・上杉・伊勢　**★関東八家**　千葉・小山
*足利尊氏・直義の不和と高師直がからんだ争乱を世に観応の擾乱という。

年表〔8〕

年代	文化・一般	文化・文芸	文化・仏教	文化・仏教	文化・美術（建築）	文化・美術（彫刻・工芸）	文化・美術（絵画）	動向	朝鮮	中国	世界史・東洋	世界史・西洋
		国文学の沈滞	禅宗の貴族化		禅宗寺院の建築	彫刻・工芸	肖像画の発達				モンゴル帝国の崩壊	ルネサンス
十四世紀	○建武年中行事（後醍醐天皇） 1340 職原抄（北畠親房） 神風和記（卜部普遍） 1342 大神宮参詣記（坂士仏） ○神道簡要（度会家行） 1349 四条河原の勧進能（盛況のため，桟敷が崩壊）	1339 **神皇正統記（北畠親房）** ○曽我物語 1343 夢中問答（疎石） 1346 風雅和歌集（光厳院） 1347 奥州後三年記 1349 連理秘抄（二条良基）。 1350 吉田兼好(68)。梅松論。玄恵法師（?）	1334 南禅寺を五山第一とする 1337 宗峰妙超（56，大燈） 1338 真宗，本願寺号を賜う 1339 足利直義，国ごとに安国寺・利生塔を建立。疎石，尊氏に説き，後醍醐天皇慰霊のため暦応寺造立発願。清拙正澄（66，大鑑） 禅僧の文学（五山文学） ○五山板の刊行 1345 一切経開板 1346 雪村友梅(57) **虎関師錬**（69） 1348 元僧竺仙梵僊(57)	1341 周及入元 1342 **五山十刹**を定める。霊見入元 1343 元選入元 1344 祖能入元 1346 三宝院賢俊（52）	1338 花園上皇，離宮を妙心寺とする 1339 尊氏，等持院創建 1339 西芳寺庭園成る 1340 園城寺新羅明神堂 1341 暦応寺を天竜寺と改称 1344 河内観心寺炎上，楠木正行再建 1345 尾道浄土寺阿弥陀堂 1346 **天竜寺落成**。出雲神魂神社本殿	1334 本阿弥家短刀（備前長船長重） 1336 吉野如意輪寺蔵王権現像 1338 尾道浄土寺聖徳太子像（院勢） 1342 高野山蒔絵三衣筥・同螺鈿箱 1348 宮崎大光寺文殊五尊像（康俊）	1334 大徳寺大燈国師像〔頂相の日本化〕 1335 遠江本興寺法華経曼荼羅 1338 長福寺花園天皇像（豪信） 1340 天竜寺夢窓国師像 1343 親鸞上人伝絵巻（宗舜・円寂） 1346 長福寺涅槃図 1347 後三年合戦絵詞（惟久） 1349 妙智院夢窓国師像	室町時代文化	高	元	1336 インド，ヴィジャヤナガル朝独立 1337 元，漢人・南人の武器をとるを禁じる 1342 イブン・バットゥータ，デリーより中国に向う 1347 ジャワのマジャパヒト王国最盛 1347〜1482 インドのバーマニ朝デカン支配 1348 元，方国珍挙兵（群雄蜂起）	○**イタリア人文主義** 1337 ジョット死 1338 ドイツ選挙侯会議，教皇と対立 1338〜1453 **英仏間百年戦争** 1341 イギリス議会，上下両院に分る 1346 クレシーの戦い 1347 コラ・ディ・リエンチの改革企図 1347〜50 ヨーロッパに黒死病流行，人口減少 ○**火薬の発明**（中）
1350	1352 門葉記（尊円法親王） 1356 百丈清規（礼式書）の刊行 1360 **洞院公賢**（70，園太暦） 1369 竹田昌慶入明，医術を学ぶ 1372 真福寺本古事記書写 1381 仙源抄（長慶天皇） 1399 **洞院公定**（60，尊卑文脈）	1356 **菟玖波集**（二条良基等） 1358 吉野拾遺 1359 新千載和歌集（御子左為定） 1360頃 **増鏡** 1363 愚問賢注（二条良基・頓阿） 1364 新拾遺和歌集（御子左為明） 1366 詞林菜葉抄・拾遺菜葉抄（由阿） ○**太平記**（小島法師?） 1372 連歌新式追加（二条良基）。頓阿（84） 1381 新葉和歌集（宗良親王） 1384 新後拾遺和歌集（御子左為重）。観阿弥清次（52） ○李花集（宗良親王） 1388 二条良基（69）	1351 **夢窓疎石**(77) 1354 尊氏，後醍醐天皇以下慰霊のため一切経を写す 1364 **堺の人道祐，論語集解を刊行（正平版論語）** 1375 中巌円月（76） 1379 天下の禅寺に僧録職を置く 1388 春屋妙葩(78)。義堂周信（64） 1394 上杉憲定，足利学校を修理	1351 僧19人入元 1364 禅律奉行人を置き関東の諸寺を管理させる 1368 中津・良佐入元。南禅寺の祖禅続正法論を著わす 1374 祖禅（77） 1386 南禅寺を五山の上に置く 1394 この年以後幕府・大友氏等，朝鮮に大蔵経を求める	1352 美濃永保寺開山堂〔唐様〕 1357 吉備津神社南随身門 1358 天竜寺焼失（以後数次火災にかかる） 1363 和泉錦織神社本殿 1364 近江善水寺本堂 1370 山口住吉神社本殿 1378 紀伊道成寺本堂 1382 相国寺創建（義満） 1383 義満，安聖院を鹿苑院と改称 1388 紀伊長保寺大門 1396 延暦寺大講堂 1397 **義満，金閣を建立〔寝殿造に禅刹風を折衷〕** 1399 **播磨鶴林寺本堂〔折衷様〕**	1350 遠藤家短刀（筑州左行弘） 1353 紀伊広利寺十一面観音像（頼円等） 1356 西行法師像（慶俊） 1360 尾張真清田神社舞楽面 1370 物外和尚像（朝宗） 1373 東大寺法華不動三尊像（清玄彩色） ○**窯業この頃より盛んとなる** 1380 法隆寺護摩堂不動三尊像（舜度）	1351 西本願寺慕帰絵詞（如心・隆昌） 1356 **尊円法親王**(59)（**青蓮院流祖**，日本流書道の完成） 1362 智積院十六羅漢図（石室善玖賛） 1363 円覚寺仏日庵公物目録成る 1373 無文元選像 1375 石山寺縁起 1379 東寺弘法大師行状絵伝（行忠） 1381 遊行縁起絵巻 1386 東福寺五百羅漢図（明兆） 1391 大念仏寺版画融通念仏縁起絵巻		麗		1358 紅巾の賊上都占領 1360 東チャガタイ汗国，西チャガタイ汗国を併合 明・ティムール両帝国の成立 **1368** 元滅び，**明建国**（朱元璋＝太祖洪武帝） **1370 ティムール帝国成立** 1373 大明律の制定 1376 明，布政司を置く 1380 ティムール，ペルシアに侵入 **1392 高麗滅び，朝鮮建国（李成桂）** 1399 靖難の師起る	**1356 ドイツ金印勅書（七選挙侯の制）** 1358 フランス，ジャックリー農民一揆 1365 トルコ，アドリアノープル占領 1374 ペトラルカ死（1303〜） 1375 ボッカチオ死（1313〜） **1378〜1417 教会の大分離** 1380頃 ウィクリフ化体説否認 1381 イギリス，ワット・タイラーの乱 1400 チョーサー死（1340〜，**カンタベリー物語**）
1400 十五世紀	1410 大内持世朝鮮に清涼疏鈔を求める ○この頃**茶の湯・挿花**等流行し始める 1430 貞成親王大嘗会記録・神膳御記を献じる 1441 恵鳳，徳政論を献じる 1449 鴻宝秘要（坂浄秀）	1402 四辻善成（77，河海抄） 連歌・能楽の完成 1402? **風姿花伝（花伝書，世阿弥）** 1420 **今川貞世（了俊**，96） 1424 **花鏡（世阿弥）** ○**義経記** 1430 申楽談義（世阿弥口述） 1433 糺河原の勧進能（音阿弥） 1434 貞成親王，椿葉記・明徳記・堺記を献ず 1438? 秋夜長物語 1439 新続古今和歌集（飛鳥井雅世）――勅撰集の終り 1443 世阿弥元清（81） 1444 下学集 1446 **能狂言の完成**	1403 岐陽方秀，明より詩経・四書の新註を将来 1405 絶海中津（70） 1406 観中中諦（65） 1409 愚中周及（87） 1412 一休，将軍に謁する 1419 大周周脩（72） 1420 了誉聖冏（80） 1439 上杉憲実，**足利学校**を再興	1405 随心（98，国阿弥陀仏） 1423 足利義持朝鮮に大蔵経の鏤板を求める 1426 大内盛見大般若経理趣分1000巻を刊行 1427 立正治国論（日親） 1435 三宝院満済（58） 1436 相国寺法華経を新刻	1402 薬師寺文殊堂 1407 円覚寺火災 1411 興福寺東金堂災上 1413 朝光寺本堂 1414 建長寺炎上 1415 **興福寺東金堂再建〔和様〕** 1425 吉備津神社本殿・拝殿及び北随身門〔比翼造〕 1426 興福寺五重塔〔和様〕 1435 尾張長興寺六角堂 1438 法隆寺南大門。醍醐寺清滝堂拝殿 1442 瑠璃光寺五重塔 1446 東大寺戒壇院炎上 1449 紀三井寺多宝塔 1450 竜安寺創建	1403 井手家太刀（備前長船盛光） 1417 法隆寺聖霊院聖徳太子懸仏（妙阿弥） 1426 北野神社梅蒔絵箱 1430 仏師集慶，周文とともに奈良達磨寺の達磨大師像を修理 1441 法隆寺青銅花瓶	山水画の完成 1405 柴門新月図 1410 芭蕉夜雨図 1413 金地院渓陰小筑図（伝明兆） 1416以前 退蔵院瓢鮎図（如拙） 1417 神護寺足利義持像 1419 江天暮意図（伝周文） 1431 **明兆（80兆殿司）** 1440 江山夕陽図（伝周文） 1445 水色巒光図（伝周文） 1446 牧牛図（伝周文） 1447 竹斎読書図（伝周文） 1449 専称寺親鸞絵伝	北山文化	朝鮮	明	1402 アンゴラの戦い（ティムール，トルコ軍を破る） **1402〜24 明成祖永楽帝** 1405〜30 鄭和の南征 1405 ティムール死 1413 明，貴州布政司を置く 1414 明，四書・五経及び宋儒の性理の書を修め刊行 1414〜50 インド，サイッド朝，デリー附近支配 1436 黎麟，安南国王となる 1443 朝鮮，ハングル成る 1449 明，土木の変 1450 明，オイラートと和す	1410 タンネンベルクの戦い 1414〜18 コンスタンツ宗教会議 1415 フス，異端者として処刑される 1419〜36 フス党の乱 1429 **ジャンヌ・ダルク**，オルレアンの包囲を解く 1434〜92 フィレンツェのメディチ家3代の市政支配 1438〜1740 ハプスブルグ家の皇帝 1439 フィレンツェ宗教会議 1446 建築家ブルネレスキ死 ○**グーテンベルク，活版印刷術を発明**（世）
1450	1452 琉球王，天照大神の祠を那覇に建てる 1465? **花道**立花宗家池坊専慶（?）	1452 **連歌初学抄**・連歌新式追加（一条兼良） 1456 歌舞髄脳記（金春禅竹） 1463 ささめごと（心敬） 1464 糺河原の勧進能（音阿弥） 1467 音阿弥（観世元重，70）	1451 足利義政，北小路第に学問所を造る 1465 遣明書（周鳳） 1466 **善隣国宝記**（周鳳）	1458 尼寺の制を定める 1465 延暦寺僧徒，東山大谷の蓮如の房舎を襲う 1467 雪舟入明	1452 園城寺大門 1456 金峯山寺本堂・二王門〔和様新派〕 1463 奈良吉田寺宝塔 1467 応仁の乱起り南禅寺・相国寺・天竜寺等諸大寺多く被災	1452 法隆寺舞楽崑崙八仙面（定超） 1455 栄山寺十二神将像 1464 紀伊高山寺仁王像（兼政）	1453 真珠庵一休和尚像 1462 宗湛，高倉第の障子に描く 1465 真珠庵達磨図（墨渓）		鮮		1451〜1526 インド，ロディ朝，デリー附近支配 1453 **オイラートのエッセン，自立して大元天聖可汗と称する**	**1453 東ローマ帝国滅亡。百年戦争終結** **1455〜85 イギリス，ばら戦争** 1460 ヘンリー航海親王死（ポルトガル）

長沼・結城・佐竹・小田・那須・宇都宮　★**五山〔京都〕**五山の上に南禅寺，天竜寺・相国寺・建仁寺・東福寺・万寿寺。〔**鎌倉**〕建長寺・円覚寺・寿福寺・浄智寺・浄妙寺

年表〔9〕

参考資料　親長卿記(甘露寺親長)・実隆公記(三条西実隆)・言継卿記(山科言継)・大乗院寺社雑事記・御湯殿上日記・信長公記・太閤記・後鑑・大日本史料第八編～第十一編・大日本古文書家わけ文書

年代：十五世紀（～1500）・十六世紀（1500～1600）

時代：中世　室町時代（戦国時代）　安土桃山時代

天皇

1464 後土御門(ごつちみかど) — 1500 — 後柏原(ごかしわばら) — 1526 — 後奈良(ごなら) — 1557 — 正親町(おおぎまち) — 1586 — 後陽成(ごようぜい) 1611

政治

将軍

1443 足利義政(慈照院) — 1473 — 足利義尚(常徳院) — 1490 — 足利義稙 — 1494 — 足利義澄(法住院) — 1508 — 足利義稙(恵林院) — 1521 — 足利義晴(万松院) — 1546 — 足利義輝(光源院) — 1568 — 足利義栄(光徳院) — 1568 — 足利義昭(霊陽院) — 1573 —

関白

— 1585 — 豊臣秀吉 — 1591 — 豊臣秀次 — 1595 —

群雄（生存年代）

1404～73 山名宗全
1430～73 細川勝元
1432～1519 北条早雲
1487～1541 北条氏綱
1505～51 大内義隆
1519～60 今川義元
1523～64 三好長慶
1497～1571 毛利元就
1515～71 北条氏康
1521～73 武田信玄
1530～78 上杉謙信
1530～87 大友宗麟
1534～82 織田信長
1536～98 豊臣秀吉
1538～99 前田利家
1542～1616 徳川家康
1567～1636 伊達政宗

応仁・文明の大乱（戦国時代始まる）

1467 (応仁 1) **応仁の乱起る**。足利義視，伊勢に逃れ，翌年叡山に走る
1468 (〃 2) 関白以下京都の公家，乱を避けて地方の豪族に流寓
1470 (文明 2) 南朝の遺臣，小倉宮の王子を奉じて紀伊に挙兵
1471 (〃 3) 古河公方成氏，堀越公方政知と伊豆三島に戦う
1473 (〃 5) 山名持豊(70，宗全)。細川勝元(44)。大内政弘，摂津に挙兵
1477 (〃 9) 応仁の乱漸く終り，諸将多く国に帰る

下剋上・群雄割拠・大名領の形成

1478 (文明10) 大内政弘，豊前・筑前を侵しこれを領有
1480 (〃 12) 斯波義良，越前に朝倉孝景を攻める
1486 (〃 18) 上杉定正，太田道灌(55)を殺す
1488 (長享 2) 赤松政則，播磨・備前・美作を従える
1491 (延徳 3) 伊勢長氏(北条早雲)，伊豆を占領
1495 (明応 4) 北条早雲，大森藤頼を逐い小田原城に入る
1496 (〃 5) 日野富子(57)
1507 (永正 4) 上杉房能，その臣長尾為景に攻められ自殺
1510 (〃 7) 上杉顕定，越後に長尾為景と戦い敗死
1511 (〃 8) 義稙，細川政賢を山城船岡山に破る
1514 (〃 11) 今川氏親，大河内貞綱を遠江より逐う
1515 (〃 12) 蠣崎光広，蝦夷の乱を平定
1516 (〃 13) 北条早雲，三浦義同(道寸)を滅ぼす
1517 (〃 14) 今川氏親，斯波義達を遠江引間城に破る。毛利元就，武田元繁を安芸有田城に破る
1521 (大永 1) 浦上村宗，その主赤松義村を室津に殺す
1524 (〃 4) 北条氏綱，江戸城に入る
1526 (〃 6) **今川氏親，家法33条を定める**。今川氏親(54)
1529 (享禄 2) 松平清康，三河を制圧
1530 (〃 3) 斎藤秀竜，その主土岐盛頼を逐う
1534 (天文 3) 浅井亮政，北近江を領し，京極氏に代る
1536 (〃 5) **伊達稙宗，家法の塵芥集を定める**
1538 (〃 7) 北条氏綱，下総国府台に足利義明を破る
1544 (〃 13) 尼子晴久，山陰を従え，威を振う
1547 (〃 16) **武田晴信(信玄)，民制55条を定める**
1549 (〃 18) 松平竹千代(徳川家康)今川氏に質となる
1550 (〃 19) 三好長慶入京，将軍義輝近江に走る
1551 (〃 20) 陶晴賢，その主大内義隆を殺す
1552 (〃 21) 上杉憲政，越後の長尾景虎(謙信)に頼る
1555 (弘治 1) **信濃川中島の戦い。厳島の戦い**
1560 (永禄 3) **尾張桶狭間の戦い**(今川義元(42)戦死)
1561 (〃 4) 長尾景虎，上杉氏を嗣ぐ(上杉謙信)
1565 (〃 8) 三好義継・松永久秀等，将軍義輝を殺す
1568 (永禄11) 織田信長，足利義昭を奉じて入京
1570 (元亀 1) 近江姉川の戦い(信長，浅井長政を破る)
1573 (天正 1) 室町幕府滅ぶ。浅井・朝倉両氏滅ぶ

朝廷の衰微

1482～90 畠山義就，幕府に抗する
1490 (延徳 2) 足利義政(55)
1491 (〃 3) 足利義視(53)
〃 堀越公方足利政知(57)
1500 (明応 9) 後柏原天皇践祚後40余日にして，漸く先帝を奉葬
1501 (文亀 1) 即位礼の資を幕府に求める
1502 摂津・丹波等に即位料段銭を課す(明年督促)
1504 京都の公家，多く諸国に赴く
1515 義稙に，即位料の調達を督促
1517 幕府の献金により，諸節会を行う
1521 天皇，践祚後22年にして漸く即位礼を行う
1534 大内義隆，即位資献上
1535 朝倉隆景，即位資献上
1535～50 この頃，皇室の衰微最も甚し
1536 土岐光親，即位料献上
1541 織田信秀，大神宮造営の資を献上
1548 諸将に令して，皇居修理料を献ぜられる
1560 毛利元就，即位資献上。長尾輝虎，皇居修理料を献上(景虎，前年参内)
1571 織田信長，米を京都の民に貸し，その利をもって供御に充てる

信長・秀吉の統一（織豊政権）

1575 (天正 3) **三河長篠の戦い**(信長軍，鉄砲隊を使用，武田勝頼敗退)
1576 (〃 4) 信長，安土城に入る。信長，内大臣となる(翌年右大臣)
1577 (〃 5) 羽柴秀吉，中国に出征。信長，紀伊雑賀一揆を討つ
1578 (〃 6) 毛利氏，尼子氏(勝久(26)・山中鹿之助(39))を滅ぼす
1582 (〃 10) 武田氏滅ぶ(勝頼(37)自殺)。本能寺の変(織田信長(49)自殺)。山崎合戦
1583 (〃 11) 賤が嶽の戦い。柴田勝家，越前北の庄にて自殺。秀吉，大坂城を修築
1584 (〃 12) 小牧・長久手の戦い
1585 (天正13) 羽柴秀吉，関白となる(翌年，太政大臣となり，豊臣の姓を賜う)
1587 (〃 15) 秀吉，九州を平定。秀吉，聚楽第を築造(翌年，天皇行幸)。北野大茶会
1590 (〃 18) 小田原征伐(**秀吉の全国統一**)。徳川家康，関東に移封，江戸城に入る。
1592 (文禄 1) 文禄の役(秀吉，諸将に朝鮮に出兵させる)。1593 碧蹄館の戦い
1594 (〃 3) 伏見城(桃山)成り，秀吉移る。1595 秀次追われ，ついで自殺
1597 (慶長 2) 慶長の役(秀吉，再び朝鮮に出兵)。加藤清正，蔚山籠城
1598 (〃 3) 3月，秀吉，醍醐に花見。8月 秀吉(63)死し，外征の諸将を召還
1600 (慶長 5) 9月 関が原の戦い(東軍＝徳川家康大勝，西軍＝小西行長ら斬られる)

外交

勘合貿易（対明・朝鮮）

1467 宗貞秀，朝鮮と歳遣船を約す
1469 九州探題渋川教直，朝鮮と歳遣船を約す
1474 **義政，朝鮮に書を送り，明の勘合符を求め，これを取得**
1476 遣明使妙茂・慶瑜等発遣(明に銅銭・勘合符を求める)
1481 義政，勘合船を朝鮮に送り，大蔵経を求める，朝鮮応諾
1483 遣明使僧鹿苑寺の周璋発遣
1493 遣明使僧寿蓂発遣
1497 大内義興，朝鮮に鷹匠を求める
1499 僧正竜を朝鮮に遣わし，大蔵経の板木を求める
1503 幕府，朝鮮に通信符を求める
1510 三浦の邦人，宗盛弘の応援を得て釜山を攻略(三浦の乱)★
1512 遣明使僧桂悟，明に至り，日本刀貿易を議す
宗盛長，朝鮮と永正条約を結ぶ
1516 大内氏，遣明船管掌を独占
1523 細川高国・大内義興の各使者明の寧波にて争う
1527 義晴，明に勘合符を求める
1538 大内義隆，朝鮮に大蔵経・新註五経・漏刻等を求める
1539 遣明使僧碩鼎発遣

西欧人の渡来

1543 ポルトガル人，種子島に漂着し鉄砲を伝える(一説1542)
1547 遣明使僧周良発遣。勘合貿易船終る
1549 **ザビエル，鹿児島に来り，キリスト教を伝える**〔以下，キリスト教については文化の項に掲出〕
1555 倭寇，明を侵し，南京安定門を焼き，周辺一帯において4,500人を虐殺(この頃また倭寇大いに盛ん＝後期の倭寇)
1556 明使鄭舜功，豊後に来る
1559 大友義鎮(宗麟)，豊後府中を開港，外国人の貿易を許す
1567 ポルトガル船，長崎に来航
1569 織田信長，宣教師ルイス＝フロイスを謁見
(1570 イスパニア，ルソン占領)
1582～90 九州の少年使節渡欧
1584 イスパニア商船，平戸に来航
1588 秀吉の賊船停止令(倭寇の禁止，邦人の南海進出始まる)
1589 秀吉，朝鮮に来貢を促す
1591 秀吉，原田孫七郎に命じ，フィリピンに書を贈り入貢を促す
1592 **秀吉，朱印船制度を定める**。マニラ近郊ディラオに日本人町建設
1596 イスパニア船サン＝フエリペ号，土佐に漂着
1600 オランダ船リーフデ号，豊後に漂着

★三浦(日朝互市港)薺浦・釜山浦・塩浦

経済

幕府財政の窮迫

○**日明貿易により明より銅銭多く輸入される**
1477 応仁の乱終り，
1479 近畿に棟別銭を，越前に段銭を課す
1480～1500 農民の疲弊甚しく，連年各地に一揆起る
1484 寺家堂社の売却を禁じる
1504 徳政条目頒布
1506 撰銭を禁じる
1510 徳政を行う
1512 撰銭令を発す

城下町の発生

1520 徳政令
○この頃，**山口・小田原**等の城下町大いに繁栄
○**大内氏，銀鉱開発・貿易により富強，京都より公家・職人等来り，山口繁昌す**
1542 撰銭令を発す
1545頃 筑前博多織・薩摩木綿積出
1551 勘合符制度を停止する
○この頃，ヨーロッパより毛織物輸入される
○この頃，**堺・平戸等隆盛となる**
1558 三好長慶，京都に地口銭賦課
1568 織田信長，摂津・和泉に矢銭を課す
1569 信長，撰銭令を発する。信長，関所を撤廃する
○住友の祖，南蛮吹の伝授を得る
1577 信長，安土を楽市とする
1582 大山崎油座復興。秀吉，山城検地
○京都西陣織創始
○堺縮緬織創始
1587 天正通宝鋳造
1588 大判・小判金鋳造
1582～98 **太閤検地**
1594 明より木綿を得て大和に植える

社会生活

自治村落の形成

○郷村制の成立
1472 京都に盗賊蜂起。近江坂本馬借一揆
1473 加賀一向一揆盛んとなる
1476 出雲能義郡土一揆
京都焦土と化す。東寺領備中新見荘の農民，荘官に反抗
1480 京都徳政一揆
1484 京都土一揆
1485～92 **山城国一揆，自治を行う**
1488 加賀一向一揆，守護富樫政親を滅ぼす
1489 京都大火，2000戸焼失
1500 京都大火，20000戸焼失
1502 若狭土一揆，守護武田父子を殺す
1506 加賀一向一揆再び蜂起
1511 山城土一揆，徳政を強請
1512 関東地方飢饉
1514 幕府，私闘を禁じる
1516 再び私闘禁止令
1520 京都土一揆
1527 近江坂本徳政一揆
1531 **一向一揆，越前朝倉教景を破る**
1532 山科本願寺，法華宗徒に焼かれる
1533 摂津一向一揆
1539 会津の百姓蜂起
1540 **諸国疫病流行，天皇宸筆心経を諸国一宮に奉納**
1544 諸国洪水
○**木綿の衣服**，一般に普及し始まる
1562 京都土一揆
1563 三河一向一揆
1566 遠江の農民，徳政を要求
1570 土一揆各地に起る
1571 信長，叡山焼打
1573 信長，伊勢長島の一向一揆を討つ
1580 加賀一揆蜂起
1582 甲斐農民の一揆

農民の統制

1585 秀吉，紀伊根来・雑賀の一揆を討つ
1588 秀吉，刀狩り令を発する
1591 秀吉，全国の戸口調査(66か国人ばらい)。士農工商の身分法を定める
1596 畿内大地震(地震加藤)
1597 侍五人組下人十組を作り，相互に検察させる

文化 一般 諸学の進歩	文学 連歌・俳諧・劇文学	儒学 古典の研究	宗教 一向宗と法華宗	美術 禅宗風建築	美術 諸工芸の発達	美術 水墨画と絵巻物	動向	朝鮮	中国	世界史 東洋 明専制国家の動揺	世界史 西洋 地理上の発見 宗教改革	時代区分	年代
1468 延寿類要（竹田昌慶） 1476 室町行宮戦火に炎上し古来の諸典籍を焼失 1480 樵談治要・文明一統記（一条兼良）。志野宗信（?，松雪軒，香道の祖） 1482 明，幕府に大蔵経・薬剤贈呈 1492 続添鴻秘要鈔（坂浄運）。朝鮮国王，幕府に仏像・経文贈呈	1468 申楽縁起（金春禅竹＝氏信） 1470 桃井幸若丸（直詮，78，幸若舞創始者） 1471 **東常縁，宗祇に古今伝授する** 1472 **花鳥余情（兼良）** 1476 竹林抄（宗祇） 1481 **一条兼良**（80，公卿学派） 1483 新百人一首（足利義尚） 1494 **東常縁**（94） 1495 **新撰菟玖波集（宗祇）**	1467 清原業忠（59） ○史記抄（瑞仙） 1478 鹿児島にて大学章句刊行（文明版大学，朱子の註刊行の初め） 1488 希世霊彦（86） 1489 桃源瑞仙（60，百衲襖） 1493 横川景三（65）	1471 本願寺兼寿（蓮如）越前吉崎道場を建設 1473 瑞渓周鳳（83） 1475 宗純（一休）大徳寺住持となる 1479 蓮如，山科本願寺を創立 1481 **一休宗純**（88） 1486 聖護院道興，東国を巡遊 1488 加賀一向一揆，守護富樫氏を滅ぼし国中を制圧。日親（82） 1497 蓮如，大坂石山本願寺を築く	1472 武蔵竜穏寺再建（太田道真） 1476 江戸青松寺創建（太田道灌） 1479 伏見般若三昧院 1481 紀伊道成寺楼門 1482 足利義政，東山山荘慈照寺を建立 1485 慈照寺東求堂 1489 **義政，銀閣を完成〔下層は書院造，上層は唐様〕** 1493 近江油日神社本殿 1499 竜安寺庭園成る**（石庭）**	1470 日光輪王寺鉄多宝塔 1475 伊予宝厳寺一遍上人像 1478 蒔絵師幸阿弥初代道長（71） 1481? 酬恩庵一休和尚像 1490 慈照寺足利義政像 1499 椿井仏師春慶（?）	1473 西湖図（文清） 1477 君台観左右帳記（伝能阿弥） 1479 益田兼堯像（伝雪舟） 1480? 桃井直詮像（伝土佐光信） 1481 小栗宗湛（69） 1485 芸阿弥（55） 1486 山水長巻（雪舟） 1490 山水図（岳翁） 1495 破墨山水図（雪舟）	東山文	朝		1480～1524 **タタールのダヤン汗** 1482 タタール，明に侵入 1478 遼東馬市開く 1486～1505 ヴィジャヤナガル第2王朝 1488 **バーソロミュー・ディアス，喜望峰発見** 1497～1502 大明会典 1498 **ヴァスコ・ダ・ガマ，インドに達する** 1499 明，左道を禁じる	1455～85 ばら戦争 1462～1505 ロシア，イワン3世 1480 **モスクワ国自立** 1485～1603 イギリステューダー朝 1492 **コロンブス，アメリカ発見** 1499 アメリゴ・ヴェスプッチ南米発見	中世 近	十五世紀 1500
1502 村田珠光（?，茶道の祖） 1511 **吉田兼倶**（77，**唯一神道**） 1512 体源抄（豊原統秋）。精英本草 1528 **阿佐井野宗瑞明板の医書大全を刊行** 1537 田代三喜（73，李朱医学輸入） 1543 **種子島に鉄砲・火薬伝来** 1545 曲直瀬道三，李朱医方を唱える	1497 若草記（猪苗代兼載） 1502 宗祇（82）。園塵（猪苗代兼載） 1516 千句連歌を行う 1518 **閑吟集**〔小歌集〕 1519 雨夜記（宗長） 1524 能本作者註文（吉田兼将） 1527 連歌師肖柏（85） 1532 連歌師宗長（85）。俳諧独吟百韻（荒木田守武） 1537 三条西実隆（83，雪玉集・実隆公記） 1539? **新撰犬筑波集（山崎宗鑑）** 1540 独吟千句（守武） ○中尾落の草子 1549 荒木田守武（77）	1508 桂庵玄樹（82，漢文の和訓法，薩南学派祖） 1514 了庵桂悟（90） 1516 雲岡舜徳（79） 1518 景徐周麟（79） 1533 月舟寿桂（?） ○天下白（万里集九） 1539 策彦周良入明 1550 船橋（清原）宣賢（76）〔折衷学派〕	1499 **蓮如**（85） 1501 日蓮・浄土両宗の宗論 1511 尼子経久，法華経を刊行 ○この頃より，寺院の檀家制度次第に成る 1536 **天文法華の乱**（叡山の僧徒，京都の法華の寺を焼く） キリスト教の伝来 1548 邦人ヤジロー，ゴアにて洗礼を受ける 1549 **ヤソ会宣教師ザビエル鹿児島に来り天主教を伝える** 1550 ザビエル，平戸・京都・山口に伝道	1506 京都酬恩庵本堂 1509 大徳寺大仙院本堂 1515 根来寺多宝塔 1518 延暦寺根本中堂再建供養 1519 相模早雲寺創建 1524 近江長命寺本堂 1525 摂津名草神社三重塔 1527 伊勢猿田神社本殿 1530 知恩院勢至堂 1534 武蔵金鑽神社多宝塔 1542 松尾神社本殿 1549 観心寺訶梨母帝天堂	1504 宝生家能面（伝氷見） 1512 **金工後藤祐乗（73）** ○この頃，**五郎大夫祥瑞**手の染付（磁器） 1525 西大寺鉄塔五瓶箱 1532? 面師三光坊（?） 1534 下野足利聖廟孔子像 1548 駿河清水寺薬師如来像（橘能貞）	1496 慧可断臂図（雪舟） 1502 布袋図（雪翁） 1503 北野天神縁起絵巻（土佐光信） 1506 **雪舟**（87，等楊） 1509? 大仙院襖絵（相阿弥・光信等） 1515 釈尊画像記（狩野元信） 1518 山水図（祥啓） 1525 **土佐光信**（92） 1530 **狩野正信**（97） 1531 当麻寺縁起絵巻（土佐光茂） 1532 桑実寺縁起絵巻（光茂） 1538 雪嶺斎図（僊可） 1543? 京都霊雲院襖絵（元信）	化 ―わび・さび―		明	1502 ペルシア，サファヴィ朝創始 ヨーロッパ人の東漸 1510 ポルトガル人，ゴア占領 1516 ポルトガル人，広東に至る 1519～22 **マジェラン一行の世界周航** 1520 タタール，明に侵入 1526 **バベル，ムガール帝国を建設** 1529 王陽明（1472～） 1530 ポルトガル，インド政庁をゴアに移す 1542～81 アルタン汗 1543 ポルトガル人，日本に到る（一説1542）	1513 バルボア，太平洋発見 ○アルプス以北のルネサンス 1517 **ルター，宗教改革を唱える** 1518 ツウィングリ，宗教改革を唱える 1532 君主論（マキァヴェリ）。ピサロ，ペルー征服（インカ帝国滅亡） 1534 **イギリス，首長令発布。イエズス会（ヤソ会）創立（1540公認）** 1541 **カルヴァンの宗教改革** 1543 **コペルニクスの地動説**	世 前	十六 1550
1555 **茶人武野紹鷗**（54） 西洋学術の伝来 1556 ルイ・アルメイダ初めて洋式医療を行う 1562 琉球より三味線渡来 ○この頃，坊津・平戸・堺等にて鉄砲鋳造始まる 1576 大砲伝来 1579 ヴァリニャノ有馬に学林設置 1590 ヴァリニャノ再度来朝，西洋印刷術を伝える 1591 **千利休（71）自殺**（茶道千家流の祖） 1595 曲直瀬道三（89，医道中興祖） 1600 オランダ船リーフデ号豊後に漂着，乗員ウィリアム・アダムス（三浦按針）・ヤン・ヨーステン（耶揚子），江戸に至る。家康，僧元佶に貞観政要を刊行させる	1553 **山崎宗鑑**（89） ○この頃御伽（おとぎ）草紙しだいに成る 1564 石山千句 ○狂言の完成 ○大蔵虎政（大蔵流狂言の祖） 1571 大原野千句 1575 孟津抄（九条稙通）桂林抄（三条西実枝） 1579 山科言継（73） 1582 連歌至宝抄（里村紹巴） 1586 詠歌大概抄（細川幽斎） 1591 キリシタン版刊行の初め（サントスの御作業の内抜書） 1593 **天草本イソップ物語・平家物語開板** 1599 慶長勅版日本書紀神代巻・四書・五経等開板	1579 策彦周良（79） ○南村梅軒（?，海南学派）	1551 ザビエル，インドに去る。トルレス，山口に伝道 1552 バルタザル・ガゴ，豊後に伝道 1553 ルイ・アルメイダ，平戸に伝道 1559 豊後にヤソ会病院開設。ガスパル・ビレラ，京都に伝道 1562 大村純忠，受洗 1565 京都の宣教師追放される 1569 ルイス・フロイス，信長に謁見，京都居住及び伝道を許される 1578 大友宗麟，受洗 1580 有馬晴信，受洗 1582～90 **大友・大村・有馬三氏，ローマ教皇に少年使節派遣** 1587 大村純忠（58）。大友宗麟（55）。**秀吉，キリスト教の宣教師を追放** 1588 細川忠興夫人（ガラシア），受洗 1592 本願寺光佐（50，顕如） 1595 オルガンチノ，京都・肥前に伝道 1597 長崎に26聖人殉教	1563 播磨鶴林寺護摩堂 1567 近江都久夫須麻神社本殿向拝 1568 西芳寺（苔寺）庭園再建○**京都南蛮寺（永禄寺）建立** 1570 土佐神社本殿〔比翼造〕 城郭と茶室建築 1571 厳島神社本殿 1576 安土城成る ○妙喜庵数寄屋 1582 大徳寺三門 1583 大坂城成る 1587 **聚楽第成る** 1591 石山本願寺を京都六条堀河に移建 1594 伏見城成る。松本城成る ○南禅寺方丈 1598 醍醐寺三宝院表書院及び庭園 1599 園城寺金堂。妙心寺三門。豊国廟	1555 京都要法寺金銅蓮華文透彫経箱 1564 面師孫次郎（?） ○この頃，芦屋釜・天明釜盛んとなる 1577 春光院ヤソ教銅鐘 ○この頃，朝鮮式陶法輸入 ○田中長次郎，楽焼創始 1589 秀吉，方広寺大仏を鋳造（仏師宗貞等） 1595 金海帰化（薩摩焼） 1596 李参平帰化（有田焼） 1600 尊楷，豊前に上野焼を創始	1553 武田信虎夫人像（武田信廉） 1559 **狩野元信**（84）〔**狩野派確立**〕 1562 狩野宗信（49） 障屏画の全盛 1566 京都聚光院襖絵（狩野永徳） 1574 洛中洛外図屏風（永徳） 1575 狩野之信（63） ○高雄観桜図屏風（狩野秀頼） 1583 織田信長像（狩野元秀） ○キリスト教絵図 1588 京都黄梅院襖絵（雪谷等顔） 1590 **狩野永徳**（48） 1591? 智積院襖絵（伝長谷川等伯） 1599 京都隣華院襖絵（長谷川等伯） 1600 園城寺勧学院襖絵（狩野光信）	桃山時代文化 ―豪壮―	鮮		1556 **アクバル大帝即位**（～1605） 1557 ポルトガル人，マカオ居住を許される 1563 明の俞大猷，倭寇を破る 1565 **イスパニア人，フィリッピンを征服** 1571 イスパニア，マニラに東洋貿易の根拠を置く 1578 **コサック兵のシベリア進出始まる** 1580 マテオ・リッチ，明に到る（滞在27年） 1583 ヌルハチ，挙兵 1589 明の内乱，国力漸く衰え始める 1591 ヌルハチ，東満州を統一 1592 文禄の役 1595 安南の統一 1597 慶長の役 1599 満州文字創製 1600 安南，南北に分裂	1555 **アウクスブルク宗教和議** 絶対専制主義 1556～98 ドイツ，フィリップ2世 1558～1603 **イギリス，エリザベス女王** 1562～98 フランス，ユグノー戦争 1564 ミケランジェロ（1475～） 1571 レパント海戦 1581 **オランダ独立宣言** 1582 教皇グレゴリウス13世の暦法改正 1583 ガリレオ，振子の等時性を発見 1588 **イスパニア無敵艦隊の敗滅** 1598 **ナント勅令発布**（1685廃止） 1600 **イギリス，東インド会社創立**	期	世紀 1600

★能楽四座　観世・金剛・宝生・金春

参考資料　徳川実紀・徳川禁令考・御触書寛保集成・藩翰譜・大日本史料第十二編

年表〔10〕十七世紀

年代：1600・1625・1650・1675・1700

時代：近世　江戸時代　初期

天皇

1586 後陽成（ごようぜい）—1611— 後水尾（ごみずのお）—1629— 明正（めいしょう）—1643— 後光明（ごこうみょう）—1654— 後西（ごさい）—1663— 霊元（れいげん）—1687— 東山（ひがしやま）1709

政治

将軍

—1603— 徳川家康（東照宮）—1605— 徳川秀忠（台徳院）—1623— 徳川家光（大猷院）—1651— 徳川家綱（厳有院）—1680— 徳川綱吉（常憲院）1709

大老

1638～44 土井利勝
1638～56 酒井忠勝
1651～69 保科正之（輔佐）
1663～65 榊原忠次
1666～80 酒井忠清
1668～76 井伊直澄
1681～84 堀田正俊
1697～1700 井伊直興

封建国家の完成（江戸幕府）

1600（慶長 5）関が原の戦い。論功行賞により家康の地盤固まる
1601（〃 6）板倉勝重，京都所司代となる（～1619）
1603（慶長 8）徳川家康，征夷大将軍となり，江戸幕府開く。長崎・山田奉行設置。秀忠の長女千姫を秀頼の妻とする
1607（〃 12）徳川義直を尾張に封じる（尾張家）。家康，駿府に移る
1609（〃 14）徳川頼房を水戸に封じる（水戸家）。西国大名の人質を江戸に集める。また500石積以上の船を没収する
1611（〃 16）浅野長政（65）。加藤清正（50）。島津家久，琉球を検地
1612（〃 17）東北大名より誓紙を徴す。岡本大八処刑（禁教の発端）
1613（〃 18）池田輝政（50）。公家諸法度奏上。浅野幸長（38）
1614（〃 19）豊臣秀頼，京都方広寺大仏殿の鐘を鋳造。大坂冬の陣
1615（元和 1）大坂夏の陣（秀頼（23）・淀君（49）自殺し豊臣氏滅ぶ）。一国一城の制を定む。武家諸法度（13条）・禁中並公家諸法度（17条）
1616（〃 2）徳川家康（75）。本多正信（79）。松平忠輝を伊勢に流す
1619（〃 5）広島城主福島正則の領土没収。板倉重宗，京都所司代となる（～1654）。徳川頼宣を紀伊に封じる（紀伊家）
1623（〃 9）福井藩主松平忠直を豊後に流す。上杉景勝（69）。家光参内，将軍宣下。禁裡御料1万石増献（計2万石）。黒田長政（56）
1624（寛永 1）徳川秀忠の女和子，中宮となる（東福門院）
1629（〃 6）紫衣事件，沢庵ら出羽等に配流される
1632（〃 9）徳川秀忠（54）。駿府城主徳川忠長を上野に配する。熊本城主加藤忠広を庄内に流す。大目付設置

幕藩体制の成立・諸藩の文治政治

1633（寛永10）六人衆（若年寄）設置（慶安2年一時中絶）
1634（〃 11）老中・若年寄の職を定む。譜代大名の妻子を江戸に置く
1635（〃 12）**参覲交代制の確立**。寺社奉行設置。1636　伊達政宗（72）
1638（〃 15）2月，島原の乱（前年10月～）平らぐ。初めて大老を置く
1639（〃 16）大久保彦左衛門忠教（80）。保科正之，会津藩主となる。
1644（正保 1）土井利勝（72）。諸大名に国絵図作成を命じる。
1651（慶安 4）徳川家光（48）。由比正雪の乱。大名の末期養子制緩和
○備前に熊沢蕃山（1645以来），土佐に野中兼山（1636以来），治績を挙げる
1657（明暦 3）江戸明暦の大火，江戸城本丸焼失（翌年再建）
1662（寛文 2）六人衆を復し，若年寄と称す。松平信綱（67，智恵伊豆）
1663（〃 3）殉死を禁じる
1665（〃 5）大名の人質を廃する｝（寛文二大美事）
1666（〃 6）伊勢神宮の造営を旧に復する。郷村取締令を下す
1669（〃 9）松前矩広，蝦夷の反乱を平定
1670（〃 10）金沢藩主前田綱紀，この頃木下順庵・室鳩巣を用いる
1671（〃 11）仙台藩の伊達騒動裁許（先代萩）。伊達宗勝配流
1672（〃 12）保科正之（62）
1675（延宝 3）阿部忠秋（74）
1680（〃 8）徳川家綱（40）。柳沢吉保，小納戸となる
1681（天和 1）綱吉，越後騒動を裁許，松平光長除封，小栗美作切腹
1682（〃 2）勘定吟味役を置く。池田光政（74）。巨艦安宅丸を壊す
1684（貞享 1）服忌令を定める。宣明暦を止め，貞享暦を行う。稲葉正休，大老堀田正俊を刺殺
1686（〃 3）寺社領の朱印状4649通頒布。大小神祇組200人追捕，これより旗本奴・町奴逼息する
1687（貞享 4）生類（しょうるい）憐みの令発布。大嘗会再興
1688（元禄 1）南部直政・柳沢吉保，側用人となる
1690（〃 3）上野の孔子廟（聖堂）を神田に移す（昌平坂学問所附属す）
1694（〃 7）柳沢吉保，老中格となる
1695（〃 8）貨幣改鋳の出目を以て幕府財政の急を救う（元禄8～12年の間に450万両）
1696（〃 9）荻原重秀，勘定奉行となる
1700（〃 13）日光奉行設置。徳川光圀（73）
1701（〃 14）浅野長矩，江戸城殿中に吉良義央を傷つける
1702（〃 15）全国絵図成る

外交

対外関係の盛況・邦人の海外発展

1601　ルソン長官グスマン家康に呈書
1604　長崎に訳官を置く。**江戸幕府の内外貿易船に朱印状を下附の初め**
1609　朝鮮と己酉条約（宗氏貿易を管理）。琉球を島津氏に隷属させる。オランダの**平戸貿易**始まる。前フィリピン総督漂着
1610　広東の商人来航。京都の商人をノビスパン（メキシコ）に派遣
1613　イギリスの**平戸貿易**始まる
1613～20　伊達氏の臣支倉常長渡欧

鎖国

1616　欧船の来航を平戸・長崎に制限
1620　ウィリアム・アダムス（57）
1623　イギリス，平戸の商館を閉鎖
1624　イスパニア人の来航を禁じる
1628　浜田弥兵衛，オランダ人ヌイツを台湾に捕縛，平戸に拘禁する
1630　松倉重政，ルソン遠征計画。山田長政，シャムで毒殺される
1631　奉書船制度創設
1633　奉書船以外の海外渡航を禁じ，海外渡航者の帰国を制限する
1635　すべての日本船の渡航を禁じ，帰国者は死刑，唐船も長崎に限る
1636　出島を築きポルトガル人を置く
1637～38　島原の乱
1639　ポルトガル人の来航を禁じる
1641　オランダ人を長崎の出島に移す**（鎖国の完成）**
1646　明人鄭芝竜の求援を拒む
1649　琉球使来朝

清・オランダとの通交

1655　オランダ人の糸割符制を廃し相対貿易とする
1659　長崎町人に貿易用鋳銭を許す
1661　鄭成功，台湾を占領
1666　**オランダ風説書**（現存で邦文のもの）の初め
1668　銀貨輸出をやめ金貨に代える
1672　長崎会所を置く
1673　イギリスの通商要求を拒否
1678　釜山浦の倭館を草梁に移す
1685　貿易年額を唐船73隻，銀6000貫，オランダは金5万両と定め，翌年朝鮮1万8000両，琉球2000両と定める
1688　清国船の入港数を70と限定
1689　唐人屋敷を長崎に作る
1690　ドイツ人ケンプェル来朝
○この頃，南洋日本町の邦人消滅
1693　朝鮮と竹島（欝陵島）問題起る
1700　外国船の入港数を唐船8，オランダ船5と定める

経済

経済体制の整備

1601　伏見に銀座を置き，**慶長金銀を鋳造**
1604　福井藩，松苗を植付。白糸（生糸）輸入法制定
1606　駿府に銀座を置く
1607　出羽院内の銀山開く
1608　伏見の銀座を京都にうつす。永楽銭の通用を停止
1609　金1両は銀50匁，銭4貫文とする
1610　足尾銅山発見
1612　駿府の金座を江戸に移す
1615　遠江に松杉檜の造林起る
1616　煙草の栽培を禁じる
1619　菱垣（ひがき）廻船の初め
○種子直播による造林始まる
1625　初めて薩摩に甘藷を移植
1626　仙台藩，塩専売制を布く
1627　内藤重次を諸国金銀奉行とし，鉱山の開発を奨励
1636　銭座を置き**寛永通宝**新鋳
1638　軍船を除き500石以上の大船建造を許す
○この頃，樽（たる）廻船の初め
1642　樹苗の植栽を命じる
1643　（寛永20）田畑の永代売買を禁じる。私鋳銭を禁じる
1649　**慶安御触書**（勧農規定31条）。検地条令
1653　守随・神谷両氏の秤を採用
1654　玉川上水完成（庄右衛門兄弟）
1655　保科正之，領内に社倉法を行う。

商業資本の発展

1657　株仲間の独占を禁止
1661　福井藩，藩札発行
1663　林産の消費を制限
1669　升（ます）を京升に統一。武蔵野の開拓始まる
1671　東廻り航路開く
1672　西廻り航路開く。金1両を58匁とする
1673　分地制限令を布く。三井高利，越後屋呉服店を開く
1681　住友友信，備中吉岡銅山を開発。豪商六大夫追放
1683　三井高利，両替店を開く
1684　畿内に治水のため植林
1688　大坂堂島の市街を開き，米穀取引所を建設
1691　住友友芳，別子銅山開発
1696　荻原重秀，勘定奉行となる
1697　禄米500俵以上の旗本に知行所を代え与う
1700　金1両を銀58匁以上とする
○新田の開発盛んに行われる

社会生活

農民統制の強化

1601　東海道に伝馬制を布く
1602　中山道の伝馬制を布く
1603　江戸日本橋を修造
1604　五街道に一里塚を置く
1605　煙草流行する
1607　角倉了以，富士川を開く
1609　銚子に築港。煙草を禁じる
1610　木曽桟道・伊那河橋修補
1614　角倉了以（61）
1616　人身売買を禁ず。伝馬・荷物駄送の制を定める。箱根駅を置く。煙草の栽培を禁じる
1617　江戸吉原遊廓の開設を許す。家康を久能山より日光に改葬
1623　洛中の浪人を追放
○この頃より**五人組制度を施行**
1625　関所・駅伝の制を定める
1626　重ねて人身売買を禁じる
1628　百姓の衣服に絹類を禁じ布木綿限りとする
1634　伊賀越の仇討（荒木又右衛門）
1639　鎖国を断行し，宗門改めを行う
1640　大名以下の奢りを禁じる。東海道各宿に100人100疋を置く
1641　江戸大火，2000戸焼失
1642　諸国飢饉，百姓に米の常食を禁じ，うどん・そば・まんじゅうの商売を禁じる。
1649　大名・旗本に倹約令
1652　浪人改め
1657　江戸明暦の大火（死者10万）
1659　道中奉行を置く
1662　西日本大地震
1663　三都に町飛脚組合創立
1666　百姓の衣服の華美な染色を禁じる
1667　本田畑に煙草の栽培を禁じる
1668　江戸大火。倹約令
1669　西日本洪水。福井・中津大火
1670　東海道・関東洪水。越後村上大地震。大坂津浪。明石大風雨
1672　浄瑠璃坂の仇討
1674　諸国飢饉
1675　関東諸国に鉄砲私蔵を禁じる
1678　諸国暴風雨洪水
1681　水戸大火。米価騰貴，江戸府内に飢民多し
1682　孝子節婦の表賞を始める。屋形船の大きさを制限。茶店給仕女・私娼を禁じる
1683～87　河村瑞賢，淀川を開く
○生類憐みの令により処罰されるもの多し
1690　木製付木（発火用）禁止
○**元禄模様**流行
1694　各駅助郷を定める
1698　江戸大火（勅額火事）
1700　大八車・借駕籠に焼印課税
1702　浅野遺臣，吉良義央を討つ。煙草の本田畑栽培を公認

★三家　尾張家（1607）・紀伊家（1619）・水戸家（1609）　★江戸時代の所領の割合　皇室公家領0.5，幕府直轄領25.8，社寺領1.2，大名所領72.5　★五街道　東海道・中山道・日光道中・奥州道中・甲州道中

赤字名詞は国宝を示す

文化：一般	文化：文学	文化：儒学	文化：宗教	文化：美術（建築・陶窯）	文化：美術（障壁画）	動向	朝鮮・中国	世界史：東洋	世界史：西洋	時代	年代
技術の進歩 ○朝鮮より活字を持帰り，この頃より活字印刷術起る 1606 柳生宗厳（80，新蔭流剣術） **茶道の興隆** 1614 **朝鮮活字にて大蔵経を印刷** 1615 **古田織部正（72，茶人）** **医学・数学の発達** 1622 帰除濫觴（割算書，毛利重能）	**伝統文学の復興** 1602 里村紹巴（79，連歌） 1603 出雲巫女阿国（おくに）**歌舞伎**創始。日葡辞書刊行 1604 ろどりげす巻1刊行 1610 こんてむす＝むんぢ刊行（日本ヤソ会出版の終り）。細川幽斎（77，藤孝，歌人，**古今伝授の終り**） 1612 家康，公家に文学を奨励する。元佶（65） ○新撰狂歌集（雄長老） ○人形浄瑠璃，京都に起る 1620 日本小文典 ○**仮名草子**盛んとなる	**幕府の儒学奨励** 1601 徳川家康，伏見に学校（円光寺）を建て，元佶を師とする 1604 南化玄興（67） 1607 林羅山を儒官とする ○林羅山・松永貞徳ら，古典を公開講義する ○羅山以来，漢唐の古註に代り**朱子学**起る 1614 舟橋秀賢（40） 1619 **藤原惺窩**（59）〔**近世朱子学の祖**〕	**キリスト教の禁止** 1602 東本願寺を建て真宗を両分 1608 日蓮・浄土両宗の江戸宗論 1611 伊達政宗の布教自由の告示 1612 幕府直轄領のキリスト信教禁止 1614 **高山右近・内藤如安らのキリシタン信者を国外追放** 1615 諸宗諸本山法度 1617 諸藩のキリシタン迫害盛んとなる 1619 京都のキリシタン信者を火刑にする	**建築・陶窯の発達** 1601 奈良法華寺本堂 1602 近江都久夫須麻神社本殿。**二条城成る** 1605 大徳寺孤篷庵 1606 東寺金堂 1607 京都北野神社本殿 1608 **姫路城成る**。出雲大社本殿。東大寺大仏殿再建 1609 松島瑞巌寺本堂 1610 名古屋城成る 1611 松江城・弘前城成る 1617 日光東照宮〔廟建築〕 1620 知恩院山門 1624 **日光東照宮陽明門** 1620〜24 **桂離宮**創建 1625 江戸寛永寺創建	**障壁画の隆盛** 1602 山水図屏風（海北友松） ○**風神雷神図屏風**（宗達） 1610 **長谷川等伯（72）** 1613 土佐光吉（75，浮世絵風の祖） 1614 近衛信尹（50，三藐院，能書） 1615 海北友松（83） 1617 狩野探幽，幕府の絵師となる 1618 狩野孝信（48）。雲谷等顔（72） ○源氏物語関屋・澪漂図屏風（宗達）	桃山文化 江	朝 明	**ヨーロッパ人の東漸** 1605 オランダ人，アンボイナ占領 1611 明，東林・非東林の党争激化 1616 後金の建国 1619 サルホの戦い。オランダ，バタヴィア建設 1622 白蓮教徒の反乱 1623 朝鮮仁祖の粛正 1624 オランダ，台湾ゼーランジア建設 1625 後金の太祖，盛京（奉天）に奠都	**宗教戦争・海上争覇** 1602 オランダ東インド会社設立 1604 フランス東インド会社設立 1609 屈折望遠鏡の発明（ガリレオ） 1613〜1762 ロシア，ロマノフ王朝 1616 シェークスピア（1564〜）。ガリレオ，宗教裁判を受ける。セルバンテス（1547〜，ドン・キホーテ作者） **1618〜48 三十年戦争**（ドイツの宗教戦争） 1620 イギリス，ピューリタンの北米移住	近 十	1600
1627 塵劫記（和算の書，吉田光由） 1638 江戸大塚・麻布に薬園成る ○この頃，長唄の源流起る 1645 宮本武蔵（62，書号は二天） 1646 柳生宗矩（76） 1647 **小堀遠州**（69，**茶人**） ○この頃，各地に寺子屋起る	1629 女歌舞伎禁止 1636 可笑記（如儡子） 1639 伊曽保物語刊行 1643 新増犬筑波集（松永貞徳） 1646 山之井（北村季吟） 1649 木下長嘯子（81）	**諸藩の儒学奨励** 1630 林羅山，忍岡に学寮を建設 1634 中江藤樹，伊予より近江に帰り教化に従う（近江聖人） 1636 野中兼山，山内忠義に仕える 1639 江戸城紅葉山に書庫を建つ 1642 堀杏庵（58） 1643 寛永諸家系図伝 1644 本朝編年録（林羅山） 1645 熊沢蕃山，池田光政に仕える 1648 那波活所（54）。**中江藤樹**（41）〔**陽明学**〕 1649 谷時中（52）〔南学〕	1628 日蓮宗不受不施派起る。 1629 踏絵の初め 1630 **キリスト教関係の書物輸入の禁止** 1633 **金地院崇伝（65）** 1635 寺社奉行設置 1637〜38 島原の乱 1639 宗門改め 1640 切支丹奉行設置 1643 **天海（108）** 1645 **沢庵宗彭**（73） 1648 天海版一切経成る	1630 **西本願寺飛雲閣**（聚楽第遺構）。刀工埋忠明寿（73）。増上寺台徳院 1633 清水寺本堂再建 1634? 左甚五郎（41?） ○長門萩焼起る 1638 仁和寺五重塔 1639 江戸東海寺創建（沢庵住持） 1642 延暦寺根本中堂再建 1644 東寺五重塔再建 1646 長崎崇福寺本堂。七宝焼の祖道仁（？）	1626 二条城襖絵（探幽） 1627 竹生島法華経 1630 西行法師行状絵詞（宗達） 1635 **狩野山楽（77）** ○松浦屏風 1637 **本阿弥光悦（81）** 1638 土佐光則（56）。烏丸光広（60） 1639 **松花堂昭乗（56）** 1640 東照宮縁起奉納 1641 大徳寺襖絵（探幽）	戸時代	後	○農政全書（徐光啓） 1628 ムガール帝シャー・ジャハーン即位 **1632〜53 タージ・マハールの築造** 1638 ロシア，オホーツク市建設 1641 オランダ人，マラッカ占領 **1644 清軍入関。李自成敗れ，明滅ぶ** 1648 ムガール，デリー奠都	1626 ベーコン（1561〜，経験学派の祖） 1628 イギリス権利請願 1640 イギリス短期議会・長期議会（〜60） **1648 ウェストファリア条約（三十年戦争終る）** 1649 イギリス共和宣言 1650 デカルト（1596〜，観念学派の祖）	世 七	1625
1654 紅毛流外科秘要（向井元升） 1656 金森宗和（73，茶人） 1658 向井元升，洋書を翻訳 1663 本朝医考（黒川道祐） 1673 片桐石州貞昌（69，茶人） 1674 発微算法（関孝和） 1675 柳生宗冬（63） 1682 将軍初めて読書初を行う	1652 若衆歌舞伎禁止 1653 **松永貞徳（83，貞門俳諧）** 1657 水戸藩主徳川光圀，**大日本史の編集を始める**。他我身之上（山岡元隣）。談林十百韻（宗因） **町人文芸の発達** 1661 因果物語（鈴木正三） 1664 浮世物語（浅井了意） 1672 石川丈山（90） 1673 源氏物語湖月抄（季吟） **市川団十郎，江戸に歌舞伎〔荒事〕を開く** 1675 宗因，談林派俳諧確立 1678 **坂田藤十郎，大坂に歌舞伎〔和事〕を確立**	1654 小倉三省（51） 1657 **林羅山（75，道春）〔朱子学〕**。松永尺五（66） 1659 朱舜水帰化 1662 伊藤仁斎，堀川塾を創始 1663 野中兼山（49）〔南学〕 1665 聖教要録（山鹿素行） 1666 山鹿素行，赤穂に配流（大石良雄，素行に師事） 1668 岡山藩閑谷黌創建 1669 中朝事実（山鹿素行） 1670 本朝通鑑（林鵞峰）	1654 隠元来朝 1659 隠元，黄檗宗を伝え，万福寺を創建 ○本願寺内に，小児往生の争論起る 1668 九州のキリスト教徒を禁獄 1673 **隠元**（82）	1654 京都八坂神社本殿 1655 加賀九谷焼起る 1657 塗師飛来一閑（80） 1659 修学院離宮創建 1663 蒔絵師古満休意（？） 1664 大徳寺仏殿。宇和島城成る 1666 **酒井田柿右衛門**（71，有田焼の祖） 1668 万福寺本堂 1674 智積院庭園	1650 浮世絵師**岩佐又兵衛（73，勝以）**。狩野尚信（44） 1651 狩野山雪（64） ○**俵屋宗達**（？） 夕顔棚納涼図屏風（久隅守景） ○湯女図 1662 古筆了佐（81，古筆鑑定家） 1663 伊勢物語図（住吉如慶） 1670 住吉如慶（72） 1674 **狩野探幽**（73）	初期文化	鮮 金	1658 ロシア，ネルチンスク建設 1659〜1707 ムガール帝アウランゼブ **1661〜1722 清，聖祖康熙帝** 1663 ロシア，アルバジンに築城 1669 ムガール，ヒンズー教禁止。フェルビースト，欽天監に入る 1673〜81 三藩の乱 1674 マラータ同盟成立	**1651 イギリス航海条例** 1653 クロムウェル，護国卿となる **絶対王制の成立** 1660 イギリス王制復古 ベラスケス（1599〜） 1661〜1715 フランス，ルイ14世親政 1664 フランス東インド会社再興 1669 レンブラント（1606〜） 1673 イギリス審査律	前 世	1650
1684 **安井算哲（渋川春海），貞享暦を作る**。麻布薬園を小石川へ移す 1685 八橋検校（72，箏の組歌作者） 1689 本所に天文台を設置 1694 神楽和琴秘譜 1695 華夷通商考（西川如見）。名古屋玄医（69） 1697 **農業全書**（**宮崎安貞**）刊行	1682 **西山宗因**（78）〔**談林派**〕 1682 **好色一代男**（**西鶴**） 1686 下河辺長流（63）。好色一代女・好色五人女 1688 日本永代蔵（西鶴） 1689 北村季吟，幕府に登用 1690 万葉代匠記（契沖） 1692 世間胸算用（西鶴） 1693 **井原西鶴**（52） 1694 **奥の細道**（**芭蕉**）。**松尾芭蕉**（51） ○浮世草子の全盛 1698 **竹本義太夫操芝居挙行** 1701 藩翰譜（新井白石） 1703 曽根崎心中（近松）	1680 林鵞峰（63，春斎） 1682 朱舜水（83）。山崎闇斎（65）〔朱子学〕（垂加神道） 1684 東武実録（松平忠冬） 1685 山鹿素行（64）〔古学〕 1686 武徳大成記（阿部正武等） 1690 上野忍岡の学寮を神田に移す（昌平坂学問所）。将軍，月に1度四書を講じる 1691 熊沢蕃山（73）〔陽明学〕。**林鳳岡（信篤）を大学頭とする** 1698 木下順庵（78）〔京学〕 1700 **徳川光圀（73）** 1701 安藤省庵（80）	1681 **鉄眼の一切経成る** **仏教の衰微** 1690 度会延佳（76，神道家） 1695 江戸知足院を護持院と改称	1677 刀工長曽禰虎徹（？） 1680頃 陶工野々村仁清（？） 1682 京都林丘寺本堂 1685 伊予大宝寺本堂 ○小川破笠，破笠焼創始 ○この頃，宮崎友禅，**友禅染**発明 1698 江戸寛永寺根本中堂 江戸護国寺本堂 1700 高松の栗林園成る 1701 岡山閑谷学講堂 1702 江戸六義園（柳沢吉保邸）成る	**浮世絵の興隆** 1677 海北友雪（80） 江戸雀（菱川師宣） 1678 本朝画史（狩野永納） 1685 住吉具慶，幕府の絵師となる。狩野安信（73） 1687 色の末衣（鳥居清信） 1691 **土佐光起（75）** 1694 菱川師宣（77） 1697 北島雪山（62） 1701 尾形光琳，法橋となる	元禄文化	清	1683 台湾の鄭氏，清に降伏 1686 イギリス，カルカッタ建設 1688 外モンゴル，清に服属 1689 ネルチンスク条約 1690 大清会典成る 1696 ロシア人，カムチャッカに至る 1697 康熙帝のガルタン親征 1699 清，イギリスの広東貿易を許す 1702 清，アモイに行商制度を定める	1677 スピノザ（1632〜） 1679 イギリス，人身保護律 1683 トルコ軍，ウィーンを包囲 1685 フランス，ナント勅令廃止 1687 ニュートン，万有引力の法則 **1688 イギリス名誉革命** 1689 イギリス権利章典 1689〜1725 ロシア，ピョートル大帝親政 **1700〜21 北方戦争** 1701〜13 イスパニア継承戦争	期 紀	1675 1700

★三都　京・江戸・大坂

★寛永の三筆　本阿弥光悦・近衛三藐院・松花堂昭乗

(註)家康の将軍補任は陰暦慶長八年二月十二日で，グレゴリウス暦一六〇三年三月二十四日。ただしイギリスはユリウス暦で三月十四日に当る

参考資料　徳川実紀・御触書寛保集成・宝暦集成・天明集成・天保集成・武江年表

年表〔11〕　十八世紀

年代	時代	天皇	将軍*	大老
	近世 江戸時代 中期	1687 東山	1680 綱吉	1706 柳沢吉保 1709
		1709 中御門	1709 家宣	1711 井伊直該 1714
			1712 家継	
1725		1735 桜町	1716 徳川吉宗（有徳院）	
1750		1747 桃園	1745 徳川家重（惇信院）	
		1762 後桜町	1760 徳川家治（浚明院）	
1775		1770 後桃園		1784 井伊直幸 1787
		1779 光格 1817	1786 徳川家斉（文恭院） 1837	

政治

弊政の革正（正徳の治）と享保の改革

1705（宝永２）禁裡御料1万石を増献（計3万石）
1709（〃６）徳川綱吉(64)。生類憐みの令廃止，3800人を恩赦。柳沢吉保隠退。**間部詮房・新井白石を登用**
1710（〃７）武家諸法度更新。閑院宮家創立
1712（正徳２）勘定奉行荻原重秀罷免。勘定吟味役設置
1716（享保１）評定所の裁判制度改正，未決者の入牢を止む。鷹方・鳥見復活。○吉宗しきりに鷹狩を行う
1717（〃２）**大岡忠相（越前守）を江戸町奉行に登用**
1720（〃５）租米の査検不十分なる奉行等を処罰
1721（〃６）六諭衍義大意刊行。**目安箱設置**
1722（〃７）**上米の制**を設け，参覲交代をゆるめる。出版統制（政治批判禁止）。**新田開発を奨励する**
1723（〃８）足高の制を定める。松平乗邑，老中となる
1724（〃９）倹約令を発し衣服の売価を制限する
1725（〃10）代官所経費を下附し口米は公収とする
1726（〃11）この年より6年目毎に戸口調査を行う
1728（〃13）幕領の租米を重くする（五公五民?）
1730（〃15）上米廃止，参覲の制を旧に復する
1732（〃17）尾張徳川宗春の奢侈を責める（1739蟄居）。西国虫害，大飢饉起る（翌年死者多大）
1738（元文３）大嘗会を復する（50年間中絶）
1739（〃４）青木昆陽を登用し古文書を集めさせる
1740（〃５）新嘗会を復する（284年間中絶）
1742（寛保２）公事方御定書（刑法の部＝御定書百箇条）を定める
1743（〃３）寛保御触書集成の編集。1744　倹約令

幕政批判と尊王論

1747（延享４）桜町天皇譲位。細川重賢，熊本藩を襲封
1751（宝暦１）徳川吉宗(68)。御用人大岡忠光執政
1754（〃４）宝暦暦を採用
1758（宝暦８）宝暦事件（竹内式部を重追放に処する）
1759（〃９）山県大弐，柳子新論を著わし政治を批判
1764（明和１）倹約令を止め財政再建を計る。秋田藩の銅山を幕府直轄とす。1765以後，貨幣改鋳数次に及ぶ

田沼時代より寛政の改革へ

1767（明和４）田沼意次，側用人となる。**明和事件**（山県大弐(43)獄門，竹内式部(56)八丈島流刑）
1769（〃６）田沼意次，老中格となる
1770（〃７）農民の強訴逃散に関する高札を建て訴人に褒賞する
1772（安永１）**田沼意次，老中となる。**賄賂公行する
○専売制・会所制を設け，専売商人より冥加金を徴収，また諸種の運上を徴する
○銅・海産物を輸出し，金銀の輸入を行う
1782（天明２）下総印旛沼開墾（242万人動員，1786中止）
1783（〃３）田沼意知（意次の子），若年寄となる
1783～88　天明の大飢饉（奥羽より全国に及ぶ）
1784（天明４）佐野政言，田沼意知(36)を刺殺。蝦夷地開拓を企て調査させる
1785（〃５）下総手賀沼開墾，翌年完成，洪水にて流失
1786（〃６）田沼意次罷免（翌年減封，相良城没収）
1787（〃７）**松平定信，老中筆頭となり**（～93），**倹約令を発す。**米沢藩主上杉治憲（鷹山）を表彰する
1788（〃８）田沼意次(70)
1789（寛政１）**棄捐令**を発し，旗本御家人の負債を免じる
1790（〃２）皇居を造営。朱子学を勧め，**異学を禁じる。**石川島人足寄場を設置
1791（〃３）江戸に町会所を建て**七分積立金**制を創設
1792（〃４）**林子平，海国兵談の筆禍**

外交

朝鮮・清・オランダ関係

1705　土屋政直，朝鮮外交を掌る
（1705　ロシアの都ペテルブルグに，日本語学習所設立される）
1708　イタリア宣教師シドッチ来朝
1711　新井白石，朝鮮使の待遇を改める
1712　朝鮮信使来聘に関する紛議
1714　密貿易を厳禁。シドッチ，獄死
1715　海舶互市新令（長崎貿易制限新令，金銀の海外流出制限のため）
1718　外国船と密売買を禁じる
1720　下田奉行所を相模浦賀に移す
1720　洋書輸入の禁を緩和する
1726　オランダ人洋馬を献上。ケイツル，西洋馬術を伝える。吉宗オランダ人の音楽を聴く
1729　清人，象を船載，江戸に送る
1739　再び貿易制限令（清船の員数を減じる）。ロシア船，安房沖に来る，よって沿海諸藩に厳戒を命じる
1742　銅の輸出額を制限する
1745　長崎のオランダ通詞（通訳官）にオランダの書を読むことを許す
1746　貿易額制限令（清船10，オランダ船2）
1747　清・オランダの糸反物等買受を大坂五軒問屋に限定
1751　清船，わが流民を送り来る
1753　目安箱を長崎奉行所に置く。抜荷を厳禁
1763　清貿易の支払に銀を止めて銅及び俵物（海産物等）を以てする
（1764　イルクーツクに，日本航海学校設立される）
1765　オランダより初めて金銀銭輸入
（1768　イルクーツクに，日本語学校設立される）

ロシア船の来航・海防問題

1771　ロシア船，阿波に漂着
1778　ロシア船，蝦夷地に来て通商を求める，翌年松前氏その要求を拒否
1783　伊勢の漁夫光太夫等，アリューシャンに漂着
1784　蝦夷地の開拓を始める
1786　ロシア人，千島に来る。最上徳内千島を探検し得撫島に至る
1791　外国船渡来処置令。伊勢の漂民光太夫，カザリン2世に謁する
1792　ロシア使ラクスマン，光太夫を伴い根室に来り通商を請う。松平定信，海辺を巡視

経済

貨幣・金融制度の発展

1704　貨幣改鋳
1706　宝字銀（二宝銀）鋳造
1708　**宝永通宝**新鋳。大坂に物価引下令を下す
1710　乾字金新鋳，二朱金廃止
1713　養蚕・製糸を奨励。山林濫伐を禁じる
1714　貨幣改鋳（元禄以前に復す）
1718　新金銀交換法を定める
1722　諸大名に上米を課す。米価下落。下総佐倉・小金牧場開拓
1723　物価引下令（米のみ低いため）
1724　蔵前の札差組合を公認
1725　享保大判の改鋳を令す。武蔵多摩・高麗二郡開墾
1726　検地条目。物価取締令
1729　関東地方に菜種栽培を奨励。朝鮮人参を下野今市に植える
1730　米価調節のため米会所を認む
1732　大砲を鋳造。質物改会所設置
○薩摩・結城等に**綿布の生産**起る
1734　紀伊国屋文左衛門(66)。吉宗，甘藷を試植
1736　文字金鋳造（貨幣の悪鋳再開）。琉球より薩摩に孟宗竹を移植
1738～50　大坂に銅座を置く
1741　鉄銭を鋳造
1743　**甘藷栽培を奨励**
1745　西陣高機屋仲間（同業組合）成立
1753　諸大名に，租米の10分の1を貯蔵させる
1755　加賀藩，藩札を発行。幕府，財政の緊縮を計る
1756　**米価騰貴により蓄米を禁じる**
1761　米価の暴落防止を策す
1762　寺院への田畑寄進を禁じる
1763　銅の採掘を奨励
1764　江戸の町人に新田開発を奨励
1765　明和五匁銀鋳造。座頭等の高利貸を禁じる
1768　真鍮銭（四文銭）を新鋳
1770　石代金納の割合を定める
1772　南鐐銀（二朱銀）を新鋳
1774　金銀偽造者を磔刑
1775　上杉治憲，国産会所を設置。関東の綿実仲買人を50人とする
1777　百姓の江戸出稼ぎを禁じる。新田の開発を命じる
1780　大坂に鉄座・真鍮座を設置
1781　上野武蔵に織物改所設置，農民運上廃止を要求し一揆。武蔵助郷騒動
1784　江戸の両替商数を643株とする
1785　幕府，大坂の蔵元より金を借り，これを諸大名に貸付ける
1787（天明７）米価騰貴し，江戸・大坂の町人等騒乱する**（天明の打ちこわし）**
1788　京都の豪商近江屋の家財を没収し，貧民に分つ。虫害に鯨油・石灰を奨励。陸奥・常陸・下野の農民の出稼禁止
1789　囲米の制。予備倉を置く
1790　帰農希望者に旅費を支給

社会生活

農民抗争の激化

○この頃より，大地主の下人・奉公人による大経営すたれ，小作地増加する
1712　越後村上の農民強訴
1713　幕領の大庄屋廃止
1716～35　一揆90件
1720　会津御蔵入騒動（一揆）
1721　幕府，開墾を奨励。田畑質流禁止（23解禁）
1723　出羽幕領一揆
1729　全国耕地300万町歩
1729　陸奥信夫・伊達二郡一揆
1733　江戸米一揆
1734　幕領の大庄屋一部復活
1738　磐城平の一揆
1739　但馬生野騒動
1741　農民の強訴・逃散禁止
1743～72　この頃農民一揆繁く，毎10年50件を越す
1750　百姓強訴の厳禁令
1759　日向児湯郡百姓一揆
1764　武蔵秩父郡の農民騒動
1765　関東の農民20万の大一揆
1768　大坂の一揆。佐渡の一揆
1769　百姓の強訴取締令
1773　飛騨の一揆，近藩出兵する
○庄屋・地主層と，自営農民・小作人との対立漸く激化する
1777　信濃の農民，代官に強訴
1783　秋に暴徒起る
○この頃より農民一揆，連年10件を越す

天災の続発（農村凶荒）

1703　大石良雄ら赤穂浪士46人切腹（人心への影響多大）
1704　利根川・荒川を浚渫する
1706　屋形船を100隻に限る
1707　雑説・流言・落書・捨文等を禁じる。諸国大地震。富士山噴火（宝永山噴出）
1710　奉公人受宿の制を定める
1711　江戸大火。西国・東海道大風雨。翌年又諸国大水害
1712　宿駅・飛脚制度を改定
1714　大奥の老女絵島を処罰
1717　大名火消創設。江戸大火
1720　**江戸町火消いろは組の創設。**江戸大火，家光廟焼く。土蔵造り塗屋瓦屋を奨励
1721　小石川薬園拡張（後の植物園）。江戸大火6度14万戸焼失。新規の呉服等禁止
1722　小石川養生所設立
1727　高知城焼失
1729　修行者改行（天一坊）を誅す。中国・西海道大風雨。東国疫病。こまを禁じる
1731　3年間の倹約令。諸国に麻疹流行
1738　山城に煎茶の造り初め
1742　関東大水害
1743　諸侯留守居の遊宴を禁ず
1744　倹約令（1764廃止）
1755　肥後球磨川の堤防を築く
1757　関東洪水。東北飢饉
1760　江戸大火
1765　堕胎・間引を禁じる
1767　諸国旱害
1768　**伊勢お蔭詣り**流行

大飢饉

1770～71　諸国旱害
1772　江戸行人坂の大火（明和9＝めいわくの年）。伊勢お蔭詣りの流行
1773　疾疫流行し，天皇罹病
1774　江戸大川橋（吾妻橋）成る
○この頃，衣服の主材料として**木綿大いに普及する**
1778　伊豆大島（三原山）噴火
1779　大隅桜島噴火
1780　関東大洪水
1783　浅間山噴火。諸国大飢饉**（天明の大飢饉～1788）**
1784　奥州大飢饉，死者10万
1786　江戸大火。江戸開府以来の関東大水害
1787　倹約令
1788　京都大火，皇居炎上
1789　奢侈を禁じる。新たに娼楼を建てることを禁じる
1790　江戸の銭湯に男女の混浴を禁じる。寛政の上覧相撲

注　将軍綱吉・家宣（文昭院）・家継（有章院），いずれも姓徳川を略す　★三卿　田安家（1730，徳川宗武）・一橋家（1740，徳川宗尹）・清水家（1762，徳川重好）

文化						世界史					年代
一般・科学	文学		思想	美術	動向	東洋			西洋		
蘭学の発生	俳諧と小説と戯曲	伝統文学	儒学の全盛・仏教の停滞	琳派・浮世絵・南画		朝鮮	中国	清朝の繁栄	絶対主義時代		
1708 **関孝和** (67) 1709 大和本草（貝原益軒）。新井白石，シドッチに訊問 1713 采覧異言（白石）。養生訓（貝原益軒） 1714 **貝原益軒** (85) 1715 稲生若水(61，庶物類纂)。渋川春海(77)。**西洋紀聞**(白石) 1718 測午儀の創作 1719 如見，吉宗に謁見 1723 紅葉山文庫医書校正	1704 初代市川団十郎(45)。内藤丈草(45)。向井去来(54) 1707 宝井其角(47)。服部嵐雪(54) 1708 椀久末松山(紀海音) 1709 初代坂田藤十郎(65) 1712 北条団水(49) 1714 竹本義太夫(64) 1715 **国姓爺合戦**(近松) 1717 鑓権三重帷子(近松) 1719 俳諧十論(支考) 1720 心中天の網島(近松) 1722 読売禁止。出版統制，書籍に著者・出版者名を入れさせる 1723 心中物の出版・上演を禁ず	1701 契沖 (62) 1705 **北村季吟** (83)〔貞門〕 1706 戸田茂睡 (78) 1708 万葉集和仮名訓（春満） ○この頃，**寺子屋**普及し庶民教育大いに進む 1716 折たく柴の記（新井白石）。山口素堂 (75) 1717 東雅（白石） 1719 天野桃隣 (81) 1722 散逸書を捜索 1724 日本逸史刊行（鴨祐之）	1703 卍山道白の宗統論義 1705 伊藤仁斎(79)〔古学〕 1706 栗山潜鋒(36) 1710 水戸家，礼儀類典を幕府に献上 1711 浅見絅斎(60) 1712 **読史余論**(**新井白石**) 1713 蘐園随筆(荻生徂徠) 1718 日蓮宗三鳥派禁止 1719 佐藤直方(70) 1720 水戸家，大日本史を幕府に進上。紅葉山文庫書目を編修	1705 住吉具慶(75) 1707 渡辺秀石(69)。河村若芝(78) 1708 摂津住吉神社本殿〔住吉造〕 1709 **東大寺大仏殿再建**〔天竺様〕 1710 信濃善光寺本堂。土佐光成(65)。仏師松雲元慶(63) 1713 狩野常信(78) 1714 浮世絵師懐月堂安慶，絵島事件に連坐 1715 蒔絵師古満休伯(?) 1716 **尾形光琳**(59)〔**琳派**〕。仏師宝山湛海(88) 1717 興福寺炎上 1720 伊孚九来朝，南画の法を伝う	江戸時代中期文化	朝		1705 ロシア使，中国に至る 1707 ロシア，カムチャツカを占領 1710 シーク教徒の反乱 **1716 康熙字典成る** 1717 清，キリスト教を厳禁 1719 ロシア使イスマロフ，北京に至る。ムガール帝国内紛起る 1722〜35 世宗雍正帝	1703 ペテルブルグ建設 1704 イギリスのジブラルタル占領 1707 スコットランド，イングランドに併合 1709 ポルタヴァの戦い 1713 ユトレヒト和約 1714 イギリス，ハノーヴァー朝始まる 1719 ロビンソン・クルーソー出版 1721 ニスタット和約，ロシア，バルト海に進出 1724 ドイツ，カール6世国事詔書公表	近	十
1724 西川如見 (77) 1725 桂川甫筑，洋薬を作る 1729 民間省要（田中丘隅） 1733 建部賢弘・中根玄圭，暦算全書を翻訳する。中根玄圭 (72) 1735 蕃薯考（青木昆陽） 1736 幕府，駿河の古文書を謄写させる 1739 建部賢弘 (76) 1740 青木昆陽・野呂玄丈，オランダ語の学習を始める 1744 江戸神田に天文台を設置（1757廃止）	1724 **近松門左衛門**(72) ○江戸に，河東節起る 1728 両巴巵言(撃鉦先生，洒落本の初め) 1730 初代松本幸四郎(57) 1731 各務支考(67) 1734 鯛屋貞柳(81，狂歌作者) 1736 江島屋其磧(70) 1737 井上通女(79) 1739 豊後節浄瑠璃を禁じる 1742 **紀海音**(80) ○この頃，上方に**読本（よみほん）**盛んとなる 1745 八文字屋自笑(88)自殺 1746 菅原伝授手習鑑(出雲) 1748 **仮名手本忠臣蔵（出雲）**	国学の興隆 1735 羽倉考（在満） 1736 **荷田春満** (69，春葉集) 1738 上島鬼貫(78)。神道明弁(度会常彰) 1748 **日本書紀通証（谷川士清）**	1725 新井白石(69) 1726 大坂懐徳堂創立 1728 **荻生徂徠**(63)〔**古文辞学**〕 1729 **石田梅岩，心学を唱える**。経済録(太宰春台) 1732 **駿台雑話（室鳩巣）**。林鳳岡(89) 1734 室鳩巣(77) 1735 細井広沢(79) 1736 伊藤東涯(67) 1741 三宅尚斎(80) 1744 **石田梅岩**(60)〔心学〕 1746? 富永仲基(32?) 1747 太宰春台(68)〔古学〕 1749 多田義俊(53)	1724 英一蝶(73) 1729 鳥居清信(66) 1731 清人**沈南蘋**，画法を伝う(1733帰国) 1733 金工**横谷宗珉**(83) 1735 清の漆器の製法伝わる 1736 近衛家熙(70，予楽院，能書)。奈良利寿(64，奈良彫り) 1738 伊勢万古焼創始(沼波五左衛門) 1743 **尾形乾山**(81) 1744 山水図(彭城百川)。出雲大社本殿。土屋安親(75，奈良彫) 1747 蒔絵師小川破笠(85)			清	1727 キャフタ条約 1728 ベーリング海峡発見。清，西蔵を征服 1732 清，軍機処設置 1733 大清会典成る **1735〜95 高宗乾隆帝** 1736 ペルシア，アフシャール朝起る(**ナディール・シャー**) 1739 ムガール朝衰退 1740 大清律令及び大清一統志成る。ベンガル地方独立 1746 清，人民の山海関出境を禁じる	1725 ピョートル大帝死 1727 ニュートン(1642〜) 1731 イギリス商業ギルドの禁止 1733 博物分類(リンネ)。プロシア徴兵制。 **1740〜48 オーストリア継承戦争** 1747 フランクリン，電気を発見 1748 法の精神(モンテスキュー)。アーヘン和約 ○イギリス，共有地の私有化(囲込み)進み，農民層の分解著しい	世 前	1725 八
1754 **山脇東洋**，初めて死体の解剖を行う 1759 柳子新論（山県大弐） 1761 野呂元丈 (69) 1764 平賀源内，火浣布(石渡)を創製 1765 多紀安元，医学館開設を許される(神田) 1769 **青木昆陽** (72) 1774 **解体新書出版**（前野良沢・杉田玄白・中川淳庵） 1775 ツンベルグ，蘭館医として来朝。日本輿地路程全図（長久保赤水，1779刊）	1751 一谷嫩軍記(並木宗輔・浅田一鳥)。並木宗輔(57) 1752 当世下手談義(好阿，滑稽本の初め) 1756 初代沢村宗十郎(73)。竹田出雲(66) 1764 初代富本豊前掾(49) 1766 本朝二十四孝(半二)。深井志道軒(83) 1769 近江源氏先陣館(半二) ○江戸に絵草紙起る 1773 本朝水滸伝(建部綾足)。並木正三(44) 1775 金々先生栄花夢(恋川春町，黄表紙の初め)。俳人千代女(73)	1751 荷田在満 (46) 1757 冠辞考（真淵） 1758 柳沢淇園 (53，柳里恭) 1760 万葉考（真淵） 1763 本居宣長，賀茂真淵に会う ○鶉衣（也有） 1769 **賀茂真淵** (73) 1770 常山紀談（湯浅常山） 1771 直毘霊（宣長）。炭太祇 (63) 1774 建部綾足 (56)	1752 山県周南(66) 1755 自然真営道(安藤昌益)。熊本時習館創立。雨森芳洲(88)。足利学校落雷にて焼失 1759 服部南郭(77) 1761 吉見幸和(89)〔神道家〕 1764 紅葉山に図書集成購入 1765 中根東里(72)〔陽明学〕 1766 本願寺本尊義諍論起る 1767 原双桂(50) 1768 **白隠慧鶴**(84)〔**臨済禅**〕 1773 鹿児島造士館創立。滝鶴台(65) 1774 両本願寺，浄土真宗と公称するを請う。虚無僧取締令	1751 西川祐信(81)。祇園南海(75) 1752 宮川長春(71) 1753 彭城百川(56) 1755 渡辺始興(73) 1759 清水焼創始(音羽屋九郎兵衛)。雪中鴛鴦図(伊藤若冲) 1761? 高野山遍照光院襖絵(大雅) 1764 奥村政信(79) 1765 鈴木春信，錦絵創始。雪松図(応挙)。多色摺版画始まる 1766 芦雁図(熊代熊斐) 1768 七難七福図巻(応挙) 1770 鈴木春信(46) 1771 十便十宜図(大雅・蕪村)。写生図巻(応挙)。雨中鶏図(紫石) 1772 熊代(神代)熊斐(61)	—庶民の芸術—	鮮		1757 プラッシーの戦い（イギリスのインド支配の基礎） 1760 清，東トルキスタンを征服 欧人のアジア経営 1765 東インド会社，ベンガル等の地税徴収権獲得（クライヴ，ベンガル知事就任） 1767 アユタヤ朝滅亡 1773 四庫全書館を開く 1774 ヘースティングス，ベンガル総督となる	○**フランス啓蒙文学** 1751〜75 フランス，百科全書の編集 **1756〜63 七年戦争** 1758 経済表(ケネー) 1762 **民約論（ルソー）** 1764 イギリス航海条令の強化。紡績機発明 1767 ワット蒸汽機関改良 1770頃 **イギリス産業革命**期に入る 1772〜95 ポーランド分割 1773 イエズス会解散	期	1750 世
1776 平賀源内の電気の研究（エレキテル） 1779 **平賀源内** (51) 獄死 1783 **蘭学階梯**（大槻玄沢）。赤蝦夷風説考（工藤平助） 1784 日本植物志（ツンベルグ）。求心論（志筑忠雄） 1785 蘭日辞典（前野良沢）。**三国通覧図説**（林子平） 1791 **海国兵談（林子平）**出版完了 1792 林子平，処罰さる	1776 **雨月物語（上田秋成）** 1777 春風馬堤曲(蕪村)。伽羅先代萩(奈河亀輔) 1779 無益委記(恋川春町) 1780 加賀見山廓写本(亀輔) 1781 初代常磐津文字太夫(73?) 1782 御存商売物(山東京伝) 1783 与謝(谷口)蕪村(68，俳諧・画家)。横井也有(82)。伊賀越道中双六(半二)。近松半二(59)。初代尾上菊五郎(67) 1786 狂歌才蔵集(四方赤良) 1790 傾城買四十八手(京伝)。**柄井川柳**(73) 1791 仕懸文庫にて京伝処罰され洒落本衰え読本興隆する	1776 谷川士清 (68) 1778 **古事記伝**上巻（**宣長**） 1779 富士谷成章 (42) 1782 揖取魚彦 (60) 1784 伊勢貞丈 (70，故実家) 1785 日本書紀集解（河村秀根） 1786 玉くしげ（宣長） 1787 秘本玉くしげ（宣長） 1792 古事記伝中巻（宣長）	1776 米沢興譲館創立 1779 中沢道二，心学を弘める 1781 湯浅常山(74) 1782 **群書類従**(塙保己一)。広島藩学問所創立 1783 名古屋明倫堂創立 1786 湯島聖堂炎上。手島堵庵(69)〔心学〕 1789 三浦梅園(67)〔折衷学派，哲学〕 **1790 寛政異学の禁** 1792 昌平校を造営	1776 **池大雅**(54) 1780 中山高陽(64)。小田野直武(32)〔洋風画〕 1781 曽我蕭白(52) 1782 四季山水図(蕪村) 1784 池玉瀾(57，大雅の妻) 1785 石川豊信(75)。佐竹曙山(38，義直)〔洋風画〕 1786 宋紫石(75，雪渓) 1787 遊虎図遊鶴図襖絵(応挙) 1789 **司馬江漢，油絵と銅版**を始む。恋川春町(46，黄表紙作者・狂歌・浮世絵) 1791 栗田口広羽(69) 1792 勝川春章(67)				1775〜82 第1マラータ戦争 1780〜84 第2マイソール戦争 1782 四庫全書完成 1786 阮福映，フランスと攻守同盟。朝鮮に天守教盛んとなる 1789 阮文恵，安南国王となる 1790〜92 第3マイソール戦争 1791 朝鮮，洋学の禁 1792 清，貧民の出関の禁をゆるむ	アメリカの独立 フランス大革命 1775〜83 アメリカ独立戦争 1776 国富論(スミス)。**アメリカ十三州独立宣言** 1781 純粋理性批判(カント) 1783 イギリス，アメリカを承認。ヴェルサイユ及びパリ休戦仮条約 1787 蒸汽船発明(ジョン・フィッチ) 1789 ワシントン，アメリカ大統領となる。**フランス大革命起る**。フランス人権宣言 1792 フランス国民公会		1775 紀

★ヨーロッパ紡績界の四大発明　紡績機　ハーグリーヴス(1764)・アークライト(1768)・クロムプトン(1779)，力織機　カートライト(1787)

年表〔12〕

参考資料　続徳川実紀・武江年表・大日本維新史料・大日本古文書(幕末外交関係)

年代：十八世紀／1800／十九世紀(1825, 1850)
時代：江戸時代　近世　後期
天皇：1779 光格(こうかく) -1817- 仁孝(にんこう) -1846- 孝明(こうめい) -1867 明治天皇
将軍：1786 徳川家斉(文恭院) -1837- 徳川家慶(慎徳院) -1853- 徳川家定(温恭院) -1858- 徳川家茂(昭徳院) -1866- 徳川慶喜 -1867-
大老：1835 井伊直亮 1841／1858 井伊直弼 1860／1865 酒井忠績 1865

政治

大御所時代(化政時代)——海防問題の進展

1793(寛政5) **尊号事件**につき中山愛親等，関東下向，閉門となる。林子平(56)。高山彦九郎(47)自殺。松平定信，老中職を退く
1797(〃9) 寛政丁巳暦(麻田剛立・高橋至時)頒布，明年施行
1798(〃10) 近藤重蔵等，択捉島に「大日本恵土呂府」の標柱を建つ
1799(〃11) 東蝦夷地を幕府の直轄領とする。択捉航路開く
1800(〃12) **伊能忠敬，蝦夷地を測量**
1801(享和1) 富山元十郎等，得撫島に「天長地久大日本七属島」の標柱を建てる
1802(〃2) 蝦夷奉行(のちに箱館奉行)を置く
1806(文化3) 外国船に薪水給与の令を発する
1807(〃4) 西蝦夷地を幕府の直轄領とする。箱館奉行を廃し，**松前奉行**を置く
1808(〃5) **江戸湾沿岸に砲台修築起工。間宮林蔵，樺太を探検し，間宮海峡を発見**
1810(〃7) 白河藩・会津藩に相模・房総の砲台を築かせる
1817(〃14) 水野忠成，老中となる(〜1834)
1820(文政3) 浦賀奉行に海岸の防備を厳にさせる
1821(〃4) 東西蝦夷地を松前氏に還附し，松前奉行を廃する
1822(〃5) 天皇，修学院行幸。相馬大作(34)処刑
1823(〃6) 松平外記刃傷事件
1825(文政8) 異国船打払令
1827(〃10) 将軍家斉，太政大臣となる(〜1841)
1831(天保2) 全国総石高調査
1834(〃5) **水野忠邦，老中となる**
1836(〃7) 江戸町会所改革。水戸斉昭，砲台を築く。真田幸貫，大砲72門を鋳造。
1837(天保8) 大塩平八郎の乱(大坂)。生田万の乱(越後柏崎)
1838(〃9) 徳川斉昭，将軍に内憂外患を説く
1839(〃10) **蛮社の獄**(渡辺崋山・高野長英投獄される)

諸藩藩政改革

1822 小田原藩主大久保忠真，二宮尊徳を登用。上杉治憲(72，鷹山)
1829 **松平定信**(72，白河楽翁)
1830 水戸斉昭，藩政改革を行う。薩摩藩調所広郷，財政改革断行
1837 長州藩村田清風，財政改革断行

天保の改革

1841(天保12) **水野忠邦の政治革新**。この頃，洋式軍備起る
1842(〃13) 天保暦を採用。文政8年の打払令を廃し，薪水給与令を復活する**(天保の緩和令)**
1843(〃14) 水野忠邦失脚，阿部正弘，老中首席となる
1846(弘化3) 海防の勅諭，幕府に下る。幕府，外船来航を奏上
1850(嘉永3) 朝廷，国難を七寺七社に祈願。再び海防の勅諭，幕府に下る。高野長英(47)自殺　1851 水野忠邦(58)

攘夷論と開港論・幕府体制の崩壊

1853(嘉永6) 幕府，開国の可否を諸侯有司に問う
1855(安政2) 幕府，長崎海軍伝習所開設。幕政改革の布告。堀田正睦，老中となる
1857(〃4) 幕府講武所内に軍艦教授所開設。阿部正弘(39)
1858(安政5)〜59 安政の大獄(鷹司政通落飾慎，徳川斉昭蟄居，慶喜隠居慎。梅田雲浜(45)獄死。橋本左内(26)，頼三樹三郎(34)，吉田松陰(30)刑死)
1860(万延1) 3月**桜田門外の変(井伊直弼害死(46))**老中安藤信正等，公武合体を策し和宮降嫁を奏請(明年10月東下，明後年2月婚礼)
1861(文久1) 長州藩士長井雅楽，公武合体の議を建白(後に藩論一変)
1862(〃2) 坂下門外の変。島津久光，公武調停企図，その途次寺田屋騒動。**生麦事件**，京都守護職を置く(松平容保)。参観を3年1度とする。朝議，攘夷に決する
1863(文久3) 家茂上洛。賀茂・石清水に行幸，攘夷祈願。攘夷論最高潮。**8月18日の政変**，攘夷論者失脚。七卿の都落ち。天誅組の変。生野銀山の変
1864(元治1) 3月藤田小四郎等挙兵。7月蛤御門の変。8月**長州征討**。11月長藩謝罪
1865(慶応1) 2月武田耕雲斎(63)処刑。4月長州再征を令す(翌年6月出兵)
1866(〃2) 1月薩長連合の盟約成る。7月家茂(21)死し，長州再征軍を解く
1867(慶応3) 10月14日討幕の密勅，薩長に下る。徳川慶喜，**大政奉還**を乞う，翌日勅許。12月9日**王政復古の大号令**。(1868)明治維新

外交

北方問題の発生

1792 **ロシア使節ラクスマン，漂民幸太夫を伴い根室に来り通商要求，幕府，拒絶**
1797 **イギリス船，蝦夷地(室蘭)に来航**
1798 オランダ商館書記ヘンドリック＝ヅーフ来朝(1803，商館長となる)
1804 ロシア使レザノフ，長崎に来り通商要求
1805 幕府，ロシアの要求を拒絶
1806〜07 レザノフの部下，蝦夷地にて寇掠
1808 イギリス船フェートン号，長崎に来航，長崎奉行松平康英，引責自殺
1809〜17 オランダ船入港なし(フランスに併合)
1811 ロシア軍艦長ゴロウニンを国後島に捕う
1812 高田屋嘉兵衛，ロシア艦に捕えらる
1813 イギリス船来航，オランダ商館奪取計画
1816 イギリス船琉球に来り通商要求
1817 イギリス船浦賀に来る。ヘンドリック＝ヅーフ帰国
1818 イギリス人ゴルドン浦賀来航
1823 シーボルト(ドイツ人，オランダ商館員)来朝
1824 イギリス捕鯨船員，常陸・薩摩に上陸
1825 **異国船無二念打払令を下す**
1827 イギリス船，小笠原島に来る
1828 **シーボルト事件**(シーボルト，スパイ嫌疑，天文方高橋景保投獄獄死)
1829 シーボルト，日本を去る

西欧勢力の圧迫——開国

1831 イギリス船，東蝦夷地に来航
1837 **アメリカ船モリソン号，漂民を伴い浦賀入港**，打払令により撃退する
1840 清の商人，**アヘン戦争**を報じ来る
1841 高島秋帆，武蔵徳丸原にて砲術を試みる。江川英竜，江戸近海を巡視，非常時に備う
1843 江戸四谷角筈に大炮場を設立
1844 フランス船，琉球に来航。薩摩藩に限り，琉球対仏貿易を許す。**オランダ国王開国進言**
1846 米使ビッドル浦賀に来り通商要求，拒絶
1847 島津氏，琉球を英・仏に開港
1849 イギリス船，浦賀に来航
1852 ロシア船，下田来航。
1853 **米使ペリー浦賀来航**。ロシア使プゥチャーチン長崎来航
1854 日米和親条約(神奈川条約)。日英・日露和親条約
1856 米総領事ハリス下田駐在
1858 日米修好通商条約調印(*)
1860 批准交換使節新見正興渡米
1861 ロシア軍艦，対馬停泊事件。竹内保徳等，兵庫・新潟開港延期使節として渡欧
1863 5月長州藩，外船砲撃。7月薩英戦争
1864 8月**四国艦隊下関砲撃**。仏公使レオン＝ロッシュ着任。幕府の統制により輸出減少
1865 安政の諸条約勅許。綿製品の輸入激増。横浜製鉄所・横須賀造船所起工
1866 改税約書調印
1867 兵庫開港勅許。**貿易額輸入超過となる**。1868 幕府領を公収

経済

産業構造の変革

1794 倹約令を10年延期する
○都市・農村における，問屋制家内工業著しく発達
1798 諸藩の米札の発行を禁じる
○諸藩の国産専売制度，次第に顕著となる
1805 銀座の他で灰吹銀・潰銀の売買を禁じる
1806 **江戸の町人に御用金を命じる**
1808 杉本茂十郎，江戸十組問屋結成
1809 江戸に町会所を設ける
1810 **大坂の町人に御用金を命じる**。高請なき新田畑の売買を許す
1815 **座頭の高利貸を禁ず**
1816 暴利取締令
1818 本田畑の甘藷栽培を禁じる
1824 南鐐二朱銀・一朱金を鋳造
1829 二朱銀・二分判金を改鋳
1833 一朱金の鋳造を停止
1835 **天保通宝新鋳**
1836 諸国に大飢饉起り米価暴騰(天保の大飢饉)
1837 五両判・一分判鋳造。米価引下令
○この頃各地に，**マニュファクチュア生産**起る
1841 **全国株仲間禁止**
1842 諸侯の物産専売禁止
1843 印旛沼開発令。江戸・大坂十里四方収公計画・旧債の無利息20年返済令
1844 農村救荒令
1848 株仲間再興許可
1851 島津斉彬，精煉所設立。十組問屋・札差仲間再興許可
1852 銭屋五兵衛獄死
1853 石川島造船所建設
1854 三井氏，御用金差出
1855 長崎製鉄所建設

海外貿易と物価高騰

1859 神奈川・長崎・箱館3港を開き貿易開始
1860 横浜村開港。**五品江戸廻令**。四文銭新鋳
1860〜65 米価暴騰による農民一揆頻発

社会生活

農民一揆

1793 伊予吉田藩紙専売反対の一揆
1796 伊勢津藩割地均田反対の一揆
1798 美作但馬の一揆
1800 豊後に専売制反対の一揆
1811 豊前豊後備荒施設撤廃要求一揆
1816 駿河一揆
1818 常陸一揆
1819 阿波・摂津一揆
1823 紀伊一揆
1826 伊予に逃散起る
1831 周防長門一揆(物産会所反対)
1832 この年より**全国的大飢饉つづく**
1833 播磨加古川流域の一揆
1836 甲斐郡内騒動
1842 近江の農民検地騒動
1847 天草農民一揆
1853 陸奥一揆
1854 紀伊農民一揆
1858 伊予吉田領一揆(備荒施設撤廃の要求)
1859〜63 信濃伊那郡南山暴動
○外人殺傷事件相つぐ。1860 ヒュースケン殺害。1861 英公使館(東禅寺)襲撃。1862 英公使館(御殿山)焼打
1865 摂津・隠岐に打ちこわし運動
1866 **江戸・大坂に打ちこわし運動起る**
1867 **ええじゃないか運動**，名古屋に起り各地に波及

人心不安の激化

1794頃 鯨油・石灰による害虫駆除の奨励
1795 力士谷風梶之助(46)
1798 **百姓の強訴を禁ず**
1800 女子の富士登山を許す
1804 出羽大地震，象潟湖崩れる
1806 江戸大火
1810 諸国飢饉
1811 強訴・徒党再禁令
1812 浪人取締令
1816 畿内・東海道暴風洪水
○この頃，百姓の衣服次第にぜいたくとなり取締りしばしば下令
1822 全国人口調査。西国にコレラ流行
1823 諸国旱害
1828 この年全国の人口2720万。越後大地震
1829 江戸大火
1830 京畿大地震
○伊勢お蔭詣り流行
1832 鼠小僧次郎吉(36)処刑
1833 京都にエライコッチャ踊り流行
1835 江戸の茶商山本嘉兵衛，玉露茶を創製
1840 全国人口調査。水戸藩，常平倉を設く
1842 倹約令
1843 町人の武芸稽古禁止。人返し法(帰農)
1847 町人に倹約令。信濃善光寺附近大地震
1850 国定忠治(41)処刑
1852 近畿風水害
1853 関東大地震
1854 下田地震，大津浪
1855 江戸大地震(藤田東湖圧死)
1858 コレラ(ころり)流行，死者3万
1859 **安政の大獄**
1860 江戸府下の幼児に種痘を行う
1863 攘夷論者暴行頻発

1858年の5カ国との修好通商条約は，6月にまず日米，7月に日蘭・日露・日英，9月に日仏間で調印された。

科学・技術 西洋学術の発達	文学 小説と戯曲	文学 国学・和歌・俳諧・狂歌	思想 儒学の変貌	美術 諸派の絵画・書道・工芸	動向	朝鮮	中国	東洋 清国の衰退	西洋 ナポレオン時代		年代
1795 高橋至時 天文方となる 1796 ハルマ和解（稲村三伯） 1797 宇田川玄随(43)。聖堂を学問所と改め幕府直轄とする 1798 暦象新書（志筑忠雄） 1799 麻田剛立（66）	1794 初代瀬川如皐(56)。五大力恋緘(五瓶) 1798 傾城買二筋道（梅暮里谷峨） 1799 忠臣水滸伝(京伝) 1800 春雨物語(秋成)	1793 塙保己一，和学講談所設立 1795 霊語通(上田秋成)。作文通弊(村田春海) 1796 万葉集略解（加藤千蔭） 1798 **古事記伝(本居宣長)完成** 1801 小沢蘆庵（79）。**本居宣長**(72)	1797 **昌平坂学問所(聖堂)を官学校とする** 1798 智洞，三業帰命を唱える 1799 大学私衡(亀田鵬斎)。逸史(中井竹山) 1800 孝義録の刊行	1793 公余探勝図(文晁) 1794 高名美人六歌撰(歌麿) 大谷鬼次(東洲斎写楽) 1795 **円山応挙**(63)〔**円山派**〕 1799 西洋画談(司馬江漢) 1800 伊藤若冲(85)	江			1796 **白蓮教徒の乱** 1799 第4マイソール戦争，マイソール滅亡 1800 清，アヘンの輸入を禁じる	1793～94 フランス恐怖政治(革命反対者死刑) 1795 ポーランド分割終る 1795～99 フランス総裁政府 1799 ナポレオンのクーデター，第一統領となる	近	**十八世紀** 1800
1801 長久保赤水 (85)〔地図〕 1802 本草綱目啓蒙(小野蘭山) 1803 **前野良沢** (81) 1804 高橋至時 (41) 死，子景保天文方をつぐ 1809 桂川甫周 1811 江戸天文台に翻訳局を置く。稲村三伯 (54) 1816 間重富 (61) 1817 **杉田玄白** (85) 1818 **伊能忠敬** (74) 1821 本多利明 (78)〔経世家〕。**伊能忠敬の大日本沿海輿地全図完成** 1825 気海観瀾 (青地林宗)	1802～09 **東海道中膝栗毛**(一九) 1806 椿説弓張月前篇(馬琴)。雷太郎強悪物語(三馬)〔合巻の初め〕。昔話稲妻草紙(京伝)。桜田治助(71) 1809 浮世風呂 初篇(三馬)。 1811 浮世床初編(三馬) 1814～41 南総里見八犬伝(馬琴) 1816 山東京伝(56) 1822 式亭三馬(47) 1825 初代清元延寿太夫(49)。東海道四谷怪談(南北)	(72) 1803 花月草紙（松平定信） 1804 荒木田久老 (59) 1805 大伴大江丸 (86，俳人) 1806 橘南谿 (53，医，紀行文) 1808 加藤千蔭 (74，歌人) 1809 **上田秋成** (76，読本作者) 1811 村田春海 (66，琴後翁)。古史徴（平田篤胤） 1813 手柄岡持 (79，狂歌・小説) 1819 おらが春（一茶）。群書類従正篇（塙保己一）刊行終る 1821 **塙保己一** (76)。木下幸文 (43) 1823 大田南畝(75，蜀山人，四方赤良)。富士谷御杖(56)	1801 細井平洲(74)〔折衷派〕 1803 中沢道二(79)〔心学〕 1806 藩翰譜続編(近藤氏) 1807 岡田寒泉(71)。柴野栗山(74) 1810 水戸家，大日本史献上 1812 寛政重修諸家譜成る 1813 尾藤二洲(69)。蒲生君平(46) 1816 頼春水(71) 1817 中井履軒(86)。古賀精里(68) 1821 山片蟠桃(74) 1822 山陵志(蒲生君平)刊行 1823 皇朝史略(青山延于)。宇内混同秘策(佐藤信淵)	1806 **喜多川歌麿**(54)〔**浮世絵**〕。花月関情事(竹田)。画僧月僊(89) 1810 木喰上人明満(93) 1811 松村月渓(70，呉春)〔四条派〕 1814 歌川豊春(80) 1815 鳥居清長(64)〔浮世絵〕 1818 **司馬江漢**(72)〔**油絵**〕東照宮五重塔再建。山口素絢(60) 1820 浦上玉堂(76) 1821 佐藤一斎像(崋山) 1822 亜欧堂田善(75) 1824 加藤民吉(53)〔瀬戸磁〕 1825 初代歌川豊国(57)	戸 時 代 後	朝		1803 阮福映，越南国王となる 1810年代 広東に機械製糸業発生 1810 オランダ，フランスに併合され，植民地はイギリスに併合される 1811 イギリス，バタヴィアを占領 1815 清，重ねてアヘン輸入を禁じる 1817 第3マラータ戦争 1819 イギリス，シンガポール領有 1825～26 第1ビルマ戦争	1804 **ナポレオン皇帝即位** 1806 **神聖ローマ帝国亡ぶ**。大陸封鎖令 1812 ナポレオンのロシア遠征失敗 1814～15 **ウィーン会議** **反動体制と自由主義** 1815 神聖同盟 1821 ギリシア独立戦争 1823 **モンロー主義宣言** 1825 サン＝シモン(1760～)。イギリス工場法	世	**十** 1825
1827 大槻玄沢 (71) 1829 シーボルト事件により高橋景保 (45) 獄死 1830 足立長雋，西洋産科を創唱。農政本論（佐藤信淵） 1833 蘭和辞典(ドゥーフ)刊行 1834 宇田川玄真 (66) 1835 足立左内，露語辞典翻訳 1836 最上徳内 (83) 1838 緒方洪庵，大坂に南学塾を開く 1839 宇田川榕庵，化学（舎密）を唱道 1840 西洋兵制（鈴木春山）。和田寧 (56，数学) 1842 高島秋帆砲術教授となる 1844 間宮林蔵 (70) 1848 **佐久間象山，大砲を鋳造** 坪井信道 (54，蘭医) 1850 洋書の翻訳を制限する 1851 気海観瀾広義（川本幸民）	1828 近世説美少年録初輯5巻(馬琴) 1829 **鶴屋南北**(75)。 1829～42 修紫田舎源氏(種彦) 1831 **十返舎一九**(67) 1832 春色梅児誉美(春水) ○この頃，**滑稽本・人情本**盛ん 1840 勧進帳(三代五瓶) 1841 滝亭鯉丈(60?) 1842 人情本の出版を禁じ作者を罰する。**柳亭種彦**(60) 為永春水(54) 1848 **滝沢馬琴**(82) ○この頃，しばらく歌舞伎衰える	1824 清水浜臣 (49) 1826 雅言集覧（石川雅望） 1827 **小林一茶** (65) 1828 桂園一枝(香川景樹)。本居春庭 (66) 1830 嬉遊笑覧（喜多村信節）。石川雅望 (78，宿屋飯盛) 1831 僧良寛 (74，歌人，能書家) 1832 古今集正義（香川景樹） 1833 本居大平 (78) 1835 狩谷棭斎 (61)〔考証学〕 1836 江戸名所図会（斎藤幸雄） 1840 万葉集古義（鹿持雅澄）。活語指南（東条義門） 1841 屋代弘賢 (84) 1843 香川景樹 (76)。**平田篤胤**(68)。貞丈雑記（伊勢貞丈）。東条義門 (58) 1844 稜威道別（橘守部） 1846 伴信友 (74) 1847 小山田与清 (65)	1825 太田錦城(61) 1826 国史略(岩垣松苗)。亀田鵬斎(75，能書)。藤田幽谷(53)〔水戸学〕 1827 **日本外史(頼山陽)**。経済要録(佐藤信淵)。菅茶山(80) 1832 頼山陽(53) 1834 頼杏坪(79) 1837 大塩平八郎(46)自害 1838 慎機論(渡辺崋山) 1839 柴田鳩翁(57)〔心学〕 1841 林述斎(74)。水戸弘道館開く(水戸学の興隆) 1842 江戸麹町に学問教授所を設置 1843 徳川実紀完成 1844 松崎慊堂(74)〔考証学〕 1845 富国方法論(二宮尊徳) 1849 黒住宗忠(71)〔黒住教〕 1850 **佐藤信淵**(82)〔農政学〕	1827 江戸加賀藩邸赤門(現在の東京大学赤門) 1828 酒井抱一(68)。野呂介石(82) 1829 細田栄之(74) 1831 亦復一楽帖(竹田) 1833 青木木米(67)。**東海道五十三次(広重)刊行** 1835 **田能村竹田**(59) 1837 鷹見泉石像(崋山) 1838 岸駒(90) 1840 **谷文晁**(78) 1841 春霞起鴉図(半江)。**渡辺崋山**(49)**自殺** 1843 長谷川雪旦(66)。巻菱湖(67，書家) 1846 岡田半江(65) 1848 堀河夜討図(容斎) 1849 **葛飾北斎**(90)。長崎崇福寺三門	期 文 化 ― 西		清	1827 満人の漢俗化を禁じる 1835～42 第1アフガン戦争 1839 林則徐，英人所有のアヘンを焼きすてる 1840～42 **アヘン戦争** 1842 **南京条約**(香港割譲・5港開港)。虎門条約。望厦，黄埔条約 1845 第1シーク戦争 1849 **イギリス，パンジャブ併合** 1850～64 **太平天国(長髪賊)の乱**	1828 ロシア・トルコ戦争 1830 **フランス七月革命**。実証哲学(コント) 1832 **イギリス選挙法改正** 1833 ドイツ関税同盟成立 1839～48 イギリス，チャーティスト運動 1840 エネルギー恒存の法則(マイヤー) 1843 リヴィングストンのアフリカ探検始まる 1846 **イギリス穀物法廃止** アメリカ・メキシコ戦争。アメリカ，太平洋岸に進出 1848 **フランス二月革命。共産党宣言発表**。ベルリン，ウィーン三月革命(メッテルニヒ失脚)	後	**九** **世** 1850
1852 徳川斉昭，地球儀を献上。薩摩に反射炉建設。本木昌造，和蘭通弁を印刷。写真機使用の初め（上野彦馬） 1853 韮山に反射炉起工 1854 洋式船鳳凰丸起工。江川英竜，韮山反射炉建設参画 1855 江川英竜(55，坦庵)。**洋学所を設置** 1857 種痘館を設置 1862 幕府，オランダに留学生派遣（榎本武揚・津田真道・西周等） 1863 緒方洪庵(54)。箕作阮甫(65) 1864 佐久間象山 (54) 害死 1866 高島秋帆(69)。**西洋事情(福沢諭吉)** 1867 立憲政体論（加藤弘之） 1868 福沢諭吉，学塾を芝に移し慶応義塾と改称	1853 与話情浮名横櫛(お富与三郎，三代瀬川如皐) 1854 河竹黙阿弥(二世新七)歌舞伎再興 1856 蔦紅葉宇都谷峠(文弥殺し，黙阿弥) 1858 山東京山(90) 1859 花街模様薊色縫(黙阿弥) 1860 三人吉三廓初買(黙阿弥) 1862 勧善懲悪覗機関(村井長庵，黙阿弥) 1863 青砥稿花紅彩画(白浪五人男，黙阿弥) 1864 清正一代記(二代春水)	1849 橘守部 (69) 1853 学運論（大国隆正） 1855 万葉集文字弁証（木村正辞）。本居内遠 (64) 1856 足代弘訓 (73) 1857 ひとりごち（大隈言道） 1858 鹿持雅澄 (68) 1861 源氏物語評釈 (萩原広道) 1862 熊谷直好 (81) 1863 鈴木重胤 (52)。六人部是香 (66)。萩原広道 (49) 1864 経義大意 (八田知紀) 1865 平賀元義 (66)。前田夏蔭(72)。中島広足 (73) 1866 黒川春村 (69) 1867 野村望東尼 (62) 1868 大隈言道 (71)。井出(橘)曙覧 (57)	1852 **徳川慶篤，大日本史を朝廷及び幕府に献上**。野史(飯田忠彦) 1855 藤田東湖(50)圧死(弘道館記述義) 1856 二宮尊徳(70)〔報徳道〕広瀬淡窓(75) 1858 梁川星巌(70)。大原幽学(62) 1859 佐藤一斎(88) 1860 安積艮斎(71) 1863 会沢正志斎(82，安 1864 近古史談(大槻磐渓) 1865 斎藤拙堂(69) 1867 塩谷宕陰(59) 1868 **神仏分離，廃仏毀釈**。浦上天主教徒の処刑	1851 桜間青涯(?) 1853 渡辺崋山像(椿山) 1854 椿椿山(54)。扶桑名画伝(堀直格) 1855 京都御所紫宸殿等造営 陶工高橋仁阿弥道八(73) 1856 山本梅逸(74) 1858 **安藤広重**(62)。市河米庵(80，書家) 1859 ワーグマン来朝 1861 歌川国芳(65) 1862 **大分宇佐神社本殿** 1863 貫名海屋(86，書家) **京都上下賀茂神社本殿** 1864 冷泉(岡田)為恭(42)。**長崎大浦天主堂創建** 1867 西山芳園(64) 1868 **築地ホテル館**(最初の洋風建築，1872焼失)	洋 学 術 の 浸 潤 ―	鮮		1852 第2ビルマ戦争 1853 太平天国軍，南京占領 1856 **アロー号事件起る** 1858 **ムガール帝国滅亡。イギリス，インドを併合**。英仏軍，北京を占領。アイグン条約 1860 **天津条約。北京条約** 1862 フランス，コーチシナを獲得 1862～74 同治中興 1866 シャーマン号事件	○各国立憲制となる 1852 アンクル・トムの小屋 1854～56 **クリミア戦争** 1857 西欧各国経済恐慌 1859 **種の起源(ダーウィン)** 1861 **イタリア王国建設** 1861～65 **南北戦争** 1862～90 **ビスマルク時代** 1863 リンカーン奴隷解放 1864 赤十字社同盟結成。第1インターナショナル成立(～1876) 1866 プロシア・オーストリア戦争(プロシア勝) 1867 アメリカ，アラスカ買収。**資本論1(マルクス)**	期	**紀**

昌平坂学問所(1797官学)——昌平学校(1868)——大学(1869)……(1870閉鎖)
洋学所(1855)——蕃書調所(1856)——洋書調所(1862)——開成所(1863)——開成学校(1868)——大学南校(1869)——東京大学(1877)
種痘館(1857設立—1858移転)—種痘所(1860)—西洋医学所(1861)—医学所(1863)——医学校(1868)——大学東校(1869)——東京大学(1877)

★**寛政の三奇人** 高山彦九郎・林子平・蒲生君平　★**国学の四大人** 荷田春満・賀茂真淵・本居宣長・平田篤胤　★**寛政の三博士(三助)** 柴野彦助(栗山)・尾藤良佐(二洲)・古賀弥助(精里)

年代	時代	天皇
1870–1890 十九世紀	近代（明治時代）	明治天皇

政治

総理

総裁 1867～68 有栖川熾仁親王
輔相 1868～69 三条実美／岩倉具視
右大臣 1869～71 三条実美
太政大臣 1871～85 三条実美
左大臣 島津 久光74.4～75.10
右大臣 岩倉 具視71.7～83.7
参議
西郷 隆盛71. 7～73.10
木戸 孝允71. 7～74. 5
板垣 退助71. 7～73.10
大隈 重信71. 7～81.10
後藤象二郎73. 4～73.10
大木 喬任73. 4～85.12
江藤 新平73. 4～73.10
大久保利通73.10～78. 5
副島 種臣73.10～73.10
伊藤 博文73.10～85.12
勝 安房73.10～75. 5
寺島 宗則73.10～85.12
伊地知正治74. 8～75. 6
山県 有朋74. 8～85.12
黒田 清隆74. 8～82. 1
木戸 孝允75. 3～77. 5
板垣 退助75. 3～75.10
西郷 従道78. 5～85.12
川村 純義78. 5～81. 4
井上 馨78. 7～85.12
山田 顕義79. 9～85.12
佐々木高行81.10～85.12
福岡 孝悌81.10～85.12
松方 正義81.10～85.12
大山 巌81.10～85.12
川村 純義81.10～85.12

内閣総理大臣	枢密院議長
1885	
伊藤博文（Ⅰ）	
1888	1888
黒田清隆	伊藤博文
1889	1889
山県有朋（Ⅰ）	大木喬任

明治維新・藩閥専制の形成

1867（慶応 3）王政復古の大号令。三職（総裁・議定・参与）を置く
1868（明治 1）明治維新。1.鳥羽・伏見の戦い。3.**五箇条の誓文**。4.江戸城明渡し。閏4.政体書公布，新官制を定める（三権分立，官吏公選）。神祇官設置。9.明治改元（一世一元）。10.江戸を東京と改称
1869（〃 2）横井小楠（60）害死。公議所開院。**薩長土肥の四藩，版籍奉還奏請**。東京奠都。民部省を置き地方行政を管せしむ。戊辰戦争終る。諸藩の版籍奉還を許し，知藩事を置く。二官六省を置く（註*）。蝦夷地を北海道と改称。大村益次郎（47）害死
1870（〃 3）樺太開拓使を置く。公議所を集議院と改称。工部省設置。新律綱領頒布
1871（〃 4）社寺領収公。広沢真臣（39）害死。**廃藩置県**（琉球は鹿児島県に隷す）。太政官制の改革，各省をその下に置く。府県内を大小区に分つ
1872（〃 5）玉松操（63）。人身売買を禁じ年期奉公人を解放。**太陽暦採用**（12月3日を6年元日とす）紀元元年を定める
1873（〃 6）改定律例制定。**征韓論敗れ西郷隆盛・板垣退助等下野**。桐野利秋・篠原国幹等辞職
1874（〃 7）岩倉具視要撃。板垣退助・後藤象二郎等民撰議院設立の建白。佐賀の乱。江藤新平（40）刑死。板垣退助，土佐に立志社を創立
1875（〃 8）大阪会議（大久保・木戸妥協）。愛国社結成。木戸・板垣入閣。立憲政体漸立の詔。元老院・地方官会議を設け，両院に模す。大審院設立（三権分立を計る）
1876（〃 9）熊本神風連の乱。萩の乱。秋月の乱
1877（明治10）西南の役起る（2～9月）。木戸孝允（45）。**西郷隆盛（51）自殺**

内国制度の整備・自由民権運動・法典編纂

1878（明治11）**大久保利通（49）暗殺**。郡区町村制編制法・府県会規則・地方税規則（三新法）公布
1879（〃 12）初めて東京府会を開く。琉球藩を沖縄県とす。ボアソナード，民法起草に着手
1880（〃 13）会計検査院を置く。集会条例制定。片岡健吉・河野広中ら，国会開設の請願。**刑法・治罪法公布**。大日本国会期成有志公会成立
1881（〃 14）開拓使官有物払下問題。**国会開設の詔**（明治23年を開設の期とする）。大隈重信下野（明治十四年の政変）。**自由党成立（総理板垣退助）**
1882（〃 15）開拓使廃止。伊藤博文ら，憲法取調のため渡欧。**立憲改進党成立（総理大隈重信）**。立憲帝政党結成（福地源一郎）。福島事件
1883（〃 16）高田事件。官報発刊。**岩倉具視（59）**。伊藤博文等帰朝。立憲帝政党解散
1884（〃 17）制度取調局を置く。加波山事件。秩父事件。立憲自由党解散
1885（〃 18）太政官を廃し新たに**内閣制度制定**。内大臣・宮中顧問官を設置。三条実美，内大臣となる（～91）。大阪事件，大井憲太郎捕縛
1886（〃 19）井上外相の欧化政策，国論沸騰
1887（〃 20）保安条例公布，570名東京追放
1888（〃 21）**市制・町村制公布**。枢密院設置

立憲政治の発足

1889（明治22）大日本帝国憲法・皇室典範発布。議院法・衆議院議員選挙法・貴族院令公布。森有礼（42）害死。市町村制実施
1890（**明治23**）府県制・郡制公布。（地方自治権の確立）。第1回衆議院議員選挙法施行。立憲自由党結成。**民法（一部）・刑事訴訟法・民事訴訟法・商法公布**。元老院廃止。**第1回帝国議会開く**

国軍の創設

1872 兵部省を廃し陸軍省・海軍省を置く。近衛兵を置く。徴兵の詔発布
1873 徴兵令公布。六鎮台設置
1874 北海道屯田兵制度創設
1875 徴兵令改正（国民皆兵）
1876 海軍兵学校を置く
1878 陸軍士官学校創立。竹橋兵営の騒動。**参謀本部設置（総帥権独立の端緒**，1893海軍軍令部分離独立）
1880 村田銃採用
1881 憲兵制度を創設
1882 軍人勅諭下賜，戒厳令制定
1883 陸軍大学校設立。徴兵令改定（現・予備・後備役を置く）
1884 大山巌，兵制視察のため渡欧
1886 六鎮台を師団と改称。海軍条令公布
1887 軍事参議官条例公布
1888 師団司令部条例公布。海軍大学校設立
1890 金鵄勲章創設

外交

国際舞台への参加

1867 ベルギー・イタリア・デンマークと仮条約
1868 外国事務総裁を置く。王政復古を外国公使に通告。スウェーデン・ノルウェー・イスパニアと条約
1869 宗重正を朝鮮に派遣。北ドイツ連邦・オーストリア・ペルーと仮条約
1870 清国に通交を求める
1871 フランス・ドイツ・アメリカに公使派遣。ハワイと仮条約。清国と仮条約。**岩倉具視ら欧米派遣**
1872 上海・香港等に領事館を置く
1873 征韓論起る。岩倉具視ら，欧米より帰る。北京に公使館を置く
1874 台湾に出兵（生蛮を討つ，英公使仲裁に入る）
1875 **ロシアと千島・樺太の交換**。江華島事件

条約改正の努力

1876 朝鮮と修交条規（釜山・元山開港）。列国と条約改正交渉開始
1878 日米条約中関税改定約書調印（イギリスの反対により失効）
1879 前米大統領グラント来朝。琉球に関する日清間の紛議（グラント融和を勧告）
1880 漢城に公使館を置く
1881 ハワイ国王来朝

大陸政策の進展

1882 **壬午事変**（公使館襲わる）。済物浦条約
1883 日朝貿易章程成立
1884 甲申事変（日本公使，独立党を後援）
1885 日朝講和条約成立。朝鮮問題に関する日清天津条約。イギリス，朝鮮の巨文島占領（～1887）
1886 **第1回条約改正会議**
1887 条約改正中止を各国全権委員に通知
1888 メキシコと通商条約（最初の対等条約）
1889 朝鮮，防穀令を発す（穀物輸出の禁止令，日朝防穀令事件）。条約改正に関し大隈重信要撃される
1890 朝鮮，防穀令を解除。外交官及び領事館官制公布

経済

封建的諸拘束の撤廃

1867 金穀出納所を設け豪商・寺院の献金を求める
1868 会計基立金を三井組等より募債。貨幣司設置。丁銀・豆板銀廃止。太政官札発行。**商法大意**布達。株仲間を廃し売価を自由とする
1869 貨幣司・金銀座廃止，造幣寮設置。民部省札発行。諸道の関所撤廃。東京・大阪に通商会社・為替会社開業（株式会社・発券銀行の起り）
1870 廻漕会社設立。岩崎弥太郎，九十九商会設立
1871 郵便規則制定。新貨条令（金本位・円形・十進法）。農民に希望の作物を作らせる。華士族に農工商営業許可。政府紙幣発行
1872 伝馬制廃止。田畑永代売買の禁を解く。農民の商業営業を許す

地租改正

1873 **地租改正条例公布**。第一国立銀行開業
1874 電信条令制定
1875 租税制度の改革，新地租実施。貨幣条令（円単位）公布
1876 三井銀行創立。大阪堂島等に米商会議所設立。地租減免要求の一揆
1877 地租（地価の3％を2.5％に）軽減。万国連合郵便条約加入。紙幣乱発，インフレ起る
1878 商法会議所・株式取引所設立。華士族に金禄公債証書を下付
1879 安田銀行創立。私立銀行続々設立
1880 横浜正金銀行創業
1881 開拓使官有物払下事件。不換紙幣大整理

財政制度の整備

1882 日本銀行創立
1883 国立銀行条令改正。紙幣整理，デフレ傾向著しい
1884 改正地租条令公布。経済界に不況到来
1885 日本銀行により，**初めて兌換券発行**
1886 改正万国郵便連合条約・万国郵便為替制定公布
1887 所得税法公布。東京手形交換所設立
1888 兌換銀行条令改正
1889 土地収用法公布。**地租条令改正（地租代米納・地券廃止）**。最初の資本主義的恐慌
1890 **商法公布**。関税法施行

産業の保護育成

1870 アメリカ綿種頒布
1871 三本木野牧場開設
1872 内藤新宿試験場開設。**富岡製糸場開業**
1873 三池鉱山買上げ，二本松製糸場設立。**ウィーン万国博覧会に参加出品**。洋式度量衡の頒布。抄紙会社創立（王子製紙）
1874 高島鉱山買上げ
1875 三井物産会社創立
1876 品川硝子製造所設立。札幌麦酒醸造所設立
1877 三菱，海運事業を興す。**第1回内国勧業博覧会**。新町屑糸紡績所開業。三田育種場設立。西陣織物会所設立
1879 岩崎弥太郎，海上保険会社創立
1880 目黒火薬製造所落成

民間企業の興隆

1881 明治生命保険会社創業。日本鉄道会社設立許可（最初の私鉄）
1882 大日本山林会・大日本水産会設立
1883 大阪貿易会社開業
1884 大阪商船会社創業
○この頃，官営続々払下
1885 岩崎弥太郎（52）。東京瓦斯会社創業。日本郵船会社創業。三井高福（78）
1886 三重紡績会社設立
1887 私設鉄道条令公布 日本麦酒・札幌麦酒会社創業。鐘淵紡績会社創業
1888 日本石油会社創業
1889 北海道炭礦汽船会社創業。東海道本線全通
1890 綿糸の生産激増

社会生活

社会制度の更新

1868 北会津農民一揆
1869 華族・士族・平民の別を定める。全国に農民一揆（世直し運動）
1870 **平民の苗字を許す**。自転車の輸入。雲井竜雄（27）刑死
1871 えた非人の称を廃す。斬髪・廃刀を許す。この頃，**洋服普及の初め**。洋食店出現
1872 戸籍簿作成（壬申戸籍）。庄屋・名主を廃す。僧侶の妻帯肉食を許す。寺院の女人禁制撤廃
1873 仇討を禁ず。巻煙草発売。貢租減免要求・徴兵反対の一揆
1874 山形にワッパ騒動 東京警視庁創設
1875 苗字をつけさせる
1876 日曜を休日，土曜日を半休（半どん）とする。佩刀禁止（熊本神風連の乱の動機）
1877 全国にコレラ流行し死者6817。東京警視庁廃止。この頃，**洋菓子店**出現
1878 高島炭坑夫大暴動
1879 勧倹の詔
1880 東京大風雨。新潟大火。大阪大火。群馬県農民一揆。この頃自転車普及始まる
1881 東京に警視庁を置く（再置）。東京大火。信濃川決壊
1882 富くじの売買禁止。東洋社会党結成（肥前島原，社会主義運動の初め）
1883 高島炭坑爆発。車会党結成（禁止）
1884 **鹿鳴館に仮装舞踏会盛行**。華族令制定（五爵）。**婦人の洋装**盛んとなる
1885 隅田川洪水
1886 イギリス汽船ノルマントン号，紀州沖に沈没。文官の大礼服を定める。矢島楫子，婦人矯風会創立。コレラ死者約11万人
1887 東京に電燈つく
1888 磐梯山噴火
1889 和歌山県大水害
1890 大日本労働者同盟会結成。各地に米騒動起る

注* 右大臣三条実美，大納言岩倉具視・徳大寺実則，参議副島種臣・前原一誠・大久保利通・広沢真臣

文化								世界史			年代
教育	思想・学術	科学・技術	文学	美術	芸能	朝鮮	中国	東洋	西洋		
教育制度の整備	文明開化論の展開	近代科学・交通機関の発達	啓蒙文学の発展	美術界の凋落	洋式芸能導入			アジア植民地の成立	国民主義と帝国主義		
1868 昌平校・開成所を再興。学舎制発布。京都に学習院を再興 1869 史料編輯国史校正局(後の修史局)設置。昌平校を大学とする 1870 大学規則・中小学規則頒布。種痘法公布	1868 **神仏分離令**。**廃仏毀釈運動起る**。中外新聞創刊。もしほ草創刊。泰西国法論(津田真道) 1869 東京九段に招魂社建立(後の**靖国神社**)。六合新聞刊行。新聞紙印行条令・出版条令制定(検閲制) 1870 宣教使を置き大教宣布す。真政大意(加藤弘之)	1868 大阪舎密局設置。訓蒙窮理図解(福沢諭吉) 1869 東京・横浜間電信開通。観音崎・野島崎燈台完成 1870 **人力車の発明**(和泉要助)。京都舎密局設置。英米の科学書輸入の初め	1868 仮名読八犬伝(魯文)。井出(橘)曙覧(57)。大隈言道(71) 1869 世界国尽(諭吉)。宮中に和歌御用掛を置く 1870 西洋道中膝栗毛(魯文) 1871 安愚楽鍋(魯文)。	1868 築地ホテル館完成(1872焼失) ○旧物打破の風潮盛んとなり，古美術かえりみられず 1869 日根野対山(57, 南画)。玉楮象谷(64, 蒔絵) 1870 ワグネル来朝。中山胡民(63, 蒔絵)	1868 宮さん宮さんの俗謡的最初の軍歌流行(品川弥次郎?) 1869 軍楽隊の初め(薩摩藩) 1870 公家における琵琶道と神楽道を停止			1868 **ロシア，ボハラ汗国を保護国とする**。中国・ロシア通商条約。マライ海峡植民地成立 1868〜1910 シャム王ラーマ5世(シャムの近代化促進) 1870 天津にフランス人虐殺事件	1868 ドイツ関税会議 1869 **スエズ運河開通**。アメリカ大陸横断鉄道成る。元素の周期律(メンデレーエフ) **1870〜71 普仏戦争**(フランス降伏) **1870 フランス第三共和制成る。イタリア統一の完成**	近	十 1870
1871 文部省を置く。初めて教科用書を編集 1872 神祇省を廃し教部省を置く。**学制頒布**。東京昌平坂に図書館設立。東京師範学校創立 1873 紀元節制定。東京外国語学校創立。**東京上野公園・大阪住吉公園等公開** 1874 東京女子師範学校創立 1875 同志社英学校設立(新島襄)。幼稚園の初め(京都) 1877 東京大学・学習院創立。**博愛社創立(佐野常民ら，日本赤十字社の起り)** 1878 工部大学校開設。駒場農学校設立 1879 学士院設立。学制を廃し**教育令制定**。音楽取調係設立 1880 改正教育令制定。YMCA創立(*)	**横浜毎日新聞発刊(日刊紙の初め)** 1871 自由之理(中村敬宇) 1872 一向宗を真宗と改称。東京日日新聞創刊。日本基督教公会設立。万国新史(箕作麟祥) 1873 キリスト教解禁 1874〜75 **明六雑誌**刊行 1874 朝野新聞・読売新聞発刊。国体新論(加藤弘之) 1875 文明論之概略(福沢諭吉)。新聞紙条例・讒謗律公布(言論取締の苛酷) 1876 東京新誌創刊 1877 日本開化小史(田口卯吉)。民約論(服部徳訳)。モールス，大森貝塚発掘 自由民権論の勃興 1878 通俗民権論(福沢諭吉)。日本西教史成る。大槻磐渓(78, 儒学)。黒住教独立(宗派神道初認可) 1879 大阪朝日新聞発刊。新約聖書の翻訳完成。**民権自由論(植木枝盛)**	1871 工学寮を置く。海軍水路部設置。ドイツ医学の輸入の初め 1872 東京・大阪間電信開通。**新橋・横浜間鉄道開通**。理学啓蒙(片山淳吉)。本木昌造，活版印刷を開始 1873 和算に代り，洋算の教授始まる。阪神鉄道のトンネル開鑿 1874 大阪・神戸間鉄道開通。東京衛生試験所設立 1875 **東京(中央)気象台設置** 1876 京都・大阪間鉄道開通。ドイツ人医学者ベルツ来朝。軍艦清輝進水(国産最初) 1877 電話機の初輸入 1878 日本化学会創立。**東京中央電信局開業式に初めて孤光燈点火** 1879 帝国地質調査所・東京地学協会・日本工学会創立 1880 日本地震学会創立。村田銃の発明(村田経芳)。東京上野に電車展観	**西国立志編(敬宇)**。大国隆正(80, 国学)。井上文雄(72) 1872 **学問ノススメ**(諭吉)。童蒙教草(諭吉) 1873 髪結新三(黙阿弥)。横文字百人一首(黒川真頼)。文字の教へ(諭吉)。八田知紀(75) 1874 讃美歌成る。狂歌・ローマ字論盛行 1875 太田垣蓮月尼(85) 1876 明治歌集(橘東世子)。同人社文学雑誌創刊 1877 西南太平記。**欧化主義論議盛んとなる** 1878 開化新題歌集(大久保忠保)。毒婦小説盛ん(魯文・高畠藍泉) 1879 修辞及華文(菊池大麓)。言論自由論起る。天路歴程(佐藤喜峰訳) 1880 春風情話(逍遥訳)。近藤芳樹(80, 歌人) 1881 小学唱歌集第1集	1871 中島来章(76, 円山派)。湯島聖堂大成殿を博物館とする。西画指南(冬崖) 1872 第一国立銀行(清水喜助)。**東京銀座赤煉瓦街成る** 1873 並河靖之，七宝焼創始(京都) 1874 東京竹橋兵営(1945焼失) 1875 厳島神社大鳥居 1876 工部大学美術学校設立(フォンタネージ等招聘)。建築家コンドル来朝 1877 塩川文麟(70)。国沢新九郎(31) 美術界の復興 1878 菊池容斎(91)。フェノロサ来朝 1879 涛川惣助，七宝焼創始(東京) 1880 古社寺保存内規制定。京都府画学校創立。古美術復興運動起る	1871 兵部省に軍楽隊設置。東京浜町河岸に游泳場建設 1872 演劇等の旧習除去の布告。大阪松島に文楽座新築開場 1873 野球初輸入 1874 工学寮にソフトボール競技の初め 1875 工学寮にホッケー行わる 1876 岩倉邸に天覧能楽。宮中伶人の吹奏楽初演奏 1877? スケート渡来 1878 体操取調係設置。新富座開場。蓄音器の渡来 1880 天長節に君が代を演奏す(林広守作曲)	朝	清	1871 朝鮮，斥洋宣言 1871〜81 ロシア，イリ地方占領 1872 陝甘の団匪平定 曽国藩(1811〜) 1873 ロシア，ヒヴァ汗国を保護国とする **朝鮮，大院君失脚** 1875〜1908 清の徳宗(光緒帝) 1875〜89 **西太后摂政** 1876 **日朝修好条規**。ベルチスタン，英保護国となる 1877 **英領インド帝国成立**(ヴィクトリア，インド女皇を称す) 1878〜81 第2・第3アフガン戦争 1880 李鴻章，海軍を創設。清独条約。清米条約。朝鮮，元山を開港	**1871 パリ・コミューン。ドイツ統一の完成** **1873** 経済学者ミル(英, 1806〜)。**三帝同盟**(独・露・墺) 1873〜80 ビスマルクの文化闘争 1874 スタンリー，アフリカ探検。ギゾー(1787〜) 1875 イスパニア王政復古。フランス共和国憲法制定。イギリス，スエズ運河株券を買収 1876 トルコ帝国憲法制定。電話の完成(グラハム・ベル) 1877〜1878 ロシア，トルコ戦争 **1878** サンステファノ条約。**ベルリン列国会議**。イギリス，キプロス占領。電燈の発明(エジソン) **1879 独墺同盟**。人形の家(イプセン) 1880 ロシア虚無党撲滅令	世 後 期 (帝	九 世 1880
1881 明治法律学校(岸本辰雄，明治大学)創立。褒賞条例制定 1882 東京専門学校(大隈重信，早稲田大学)創立。**幼学綱要頒布** 1883 帝国教育会成立。青山学院設立 1884 東京高等商業学校(一橋大学)設立 1885 英吉利法律学校(中央大学)創立 1886 帝国大学令公布。帝国大学創立(東京)。師範学校令・**小学校令・中学校令公布**。小学校国定教科書の初め。臨時修史局設置 1887 教科書検定規則制定。哲学館設立 1890 国学院創立。**新島襄(47)。教育に関する勅語下賜**。中学校令改正。高等女学校の名称起る	1880 六合雑誌創刊 1881 頭山満，玄洋社創立。東洋自由新聞発刊 1882 人権新説(加藤弘之)*。**民約訳解(中江兆民)** 1883 高井鴻山(78, 儒学)。大日本租税志(野中準)。**天賦人権論(馬場辰猪)**。モールス，進化論を弘める 1884 弥生式土器の発見(有坂紹蔵)。文明東漸史(藤田茂吉) 1885 大日本人名辞書刊行開始。女学雑誌創刊 1886 経済原論(天野為之)。箕作秋坪(62, 蘭学) 1887 天理教祖中山美伎(90)。**国民之友(徳富蘇峰)創刊** 1888 時事通信社創立。東京朝日新聞・大阪毎日新聞創刊。博士号の初め 1889 帝国憲法義解(伊藤博文)。生命保険論(藤沢利喜太郎) 1890 国民新聞創刊(蘇峰)	1882 日本気象学会・日本植物学会創立。陸軍造兵廠設立 1883 医師免許規則制定。天気予報業務の開始。陸地測量部設立 1884 朝鮮海峡に海底電線の敷設終了。日本人類学会創立。内閣印刷局に初めて白熱電燈点火 1885 専売特許条令公布 ○**近代的機械工業の進歩** 1886 メートル条約・万国赤十字条約加入 1887 東京医学会創立。 1888 東京天文台設立。日本動物学会・電気学会創立。純正調オルガンの発明(田中正平ドイツにて)。日本植物志図篇(牧野富太郎) 1889 **東海道本線全通**。磁気歪の研究(長岡半太郎) 1890 **破傷風血清療法の発見(北里柴三郎)**。豊田佐吉，人力織機を発明。東京・横浜間電話交換業務開始	1882 新体詩抄(正一等)刊行(**新体詩創始**) 1883 経国美談(矢野竜渓)。政治小説盛んとなる(1885佳人之奇遇(東海散士)，1886雪中梅(末広鉄腸)等) 1884 かなのくわい創立 1885 硯友社創立。我楽多文庫創刊。当世書生気質(逍遥)。**小説神髄(逍遥，写実主義の提唱)** 1886 **言文一致論**起る(美妙・四迷等)。日本文章論(末松謙澄) 1887 **浮雲(四迷)**第1編 孝女白菊の歌(直文) 1888 夏木立(美妙)。あひびき(四迷)。宮中に御歌所設置 1889 **言海(大槻文彦)**第一冊。色懺悔(紅葉)。**しがらみ草紙創刊**。**風流仏(露伴)**	1881 川上冬崖(55) 1882 東京上野帝室博物館開館(コンドル設計)。上野に内国絵画共進会開催 1883 **鹿鳴館**落成(コンドル，1945焼失) 1884 **絵画会創立(フェノロサ)**。 1885 第1回彫刻競技会開催 1886 日本建築学会創立。靴屋のおやぢ(原田直次郎) 1887 竜池会を日本美術協会と改称。東京美術学校創立 1888 悲母観音(芳崖)。**狩野芳崖**(61) 1889 明治美術会創立。河鍋暁斎(62) 1890 帝室技芸院制公布。収穫(浅井忠)	1881 管弦楽演奏の初め 1882 五代目芳村伊三郎(51)。嘉納治五郎，柔道道場開設 1883 鹿鳴館に舞踏会等盛行 1884 テニス輸入 1886 演劇改良会設立。大日本音楽会創立 1887 東京音楽学校創立 1888 君が代を国歌とする。角藤定憲，**壮士芝居**を創始 1889 歌舞伎座開場。浪花節興行興る 1890 第一高等学校の野球部，各校に連勝	鮮		**1881 イリ条約** 1882 朝鮮，壬午の政変。朝鮮，内乱の処置を李鴻章に委任 1883 フランス，越南を保護国とする 1884 清仏戦争起る。朝鮮，ロシア・イタリアと修交条約 朝鮮，甲申事変 1885〜87 イギリス，巨文島占領 1885 第3ビルマ戦争 1886 第2回インド国民会議。イギリス，ビルマを併合 1887 **仏領インドシナ連邦(仏印)成立** 1888 清の北洋海軍成立(提督丁汝昌) 1889 清，徳宗の親政始まる。朝鮮防穀令事件 1890 清英間に印蔵条約	1881 アレクサンドル2世虚無党員に暗殺さる。アイルランド土地法成る。ドストイェフスキー(露, 1806〜, 罪と罰) **1882 三国同盟(独・墺・伊)** 1883 フランス，マダガスカル攻略。カール・マルクス(独, 1818〜) 1884 フランス憲法改正。ドイツ，植民事業開始 1885 ヴィクトル・ユゴー(仏, 1802〜) 1886 アメリカ労働総同盟(AFL)結成。自動車の発明(ベンツ) 1887 ドイツ軍備拡張。地中海現状維持協定。独露再保障条約 1888 ドイツ，カイゼル・ウィルヘルム2世即位 1889 第1回汎米会議 1889 第2インターナショナル結成(〜1945) 1890 ビスマルク下野	国主義時代)	紀 1890

注 YMCA＝キリスト教青年会。人権新説 ドイツ的国家主義思想を唱えたもの　褒賞 1881年 紅・緑・藍綬 1918年 紺綬 1955年 黄・紫綬

年表〔14〕

年代	時代	天皇	内閣総理大臣	枢密院議長	政治	外交	経済：財政経済制度の確立	経済：近代産業の発達	社会生活：社会労働問題の発生
十九世紀 1895	近代	明治天皇	—1891.5— 松方正義（Ⅰ） —1892.8— 伊藤博文（Ⅱ）	—1891.6— 伊藤博文 —1892.8— 大木喬任 —1893.3— 山県有朋 —1894.12— —1895.3—	**立憲政治の発足・政党の発展** 1891 (明治24) 帝国議事堂炎上。**三条実美**(55)。立憲自由党，自由党(総理板垣退助)と改称。樺山海相の蛮勇演説 1892 (〃 25) 衆議院議員選挙行われ，流血事件起る(松方内閣の選挙大干渉)。西郷従道，国民協会結成。山田顕義(49) 1893 (〃 26) 衆議院，建艦費を削減，内閣，勅裁により危機を脱す。弁護士法公布。法典調査会設置。集会及び政社法・出版法・版権法公布。寺島宗則(61) **日清戦争** **1894** **(明治27)** 金玉均，上海に誘殺さる。4.**朝鮮東学党の乱**。大本営設置。7.豊島沖の海戦。牙山・成歓の戦い。8.1 **清国に宣戦**。日朝攻守同盟締結。9.黄海の海戦。11.旅順口の攻略 1895 (〃 28) 1.山東作戦。2.北洋艦隊降伏。3.井上毅(52)。清国全権李鴻章と講和談判開始。4.**下関条約調印**(遼東半島・台湾割譲，償金2億両)。小山豊太郎，李鴻章を狙撃。**露仏独の三国干渉**。5.遼東半島還付の詔。6.日露通商航海条約調印。12.台湾平定。	**条約改正の達成** 1891 大津事件(津田三蔵のロシア皇太子狙撃事件)。清国北洋艦隊来航 1892 条約改正委員会設置(委員伊藤博文・井上毅等) 1893 朝鮮防穀令事件解決，賠償金11万円を獲得 1894 7.日英通商航海条約調印。(条約改正の第一歩) 11.日米通商航海条約調印	1891 東京商業会議所設立(会頭渋沢栄一)。度量衡法公布 1892 鉄道敷設法公布。第3種郵便物認可規定公布 1893 取引所法・取引税法公布。東京米穀取引所営業開始 1894 輸出綿糸の関税撤廃 1895 下関条約により賠償金3億5000万円収受(全国会社資本総額以上)。日本農工銀行法公布	1891 東京市公債1千万円を公募。綿糸，中国市場へ進出し始める 1892 水力電気工業各地に起る 1893 三菱合資会社設立。富岡製糸場三井に払下げ。 1894 三井高朗(58) 1895 新潟鉄工所設立。日本精糖株式会社創立	1891 濃尾大地震。**足尾(渡良瀬川)鉱毒問題起る** 1892 東京神田・日本橋大火。海軍造兵廠職工罷業 1893 新聞条令改正運動。吾妻山爆発。福島安正，単騎シベリア横断。相馬子爵家御家騒動 1894 庄内地方大地震。同盟罷業起る 1895 新潟県新発田大火。野中至，富士山頂雪中観測
1900			—1896.9— 松方正義（Ⅱ） —1898.1— 伊藤博文（Ⅲ） —1898.6— 大隈重信* —1898.11— 山県有朋（Ⅱ） —1900.10*—	黒田清隆 —1900.8— —1900.10—	1897 (〃 30) 新自由党結成。台湾総督府設置。後藤象二郎(60)。陸奥宗光(54)。島津忠義(58) 1898 (〃 31) 進歩・自由両党合同し憲政党組織。隈板内閣成立(**最初の政党内閣**)。尾崎行雄の共和演説。憲政党分裂，憲政党(旧自由党)・憲政本党(旧進歩党)成立 1899 (〃 32) 勝安芳(77，海舟)。帝国党組織(保守，佐々友房・元田肇等)。商法施行 1900 (〃 33) 選挙法改正(直接国税10円以上)。品川弥二郎(58)。治安警察法を公布し集会及び政社法を廃す。黒田清隆(61)。近衛篤麿，国民同盟会組織，清国保全を唱道。伊藤博文，政友会組織 **軍制の確立** 1896 近衛及び12個師団設置 1898 元帥府設立 1899 軍機保護法・要塞地帯法公布。陸・海軍省官制改正(大臣の現役制確立) **1900 義和団事件により出兵(北清事変)**	1896 日独通商航海条約。スウェーデン・フランス等と通商航海条約。日露協商条約議定書 1898 清国，日本に対し，福建省不割譲を約す。京釜鉄道敷設日韓条約 1899 万国平和会議列席。**改訂新条約実施に関する詔書**	1896 造船奨励法公布。日清戦後の好況の反動現われる **1897 貨幣法公布(金本位制確立)**。日本勧業銀行開業 1898 万国郵便条約調印。第1回勧業債券売出し。葉煙草専売制 1899 北海道拓殖銀行創立。耕地整理法公布。関税定率法施行(関税制度確立，1906改正)。台湾銀行創立 1900 産業組合法公布。九州地方金融恐慌発生	1896 日本郵船，欧州航路・米国航路を開く。佐渡・生野銀山を三菱に払下げ。汽車製造会社創立 1897 大阪築港起工 1899 日本遠洋漁業会社，朝鮮近海に捕鯨開始 1900 台湾製糖株式会社創立	1896 三陸地方大津浪。赤痢大流行 1897 労働組合期成会結成。職工義友会結成。足尾鉱毒被害民の陳情。米価騰貴，各地に米騒動。女子社会事業家瓜生岩(69) 1898 選挙運動員の刀剣・統砲等の携帯禁止 1899 外国人の内地雑居を許す。横浜大火。名古屋の遊女の自由廃業運動起る。ペスト，神戸に発生 1900 東京にペスト流行。男女の混浴を禁止。北清事変報道映画(ニュース映画の初め)
二十世紀 1905	(明治時代)		伊藤博文（Ⅳ） —1901.5— —1901.6— 桂 太郎（Ⅰ）	西園寺公望 —1903.7— 伊藤博文 —1905.11—	1901 (〃 34) 東京市会議長星亨(52)暗殺される。社会民主党(幸徳秋水等)組織，即日禁止 1902 (〃 35) 台湾島民を日本国籍に編入。西郷従道(60)。佐野常民(81) 1903 (〃 36) 西園寺公望，政友会総裁となる。林有造ら，自由党結成。 1902 青森歩兵第5連隊の八甲田山の遭難 1903 海軍区を制定。海軍拡張案可決 **日露戦争・日本の国際的地位の向上** **1904** **(明治37)** 2.日露国交断絶。**ロシアに宣戦**。日韓攻守同盟。旅順口閉塞敢行(～3月)。5.大連占領。常陸丸遭難。6.満州軍総司令部設置(総司令官大山巌)。8.黄海の海戦。蔚山沖の海戦。インドと通商条約。9.遼陽占領。10.沙河の会戦。12.二〇三高地占領 1905 (〃 38) 1.旅順開城。3.奉天占領。5.日本海の海戦(連合艦隊司令長官東郷平八郎)。7.樺太占領。8.日英同盟改訂(第2回)。**ポーツマス条約調印**。11.日韓協約，韓国統監府設置。日清条約	1901 義和団事件講和議定書調印 **1902 (明治35) 日英同盟協約調印**(第1回) 1903 ロシアと満韓問題協商の談判	1901 関東地方金融恐慌，関西にも波及。漁業法公布 1902 日本興業銀行設立。商業会議所法公布 1903 大阪市営電車開業。この年貿易年額5億 **日本資本主義の成立** 1904 非常特別税法(増税)公布。煙草専売法公布。**金融混乱** 1905 塩専売法・相続税法公布。鉱業法公布	1901 **八幡製鉄所創業**。中上川彦次郎(48) 1902 英国式トロール漁業始まる。ガスの使用急増 1903 古河市兵衛(72) 1904 **大冶鉱山の対清借款成立**。尼崎造船所創立。三越デパート開業。石油共同販売所設立	1902 福井大火。呉海軍工廠罷業 1903 藤村操(18)，華厳滝に投身。足尾鉱毒事件落着 1904 高野房太郎(37，労働運動先覚者)。モルガンお雪渡米。横浜市電罷業。愛国婦人会創立 1905 **平民社のメーデー茶話会。講和反対日比谷騒乱**。台湾大地震
1910			—1906.1— 西園寺公望（Ⅰ）(政友会) —1908.7— 桂 太郎（Ⅱ）	山県有朋 —1909.6— 伊藤博文 —1909.10—	1906 (〃 39) 朝香・竹田両宮家創立。児玉源太郎(55)。関東都督府官制公布。東久邇宮家創立。平民・社会両党合同，日本社会党結成 **政党勢力の伸張・憲政擁護運動** 1907 (明治40) 樺太庁官制公布。改正刑法公布。日本社会党解散。林友幸(85) 1908 (〃 41) 皇室祭祀令公布。警察犯処罰令公布。**戊申詔書**。榎本武揚(73)。鉄道院官制公布。河野広中ら，官僚政治の打破を唱える 1909 (〃 42) 登極令・摂政令等公布。日本精糖疑獄事件起る。由利公正(81)。新聞紙法公布。**伊藤博文**(69)ハルビンにて狙撃され死去 1910 (〃 43) 佐々木高行(81)。立憲国民党組織。**大逆事件**起り，幸徳秋水ら就縛。初代朝鮮総督寺内正毅就任 **軍備の充実** 1907 陸軍を19師団に増強。陸軍2年制実施 1908 野津道貫(68)。陸軍刑法・海軍刑法公布 1909 間島にて日清両軍衝突，満州・間島に関する日清協約。 1910 佐久間潜水艇長殉職	1906 カナダと修好通商航海条約。南樺太領有 **韓国統監より併合へ** 1907 日仏・日露協約調印。日韓新協約(韓国の内政を監督)。日露新通商航海条約 1908 米国シアトルの排日運動。**高平・ルート協約覚書交換** 1909 日韓新覚書交換 **1910 (明治43) 韓国併合**。朝鮮総督府設置	1906 **鉄道国有法・京釜鉄道買収法・関税定率法改正公布**(1910改正) 1907 森林法公布。株式市場大暴落についで金融恐慌起る。帝室林野管理局設立 1908 国際無線電信条約公布 1909 家禄賞典処分法公布。韓国銀行創立。三井物産株式会社設立。吉長・新奉両鉄道借款成立。産業組合中央会設立 1910 国債シンジケート成立。地租条令改正。改正関税定率法公布。本渓湖煤礦公司(日清合併，大倉)。帝国農会設立。日立製作所創立	**金融資本の大陸進出** 1906 帝国肥料株式会社・大日本精糖株式会社創立。**南満州鉄道株式会社設立** 1907 火災保険協会設立。日清汽船株式会社・日清紡績株式会社・帝国製麻株式会社創立 1908 岩崎弥之助(58)。日本窒素株式会社創立。香港に日貨排斥起る	1906 東京市電焼打事件。巻煙草ゴールデンバット発売(10本4銭)。大阪活版工・技工組合結成。ハーモニカの初輸入 1907 足尾銅山罷業。奥村五百子(62)。華族令公布。別子銅山罷業。函館大火 1908 錦輝館の赤旗事件。米国艦隊来遊 1909 東京市民大会，電車賃値上反対闘争。大阪大火(北半罹災)。近江・美濃大地震。**ハイカラ節流行** 1910 逗子開成中学生のボート顚覆事件(江の島沖)
	1912.7 大正天皇		—1911.8— 西園寺公望（Ⅱ）(政友会) —1912.12— 桂 太郎（Ⅲ）	山県有朋	1911 (〃 44) 幸徳秋水(41)ら12名刑死。東京・大阪に**特別高等警察**を置く。改正市町村制公布。大島圭介(79)。小村寿太郎(57) 1912 (〃 45) 7.30**明治天皇逝去**(61)。(大正1)同日，大正天皇践祚。9.乃木希典(64)夫妻殉死。恩赦令・大赦令公布。12.陸軍2個師団増設案，閣議否決のため，陸相上原勇作辞職(軍部勢力により内閣瓦解)。**憲政擁護連合大会**，東京に開く。第3次桂内閣成る。 1911 谷干城(75)	1911 日米・日英・日独修交通商航海条約(**関税自主権の確立**)。日英同盟改訂(第3回) 1912 国際紛争平和的処理条約調印。日露協会設立	1911 蚕糸業法・**工場法**・電気事業法公布。朝鮮銀行(韓国銀行)法制定 1912 満蒙5鉄道敷設擁護権獲得。東京大正博覧会開催。藤田伝三郎(72)。日本鋼管株式会社設立。オットセイ・ラッコ捕獲禁止法公布		1911 済生会設立。東京浅草新吉原大火。東京市電罷業。米飛行士マース来朝 1912 夕張炭坑爆発。鈴木文治ら，**友愛会創立**(後の日本労働総同盟)。**タクシー始まる**

注　第1次大隈内閣は憲政党，第4次伊藤内閣は政友会

年表〔14〕

文化						世界史					年代
教育	思想・学術	科学・技術	文学	美術	芸能	東洋			西洋		
教育機関の拡充	国粋主義と社会主義	近代科学技術の確立	浪漫主義より自然主義へ	近代美術の発達	日本演劇の再興 近代音楽の再興	朝鮮	中国	帝国主義の圧迫	国際関係の尖鋭化		
1890 **教育勅語の下賜** 1891 小学校教則大綱公布 1892 国立教育期成同盟会結成(伊沢修二ら) 1894 高等学校令・高等師範学校規則制定 1895 高等女学校規則制定	1891 **元田永孚(74, 倫理学)**。**中村敬宇(60, 正直)**。東洋経済新報創刊(町田忠治) 1892 万朝報創刊。井上哲次郎・高橋五郎らの宗教教育論争。 1893 郡司成忠，千島探検。現時の社会主義(民友社)。 1895 長三州(63, 漢学)。救世軍創設。小中村清矩(74 国学)。唯物論(津田真道)。哲学史(井上円了)。西洋哲学史(大西祝)太陽創刊(樗牛等, **日本主義**)	1891 **下瀬火薬の発明（下瀬雅允）**。海軍造兵廠創立。電気試験所創立。水力電気事業起る（京都疏水で発電） 1892 伝染病研究所創立 1893 **碓氷峠アプト式鉄道開通**。日本解剖学会創立。東北線全通 1894 養殖真珠（御木本幸吉）。飛行機の試作（二宮忠八）。謄写版の発明（堀井新次郎） 1895 市街電車の初め（京都）。 1896 大日本数学史（遠藤利貞）。日本地質学会創立。新橋・神戸間急行列車初運転（平均時速34.5km)	1890 舞姫(鷗外) 1891 蓬莱曲(透谷)。かくれんぼ(緑雨)。**五重塔(露伴)**。早稲田文学創刊 1892 即興詩人(鷗外訳)。**浪漫主義文学起る**。ヘップバーン帰国（明治学院・フェリス女学校，ヘボン式ローマ字綴） 1893 **河竹黙阿弥**(78)。文学界創刊。落合直文，浅香社創立 1894 滝口入道(樗牛)。**北村透谷**(27)**自殺**。桐一葉(逍遥)。仮名垣魯文(66)	○**洋風住宅の盛行** 1891 **ニコライ堂**（コンドル）落成。柴田是真(85) 1892 五姓田芳柳(66)。原坦山(74)。伊藤弥助(54, 染織) 1893 **朝粧（清輝）**。大村益次郎銅像(大熊氏広) 1894 森寛斎(81)。高橋由一(67)	1891 豆本の軍歌集の出版盛ん。日本体育会創立 1893 明治座開場。祝祭日唱歌の歌詞の撰定 1894 講道館道場成る(柔道) 1895 大日本武徳会結成。能楽会成立。伊井蓉峰，伊佐水演劇結成。スキー初輸入	朝	清	1892 清露陸路電線協定。ボルネオの英蘭国境協定 1893 北京・山海関間鉄道開通。フランス，シャムよりメコン河東を取る 1894 朝鮮東学党の乱。 **1894〜1895 日清戦争** 1895 孫文，一時帰国し革命運動を起す 1896 清国，各国宣教師の不法を訴える。東清鉄道条令公布	1891 **露仏同盟** 1892 イギリス，ランカシャーのストライキ。活動写真の発明(エジソン) 1894 キール運河完成。フランス，ドレフュス事件起る 1895 ドイツ海軍軍備拡張。ナンセン，北極探検。X光線の発見（レントゲン）	近	十九
1896 師範学校令公布。高等教育会議設置 1897 帝国図書館設立。京都帝国大学設立 1899 実業学校令・高等女学校令・小学校教育費国庫負担法公布。著作権法公布 1900 小学校令改正（義務教育4年となる）	1896 二千五百年史(竹越与三郎)。古事類苑刊行開始 1897 ジャパンタイムス創刊。西周(69)。国史大系刊行開始(田口卯吉)。箕作麟祥(54, 法学) 1898 **幸徳秋水・片山潜ら，社会主義研究会組織** 1899 中央公論創刊。日本之下層社会(横山源之助)。 1900 神道金光教独立。大日本地名辞書(吉田東伍)刊行開始。大西祝(37, 哲学)	1897 日本機械学会創立。宮原式水管汽缶の発明（宮原二郎)。**赤痢菌の発見(志賀潔)**。**自動織機の発明（豊田佐吉)** 1898 31年式速射砲の発明（有坂成章)。東京・大阪間長距離電話開通 1899 水沢緯度観測所創立。地震の研究（大森房吉) 1900 アドレナリン創製（高峰譲吉)。東京工業試験所創立	1895 にごりえ・たけくらべ・十三夜(一葉) 1896 多情多恨(紅葉)。東西南北(鉄幹)。**樋口一葉**(25) 1897 **金色夜叉(紅葉)**。**ホトトギス創刊**。若菜集(藤村) 1898 歌よみに与ふる書(子規)。不如帰(蘆花) 1899 根岸短歌会成立。**天地有情(晩翠)**。湯島詣(鏡花) 1900 税所敦子(73)。高野聖(鏡花)。**自然と人生(蘆花)**。外山正一(53)。明星創刊	1895 幸野楳嶺(52)。平安神宮造営 1896 白馬会・日本絵画協会創立。日本銀行(辰野金吾)落成 1897 京都帝室博物館開設。古社寺保存法公布。西郷隆盛銅像(高村光雲) 1898 **日本美術院創立(岡倉天心ら)**。田崎草雲(84)	1896 2代杵屋勝三郎(77.長唄)。林広守(66，作曲) 1897 12代守田勘弥(52)。**活動写真興行のはじめ(大阪)** 1898 東儀頼玄(65, 雅楽)。明治音楽会創立 1900 鉄道唱歌発行。三遊亭円朝(62)	鮮		1897 山東暴動。ドイツ，膠州湾占領。朝鮮，国号を韓国と改める **1898 ドイツ膠州湾をロシア旅順大連をイギリス威海衛九龍を租借。戊戌政変。福建不割譲条約(日本の勢力圏)** **1899 フランス広州湾租借。アメリカの対清門戸開放宣言**	1896 イタリア，エチオピアに敗北。近代第1回オリンピック(アテネ) 1897 トルコ・ギリシア戦争。復活（トルストイ）。無線電信の発明（マルコーニ) 1898 **米西戦争**。米，フィリピン併合。ビスマルク死。ラジウムの発見(キュリー夫人) 1899〜1902 南ア戦争 1900 量子論の基礎（プランク)	世	1895 世紀
1901 **日本赤十字社条例公布。**日本女子大学創立 1902 教科書疑獄事件起る 1903 専門学校令公布。**小学校国定教科書制度公布**。東京**日比谷公園公開**。福岡医科大学創立	1901 黒竜会結成(内田良平)。**福沢諭吉**(68)。一年有半(兆民)。**中江兆民**(55) 1902 大谷光瑞，中央アジア探検。西村茂樹(75, 洋学) 1903 津田真道(75)。職工事情(農商務省)。**東洋の理想(岡倉天心)**。政治学大綱(小野塚喜平次)。幸徳秋水・堺利彦ら，**平民新聞刊行**(平民社〜1905) 1905 田口卯吉(51, 鼎軒)。経済原論(河上肇)	1901 伊藤圭介(99, 植物学)。 1902 緯度変化のZ項発見(木村栄)。小惑星の発見(平山信)。無線電信の研究(松代松之助・木村駿吉) 1903 東京市内電車敷設開始。原子模型(長岡半太郎)。3色印刷の初め 1904 日本住吸血虫の発見(桂田富士郎・藤浪鑑)。日本医学史(富士川游) 1905 火兵学会創立。**日本海海戦に初めて無線電信を活用**。奥羽本線全通	1901 武蔵野(独歩)。みだれ髪(晶子) 1902 **正岡子規**(36)。高山樗牛(32)。酒中日記(独歩) 1903 **尾崎紅葉**(37)。天うつ浪(**露伴**)。落合直文(43)。馬酔木(あしび)創刊 1904 斎藤緑雨(38)。良人の告白(尚江)。小泉八雲(ラフカディオ・ハーン, 55)。**自然主義文学起る** 1905 吾輩は猫である(漱石)。あこがれ(啄木)	1899 原田直次郎(37) 1901 太平洋画会創立。滝和亭(70) 1902 京都高等工芸学校創立。稿本日本美術略史(帝室博物館編) 1903 後藤貞行(54, 彫刻) 1904 海の幸(青木繁) 1905 川辺御楯(69)。関西美術院創立(浅井忠)。みづゑ創刊。巌谷一六(72, 書)	1901 歌舞伎創刊 1902 6代芳村伊三郎(80)。歌劇研究会創立 1903 花柳寿輔(83, 舞踊)。**滝廉太郎**(25)。5代目尾上菊五郎(60)。9代目市川団十郎(66)。常陸山・梅ケ谷，横綱免許。**早慶野球戦の初め** 1904 初代市川左団次(63)。新派大合同。東儀季芳(67，作曲)	韓		**1899〜1901 北清事変** 1900 江東六十四屯虐殺事件 1902 シベリヤ鉄道完成。ロシア，清国に満州返還条約 1903 ロシア，満州を占領 **1904〜05 日露戦争** 1904 清国，日露戦争局外中立宣言	1901 第1回ノーベル賞の授与。オーストラリア連邦成立(自治領) 1902 ロシア農民戦争。ゾラ死(1840〜)。**日英同盟** 1903 アメリカ，パナマの独立を承認。ライト兄弟の飛行機はじめて飛ぶ **1904 英仏協商** **1905 ロシア，血の日曜日**(第1革命の原因)。第1モロッコ事件	後	1900 二十
1906 仙台高等工業学校創立 1907 **小学校令改正（義務教育6年となる）**。東北帝国大学設立 1908 奈良女子高等師範学校創立 1909 米沢高等工業学校創立 1910 九州帝国大学設立。高嶺秀夫(51)	1906 福地桜痴(66)。社会主義研究創刊(堺利彦)。懺悔(木下尚江)。黒川真頼(78)。日本エスペラント協会設立。帝国学士院再組 1907 福羽美静(77, 国学)。綱島梁川(35, 思想)。開国五十年史(大隈重信撰) 1908 那珂通世(58, 東洋史)。神道天理教独立。国史大辞典(八代国治ら)。国史の研究(黒板勝美)。片山潜，平民協会設立 1910 小杉榲邨(77)。白瀬矗，南極探検。重野安繹(84, 国史)。信夫恕軒(76, 漢学)	1906 日米海底電線成る。戦艦薩摩進水(造艦技術の独立) ○**水力発電・工場電化の発達** 1908 中央本線全通。味の素の創製(池田菊苗)。銚子無線電信所設置。日本天文学会創立。コッホ来朝 1909 鹿児島本線全通。箕作佳吉(53, 動物学)。**サルバルサンの創製（秦佐八郎）**。**タカジアスターゼの創製（高峰譲吉）** 1910 徳川好敏，最初の飛行に成功。**オリザニンの創製(鈴木梅太郎)**	1906 **破戒(藤村)**。**坊っちゃん(漱石)**。千鳥(三重吉)。草枕(漱石) 1907 婦系図(鏡花)。虞美人草(漱石)。蒲団(花袋)。平凡(四迷) 1908 川上眉山(40)自殺。国木田独歩(38)。俳諧師(虚子)。**アララギ創刊** 1909 スバル創刊。邪宗門(白秋)。二葉亭四迷(46) 1910 藤岡作太郎(41)。山田美妙(43)。別離(牧水)。土(節)。一握の砂(啄木)。**白樺創刊**(〜1923, **白樺派**)	1906 山本芳翠(57) 1907 田能村直入(94)。第1回文部省美術展覧会。**浅井忠**(52) 1908 橋本雅邦(74)。**フェノロサ**(56)。赤坂離宮落成 1909 停車場の朝(信徳)。京都市絵画専門学校創立 1910 女(守衛)。川島甚兵衛(58, 染織)。荻原守衛(32, 彫刻)	1906 文芸協会創立。常磐津林中(65) 1907 豊竹呂太夫(65, 義太夫)。イプセン会創立 1908 有楽座開場 1909 **自由劇場設立(新劇)**。国技館(相撲)落成。ハイカラ節流行 1910 東京フィルハーモニー会成立。桐竹紋十郎(66)	国		1905 孫文，中国革命同盟会結成 1906 全インドイスラム教徒連盟・インド国民会議派結成 1907 インド農民の反英運動。ペルシアにおける英露勢力圏協定。 1908 清，憲法大綱発表。徳宗・西太后死。宣統帝即位 1909 インド，モーレー＝ミント改革 1910 対清四国借款団成立。日韓併合	1906 第3回汎米会議。イプセン死(1828〜)。ドレフュス，無罪となる 1907 国際紛争処理条約。大英帝国会議の初め。**三国協商(英・仏・露)** 1908 青年トルコ党の革命運動。オーストリア，ボスニア・ヘルツェゴヴィナ併合宣言 1909 ピーリー，北極探検。青い鳥(メーテルリンク) 1910 南アフリカ連邦成立。トルストイ死(1828〜)	期	1905 世紀
1911 私立大学の指定認可。高等中学令公布 1912 教育調査会官制公布（高等教育会議廃止)	1911 島地黙雷(74)。維新史料編纂局設置。南北朝正閏論起り**南朝を正統と定む**。**善の研究(西田幾多郎)** 1912 三教合同問題起る。大日本仏教全書刊行開始。元良勇次郎(55, 心理学)	1911 電気通信学会創立。**梅毒スピロヘータ純粋培養の研究（野口英世)** 1912 山陰線開通。日本航空協会創立。TYK式無線機の発明（鳥潟右一ら)。新橋・下関間特急運転（25時間)	1911 修善寺物語(綺堂)。ある女(武郎)。大和田建樹(54, 歌人)。青鞜創刊 1912 高崎正風(77)。**石川啄木**(27)。彼岸過迄(漱石)。世間知らず(実篤)。千曲川のスケッチ(藤村)	1911 青木繁(30)。菱田春草(38)。平子鐸嶺(35) 1912 白樺主催のロダン・ルノアール展開く	1911 帝国劇場開場。(横河民輔設計)川上音二郎(48)太刀山横綱免許 1912 国際オリンピック初参加。日活(映画)創立	(日本領)	中華民国	**1911 辛亥革命起る。**中華民国臨時政府組織大綱決定 1912 孫文，臨時大統領就任。宣統帝退位，**清朝滅ぶ**。袁世凱，大統領就任	1911 第2モロッコ事件。イタリア・トルコ戦争。アムンゼン南極探検。イギリス，議会法制定 1912 タイタニック号沈没。第1バルカン戦争(〜1913)		1910

年代・時代・天皇

- 年代: 1915 / 1920 / 1925 / 1930
- 時代: 近代 二十世紀 ― 大正時代（1912～1926） ― 昭和時代
- 天皇: 大正天皇 ― 摂政、皇太子裕仁親王（1921・11～1926・12） ― 1926・12 昭和天皇

政治

内閣総理大臣

桂　太郎 —1913.2— 山本権兵衛（Ⅰ） —1914.4— 大隈重信（Ⅱ）* —1916.10— 寺内正毅* —1918.9— 原　敬（政友会） —1921.11— 高橋是清 —1922.6— 加藤友三郎 —1923.9— 山本権兵衛（Ⅱ） —1924.1— 清浦奎吾 —1924.6— 加藤高明（三派）* —1925.8— 加藤高明* —1926.1— 若槻礼次郎（憲政会） —1927.4— 田中義一（政友会） —1929.7— 浜口雄幸（民政党）

枢密院議長

（1909） 山県有朋 —1922.2— 清浦奎吾 —1924.1— 浜尾　新 —1925.9— 穂積陳重 —1926.4— 倉富勇三郎

護憲運動と政党政治の隆替

1913（大正 2） **桂内閣に反対する憲政擁護運動激烈**。桂太郎，立憲同志会設立。日比谷暴動。桂内閣総辞職（在任50日） 高松宮家創立。桂太郎（68）。加藤高明，立憲同志会総裁となる。中正会結成（尾崎行雄）

1914（大正 3） 海軍収賄事件起り国論沸騰（シーメンス事件）。築地精養軒における憲政擁護大会。日比谷公園の護憲国民大会。青木周蔵（71）。4. 海軍拡張案否決，山本内閣総辞職，清浦内閣流産。8. **ドイツに対し宣戦（世界大戦に参加）**。オーストリアと国交断絶。9. 陸海軍，山東半島上陸。10. ドイツ領南洋群島占領。11. 青島を攻略。12. 日本赤十字社よりイギリスへ救護班を派遣。衆議院解散

1915（〃 4）同志会第一党。7. 大浦内相汚職問題。9. 井上馨（81）。11. 即位式

1916（〃 5）大隈重信要撃される。海軍航空隊創設。寺内内閣（超然内閣）成立。憲政会結成（加藤高明）。大山巌（75）。1917　日本駆逐艦，地中海へ出動

1917（〃 6）総選挙，政友会第一党。臨時外交調査委員会設置。軍事救護法制定。25個師団八八艦隊の新国防法案発表

1918（〃 7）米騒動起り寺内内閣倒れる。9. **原敬の政友会内閣成立**。福田徳三・吉野作造ら，黎明会結成

普通選挙獲得運動

1919（大正 8）選挙法改正（直接国税3円以上）。関東庁設置。板垣退助（83）。寺内正毅（68）。**普通選挙獲得運動起る**

1920（〃 9）平和克復の詔。東京普選大示威行列。総選挙にて政友会，絶対多数を占める。鉄道省設置。第1回国勢調査，総人口7700万人，総財産860億円

1921（〃 10）皇太子欧州巡遊（3～9月）。**原敬（66）東京駅にて暗殺される**

1922（〃 11）大隈重信（85）。山県有朋（85）。過激社会運動取締法案否決。南洋庁設置。秩父宮家創立。国民党解党。普通選挙調査会設置

1923（大正12） 郡制廃止。陪審法公布。武藤山治ら，実業同志会結成。9. **関東大震災**。戒厳令発動。11. **国民精神作興に関する詔書**。12 島田三郎（72）。河野広中（76）

1924（〃 13）政友会分裂。政友本党結成（床次竹二郎）。護憲三派内閣成る。松方正義（90）。各省に政務官を置く。樺太に徴兵令

1925（〃 14）普通選挙法公布。治安維持法公布。農商務省を廃し農林・商工両省を置く。田中義一，政友会総裁となる。議事堂全焼

1926（〃 15）加藤高明（67）。三浦梧楼（81）。松島遊廓疑獄事件。郡役所廃止。12.25　大正天皇（48）逝去。（昭和1）昭和天皇践祚

1927（昭和 2）明治節設定。田中義一政友会内閣成る。立憲民政党結成（浜口雄幸）

議会勢力の後退（政党への不信高まる）

1928（昭和 3）2. 普選による最初の衆議院議員選挙（無産党8名）。6. 治安維持法改正（死刑追加）。8. 民政党床次竹二郎脱党，新党倶楽部を組織。10. 陪審法実施。11. 即位の大礼式を行う

1929（〃 4）後藤新平（73）。拓務省新設。新党倶楽部，政友会に合同。**田中義一**（67）。犬養毅，政友会総裁となる。朝鮮光州学生事件

1930（〃 5）第2回普通選挙（無産党5名）。台湾蕃社の反乱事件。浜口雄幸狙撃事件

第1次世界大戦

シベリア出兵・朝鮮万歳事件

1918　8.12 **シベリア出兵**。山東に関する日中覚書交換。11. 世界大戦休戦条約

1919　**朝鮮万歳事件（三一運動）** 上海に排日運動。寛城子事件。李承晩，上海に大韓臨時政府組織。対中南北和平の勧告。シベリア派遣軍撤兵開始

1920　3. **尼港（ニコライエフスク）事件**。6. 尼港占領。10. 間島事件（朝鮮人の反日暴動）

革新勢力の成長と官憲の弾圧

1922　日本共産党結成（非合法）

1923.5.　堺利彦ら逮捕（**第1次共産党事件**）9. 大杉栄（39）ら殺害される（甘粕事件）。朝鮮人朴烈らの大逆事件。12. 難波大助皇太子狙撃（虎の門事件），ために山本内閣総辞職

1924　日本共産党解党決議

1925　全国無産政党。組織準備会結成，農民労働党組織即日結社禁止

1926　無政府主義者大同団結。暴力行為処罰法公布。社会民衆党・日本労農党結成

1928　日本共産党大検挙（三・一五事件）。労働農民党等の結社を禁止。日本大衆党組織（7団体）

1929　山本宣治（48）刺殺される。日本共産党大検挙（四・一六事件）。社会民衆党分裂

1930　日本共産党第4次大検挙。全国大衆党結成

外交

中国・アメリカの排日問題

1913　カナダ，日本人の渡航を制限。華南に侮日事件起る。日伊通商航海条約調印。中華民国を承認。カリフォルニア排日移民法成立

1915　1. **中国に対し21カ条の要求交渉**。5. 日中条約成立（反日の因）

1916　日露新協約成る。日露秘密同盟（対米）

1917　日米協会成立。**石井・ランシング協定（日米共同宣言）**

1918　日中軍事協定成る

国際的地位の躍進

1919　1. 西園寺公望ら，パリ講和会議に出席。6. ヴェルサイユ条約調印

1920　1. **国際連盟に正式加入（常任理事国となる）**。カリフォルニア排日土地法成立

軍事縮少・国際会議

1921　**ワシントン会議**に加藤友三郎・幣原喜重郎ら出席。**四国条約**（日英米仏）成り日英同盟廃棄

1922　日中山東条約。**海軍（主力艦）制限条約**。**九国極東条約**。日中山東還付条約。シベリア派遣軍全部撤退

1923　中国，21カ条の廃棄を要求，日本拒否。石井・ランシング協定廃棄。日露漁業協約

1924　シャムと通商条約。米国排日移民法成立。日ソ漁区条約

1925　軍縮により4個師団廃止。日ソ北樺太利権協約。アメリカ，オレゴン州の排日暴動

1925　日露条約，ソ連と国交開始

中国の排日運動激化

1927　漢口の民衆，日本陸戦隊と衝突。ジュネーヴ軍縮会議に代表斎藤実ら列席。軍縮会議決裂。中国各地に日貨排斥運動起る。第1次**山東出兵**

1928　日ソ新漁業条約。日独通商条約。**済南事件**（第2・第3次山東出兵）。日ソ北樺太石油利権契約。**張作霖爆死事件**（満州某重大事件）

1929　日中関税条約。山東派遣軍撤退。不戦条約宣布。ロンドン軍縮会議に若槻礼次郎・財部彪ら出発

1930　**ロンドン軍縮会議（補助艦），五国条約調印**。日中賠償交渉成立

経済

日本資本主義の発展

1913　税制改革（所得税軽減，間接税増徴）。行政整理により国費節約。東洋紡績会社設立

1914　日魯漁業株式会社設立。世界大戦起り，株価大暴落。政府，財界救済政策発表。米価暴騰。蚕糸試験所設立

1915　1月以来株価高騰，好況到来。無尽業法公布。無線電信法公布。中央畜産会設立。蚕糸同業組合中央会設立。米価調節調査会設置

1916　経済調査会設置。簡易生命保険法公布。**工場法施工令公布。満州鞍山製鉄所設置**

1917　農業倉庫法公布。物価調節令実施。対敵取引禁止令公布。暴利取締令公布。金輸出禁止。島津製作所設立。小額紙幣発行。**三菱兼二浦製鉄所設立**

1917～18　対中西原借款成立

1918（大正 7） 三菱鉱業・古河鉱業株式会社創立。帝国人造絹糸株式会社創立。**8.6　米価暴騰，富山県下に暴動起り関西各地に波及（米騒動）**。大日本紡績株式会社創立。朝鮮土地調査終了

1919　戦後景気到来。米国輸入令改正

1920.3.　**経済恐慌起る**。対中四国借款団成立。第二次帝国蚕糸会社設立。日本曹達株式会社創立

1921　三社合同，大同電力株式会社創立。米穀法公布。借地法・借家法公布。安田善次郎（84）刺殺される。石炭鉱業連合会設立。日本石油，宝田石油を併合（**石油業の独占化**）

不況の慢性化・独占資本の形成

1922　4月以来株価一斉に暴落，**不況漸く慢性化する**。農会法公布。帝国水産会設立。朝鮮の水力電気調査開始

1923　秩父セメント株式会社創立。中央卸売市場法公布。瓦斯事業法公布。小作制度調査会設置

1924　小作調停法公布。奢侈品関税法公布。セメント連合会成立

1925　国産振興会設立。輸出組合法公布。この年貿易年額49億，商船350万トン，鉄道1万マイル

1926　日本放送協会成立。営業収益税。資本利子税法公布。正貨の現送を再開。牛島謹爾（61，在米馬鈴薯王）。朝鮮水電株式会社設立（赴戦江利用）

1927（昭和 2） 片岡蔵相の失言を機に，**金融恐慌起り，休業銀行続出。全国に3週間モラトリアム施行**。補償費7億円支出。国際貿易障壁撤廃協約調印。**各業種共販組合続々創立される**

1928　**産業の合理化進行する**。日本商工会議所設立。大倉喜八郎（92）。砂糖供給組合設立

1929　水産試験場設立。資源調査法・農業調査令公布。鋼材連合会設立

1930　**金解禁実施。農業恐慌，ついで一般的恐慌深刻化する**。産業合理局設置　浅野総一郎（83）。推定失業者36万人

社会生活

社会労働運動の新展開

1913　**日比谷暴動，新聞社焼打**。東京神田大火。函館大火

1914　桜島噴火。（熔岩のために大隅と地続になる）東洋モスリン会社従業員大解雇，工友会を結成して対抗。**ミルクキャラメルの創製**

1915　この頃より婦人の縮髪始まる（パーマネントウェーヴ）。労働争議，逐年増加する

1916　職工組合期成同志会設立（西尾末広等）

1917　米沢大火。活動写真取締規則公布。長崎造船所大罷業。東京秀英舎罷業。この頃，浮薄な情歌大いに流行

1918　宇部炭坑暴動

1918～19　インフルエンザ（スペイン風邪）大流行

1919　東京砲兵工廠大罷業。仙台大火。金沢大火。第1回国際労働会議出席。東京市内乗合自動車営業開始

1920　八幡製鉄所罷業。東京市電罷業。**日本最初のメーデー**。日本海員組合結成。流行性感冒大流行

1921　神戸三菱造船所・川崎造船所罷業，軍隊出動。船頭小唄・流浪の旅等流行。友愛会，**日本労働総同盟**と改称

1922　東京上野に平和博覧会開催。未成年者飲酒禁止法公布。日本農民組合結成。健康保険法公布。大日本青年団創立。水平社結成

1923　競馬法公布。**関東大震災**（死者20万，焼失40万戸）。日本労働組合連合会結成。

1924　海軍労働組合連盟結成。月は無情・ストトン節流行

1925　**全国労働組合協議会結成**　総同盟分裂。京都豊岡地方激震。新潟県小作争議。関東大洪水。**カフェー開業**

1926　**日本労働組合総連合結成**　労働争議調停法公布。総同盟第2次分裂

1927　全日本農民組合・日本農民総同盟結成。北丹後大地震。**円本・円タクの初め**

1928　花柳病予防法公布。少年保護団体連盟結成。東洋モスリン罷業。カフェー全盛

1929　社会政策審議会設置。ドイツ飛行船ツェッペリン号来日。工場の深夜業廃止。労働組合法案問題起る。総同盟第3次分裂。秋田県小作争議暴動化，軍隊出動

1930　伊豆相模大地震。大日本連合婦人会結成。**農村の危機深刻化する**。祇園小唄流行

注　大隈内閣は同志会・中正会・大隈伯後援会を与党とする。寺内内閣は政友会を与党とする。護憲三派　憲政会　政友会　革新倶楽部。第2次加藤内閣は憲政会単独組閣。

文化 教育・思想・学術 各科学術研究の隆盛	文化 科学・技術 欧米依存よりの脱却	文化 文学 新浪漫主義と新理想主義	文化 美術 国民的美術の発展	文化 芸能 民衆芸能の発達	世界史 中国	世界史 東洋 中国革命の展開	世界史 西洋 第一次世界大戦	時代	年代
1913 高等教育会議を廃し，教育調査会設置。坪井正五郎(51,人類学)。東京に日本宗教大会を開く 1914 井上頼圀(76,国学)。日本経済叢書刊行(滝本誠一)。印度哲学宗教史(高楠順次郎・木村泰賢) 1915 青年訓練所設置。岩波哲学叢書刊行。新社会創刊(堺利彦)。現代の政治(吉野作造)。辻新次(74,教育家) **民主主義思想普及の初め**	1913 音波の異常伝播(藤原咲平)。帝国飛行協会創立 1914 東京・横浜間電車開通。北里研究所創立。土木学界創立。猪苗代第1発電所(長距離送電)設立 1915 邦文タイプライターの発明(杉本京太)。ワイル氏病原体の研究(稲田竜吉)	1913 木村正辞(87)。伊藤左千夫(50)。阿部一族(鷗外)。大菩薩峠(中里介山)第1巻。赤光(斎藤茂吉) 1914 こゝろ(漱石)。日本橋(鏡花) 1915 長塚節(37)。わすれな草(白秋)。**羅生門(龍之介)**。項羽と劉邦(善郎)。外国文学の翻訳盛んとなる	1913 石川光明(62,彫刻)。川端玉章(72,日本画)。国民美術協会創立。**岡倉天心(52)** 1914 **日本美術院再興。第1回院展**。東京駅完成(辰野金吾)開場式。二科会設立 1915 小林清親(69,版画)。荒木寛畝(85)	1913 文芸協会解散。**芸術座創立(島村抱月・松井須磨子)** 1914 **宝塚少女歌劇初公演**。山田耕作，初めて管絃楽作曲発表。**浅草オペラ開場(東京少女歌劇団)** 1915 曽我廼家十郎独立。大阪羽衣管絃団設立	中	1913 中国第2革命失敗，孫文亡命。 1914 中国新約法公布。インド統治法発布 1915 キャフタ条約。中国第3革命。**陳独秀，胡適とともに文学革命**。袁世凱，皇帝推戴	1913 第2バルカン戦争，ブカレスト和約 **1914** パナマ運河開通。アイルランド自治法案成立。サライェヴォ事件。**第1次世界大戦起る** 1915 イタリア，三国同盟を破棄，オーストリアに宣戦。一般相対性原理(アインシュタイン)	近世	二 1915
1916 加藤弘之(81,法学)。第1回楽浪遺跡の発掘(関野貞ら) **1917 臨時教育会議設置(高等教育機関の整備)**。貧乏物語(河上肇)。伊沢修二(67,教育家・音楽) 1918 義務教育費国庫負担法・大学令(公私立大学平等となる)・高等学校令公布。近世日本国民史(徳富蘇峰)第1巻。吉田東伍(55,歴史地理)。中島力造(61,倫理学) 1919 台湾教育令公布。史蹟名勝天然記念物調査会設置。井上円了(62,哲学)。大原社会問題研究所設立。内田銀蔵(48,経済史)。改造創刊 1920 森戸辰男筆禍事件。黒岩涙香(59,新聞人)。日本経済史(竹越与三郎)第1巻。原田積善会創立	1916 照明学会創立。田中芳男(79,生物学) 1917 青山胤通(59,医学)。**理化学研究所設立。KS磁石鋼の発明(本多光太郎・高木弘)**。菊地大麓(63,数学) 1918 科学概論(田辺元)。水銀避雷器の創作(密田良太郎) 1919 黄熱病原体の研究(野口英世)。東京・大阪間，航空郵便開始。相対性原理の研究(石原純)。人工癌の研究(山極勝三郎)。戦艦長門進水 1920 戦艦陸奥進水(横須賀)。高層気象台・海洋気象台設立	1916 インド詩人タゴール来朝。上田敏(43,詩)。**夏目漱石(50)**。高瀬舟(鷗外) 出家とその弟子(百三) 1917 山路愛山(54,評論)。父帰る(菊池寛)。カインの末裔(武郎)。**人道主義文学論起る** 1918 新生(藤村)。忠直卿行状記(菊池寛)。 1919 蔵の中(浩二)。征服被征服(泡鳴)。人間創刊 1920 岩野泡鳴(48)。中沢臨川(43)。嬰児殺し(有三)。惜しみなく愛は奪ふ(武郎)。戯曲の創作盛んとなる	1916 今村紫紅(37,日本画)。竹内久一(60,彫刻)。宮川香山(75,陶芸)。小山正太郎(60,洋画) 1917 野口小蘋(71,女流南画)。池田蕉園(32,美人画)。裸体美術問題起る 1918 国画創作協会創立。湯女(麦僊)。納富介次郎(75,陶芸) 1919 寺崎広業(54,日本画)。**帝国美術院規定公布，帝展組織**。辰野金吾(66,建築)	1916 高田実(45,新派)。桃中軒雲右衛門(44,浪花節)。榎本虎彦(51,新歌舞伎作者) 1917 **沢田正二郎の新国劇独立公演**。大錦，横綱免許 1918 浅草オペラ全盛。映画芸術協会設立。栃木山，横綱免許。島村抱月(48) 1919 松井須磨子(34)自殺。自由劇場解散。第1回少年野球大会 1920 第7回オリンピック参加(能谷・金栗等)。**松竹キネマ創立**	華	1916 袁世凱(1859〜)。インド国民会議派，自治を要求 1917 張勲の復辟運動失敗，孫文，広東軍政府樹立 1918 注音字母表公布。狂人日記(魯迅)。インド国民会議派自治要求大会 **1919 中国五四運動**。インド統治法改正公布 1920 広東軍政府崩壊。ガンジー，インド国民運動を指導	1916 ヴェルダン要塞攻撃(独)。ユトランド沖海戦。 **1917** ドイツ無制限潜水艦戦の宣言。**ロシア二月革命。ロシア十月革命(首相，レーニン)** **1918** ウィルソンの14カ条。ロシア単独講和。**ドイツ十一月革命。独帝退位**。イギリス普選施行 1919 **ヴェルサイユ条約**。ドイツ，ワイマール憲法。第3インターナショナル結成 **1920 国際連盟成立**。アイルランド自由国成立	後期	十 1920
1921 臨時教育会議を廃し，教育評議会設置。有賀長雄(62,国際法)。倉敷労働科学研究所創立 1922 新学位令公布 1923 大谷光瑩(72,真宗)。池辺義象(60,国文学) 1924 文政審議会設置。**マルクス主義創刊**。萩野由之(65,歴史学)。杉浦重剛(70,倫理学)。京城帝国大学設立。西村天囚(60,漢学)。平沼騏一郎，国本社創立 1925 浜尾新(77,政治,教育)。江木衷(67,法学)。岡野敬次郎(61,法学)。寺尾亨(68,国際法)。軍事教育反対運動起る。植村正久(69,神学) 1926 箭内亘(52,東洋史)。第1回建国祭挙行。跡見花蹊(87,女子教育家)。穂積陳重(72,法学)。幼稚園令公布。汎太平洋学術会議	1921 原町無線電信所開設。航空母艦鳳翔進水。OYK誘導同期電動機の発明(山本忠興等)。村田経芳(84,村田銃)。航空研究所設立。脳の解剖的研究(布施現之助) 1922 高峰譲吉(69)。アインシュタイン来朝 1923 寺尾寿(69,天文数学)。大森房吉(56,地震学)。鳥潟右一(41,電気工学) 1924 神保小虎(58,地質学)。メートル法実施。ヴィタミンAの発見(高橋克巳)。アミノ酸の創製(佐々木隆興) 1925 **東京放送局ラジオ放送開始**。地震研究所設立。理研酒の創製(鈴木梅太郎)。初風・東風2機訪欧飛行成功	1921 あらたま(茂吉)。**暗夜行路(直哉)**。明星廃刊。プロレタリア文学起る 1922 **森鷗外(61)**。多情仏心(弴)。有明詩集(有明)。饗庭篁村(68,劇評) 1923 青猫(朔太郎)。近代の小説(花袋)。有島武郎(46)。常用漢字1960字を制定。輪廻(草平)。**探偵小説**の創作盛んとなる。文芸春秋創刊 1924 痴人の愛(潤一郎)。大虚集(赤彦)。タゴール，再度来朝。**新感覚派文学**起る。一路(木下利玄) 1925 木下利玄(40,短歌)。大町桂月(57)。広辞林(金沢庄三郎)。童謡運動起る。日本プロレタリア文芸連盟成立(のち芸術連盟，1927分裂)	1920 明治神宮造営成る(設計，伊東忠太) 1921 橋口五葉(42,版画)。春陽会創立。池田輝方(39,日本画) 1922 日下部鳴鶴(85,書家)。小野鵞堂(61,書家) 1923 生々流転(大観)。丸の内ビルディング落成。**帝国ホテル(ライト)新築落成**。園芸学会創立 1924 **黒田清輝**(59,洋画)。**富岡鉄斎**(89,日本画)。中村彝(38,洋画) 1925 国展洋画部創立。米原雲海(58,彫刻)。舞踏会の前(嗣治)	1921 デヴィスカップ庭球戦初参加(熊谷・清水)。マキノ映画製作所設立 1922 東京シンフォニーオーケストラ結成 1923 **東宝映画株式会社創立**。日比谷音楽堂落成。金剛謹之助(70,能楽) 1924 日本体育連盟結成。築地小劇場開場。明治神宮外苑競技場・甲子園野球場成る 1925 歌舞伎座再建落成。**日本交響楽協会結成(山田耕作)**。新橋演舞場開場。**東京六大学野球リーグ結成**	民	1921 外モンゴル独立宣言。孫文，広東政府総統となる。中国共産党結成される。**阿Q正伝(魯迅)** **1922 奉直戦争始まる**。ネール，スワラジ党結成 1923 孫文，大元帥となる。ヒンズー・マハサバ党結成 1924 第2奉直戦争。中ソ協定，孫文北京に入る 1925 **孫文**(1866〜)。五・三〇排外運動起る。広東国民政府成立	1921 ドイツ，ナチス党結成。ソ連，新経済政策(ネップ) 国際協調時代 **1922 ワシントン軍縮条約**。エジプト王国独立。ムッソリーニ，ローマ進軍。トルコ革命。**ソヴィエト社会主義共和国連邦成立** 1923 ルール占領。トルコ，ケマルパシャ大統領就任 1924 レーニン(1870〜)。イギリス，マクドナルド労働党内閣成立 **1925** ルール撤退。**ロカルノ欧州安全保障条約**。実用的テレヴィジョンの発明	現	世 1925
1927 芳賀矢一(61,国文学)。志賀重昂(65,地理学)。横井時敬(68,農学)。左右田喜一郎(47,経済哲学) 1928 赤旗創刊(共産党機関紙，5号で終刊)。台北帝国大学設立。坂口昂(57,西洋史)。大槻文彦(82,国語学)。高畠素之(43,社会学) 1929 神戸商業・東京大阪両工業・東京広島両文理科各大学設立。津田梅子(66,津田英学塾)。斎藤秀三郎(66,英語)。高橋健自(59,考古学)。**新訂増補国史大系刊行開始(黒板勝美)**。三宅米吉(70,教育家)。史料編纂掛を史料編纂所と改称 1930 文部省思想問題研究会設立。内村鑑三(70,無教会キリスト教)。木村泰賢(50,仏教)	1926 自動式電話設置。京都大学化学研究所設立。ピストンリング(大河内正敏) 1927 東京地下鉄(上野・浅草間)開通。京都花山天文台創立 1928 電子の廻折現象(菊地正士)。松村任三(73,植物学)。野口英世(53)アフリカにて病死。東京・大阪間中継放送開始。写真電送の発明(丹羽保次郎) 1929 清水トンネル貫通。東京・福岡間旅客空輸開始。高速度写真機(栖原豊太郎) 1930 東京・大阪間電送写真開始。東京・神戸間**つばめ号**運転開始(平均時速67.4km)	1926 文芸家協会設立。愛慾(実篤)。内藤鳴雪(80)。島木赤彦(51) 1927 河童(龍之介)。**芥川龍之介(36)自殺**。徳富蘆花(60)。岩波文庫刊行開始 1928 九条武子(42,歌人)。若山牧水(44,歌人)。波(有三)。広津柳浪(68)。物集高見(82,国語学)。全日本無産者芸術団体協議会(ナップ)結成 1929 内田魯庵(62)。夜明け前(藤村)。蟹工船(多喜二)。太陽のない町(徳永直) 1930 田山花袋(60)。聖家族(辰雄)。ローマ字調査会設置。主知的文学論(知二)	1926 明治神宮外苑絵画館成る。東京府美術館成る。一九三〇年協会創立 1927 新海竹太郎(60,彫刻)。萬鉄五郎(43,洋画)。並川靖之(83,陶芸)。世界美術全集刊行開始(平凡社) 1928 佐伯祐三(31,洋画)。国画会創立 1929 青竜社創立。鳴門(龍子)。**岸田劉生**(39,洋画) 1930 前田寛治(35,洋画)。下村観山(58,日本画)。独立美術協会創立	1926 前衛座第1回公演。**新交響楽団結成(近衛秀麿)** 1927 東西相撲協会合同。 1928 日本楽劇協会結成(山田耕作)。**小山内薫(48，新劇演出家)**。人見絹枝，女子陸上400mに世界新記録。オリンピック(アムステルダム)に日章旗初掲揚(三段跳，織田幹雄)。宝生能楽堂成る 1929 沢田正二郎(38,新劇)。**トーキー初輸入** 1930 小川一真(70,写真)。東京劇場開場	国	**1926 蔣介石，国民革命軍総司令となり北伐開始**。武漢国民政府成立 **1927 蔣介石のクーデター。国共分離**。張作霖，北京に大元帥となる。広東コンミューン **1928 済南事件。張作霖爆死事件。北伐の完成**。蔣介石，国民政府主席就任 1929 中国内戦頻発。漢口に排日運動。中ソ議定書 1930 長沙にソヴィエト政府成立。第1回英印円卓会議	1926 ギリシア革命。ドイツ国際連盟加入。イギリス八時間労働制炭坑法成立 1927 ジュネーヴ軍縮会議不成功。ジュネーヴ国際貿易会議。米機の大西洋横断成功 **1928 パリ不戦条約調印**。イタリア，ファシストの一党専制の決議。ペニシリンの発見(フレミング) 世界的大恐慌の発生 **1929 ニューヨーク株式大暴落。世界的経済大恐慌起る** **1930 ロンドン軍縮条約**。イギリス，保護関税設定	代	紀 1930

二十世紀 近代（昭和時代） 昭和天皇

年代: 1930–1945（8月15日以前）

年代	内閣総理大臣	枢密院議長
1930	1931.4 若槻礼次郎（Ⅱ）	
	1931.12 犬養毅（政友会）	倉富勇三郎
	1932.5 斎藤 実	
	1934.7 岡田啓介	1934.5 一木喜徳郎
1935	1936.3 広田弘毅	1936.3 平沼騏一郎
	1937.2 林銑十郎	
	1937.6 近衛文麿（Ⅰ）	
	1939.1 平沼騏一郎	1939.1 近衛文麿
	1939.8 阿部信行	
	1940.1 米内光政	
1940	1940.7 近衛文麿（Ⅱ）	1940.6 原 嘉道
	1941.7 近衛文麿（Ⅲ）	
	1941.10 東条英機	
	1944.7 小磯国昭	1944.8 鈴木貫太郎
1945	1945.4 鈴木貫太郎	1945.4 平沼騏一郎

政治

全体主義の台頭·軍部勢力の増大

1931（昭和 6）4.台湾の蕃社再び反乱。6.大日本生産党結成。8.浜口雄幸(62)。10. 十月事件(軍部独裁の企図)。民政党分裂, 安達謙蔵・中野正剛ら脱党

1932（昭和 7）1. 日本ファシズム連盟結成。2. 井上準之助(64), 血盟団員に暗殺される。3. 団琢磨(75)暗殺される。5. **五・一五事件**(犬養毅(78)暗殺される)。日本国家社会党結成。7. 社会大衆党結成。8. 国民同盟結成(安達謙蔵)

1933（〃 8）5.京大滝川教授事件。7.神兵隊事件。12.山本権兵衛(82)。政党解消連盟結成

1934（〃 9）2.伊東巳代治(78)。3.武藤山治(68)暗殺される。4.帝国人絹疑獄事件。11.陸軍青年将校の十一月事件

1935（〃 10）1. **美濃部達吉の天皇機関説問題化**。5. 内閣審議会官制公布。8. 国体明徴声明。相沢事件(陸軍軍務局長永田鉄山刺殺される)。9. 床次竹二郎(70)。12. 三笠宮家創立

1936（昭和11）2. 選挙公営の実施。**二·二六事件**(斎藤実(79)・高橋是清(83)ら暗殺される)。東京に戒厳令。3.内田康哉(72)。陸海軍大臣現役制復活

国家総動員体制の樹立

1937（昭和12）5. 企画院設置。10. 防空法実施。国民精神総動員中央連盟結成。11. 大本営設置

1938（〃 13）1. 厚生省設置。3. **国家総動員法成立**。5. 企画審議会設置。12. 興亜院設置

1939（〃 14）5. 政友会分裂

1940（〃 15）2. 斎藤隆夫の粛軍演説問題化。3. 社会大衆党分裂。7. 政友会両派解党。8. 民政党解党。10. **大政翼賛会創立**。11. 紀元二千六百年式典挙行。西園寺公望(92, 最後の元老)。12. 神祇院設置

1941（〃 16）1. 大日本興亜同盟結成。3. 中野正剛, 東方会結成。9. 翼賛議員同盟結成。防衛総司令部創立。10. 東条内閣成立

太平洋戦争・緒戦の勝利・総力戦体制

1941（昭和16）12.8. 日本軍, 真珠湾攻撃。米国・英国に宣戦（太平洋戦争）。マレー沖海戦。12.25. 香港攻略

1942（〃 17）1. マニラ占領。日独伊新軍事協定。2. シンガポール攻略。翼賛政治会結成。4. 米機日本初空襲。5. 日タイ経済協定。コレヒドール島占拠。珊瑚海海戦。金子堅太郎(90)。国際スパイ事件(ゾルゲ事件)発表。6. ミッドウェー海戦, 日仏印経済協定。8. 第1次ソロモン海戦米軍ガダルカナル上陸。11. 大東亜省設置。清浦奎吾(83)

戦局の悪化と国土決戦の努力

1943（昭和18）7. 東京都制実施。10. 中野正剛(58)自殺 11. 農林・商工・鉄道・逓信省を廃止し, 農商・軍需・運輸通信3省設置。**大東亜会議**(大東亜宣言)開催

1944（〃 19）3. 決戦非常措置実施。7. 東条内閣退陣。8. 戦争最高指導会議設置。10. 頭山満(90)。国土防衛兵召集令公布。綜合計画局設置

1945（昭和20）3. 大日本政治会結成。4. 皇土決戦訓布告。5.最高戦争指導会議開催。6.国民義勇兵役法成立。大政翼賛会解散。8.10.**ポツダム宣言受諾通告**。8.14. 最後の御前会議, **15. 終戦の詔のラジオ放送**

外交

満州事変と日本の国際的孤立化

1931（昭和 6） 陸軍九一戦闘機完成。シャム皇帝来朝。7. 万宝山事件。8. 中村大尉虐殺事件公表。9. 18. **満州事変起る（柳条溝*事件）**。奉天占領。10. 錦州爆撃。11. チチハル入城

1932 1. 錦州入城。**上海事件起る**。2. 上海総攻撃。ハルビン入城。国際連盟リットン調査団来朝。3.1 **満州国建国宣言**。8. 日ソ漁業特別協定。9. 日満議定書調印。10. リットン報告書発表。松岡洋右, 国際連盟日本代表となる

1933 3. 熱河入城。**国際連盟脱退の詔書**。4. インド, 日印通商条約破棄。7. 満州移民計画大綱発表。8. 関東地方防空演習。11. 上原勇作(78)

1934 1. 日印通商協定。2. 日英通商会議。3. **満州国帝制実施**(溥儀, 皇帝となる)。4. 対中天羽声明。5. ブラジル排日移民法成立。東郷平八郎(88)。12. ワシントン軍縮条約破棄をアメリカに通告

1935 3. ソ連より中東鉄道(北満鉄道)譲渡の協定成立。4. 満州国皇帝来訪。6. 梅津·何応欽協定。7. 対カナダ通商擁護法発動勅令。12. ロンドン軍縮会議。日本・カナダ通商会議

1936 1. ロンドン軍縮会議脱退。7. 陸軍航空兵団新設。シムラで日印会商。11. 日独防共協定調印

日中戦争

1937（昭和12）7.7 日中戦争起る（盧溝橋事件）。7.11 対中大方針の宣明。29. 通州事件。8. 北平入城。上海大山事件。渡洋爆撃の敢行。上海上陸。中国沿岸の封鎖実施。9. 察南政府成立。10. 晋北政府·蒙古連合自治政府成立。11. 杭州湾上陸。12. パネー号事件。**南京·杭州入城**

1938 1. 国民政府(蒋介石)を相手にせずの近衛声明。5. 徐州攻略。7. 張鼓峰事件。9. 東亜研究所設立。10. 元田肇(81)。広東占領。**武漢三鎮占領**。12. 東亜新秩序建設声明

1939 2. 海南島上陸。5. ノモンハン事件。6. 長嶺子事件。7. ホロンバイル越境事件。9. 欧州戦争不介入の声明。日満ソ蒙国境協定。11. 南寧占領

1940 3. 汪精衛, 南京政府主席就任。6. 日タイ友好条約調印。7. 日中国交調整交渉。9. 仏印進駐

三国同盟

1937 日蘭・日印通商協定成立。日ソ石油交渉成立。11.**日独伊三国防共協定調印**

1938 **国際協力終止の天羽声明**

1939 7. 日英東京会談（8月決裂）。米国, 日米通商航海条約破棄通告

1940 9. **日独伊三国同盟条約調印**

1941 4. 日ソ中立条約。日仏印経済協定。6. 日蘭交渉中止。対中3億円借款成立。7. **米国在米日本資産凍結**。英国全領日本資産凍結及び日英通商航海条約廃棄通告。蘭印, 日本資産凍結。日仏印共同防衛協定。**日本軍, 南部仏印進駐**。8.23.～12.7. 日米交渉。

情勢の暗転より敗戦へ

1943 **2. ガダルカナル島敗退**。4. 山本五十六(59)戦死。5. アッツ島守備隊玉砕。8.日本, ビルマ同盟条約。

1944 2. 米軍, マーシャル群島上陸。6. 米機B29, 北九州空襲。マリアナ海戦。7. サイパン島失陥。10. 神風特別攻撃隊の初出撃。レイテ決戦。11. B29, 東京初空襲

1945 4. 米軍, 沖縄上陸。3, 4, 5. 東京夜間大空襲, 大半焼土と化す。6. ソ連を通じ和平交渉の提案。8.6. **広島に, 8.9. 長崎に原子爆弾投下される**。8.8. ソ連, 日本に宣戦

経済

経済統制の開始

1931 地租法公布。重要産業統制法公布(1938施行)。官吏減俸決定。東北地方大凶作。**金輸出再禁止**

1932 商業組合法・製糸業法公布。日満経済ブロック形成。農山漁村経済更生計画樹立。日蘭綿業会商

1933 朝鮮長津江水力電気株式会社設立。**米穀統制法・外国為替管理令公布**。ロンドン世界経済会議。外米輸入制限令公布

1934 軍需工業監督制実施。不正競争防止法公布。東北振興調査会設置

1935 重要肥料業統制法・自動車製造法公布。北洋漁業の統制方針決定。石油輸入量の6カ月貯蔵義務令公布

1936 **米穀自治管理法**公布。

企業合同の進行

1931 産銅カルテル完成 日本郵船・大阪商船運航提携協定。造船連合会設立。渋沢栄一(92)

1932 三井・三菱の対満産業借款成立。銑鉄共販会社設立。王子・富士・樺太三大製紙会社合同

1933 馬越恭平(90)。印綿不買決議。製鉄合同勅令公布。石油販売カルテル成立

1934 6社合同, 日本製鉄株式会社設立。印綿不買解除。三菱重工業株式会社設立

1935 輸出組合中央会・全国商業組合中央会創立

1936 同盟通信社創立

戦時経済体制強化と国民生活の破綻

1936 農山漁村経済更生特別助成規則公布。電力国家管理案問題起る。製糸業統制実施

1937 中央経済会議創立。百貨店法公布。経済団体連盟結成。スフ時代到来

1938 軍需工業動員法発動。電力国家管理法公布 **綿糸配給切符制実施**。北支那開発・中支那振興両会社法公布。農地調整法公布。ガソリン切符制実施。鉄鋼配給統制規則実施。商店法公布。石炭配給規則実施

1939 金製品強制買上げ実施。米穀配給統制法公布。軍用資源秘密保護法公布。**賃銀統制令・価格統制法（九・一八停止令）**

1940 根津嘉一郎(81)。物価対策審議会設立。贅沢品禁止令。**小麦粉·米穀·砂糖配給統制規則公布**(飲食店に米使用禁止)。国民厚生金庫設立。経済新体制要綱発表

1941 農地価格等管理令公布。生活必需物資統制令公布。米穀配給通帳制実施(主食配給基準2合3勺)。鉄鋼石炭統制令第一次指定

1942 郷誠之助(76)。衣料品点数切符制実施。永代借地権制度解消。戦時金融金庫法·企業整備令公布。**食糧管理法公布（供出配給制強化）**。重要物資強制買上げ断行。東亜圏決済通貨を円とする。中央食糧営団設立。産業統制法公布

1943 日独伊経済協力協定。日本商工会議所解散。軍需会社法・統制会社令公布。電力動員緊急措置決定

1944 軍需会社第1次·第2次指定(575社)。会社経理統制令改正公布。貴金属強制買上断行。戦時非常金融整備要綱発表

1945 国内資金調整規則公布。9銀行合同, 日本貯蓄銀行設立。手形交換所解散。証券取引所中止。主食配給切下げ(2合1勺)

社会生活

表面的繁栄より窮乏へ

1931 全日本農民組合・日本農民総同盟合同, 日本農民組合結成。全国農民大衆党結成。満州行進曲・酒は涙かため息か等流行

1932 横浜市電スト。日本労働組合会議結成。メートル法実施延期。大日本国防婦人会結成。日本労働総同盟結成

1933 三陸大津波。労働総同盟のスト統制規約成る。東京音頭流行

1934 函館大火。関西地方大暴風(室戸台風)。南氷洋捕鯨の初め。日本労働組合全国評議会結成。**右翼労働運動起る**

1935 東北凶作地の娘の身売問題化。全日本労働総同盟再結成

1936 メーデー禁止。浅間山爆発。別れのブルース・ああそれなのに等流行。

1937 日本無産党・日本労働組合評議会結成禁止 **人民戦線第1次検挙**

1938 人民戦線第2次検挙 大日本農民組合結成。綿製品非常措置断行。国営職業紹介所創立

1939 国民登録制度施行。警防団創設。国民徴用令実施。興亜奉公日創設。日本労働総同盟結成。従業員雇入制限令・工場就業時間制限令公布。愛染かつら流行

1940 大日本農民組合解散 ダンスホール閉鎖。国民服制定。全国に, 隣組を組織。大日本産業報国会創立

1941 中央農業協力会結成 国民労務手帳法施行。大日本青少年団結成

1942 毎日8日を大詔奉戴日と定める

1943 勤労緊急対策要綱発表。徴兵適齢1年繰下げ(19歳)。競馬・学校体育会等禁止。

1944 大都市に疎開令。国民登録実施。高級娯楽禁止。**防空壕**の強制施行。**竹槍訓練**実施

1945 国民義勇隊結成。軍事特別措置法公布。兵役法施行規則改正（17歳以上兵役編入）。国民の経済生活マヒ状態

*柳条溝は当時誤って伝えられた地名で, やや離れたところにあり, 事件とは関係なく, 柳条湖が正しいとされる。

文化（文芸と戦争との結合）					世界史		年代
教育・思想・学術	科学・技術	文学	美術	芸能・スポーツ	東洋	西洋	
軍国的思想統制	世界的水準の科学	大衆文芸の発達	近代美術の発展	スポーツの盛行	中国　アジアの近代化	全体主義と民主主義	二十世紀 現代
1931　藤井健治郎(60, 倫理)。大槻如電(87)。久米邦武(93, 歴史)。山川健次郎(78, 教育, 物理)。三浦周行(61, 法制史)。大阪帝国大学設置。大百科事典(平凡社)第1巻 1932　日本資本主義発達史講座(岩波)刊行開始。日本学術振興会創立。**国民精神文化研究所設立。**滝本誠一(76, 経済学)。本山彦一(80) 1933　堺利彦(64)。**吉野作造**(56, **政治学**)。新渡戸稲造(72, 農学)。文部省思想局設置。片山潜(75)。村山竜平(84, 朝日新聞) 1934　内藤湖南(69, 東洋史)。国立公園初指定。古在由直(71, 農芸化学)。野呂栄太郎(35, 経済学)。櫛田民蔵(50, 経済学) 1935　全国に青年学校を開設。富井政章(78, 法学)。関野貞(69, 建築学)。山脇房子(69, 女子教育家)	1931　東京帝大航空研究所創設。**北里柴三郎**(80, **細菌学**)。土肥慶蔵(66, 医学)。東京科学博物館設立。ゲノム説(木原均)。鳳秀太郎(60, 工学) 1932　**MK磁石鋼の発明**(**三島徳七**)。超短波の研究(宇田新太郎)。田丸卓郎(61, 理学, ローマ字論) 1933　丹那トンネル(7804M)開通。マルコーニ来朝。大阪地下鉄開通。新KS磁石鋼の発明(本多光太郎・増本量)。癌研究所創立 1934　日米間無線電話開通。藤浪鑑(85, 病理学) 1935　石川千代松(75, 動物学)。中間子概念の導入(湯川秀樹)。斯波忠三郎(63, 工学)。**寺田寅彦**(58, **物理学**)	1931　安城家の兄弟(弴)。盲目物語(潤一郎)。日本プロレタリア文化連盟(コップ)結成。矢野竜渓(82) 1932　梶井基次郎(32)。鮎(文雄)。芸術論(蔵原惟人)。女の一生(有三)。**大言海**(**大槻文彦**)。日本文学大事典(藤村作等)刊行開始 1933　小林多喜二(31)。英文豪バーナード＝ショー来朝。人生劇場(士郎)青春篇。巌谷小波(64, 童話)。宮沢賢治(38)。春琴抄(潤一郎) 1934　直木三十五(44)。中村憲吉(46)。不惜身命(有三)。紋章(横光利一) 1935　真実一路(有三)。**坪内逍遙**(77)。与謝野鉄幹(63)。芥川賞・直木賞創設。日本ペンクラブ創立	1931　小出楢重(45, 洋画)。小堀鞆音(68, 大和絵)。丹羽海鶴(69, 書) 1932　美術研究創刊。秋茄子(五雲) 1933　森田恒友(53, 洋画)。山元春挙(63, 日本画)。右大臣実朝(映丘)。平福百穂(57, 日本画)。古賀春江(39, 洋画)。御室の桜(渓仙) 1934　**高村光雲**(83, 彫刻)。久米桂一郎(69, 洋画)。大熊氏広(79, 彫刻)。法隆寺昭和大修理着工(～1955) 1935　築地本願寺落成。速水御舟(40,日本画)。松田改組, 帝国芸術院創設	1931　前進座創立。大日本体育芸術協会結成。人見絹枝(25, 女子運動家)**国産トーキーの初め**(**松竹, マダムと女房**) 1932　東京音楽協会設立。チャップリン来朝。伊井蓉峰(62, 新派)。ロサンゼルスオリンピック出場(水泳日本の名をあげる) 1933　玉錦, 横綱免許。岸清一(67)。松竹少女歌劇発足。日本劇場開場。中等野球の全盛 1934　明治座の源氏物語上演禁止される。プロ野球結成の初め(巨人軍) 1935　中村鴈治郎(76)。三浦環帰朝	中 1931　中華民国訓政時期約法成立。**満州事変起る。**カンジー釈放される。江西省瑞金に中華ソヴィエト政府成立 1932　**満州国建国。**シャム新憲法制定 1933　中国, 銀本位制採用。シャム護憲革命。チベット独立宣言 1934　満州国帝政実施。中国共産軍の大西遷。第1回アジア労働会議 1935　梅津・何応欽協定。土肥原・秦徳純協定。内蒙・華北に自治政府成立	1931　イスパニア革命(ブルボン朝滅び共和国宣言)フーヴァー・モラトリアム。英国金本位制離脱 1932　ローザンヌ会議。イギリス帝国オタワ会議。(自由貿易廃棄)。中性子の発見(チャドウィック, 英) 1933　ドイツ, ヒットラー首相就任(ナチス, 第一党)。ロンドン世界経済会議。**アメリカ, ニューディール政策開始** 1934　ソ連, 国際連盟加入。**ヒットラー総統就任。**ルイセンコ学説発表(ソ連) 1935　イタリア・エチオピア戦争起る。ドイツ, ヴェルサイユ条約破棄宣言	1930
1936　坪井九馬三(79, 歴史)。大本教検挙。ひとのみち教団検挙。教学刷新評議会設立。岡倉由三郎(69, 英語)。下田歌子(81, 女子教育家) 1937　**国体の本義**(**文部省**)。**文化勲章制定。**海老名弾正(80, 神学, 同志社)。北一輝(55, 右翼思想家)。上田万年(71, 国語学)。木下尚江(69, 社会学)。ヘレンケラー来朝 1938　浜田耕作(58, 考古学)。嘉納治五郎(78, 柔道)。荒木貞夫, 文相となる。鳩山春子(78)。簡野道明(74, 漢学)。日独文化協定。高田早苗(79, 早大総長) 1939　青年学校令施行。三上参次(75, 日本史)。喜田貞吉(69, 歴史地理)。名古屋帝国大学設立 1940　山室軍平(69, 救世軍)。津田左右吉・賀川豊彦筆禍。宗教団体法公布。日本出版文化協会設立 1941　戦陣訓(陸軍省)。国民学校令公	1936　理化学研究所サイクロトロン完成。池田菊苗(73, 化学)。志田順(61, 地球物理) 1937　**朝日新聞社訪欧機神風号ロンドン着。**中間子の質量測定(仁科芳雄)。高松豊吉(86, 化学) 1938　入沢達吉(74, 医学)。佐々木忠次郎(82, 昆虫学)。科学審議会創立。航研長距離機世界記録樹立(11651KM)。人工雪の研究(中谷宇吉郎)。東京日日新聞天文館プラネタリウム完成 1939　毎日新聞社飛行機ニッポン号世界一周成功。桜井錠二(82, 物理学) 1940　科学動員教会・全日本科学技術団体連合会創立。地質調査書・厚生科学研究所創立	1936　濹東奇譚(荷風)。生田長江(55)。いのちの初夜(北条民雄)。鈴木三重吉(55)。風たちぬ(堀辰雄)。 1937　路傍の石(有三)。河東碧梧桐(64)。旅愁(利一)。雪国(川端康成) 1938　生きてゐる兵隊(達三)麦と兵隊(葦平)。木石(聖一)。日本式ローマ字綴方制定。老妓抄(かの子) 1939　如何なる星の下に(高見順)岡本かの子(48)。岡本綺堂(68)。多甚古村(井伏鱒二)。**泉鏡花**(67) 1940　生々流転(かの子)。水上滝太郎(54)。吉江喬松(62)。日本文学者教会結成。馬場孤蝶(72)	1936　新制作派協会, 一水会創立。**土田麦僊**(50, 日本画)。富田渓仙(58, 日本画)。満谷国四郎(63, 洋画)。赤塚自得(66, 漆工)。新国会議事堂落成 1937　新第1回文部省美術展覧会(新文展) 1938　松岡映丘(58, 日本画)。西村五雲(62, 日本画)。小川芋銭(71, スケッチ漫画)。東京帝室博物館新築落成 1939　比田井天来(68, 書)。鏡獅子(平櫛田中)。**岡田三郎助**(71, 洋画)。村上華岳(52, 日本画)	1936　日劇ダンシングチーム初演。**国民歌謡の初め。**ベルリンオリンピックに出場 1937　**帝国芸術院創設**(**美術・芸能界**)。友田恭助(39, 新劇)戦死。愛国行進曲成る 1938　杉本良吉・岡田嘉子越境, ソ連に入る。木村議雄, 将棋新制名人となる。新劇合同公演 1939　観世左近(45, 能楽)。横綱双葉山69連勝を達成。体力章検定施行 1940　東京オリンピック, 中止。本因坊秀哉(67, 囲碁本因坊相伝断絶)。二代目市川左団次(61)。新協劇団等に解散命令。中村歌右衛門(76)	華 1936　魯迅(1881～)。**西安事件**(蒋介石, 監禁される) 日中紛争の拡大 1937　**7.日中戦争起る 第2次国共合作。国民政府, 重慶遷都。**中ソ不可侵条約。南京陥落 1938　汪兆銘(精衛)重慶脱出 1939　中ソ通商協定。シャム, 不平等条約改正, 国号をタイと改める。蒙古連合自治政府成立 1940　汪精衛の南京政府成立。日本軍, 仏印進駐	1936　**ドイツ, ラインランド進駐。**イタリア, エチオピアを併合。イスパニア内戦起る。フランス, 人民戦線内閣成立 1937　アメリカ, ワーグナー法成立。ベルリン・ローマ枢軸結成。日独伊防共協定。イタリア, 国際連盟脱退。ソ連, 新憲法成る 1938　ドイツ, オーストリア併合。**ミュンヘン会談** 第2次世界大戦 1939　イスパニア, フランコ独裁の初め。独ソ不可侵条約。独伊軍事同盟。**ドイツ軍ポーランド侵入。第2次世界大戦起る** 1940　フランス軍降伏。ロンドン大空襲。日独伊軍事同盟	1935
布(小学校を国民学校と改称)。日本天主公教会公認。臣民の道(文部省)東洋文化研究所設立。井上通泰(76, 国文学)。**言論出版等臨時取締令公布** 1942　新聞統制(1県1紙)。白鳥庫吉(78, 東洋史)。朝鮮義務教育実施 1943　民族研究所設立。大日本言論報国会成立。師範教育法公布。学徒勤労動員体制成立。大日本育英会設立。松本亦太郎(79, 心理学)。国民教育戦時非常措置発表 1944　金子元臣(72, 国文学)。河合栄治郎(54, 経済学)。学徒軍事教育強化方策決定。青年師範学校令公布。中央公論・改造廃刊。学童の集団疎開実施。小金井良精(87, 人類学)。尾崎秀実(44, 評論)処刑。井上哲次郎(91, 哲学)。小野塚喜平次(75, 政治学) 1945　織田万(78, 法学)。西田幾多郎(76, 哲学)。戸坂潤(46)	1941　関門海底トンネル(3614m)開通。辻本満丸(64, 化学)。科学技術新体制確立要綱発表。資源科学研究所設立。小川琢治(72, 地質学)。南方熊楠(75, 生物学等) 1942　技術院開設。横山又次郎(83, 古生物学)。電波物理研究所設立。池田成一郎(77, 植物学)。超短波研究所創立 1943　科学技術審議会創立。鈴木梅太郎(70, 化学)。**木村栄**(**74, 天文学**, 水沢緯度観測所長) 1944　水稲冷害の研究(寺尾博)。地磁気の研究(畠山久尚)。第1回技術賞。田辺朔郎(84, 工学)。田中阿歌麿(76, 湖沼学) 1945　科学研究機関疎開し研究機能停止状態。田中正平(84, 音楽理論)。桑木彧雄(68, 科学史)	1941　菜穂子(辰雄)。伊原青々園(72)。詩集智恵子抄(高村光太郎)。縮図(徳田秋声) 1942　萩原朔太郎(57)。佐藤惣之助(53, 詩人, 歌謡)。壺井繁治詩集(繁治)。与謝野晶子(65)。標準漢字2528字・字音仮名遣整理案決定。北原白秋(58)。日本文学報国会結成。愛国百人一首撰定 1943　東方の門(藤村, 未完)。**細雪**(**潤一郎**)。徳田秋声(73)。島崎藤村(72)。倉田百三(53) 1944　近松秋江(69)。中里介山(60)。村上浪六(80)。片岡鉄兵(51)。礎(島木健作) 1945　野口雨情(62)。田村俊子(61)	1940　美術振興調査会設立。紫禁城(竜三郎)。正倉院御物特別展覧会開く 1941　黄瀬川の陣(靫彦) 1942　比叡山横川中堂炎上。建畠大夢(63, 彫刻)。**竹内栖鳳**(79, 日本画)。長沼守敬(86, 彫刻)。川村曼舟(63, 日本画) 1943　**藤島武二**(77, 洋画)。中村不折(78, 洋画)。日本美術報国会結成。晩秋(松園) 1944　池上秀畝(71, 日本画)。荒木十畝(73, 日本画)。二科会解散 1945　熱田神宮, 空襲により炎上。橋本関雪(63, 日本画)。名古屋城, 空襲により焼失	1941　映画法公布。日本演劇協会・日本移動演劇連盟・日本音楽文科協会創立。瀬戸口藤吉(74, 軍楽隊長) 1942　大日本武徳会創立。文化座第1回公演。新交響楽団, 日本交響楽団と改称。米映画禁止 1943　鉄使用の楽器製造禁止。大日本興行協会設立。清元延寿大夫(82)。岡鬼太郎(70, 劇評)。米英楽曲1000の演奏を禁止 1944　松竹少女歌劇解散。大日本芸能会結成。俳優の技能審査施行。興行場続々閉鎖 1945　明治座・歌舞伎座・文楽座等焼失。十五代目市村羽左衛門(72)	民国 1941　インド詩人タゴール(1861～) 太平洋戦争 1941　**12.8.太平洋戦争起る**(日本軍, 真珠湾攻撃) 1942　マッカーサー西南太平洋連合軍司令官となる。ガンジー監禁。中国不平等条約改正 1943　ビルマ独立宣言。自由インド仮政府成る。蒋介石, 軍政両権を握る 1944　シリア独立。ガンジー釈放される。 1945　英印軍, ラングーン進出。アラブ連盟結成。宋子文・スターリン会談	同盟 1941　アメリカ武器援助法成立。アメリカ国家非常事態宣言。ドイツ, 対ソ宣戦布告。**大西洋憲章成る** 1942　第3回汎米会議。ドイツ軍, スターリングラード突入。米軍, 北阿上陸 1943　コミンテルン解散。イタリア降伏。カサブランカ会談。モスクワ会談。カイロ会談。テヘラン会談 1944　スターリン, ソ連大元帥となる。ドイツ軍, 東部戦線の全面的敗退。連合軍, ノルマンディー上陸。米爆撃機B29完成 1945　**ヤルタ会談。ベルリン陥落。ドイツ無条件降伏。6.国際連合憲章成る。7.ポツダム会談**	1940 1945

◎1949年5月以後の死没者は死没年を満年齢とした。

年代	時代	天皇	内閣総理大臣	衆議院議長	参議院議長	最高裁判所長官	政治	管理事項	経済	労働組合	社会生活
8月15日以降							民主政治の発足・新憲法の制定	占領軍による管理行政	経済再建・財閥解体・農地改革	労働組合の再発足	窮乏より復興へ
1945 昭和(20)		昭	1945.8. 東久邇宮稔彦王 —10.— 幣原喜重郎	1945.6. 島田俊雄	1944.12. 徳川圀順		**1945（昭和20）** 8.15 **終戦の詔書**。8.17 東久邇宮内閣成立。8.26 大東亜省・軍需省を廃し，商工省・農林省復活。9. 大本営廃止。10. **特別高等警察・治安維持法廃止**。11. 日本社会党（書記長片山哲）・日本自由党（総裁鳩山一郎）・日本進歩党（総裁町田忠治）結成。12. 日本共産党再建。近衛文麿(55)自殺。**新選挙法公布**	1945. 8.26 終戦連絡中央事務局設置。.30 連合国軍最高司令官マッカーサー厚木到着。9. 2 **降伏文書調印**。9. 戦犯容疑者逮捕の初め。連合国極東委員会設置。10. **政治犯釈放指令**。12. 対日理事会設置	1945. 8. 電力統制の撤廃。10. 証券市場再開。第1回宝くじ発売。11. **財閥解体の指令**（三井・三菱・住友・安田）。財政改革の指令。12. 岩崎小弥太(67)。農地改革の指令。貿易庁・石炭庁設置。農地調整法中改正法公布（**第1次農地改革**）。年末日銀券発行高500億円突破，インフレ傾向はじまる	1945. 9. 大日本産業報国会解散。10. 全日本海員組合結成。11. 読売新聞スト。12. **労働組合法公布**（翌年3.1施行）。この年スト頻発	1945.10. 選挙権，男女同権決定。在外同胞援護会設立。11. 石炭飢饉のため国鉄の一部運休。○**闇市の全盛**。**都会人の主食買出し**
1946(21) 二	現		—5.— 吉田茂(Ⅰ)（自由党）	—5.— 樋貝詮三 —8.— 山崎猛	—6.— 徳川家正		1946（昭和21） 1.1 **天皇神格否定の詔書**。4. 総選挙（婦人39当選）。5. 鳩山一郎公職追放。6. 第90議会，新憲法案審議。11.3 **日本国憲法公布**（47.5.3 施行）。町田忠治(84) 制度法典の改革・政党政治の再発足	1946. 2 **公職追放令**。5. **極東国際軍事裁判開廷**。皇族の特権廃止の指令。6. 占領目的有害行為処罰令。キーナン検事，天皇の裁判除外を言明。8. 南極捕鯨の再開許可。12. **極東委員会，日本の労働組合16原則を決定**	1946. 2. 食糧供出強権発動。隠退蔵物資摘発の初め。金融緊急措置令（新円切換）。4. 持株会社整理委員会発足。8. 経済安定本部・物価庁設置。10. 日本商工会議所設立。自作農創設特別措置法等公布（**第2次農地改革**）	1946. 2. 日本農民組合（日農）結成。5. メーデー復活。全国農民組合（全農）結成。8. 総同盟・産別会議結成。9. **労働関係調整法公布**	1946. 1. 公娼廃止。3. 新円による500円生活はじまる。5. **食糧メーデー**。7. 渋谷など闇市乱闘事件。9. **生活保護法公布**
1947(22)		和	=5.= 片山哲（社会党）	=5.= 松岡	以上貴族院 =5.= 松	=8.=	1947（昭和22） 1. 内閣法・皇室典範・皇室経済法公布。3. 国民協同党（委員長三木武夫）結成。日本進歩党解散。民主党（総裁芦田均）結成。4. 検察庁法・裁判所法・地方自治法公布。5. **第1回特別国会**。片山内閣成立。9. 労働省設置。10.11 宮家皇族籍離脱。国家公務員法公布。12.司法省廃止。内務省解体	1947. 1.31 **二・一ゼネスト中止指令**。5. 総司令部に賠償局設置。日本政府に帝国の文字使用禁止の指令。7. 極東委員会，対日政策指導原則を発表。南洋群島，アメリカの信託統治領となる	1947. 1. 復興金融金庫発足。4. **独占禁止法公布**。貿易公団発足。5. 経営者団体連合会創立。産業復興公団・石炭配給公団・肥料配給公団発足。7. 第1次経済白書。11. 農業協同組合法公布。12. 過度経済力集中排除法・**石炭鉱業管理法**公布	1947. 1. 官公労，二・一ゼネスト決定（中止命令）。2. 私鉄総連結成。3. 全労連結成。4. **労働基準法公布**。11.職業安定法公布。12. 失業保険法公布	1947. 1. NHK，話の泉放送開始。生活費のワク700円となる。2. 八高線事件。4. 飯田大火。9. 枕崎・阿久根台風 11. 第1回共同募金。12. **児童福祉法公布**
十 1948(23)			—3.— 芦田均（民主党） —10.— 吉田茂(Ⅱ)（民主自由党）	駒吉 —12.—	平恒	三淵	1948（昭和23） 2. 法務庁設置。3. 民主自由党結成（総裁吉田茂）。5. **海上保安庁設置**。軽犯罪法公布。7. 建設省設置。9. **昭和電工疑獄事件**起り，10. 芦田内閣崩壊。11. マッカーサー書簡に基づく国家公務員法改正公布。12. 昭和電工事件により，政財界人の検挙はじまる。衆議院解散（なれあい解散）	アメリカ極東政策の転換 1948. 4 祝祭日の国旗掲揚を許可。11. **極東国際軍事裁判最終判決**。12. A級戦犯東条英機(65)・広田弘毅(71)ら7名絞首刑執行。A級戦犯容疑者19名釈放	1948. 2. **食糧配給公団発足**。3. 日英貿易協定成立。4. 農業手形制実施。9. 取引高税実施（1年余で廃止）。11. 主食配給2合7勺となる。英連邦5ヵ国と通商協定。12. **経済安定9原則の指示**。○インフレようやく収束に向う	1948. 4. 東宝スト。日農分裂。6. 日教組結成。7. 全逓・国鉄労組の非常事態宣言。8. 八月闘争。12. 大金属結成	1948. 1. 帝銀毒殺事件。5. 夏時間制の採用（1952廃止）。6. 福井大地震。7. 国民の祝日制定。9. アイオン台風，関東東北大豪雨
1949(24) 世		天	—2.— 吉	—2.— 幣原	雄 —11.—	忠彦	1949（昭和24） 1. 牧野伸顕(89)。総選挙，共産党35名当選。2. 安部磯雄(85)。3. 民主自由党分裂。4. 団体等規正令公布。5. 商工省を廃し通商産業省設置。6. 逓信省を廃し郵政省・電気通信省設置。10. 東京都公安条令公布。11. 松平恒雄(72)。若槻礼次郎(83)	1949. 1. 国旗の自由掲揚を許可。2. 民間所有外貨の政府移管指令。5. シャウプ税制使節団来日。アメリカ，対日賠償取立を中止。9. 日本の漁区制限第1次緩和。	経済の安定化と特需の発生 1949. 3. 農地改革終了。**ドッジ＝ライン**（デフレ政策）の指示。4. **単一為替レート**決定（1ドル＝360円）。6. 国税庁・日本国有鉄道公社発足。9. シャウプ税制勧告発表。11.日英通商協定成立	1949. 1. 公務員1週48時間勤務制実施。**世界労連加盟**。2. 全労会議結成。6. 平事件。7. 三鷹事件。8. 松川事件。11. 国際自由労連加盟。12. 新産別結成。	1949. 5. 年齢の唱え方改正，**満年齢**となる。7. 下山国鉄総裁轢死事件。8. キティ台風
1950(25)			田茂(Ⅲ)	喜重郎	佐	—3.— 田	**1950（昭和25） 1. 地方政治軍政より離れる**。3. 民主自由党，自由党と改称。4. 公職選挙法公布。8. **警察予備隊設置**。10. 第1次追放解除10094名。11. 官公庁の**レッドパージ（共産追放）**はじまる	独立講和体制の達成 1950. 1. 米三軍首脳来日，日本の軍事基地化声明。2. 米国4都市に日本の在外事務所設置許可。6. ダレス特使来日。9. 米大統領，国務省に対し各国へ対日予備交渉を指令 1950. 1. 日本の国際会議への参加許可。5. 日本のマグロ漁区拡張許可。6. 日本共産党中央委員追放指令。7. 小倉市黒人兵暴行事件	**1950**. 1. 民間輸出はじまる。4. 国際商工会議所日本国内委員会再発足。5. **石炭鉱業管理法廃止**。6. 住宅金融公庫法公布。**朝鮮動乱**起り，**特需**が増大。外国為替管理令公布。10. 池田成彬(83)。11. 電気事業再編令・公益事業令公布。○年末，特需1億9000万ドル突破	1950. 5. 五・三○事件。7. 総評結成。8. 全労連に解散命令。11. 総同盟分裂	1950. 2. 川崎競輪騒乱事件。4. 熱海大火。9. ジェーン台風。北朝鮮スパイ事件。11. 京都駅全焼。12. 池田蔵相の「低所得者は麦を食え」
1951(26)	代	皇	（民主自由党）（1950.3. 自由党）	—3.— 林	藤尚	中耕	**1951（昭和26）** 2. 地方公務員法施行。3. 幣原喜重郎(78)。5. 貞明皇后(67)。6. 北海道開発庁設置。公職追放解除，続々実施。10. 日本社会党左右に分裂	1951. 1. マッカーサー，日本再軍備の必要を説く。4. マッカーサー解任。新司令官リッジウェー着任。5. 総司令部，対日援助削減を発表。9.9 **サンフランシスコ講和会議（全権吉田茂），平和条約調印。日米安全保障条約調印**。9.13 駐日23国外交代表との直接外交権を回復。11. 国交両条約を批准。12. インドネシア賠償使節団来日	1951. 2. 糸ヘン景気好調。日本輸出入銀行開業。3. 日本開発銀行法公布。4. **民営米屋再発足**。対米軍関係の新特需契約はじまる。5. 国際捕鯨条約加入。8. 日英支払協定成立。10. 持株会社整理委員会解散。関税制度大改正（従価税928品目）	労働運動の転換 1951. 3. 総同盟解散。5. 皇居前メーデー禁止。三越スト。6. **国際労働機構（ILO）加盟**。総同盟再建。12. 京都市電スト	1951. 2. 平和のこえ関係検挙。関東地方大雪。3. 三原山爆発。4. 桜木町電車火災事件。9. としよりの日の初め。10. ルース台風
紀 1952(27)			—10.— 吉田茂	譲治 —8.— 大野	武	太郎	行政協定の受容体制 1952（昭和27） 2. 改進党結成（総裁重光葵）。4. **日米行政協定調印**。7. 協同党結成。破壊活動防止法公布。8. 保安庁・自治庁設置。法務府，法務庁に昇格。衆議院解散（抜打ち解散）。総選挙，自由党過半。岡田啓介(84)。11. 立太子式	国際関係の復活 1952. 4. **日華平和条約調印。インド対日平和宣言**。6. **日印平和条約調印**。8. **国際通貨基金・国際復興開発銀行加入**	1952. 1. 復興金融金庫解散。綿製品の統制を全廃。6. 麦の統制を撤廃。7. **農地法**・電源開発促進法公布。8. 経済安定本部を廃止し，経済審議庁を設置。電気通信省を廃止し，日本電信電話公社発足。○この年「**三白景気**」という	1952.4. **労働法規改悪反対闘争スト**。5. メーデー騒乱事件。労働金庫法成立。9.～12. 電産スト。10.～12. 炭労スト	1952. 3. 十勝沖地震。4. 鳥取大火。8. 旧軍人恩給の復活。9. 明神礁の爆発。全国住民登録実施
1953(28)	以下，時代欄天皇欄を省く		(Ⅳ)（自由党） —5.— 吉田茂(Ⅴ)（自由党）	伴睦 —5.— 堤康次郎	—5.— 河井弥八		1953（昭和28） 1. 秩父宮雍仁親王(50)。3. 自由党鳩山派分裂。衆議院解散（バカヤロウ解散）。3. **皇太子外遊の初め**。4. 総選挙，自由党減少，両派社会党やや進出。8. スト規正法公布。町村合併促進法公布。10. 徳田球一(59)。11. 鳩山派，自由党復帰。12. **奄美諸島復帰**	1953. 4. **日米友好通商航海条約調印**。7. アメリカと相互防衛協定交渉を開始。9.～10. 岡崎外相，東南アジア諸国を歴訪。10. 日本の自衛力漸増に関する日米会談。島津日本赤十字社長ら，ソ連訪問，在留邦人の引揚げ要請	緊縮政策の開始 1953. 4. 日章丸のイラン石油積出し。農村漁業中央公庫発足。7. 戦後初のアラフラ海出漁。9. **経済自立3目標・4原則の発表（緊縮政策）**。デフレ深刻化。10. 日本銀行高率適用の強化（金融機関への貸出し抑制）	1953. 1. 農民組合総同盟結成。2. 全国民主主義労働連絡協議会（民労連）結成。5. 王子製紙スト。8. スト規正法公布	基地問題の発生 1953. 4. 石川県内灘軍事基地反対闘争。6. 西日本水害。妙義山訓練地反対闘争。7. 和歌山県水害

注 略称にした労働組合連合の名称 **総同盟**＝日本労働組合総同盟 **産別会議**＝全日本産業別労働組合会議 **官公労**＝官公庁労働組合協議会 **全労連**＝全国労働組合連絡協議会 **全労会議**＝全国労働組合会議 **新産別**＝全国産業別労働組合連合 **総評**＝日本労働組合総評議会 **日教組**＝日本教職員組合 **大金属**＝全日本金属産業労働組合協議会 **炭労**＝日本炭鉱労働組合連合会

一般・教育 新教育の発足	思想・学術 民主主義思想の発展	科学・技術 科学界の再建	文学 新文学の抬頭	美術 美術界の新風	芸能・スポーツ 大衆娯楽の再建	朝鮮	中国	東洋 諸民族の独立	西洋 平和の回復	年代
1945. 9. 戦時教育令廃止。日本言論報国会解散。10. 軍国主義教育者罷免指令	1945. 9. 占領軍, 検閲制実施。総司令部の**プレスコード**(新聞法)。松井簡治(83, 国語学)。三木清(49, 哲学)獄死。10. アカハタ再刊。共同通信社設立。**言論集会出版結社等臨時取締法廃止**。11. 三宅雪嶺(86, 評論)。12. **神社と国家と**	1945. 11. サイクロトロンの破壊命令。富士川游(81, 医学史)。航空に関する研究の禁止命令。12. 短波放送の自由聴取許可。○諸学界の去就低迷	1945. 8. 島木健作(43, 小説)。10. 薄田泣菫(69, 詩)。木下杢太郎(61, 太田正雄, 詩・劇作)。杉村楚人冠(74)。11. 新潮・文芸復刊。新日本文学会創立	1945.10. 二科会再建。11. 行動美術協会創立。小室翠雲(72, 日本画)。瀧精一(73, 拙庵, 東洋美術史) 1946. 3. **第1回日本美**	1945. 9. 大阪歌舞伎座開場。10. 土方与志釈放。11. 民主主義演劇に対する指令。芸能文化検討会成立。12. 東京芸術劇場結成 1946. 3. 関根金次郎(79,		中	1945. 9. 毛沢東・蔣介石会談。ソ連軍, 全千島占領。11. **国共の内戦はじまる**。12. 中共代表, 国民政府に停戦申入れ	1945. 8. イギリス, アトリー労働党内閣成立。10.24 **国際連合成立**。11. **ユネスコ成立**。12. モスクワ3国外相会議(対日理事会等を	1945
1946. 5. 教職員追放令公布。7. 日本教育会設立。10. 教育勅語の奉読を廃止。12. **六三三四教育体制発表**	**の分離指令**。宗教団体法廃止, 宗教法人令公布 1946. 1. **河上肇**(68, 経済学)。中央公論・改造復刊。世界創刊。村川堅固(72, 西洋史)。4. 懺悔道としての哲学(田辺元)。12. 黒板勝美(73, 歴史学)。	1946. 2. 労働科学研究所・二十世紀研究所発足。3. 理工学研究所発足。5. 日本科学技術連盟発足。6. 民主主義科学者協会設立。 1947. 1. 石原純(67, 物理	1946. 3. 武田麟太郎(43, 小説)。6. 官庁用語に口語文採用。11. **当用漢字1850字・新かなづかい決定**。○文学雑誌の復刊・創刊相次ぐ(人間など)	**術展(日展)開く**。4. 日本美術会創立。10. 正倉院特別展観。新日本美術会創立。牧野虎雄(57, 洋画)。王昭君(靫彦)	将棋)。六大学野球復活。4. 新演劇人協会結成。5. 三浦環(63, 声楽)。9. **第1回芸術祭開く**。12. 梅若万三郎(79, 能楽)。**第1回国民体育大会(国体)**		華	1946. 1. **国共停戦**。中国政治協商会議開催。2. インドネシア, 7. フィリピン独立。10. 蔣介石, 国民政府首席となる	決定) 1946. 2. 極東委員会第1回会議。4. **フランス第4共和国宣言**。6. イタリア共和国宣言。10. ニュルンベルグ軍事裁	二 現 1946
1947. 1. 学校給食はじまる。2. **教育基本法・学校教育法公布**。4. **六三三制実施**。7. アメリカ学術使節団の来日	桑木厳翼(73, 哲学) 1947. 1. 五十嵐力(74, 国文学)。高野辰之(72, 国文学)。2. 官国幣社廃止。市村瓚次郎(84, 東洋史)。7. 登呂遺跡の発掘開始。9. 清水澄(80, 法学) 11. 自由人権協会結成。○**主**	学)。掛谷宗一(80, 数学)。2. 吉江琢児(74, 数学)。5. 国立栄養研究所設立。資源委員会成立。11. 日本化学会発足。日本科学史学会再発足	1947. 1. 織田作之助(35, 小説)。2. 日本ペンクラブ再建。7. **幸田露伴**(81, 小説・随筆)。8. 肉体の門(泰次郎)。10. 教育漢字881字と音訓整理発表。12. 横	1947. 6. 泰西名画展。9. 日本アヴァンギャルド美術クラブ結成。国立博物館官制公布。新日本建築家集団結成。二紀会創立	1947. 3. 東宝交響楽団成立。7. 今井慶松(77, 琴)。8. ラジオ体操廃止。東京バレエ団結成。日本フェンシング協会創立。10. 観世宗家, 梅若流を絶縁	(北朝鮮) (南朝鮮)	民 国	1947. 3. 国民政府軍, 延安占領。全アジア会議開く。8. **インド連邦・パキスタン独立**。9. 中国共産党, 満州に人民政府	判最終判決 1947. 3. **モスクワ4国外相会議**。5. パリ平和会議*。9. **コミンフォルム結成**。 二大陣営の対立	1947 十
1948. 1. 高等学校設置基準法公布。2. 国立国会図書館法公布。7. **教育委員会法公布**。8. ヘレンケラー女史来日	**体性問題論議わく** 1948. 5. 美濃部達吉(76, 憲法学) 7. 日本学術会議成立。10. 大谷光瑞(73, 法主, 西域探検家)。11. 国立国語研究所設立 1949. 1. 宇野円空(65, 宗教学)。	1948. 3. 理化学研究所再発足。5. 礼文島金環日蝕の観測。6. 官有特許を解除。8. **工業技術庁設置法公布**。12. 本田彗星発見(本田実)	光利一(50, 小説) 1948. 2. 当用漢字音訓表・当用漢字別表公表。3. 菊池寛(61, 小説)。6. 太宰治(40, 小説)自殺。**伝記文学・記録文学・回顧録盛行**	1948. 4. 創造美術創立。清水亀蔵(74, 建築)。岡本一平(63, 漫画)。11. 日展第4回展(以後官展としての性格消滅) 1949. 1. **法隆寺金堂炎**	1948. 1. 民芸第1回公演。3. 中村梅玉(74)。8. 中央演劇学校開設。古橋広之進, 水泳1500mに世界新記録, 18分19秒。11. 曽我廼家五郎(72)		(蔣介石政権)	を樹立 1948. 1. ビルマ独立。5. 蔣介石, 総統就任。8. **大韓民国成立**。9. **朝鮮民主主義人民共和国成立**	1948. 3. 西ヨーロッパ5国連合条約。4. 米州機構成立。6. コミンフォルム, ユーゴ共産党除名。12. **世界人権宣言**	1948
1949. 1. 教育公務員特例法公布。5. 児童白書発表。6. 社会教育法公布。短期大学の設立。12. 私立学校法公布	4.日本民俗学会成立(柳田国男)。6. 小野武夫(66, 農学史)。7. 姉崎正治(76, 宗教学)。アカハタ無期停刊。9.～10. 岩宿遺跡(旧石器)発掘。10. 占領軍の検閲制廃止。11. 日本法律政治学会連合結成	1949. 1. **科学技術行政協議会発足**。6. 日本遺伝学研究所設立。日本工業規格JIS制定。9. 相模湾産後鰓類図譜(天皇の著書)刊行。11. **湯川秀樹, ノーベ**	1949. 2. 第1回女流文学賞。4. 日本歌人クラブ結成。5. 千羽鶴(康成)。10. きけわだつみのこえ刊行。○迷路(弥生子)。12. 森田草平(68, 小説)	**上**(壁画の大半焼失)。6. 松前城焼失。美術史学会創立。日本美術家連盟結成。8. 上村松園(74, 女流日本画)	1949. 1. 七代目松本幸四郎(80)。3. 六代目沢村宗十郎(75)。4. 伊庭賞(音楽)創設。6. 六代目尾上菊五郎(65)。11. プロ野球, 2大リーグ結成	大 / 朝		1949. 4. 国共会談決裂, 中共軍, 南京入城。10. **中華人民共和国成立**。12. インドネシア連邦共和国成立	1949. 4. **北大西洋条約機構調印**。9. ドイツ連邦共和国(西)成立。10. ドイツ民主共和国(東)成立。11.国際自由労働連盟結成	1949 世
1950. 5. 東北大学でイールズ(前年11月来日)事件。7. 国定公園の初指定。11. 第1回教育委員選挙 1951. 1. ロックフェ	1950. 1. 日本経済学会連合会結成。竹越与三郎(86, 歴史学)。3. 今井登志喜(64, 西洋史)。中尊寺ミイラ学術調査。7. 児島喜久雄(63, 西洋美術史)。鎖国(和辻哲郎)。○全面講和論, 活発となる	**ル賞を受賞** 1950. 2. 稲田龍吉(76, 医学)。4. アイソトープ初輸入。5. 鉄の肺装置完成。7. 乗鞍山頂コロナ観測所設立。12. **長岡半太郎**(85,	1950. 2. 野上豊一郎(67, 英文学・能楽研究)。5. 相馬御風(67, 詩)。7. チャタレー夫人の恋人の翻訳, 発禁。○自由学校(獅子文六)。真理先生(実篤)	1950. 4. 六角紫水(82, 漆芸)。5. **文化財保護法公布**。7. **金閣寺焼失**。8. 世界美術展開く。9. 錦帯橋流失。12. 平和の群像(菊池一雄)	1950. 2. 日本体育学会創立。井上正夫(68, 新派)。3. 第1回放送文化賞。6. 日本写真家協会結成。10. ラザール・レヴィ来日 1951. 1. NHK紅白歌合戦	韓 / 鮮民主	中(台湾) / 中華	1950. 2. 中ソ友好同盟条約締結。4. 国民政府, 台湾に拠る。6. **朝鮮戦争起る**。9. 国連軍, 仁川上陸 1951. イラン国民議	1950. 3. ストックホルム=アッピール。5. シューマン=プラン発表。12. 西ヨーロッパ統合軍編成。アメリカ, 非常事態宣言	1950
ラー3世来日。4. 文化功労者年金法制定。5. **児童憲章制定**。教育財政白書。7. **ユネスコに加入**。11. 京大学生デ	1951. 4. 宗教法人令廃止, 宗教法人法公布。5. アカハタ復刊。7. 穂積重遠(68, 法学)。8. 日本ユネスコ協会連盟発足。9. 末弘厳太郎(63, 法学) 12. 博物館法公布。○**再武装論の台頭と逆コース論**	物理学) 1951. 1. **仁科芳雄**(61, 物理学)。3. 宮部金吾(81, 植物学)。4. 山本忠興(70, 電気工学)。8. 関口鯉吉(66, 天文学)。10. 島津源蔵(82,	1951. 1. 宮本百合子(52, 小説・評論)。3. 金子薫園(75, 短歌)。4. 前田夕暮(68, 短歌)。6. 林芙美子(48, 小説)。11. 第1回児童文学賞。12. 日本児童文学会結成	1951. 3. マチス展。5. 二科会に漫画部創設。8. ピカソ展。新制作協会結成。9. 第1次新国宝の指定。10. 鎌倉近代美術館開設	のはじめ。2. 尾高尚忠(40, 洋楽)。3. 東京交響楽団新発足。金剛巌(64, 能楽)。4. ボストンマラソンに田中茂樹優勝。5. ラジオ体操復活。9. 映	民 / 主義人民共和国	人民共和国	会, 石油国有化法可決。5. 国連, 中国への戦略物資禁輸。7. 朝鮮休戦会談はじまる。8. 米比相互防衛条約調印	1951. 4. ヨーロッパ石炭鉄鋼共同体条約調印。9. プラハ世界平和会議。**太平洋安全保障条約**。10. イギリス, 第2次チャーチル内閣	代 1951 紀
モ事件 1952. 8. 義務教育費国庫負担法公布。10. 教育刷新審議会解消, 中央教育審議会設置。日本PTA発足	1952. 1. ジュリスト創刊。3. 大日本古記録刊行開始。5. 三田村鳶魚(82, 風俗史)。9. 世界仏教徒会議開く(東京・京都)。10. 日本基督教学会発足。11. 池内宏(74, 東洋史)。12. 口語訳新約聖書成る	工学)。**民間航空復活** 1952. 1. 本多静六(87, 林学)。5. 田中館愛橘(96, 物理学)。藤井健治郎(86, 細菌学)。8. 大河内正敏(73, 造兵学)。科研に小サイク	1952. 2. 蒲原有明(76, 詩)。高田保(58, 評論)。4. 国語審議会, 新敬語法を答申。10. 土井晩翠(80, 詩)。11. 風媒花(泰淳)	1952. 1. ブリヂストン美術館開く。3. **国立近代美術館開く**。5. 法隆寺五重塔修理完了。6. 箱根美術館開く。9. ブラック展	画「羅生門」, ヴェネチア=グランプリ受賞 1952. 11. 白井義男, フライ級世界選手権獲得。国際音楽評議会加盟。12. 中山晋平(65, 作曲)	国(李承晩政権) / (金日成政権)	(毛沢東政権)	1952. 4. 日華(台湾)平和条約調印。6. 国連軍, 水豊ダム爆撃。7. エジプト革命。10. イラン, 対英断交通告	1952. 2. **英女王エリザベス2世即位**。4. モスクワ国際経済会議。5. ヨーロッパ防衛共同体条約調印。12. 欧州統合軍結成	1952
1953. 3. 日教組三・一闘争。4. 国立大学の大学院発足。8. 学校図書館法公布。社会科教育課程改善案答申発表	1953. 1. 鳥居龍蔵(82, 人類学)。○全面講和・平和論争・松川事件批判等の論議わく。2. 新学士号24種決定。3. 学位令公布。11. 日米著作権協定公文交換。日本農業発達史刊行開始(～61)	ロトロン再建 1953. 2. **NHK, テレビ放送開始**。7. 国際理論物理学会議(日光その他)。強震計SMAC完成。8. 民間テレビ放送開始	1953. 1. 岩波講座文学, 刊行開始。2. **斎藤茂吉**(71, 短歌)。5. 堀辰雄(48, 小説)。折口信夫(釈迢空, 65, 国文学・民俗学・短歌)。6. 千葉胤明(89, 短歌)	1953. 1. アメリカで日本古美術展。4. 正倉院新宝庫完成。5. 国吉康雄(59, 洋画)。7. デザイン学会結成。10. ルオー展	1953. 1. 立体映画初輸入(12月 シネマスコープ公開)。4. ボストンマラソンに山田敬蔵優勝。9. プロレス協会設立。学校剣道の復活	以下この欄は省く		1953. 2. 米大統領, 台湾中立化解除。5. 英人, エベレスト征服。6. エジプト共和国宣言。7. **朝鮮休戦協定調印**	1953. 1. **米大統領アイゼンハワー就任**。3. **ソ連, スターリン死, マレンコフ首相就任**。5. ザール協定。6. 東ベルリンの反ソ暴動	1953

注　NHK＝日本放送協会　**ユネスコ**＝国際連合教育科学文化機関(UNESCO)　*1947年のパリ平和会議(イタリア・ハンガリー・ブルガリア・フィンランドとの講和条約を調印した)

★流行歌　リンゴの歌(1945), 東京の花売り娘(1946), 鐘の鳴る丘(1947), 東京ブギウギ・異国の丘(1949), 青い山脈(1949), あゝモンテンルパの夜は更けて(1951), 上海帰りのリル(1952), …

年代	内閣総理大臣	衆議院議長	参議院議長	最高裁判所長官	政治	外交	通商貿易	財政経済	労働事情	社会
					政党の再編・自衛力の漸増	ソ連と復交	貿易の復活拡大	景気の急上昇から低落へ	ストの頻発	基地闘争・安保騒動
1954 昭和(29) 二	吉田 茂 (V) (自由党) —12.—	堤 康次郎 —12.—	河井		1954（昭和29）1. 憲法擁護国民連合結成（議長片山哲）。4. 造船疑獄に関し，犬養法相，指揮権を発動。5.教育2法・秘密保護法成立。6. **警察法・防衛庁設置法・自衛隊法成立**。9.～10. 吉田首相，欧米7カ国歴訪。10. 尾崎行雄(95,咢堂)。11. 民主党結成（総裁鳩山一郎）。12. 吉田内閣総辞職。鳩山内閣成立	1954. 1. ラストボロフ事件。3. 日米相互防衛援助協定(MSA) 調印。4. エカッフェ加入。5. 日米艦艇貸与協定調印。10. コロンボ計画に加盟。11. ビルマと平和条約調印	1954. 5. 日豪漁業暫定協定調印。7. 国際捕鯨会議参加。8. イランと石油協定。10. パキスタンと通商協定。11. タイと通商協定。	1954. 1. 保全経済会問題起る。春以来デフレーション進行し株価下落。5. 特需保証のための日米交渉。7. 三菱商事大合同。輸入黄変米配給問題起る。11. 対米余剰農産物買付交渉妥結(55. 5調印)	1954. 4. 全労会議結成。6.～9. 近江絹糸人権スト。6.～12. 日本製鋼室蘭スト。8. 大阪証券取引所スト	1954. 1. 二重橋参賀者死傷事件。東京都，騒音防止条例公布。3. **福龍丸ビキニ水爆被災事件**。35市誕生，市制ブーム。8. 国民温泉初指定。9. 洞爺丸台風。10. 相模湖遊覧船沈没事件。四日市市石油大火
1955 (30)	鳩山一郎 (I) (民主党) —3.— 鳩山一郎 (II) —11.—	松永東 —3.—	弥八	田	1955（昭和30）1. 衆議院解散（天の声解散）。2. 総選挙（民主党第一党，社会党左派進出，自由党凋落）。7. 民主党新生活運動方針要綱決定。10. 社会党の統一成る(委員長，鈴木茂三郎)。11. 民主党·自由党合同，自由民主党結成。オネストジョン初発射。12. **原子力基本法**・原子力委員会設置法成立	1955. 1. **ドムニツキー文書公表**。6. 日ソ交渉開始。9. 訪ソ議員団，ソ連首脳と会見。11. 日米原子力協定調印。12. 中国科学院訪日視察団(団長郭沫若)来日。	1955. 4. 台湾との貿易協定成立。5. 日中貿易協定調印。8. ガット加入。10. 日英支払協定。日伊貿易協定。ビルマと賠償協定調印	1955. 2. 日本生産性本部発足。3. 三井3商社合同決定(11月決裂)。7. 石炭鉱業臨時措置法公布。10. 愛知用水公団・農地開発公団発足。12. 経済自立5カ年計画決定。この年の産米，戦後最高	1955. 2. 炭坑労務者の生活窮迫。5. 全ビール労連スト。7. 全労・総評両大会開く。10. 全繊スト(全労会議の支援)	1955. 1. 競馬·競輪の平日禁止表明。2. 私設馬券屋の取締り。第1回黄綬褒賞授与(勤労)。5. 砂川町闘争起る。北富士演習地事件。紫雲丸事件。6. 全国基地反対連絡会議結成。10. 新潟市大火
1956 (31) 十	鳩山一郎 (III) (自民党) —12.—	益谷	—4.—	中	1956（昭和31）1. 緒方竹虎(68)。防衛分担金削減に関する日米共同声明。3. 日米技術協定調印。4. **防衛2法成立**。5.～6. **国会暴力乱闘事件**。5. 憲法調査会法成立。6. 新教育委員会法·国防会議構成法成立。7. 三木武吉(72)。10. 国際原子力機関憲章署名。11. エチオピア皇帝来日。日米ウラン貸与協定	1956. 5. 日ソ漁業条約・海難救助協定調印。7.～9. 重光外相の日ソ交渉。10. 鳩山首相訪ソ，**日ソ復交に関する日ソ共同宣言調印** 国連加盟 1956. 12. **日本の国際連合加盟成る**	1956. 4. 英連邦諸国とのバーター貿易廃止。5. タイと貿易協定。5. フィリッピンと賠償協定調印。6. 国際金融公社に加盟	1956. 3. 森林開発公団発足。○前年下期以来の**神武景気**高潮。4. 債券市場再開。5. 百貨店法公布。核原料物質開発促進臨時措置法施行。8. 高原景気抑制のため，日本銀行高率適用を再強化	1956. 1. 三菱重工業労組全面スト。2. 総評の春季闘争。8. 公共企業体等労働委員会発足。12. 農民戦線統一協議会結成	1956. 1. 弥彦神社の惨事。3. 能代市大火。4. 日本道路公団発足。5. 売春防止法公布。8. 大館市大火。9. 魚津市大火。広島原爆病院開設。10. 砂川町第2次闘争。参宮線列車顛覆事件
1957 (32)	石橋湛山 (自民党) —2.— 岸 信介 (I)	秀次	松	耕	1957（昭和32）4. 国土開発縦貫自動車道建設法・高速自動車国道法公布。5. 東北開発促進法公布。5.～6. 岸首相，東南アジア歴訪。岸首相訪米。7. 日本共産党，徳田書記長を批判。11. 岸首相，第2次東南アジア歴訪。12. 大川周明(72)	1957. 1. 重光葵(70)。2. ポーランドと復交。8. 日米安全保障理事会発足。10. **日本，国際連合の非常任理事国に当選**	1957. 2. 日英通商協定調印。7. 日豪通商協定調印。対中国貿易制限緩和。8. ピョートル大帝湾閉鎖にソ連へ抗議。12. **日ソ通商条約調印**	1957. 3. 日本不動産銀行設立。日本銀行公定歩合引上げ，5月に日歩2.3銭(デフレ政策)。5. 株価暴落。6. IMF，対日借款1億2500万ドル供与。10.五千円札発行。○**なべ底景気到来**。○この年造船実績世界第1位	1957. 7. 労働福祉事業団発足。10. 日本農民組合全国連合会結成。11. 海員スト	1957. 1. 相馬が原射爆場農婦射殺事件(ジラード事件)。4. 医薬分業実施。5. ～6. インフルエンザ流行。6. 自然公園法公布。7. 西九州豪雨，諫早水害。11. 東京でガス中毒多発。12. 天城山心中
1958 (33) 世	(自民党) —6.— 岸	—6.— 星島二郎 —12.—	野	太	新勢力の停滞・保守政権の安定 1958（昭和33）4. 衆議院解散（話合い解散）。5. 総選挙（自民党281，社会党166，共産党1）。8. 松岡駒吉(70)。10. **警察官職務執行法改正審議で衆議院大混乱**。11.最低賃金法成立。警職法に関し，自民党・社会党の衝突	1958. 1. インドネシアと平和条約・賠償協定調印。2. 対インド第1次円借款協定調印。6. 日ソ定期航路協定調印。9. 藤山外相渡米，日米安全保障条約改訂の交渉	1958. 2. インド・北ヴェトナムと通商協定。4. ポーランドと通商協定。9. パキスタンと貿易協定。12. 日ソ貿易協定調印	1958. 1. 32年度国際収支実質4億ドルの赤字と発表。4. 大阪国際見本市開く。6. 日米・日英原子力平和利用協定調印。公定歩合引下げ(9月に2銭)。12. **一万円札発行**	1958. 2. 産別会議解散。3.～6. 炭労争議。**全日本農民組合連合会結成**。7. 苫小牧王子製紙争議。8. 官公労解散。9. 日本労働協会発足	1958. 2. ロカビリー流行。3/5. 大阪・東京で騒音防止運動。4. **売春防止法施行**。6. 阿蘇山大爆発，死者12。9. 狩野川台風，伊豆地方大水害。10. フラフープ大流行。○このころ家庭電化進む
1959 (34)	信介 (II) (自民党)	加藤鐐五郎		郎	1959（昭和34）2. 非核武装問題で国会審議停止。3. 社会党訪中使節団出発。鳩山一郎(76) 4. 国民年金法成立。**皇太子の結婚式挙行**。5. 参議院「暁の国会」で防衛2法を可決成立。6. 金森徳次郎(73)。3. 芦田均(72)。10. 西尾末広，社会党を離脱し，社会クラブを結成。11. 全学連等国会構内乱入事件	1959. 3. カンボジアと経済技術協力協定調印。5. 南ヴェトナムと賠償借款協定調印。7. カナダと原子力平和利用協力協定調印。10. **国連社会理事会の理事国となる**。12. 南極条約調印	1959. 2. ユーゴと通商航海条約調印。3. プラント類輸出促進臨時措置法公布。12. チェッコと通商条約調印	1959. 2. 第一物産と三井物産合併(新·三井物産)。公定歩合1厘引下げ。4. 日英原子力発電炉技術援助協定。8. 五島慶太(78)。10. 株式信用取引を規制。○**岩戸景気**。12. 公定歩合引上げ日歩2銭	1959. 2.～ 12.主婦と生活社争議。7. 苫小牧王子製紙争議解決 労働組合の政治闘争化	1959. 1. メートル法実施。5. 那珂湊沖漁船，米艦射撃訓練を阻止。7. 児島明子ミスユニヴァース決定。8. 個人タクシー認可。9. 黒い羽根募金はじまる。**伊勢湾台風**，死者5千。12. 朝鮮帰国第1次船出発。○マイカー時代
1960 (35)	—7.— 池田勇人 (I) (自民党) —12.—	—2.— 清	鶴	—10.—	**1960（昭和35）1. 日米新安全保障条約調印**。民主社会党結成（委員長西尾末広）。参議院同志会結成。5. **衆議院，深夜に新安保承認案を可決，警官と社会党議員の大混乱。安保騒動起る**。7. 自治庁，自治省に昇格。池田内閣成立。10. **浅沼稲次郎(62)暗殺される**。衆議院解散(安保解散)。11. 総選挙	1960. 1. ソ連，歯舞·色丹の不返還通告。5. 日米修交百年祭に吉田茂渡米。9. 東京で第4回列国議会同盟会議開く。12. 日英文化協定調印。	1960. 3. 日ソ貿易長期協定調印。4. アジア経済研究所発足。7. 西ドイツ・イギリスと貿易協定。12. フィリッピン・パキスタンと友好通商条約調印	1960. 5. 藤原銀次郎(91)。6. 自動車生産急増化。9. 所得倍増計画決定。○岩戸景気つづき，年末に至り，**消費ブーム・レジャーブーム**起る 景気の後退	1960. 1～10. **三井三池争議**。3. 新農村同志会結成，8. **全国農民同盟**と改称し発足。	1960. 1. 安保闘争起る。2. 全学連の羽田デモ。夕張炭坑ガス爆発。3. 精神薄弱者福祉法公布。6. ハガチー事件。**全学連のデモ，国会乱入，女子学生死亡(六・一五事件)**
1961 (36) 紀	池田勇	瀬一	平	横田喜	1961（昭和36）1. 池田首相，国民所得倍増計画を演説。4. 国民年金特別会計法成立。6. 防衛2法・**農業基本法成立**。7. 内閣改造（いわゆる実力者内閣）。9. 災害基本法成立。武州鉄道不正事件摘発。11. 放射能対策本部設置。12. 皇居に両陛下の新居完成。国史会クーデター計画発覚（三無事件）	1961. 4. 対米関税交渉妥結。ライシャワー米大使着任(～1966)。6. 池田首相渡米，日米首脳会談。8. インドと借款協定調印。11. 池田首相，東南アジア4カ国歴訪	1961. 7. インドネシアと通商航海条約調印。11. **日米貿易経済合同委員会開く** 貿易自由化開始	1961. 5. 資本取引の自由化実施。7. **株式大暴落。金融引締め・設備投資融資削減**。10. 証券市場第2市場を開設，発足。金詰り深刻化し，高度成長行き過ぎ論起る。12. 日米関税引下げ交渉妥結	1961. 3.～4. 日赤病院のスト。4. 全国炭坑6日間スト。8. 総評の反ファショ統一戦線。10. 労働問題懇話会発足	1961. 2. 日向灘地震。3. 福岡県上清炭坑火災事故。5. 東京の主な交差点，右折禁止。酔っぱらい取締法成立。9. 松川事件差戻裁判，全員無罪。9. 第2室戸台風，関西を襲う。10. 鹿児島市大火
1962 (37)	人 (II) (自民党)	郎		三郎	1962（昭和37）1. 陸上自衛隊に8個師団編成。2. 臨時行政調査会発足。5. 第1回農家生活白書。7. 参議院議員選挙で創価学会9議席獲得(計15議席となり公明会を結成)。9. 防衛庁，地対空ミサイル（ナイキ·アジャック）揚陸を発表。10. 池田首相，欧州6カ国訪問。防衛施設庁設置。12. 第1回人づくり懇談会	1962. 1. ガリオア・エロア返済協定調印。6. 日ソ漁業交渉交換公文調印。8. ラオスと経済援助借款協約調印。9. 大平外相，国連へ出席。11. **日英通商航海条約調印**	1962. 1. 日タイ特別円協定調印。6. EECと関税相互引下協定調印。10. **貿易自由化88%。11. 日中総合貿易覚書**	1962. 4. 米国証券アナリスト来日。5. 綿糸紡績・鉄鋼業等の不況深刻化。7. 標準小売店の指定。スーパー・マーケットの進出。11. **金融引締め解除，景気回復化進む**	1962. 4. 全日本労働総同盟組合会議結成(同盟会議)。6. ILO総会，日本に週40時間労働制を勧告。12. 炭坑スト	1962. 2. 農業人口，全労働力の3割をわる。5. 三河島列車衝突事件。8. 堀江謙一，単身ヨットで太平洋横断。9. 若戸大橋・銚子大橋開通。11. 横浜港タンカー衝突事件。12. 都市に**スモッグ**発生

注 **MSA**＝アメリカの相互安全保障本部。**エカッフェ**＝アジア極東経済委員会。**ガット**＝関税率および貿易に関する一般協定。**国際通貨基金**＝略称IMF。**EEC**＝ヨーロッパ共同市場，1967年統合体ECが発足。**安保**＝日米安全保障条約の略称。1951年に結ばれ，'60年改訂の期限がきてにわかに“安保”の言葉がにぎわった。**ILO**＝国際労働機関。同機関の87号条約が日本の国内法と矛盾することで問題が起った(～'66)。

文化							世界史		年代
教育	思想・学術	科学・技術	文学	美術	芸能	スポーツ	アジア・アフリカ	西洋	
日教組闘争	国際交流	原子力の利用	怒濤時代	美術界の新風	国外進出	世界選手権	後進国の成長	冷戦の激化	
1954. 4. 社会科指導計画資料の通達。5. **修正教育2法成立(教員の政治活動の制限)**。7. 航空大学校設置(宮崎市)	1954. 1. 平城宮跡の発掘調査。4. 日仏文化協定。5. 幸田成友(81, 日本史)。7. 日伊文化協定。10. 松本烝治(76, 法学)。11.青ガ島学術調査	1954. 2. **本多光太郎**(83, 物理学)。3. 関門国道トンネル貫通。4. 東大に航空工学科復活。5.～7. **俊鶻丸のビキニ水域調査**。11. 日米放射能会議	1954. 1. 短歌創刊。3. 岸田国士(63)。5. 吉沢義則(78, 国語)。松川詩集。12. 潤一郎新訳源氏物語完成。ローマ字つづり方を訓令式に統一	1954. 1. 香取秀真(79, 鋳金)。4. 伊東忠太(87, 建築)。6. 山崎朝雲(88, 彫刻)。10. フランス=ルーヴル展開く	1954. 1. 梅若一門, 観世に合流。4. 俳優座劇場開く。9. 中村吉右衛門(68)。○マンボ流行。12. ビスタビジョン公開	1954. 4. ロンドン世界卓球選手権に日本団体で優勝。10. 栃錦, 横綱となる。11. 白井義男, ペレスに敗れる。○プロレ	1954. 4. 東南アジア5カ国首相会議(コロンボ)。7. **インドシナ休戦協定調印**。9. **東南アジア集団防衛条約**。中華人民共和国憲法制定。12. ボゴール会議	1954. 1. ～2.ベルリン会議。4. ジュネーヴ会議。6. フランス, マンデスフランス内閣。10. トリエステ自由地区協定調印。パリ協定調印	1954
1955. 2. 日教組, 中小学校の学力低下を発表。8. 民主党のうれうべき教科書問題につき論争起る。10. 鵜沢総明(83)	1955 .4. 羽田亨(72, 東洋史)。5. 京大カラコルム探検隊出発。10. 辻善之助(78, 日本史)。11. 大山郁夫(76, 社会運動)。12. 中国学術視察団来日	1955. 3. 第1回紫綬褒賞授与(発明改良)。○原子力時計の完成(霜田光一)。超高圧電子顕微鏡の国産開始。11. 原子力研究所発足	1955. 2. 坂口安吾(49, 小説・評論)。能勢朝次(62, 国文学)。5. 日本児童文芸家協会設立。6. 豊島与志雄(66)。7. 太陽の季節(石原慎太郎)。12. 百田宗	1955. 1. **法隆寺昭和大修理終了**。6. 恩地孝四郎(65, 装幀)。9. 菊池契月(78. 日本画)。10. 金閣再建。12. 安井曽太郎(67)	1955. 1. シネラマ公開。2. 第1次無形文化財の指定。5. シンフォニーオブジエア来日。12. ウィーン少年合唱団来日	ス盛行 1955. 4. ボストン・マラソンに浜村秀雄優勝。ユトレヒト世界卓球選手権に日本団体で優勝	1955. 2. バンコック会議。4. **バンドン会議**。8. インド人のゴア・デモ行進。10. 南ヴェトナム共和国宣言。11. **バグダード条約調印**(中東防衛条約機構成立)	1955. 1. ソ連, 対独終戦宣言。2. **マレンコフ辞任, ブルガーニン, 就任**。3. 仏米, 西独の軍備承認。4. 英首相チャーチル辞職, イーデン内閣成立	1955
1956. 2 .アジア・ユネスコ会議開く。3. 日本学士院法成立。5. 自由文教人連盟結成。10. 大学設置基準法公布	1956. 1. 万国著作権条約調印。5. 尾高朝雄(57, 法哲学)。9. イラク・イラン考古学調査団出発。10. イギリスの歴史学者トインビー来日	1956. 1. **原子力委員会発足**。4. 原子力施設東海村本部設置。5. 科学技術庁発足。7. 気象庁発足。10. 佐久間ダム完成。東海道本線全線電化完成	治(62, 詩) 1956. 4. 高村光太郎(73, 詩・彫刻)。5. 吉田絃二郎(70, 小説・劇作)。11. 迷路(弥生子)完成。12.池田亀鑑(60, 国文学)	1956. 6. 姫路城の修理はじまる。ヴェネチア=ビエンナーレ日本館完成。7. 海野清(72,彫金)。10. 延暦寺大講堂焼失	1956. 1. 関鑑子, スターリン賞受賞。5. 梅蘭芳京劇代表団来日。6. 宮城道雄(62,箏曲) 11. 大阪, 12. 東京コマ劇場開く	1956. 2. 猪谷千春, スキーで活躍。5. マナスル登頂成功(隊長, 槇有恒)。11. メルボルン・オリンピックに出場, 4	1956. 1. スーダン独立。3. モロッコ・チュニジア独立。パキスタン回教共和国成立。7. **エジプト, スエズ運河国有宣言**。10. **イスラエル軍, シナイ侵入**	1956. 2. ソ連, 集団指導制の初め。4. コミンフォルム解散。6. **ポズナン暴動**。10. ポーランド十月革命。11. ハンガリーの反ソ暴動	二 1956
1957. 3. 日本教職員団体連合会結成。11.科学技術教育振興策成る。12. 愛媛県で教員の勤務評定実施	1957. 2. 日独文化協定調印。3. 神西清(54, 露仏文学)。4. 渡辺世祐(83, 日本史)。訪中考古学視察団出発。11. 徳富蘇峰(94, 評論) 1958 .3. 武田祐吉(71, 国	1957. 1. **志賀潔**(87, 細菌学)。5. 永井潜(81, 医学)。10. **南極本観測隊宗谷出発**(58. 4.帰国)。アイバンク(眼の銀行)発足。11. 小河内ダム完成	1957. 1. 尾上紫舟(81, 短歌・書道)。○お吟さま(今東光)。6. 美徳のよろめき(三島由紀夫)。9. 国際ペンクラブ大会開く。12. 天平の甍(井上靖)	1957. 4. 小林古径(74, 日本画)。6. 川合玉堂(84, 日本画)。7. 谷中天王寺五重塔焼失。12. アジア・アフリカ美術展開く	1957. 2. 西崎緑(46, 日本舞踊)。3. 日本俳優協会結成。4.～5. ブレッソン写真展。7. 升田幸三, 将棋の3タイトル独占	種目に優勝 1957. 3. 日本相撲協会により相撲界の大衆化改革はじまる。○ゴルフ・ブームはじまる	1957. 3. フィリピン大統領マグサイサイ飛行機事故死。8. マラヤ連邦独立(63.マライシア)。9. 武漢長江大橋完成。12. 第1回アジア・アフリカ諸国民会議	1957. 3. 西欧6カ国, 欧州共同市場・ユーラトム条約調印。9. ソ連, ICBMに成功。10. **ソ連, 人工衛星スプートニク成功**。12. NATOパリ会議	1957 十
1958. 4. 新制博士誕生。8. 文部省, 道徳教育の実施義務化規則改正。○勤務評定反対闘争, 和歌山・群馬等特に激烈	文学)。6. 経済企画庁に経済研究所設置。9. 人物叢書刊行開始(吉川弘文館)。10. 図説日本文化史大系完成(小学館)。11. 山田孝雄(85, 国文学)	1958. 1. 電子計算機完成。6. バチスカーフ女川沖で潜水(3000m)。7. 俵国一(86, 冶金)。11. **新特急こだま号, 運転開始**(110km/h)。12. 東京タワー完成	1958. 1. 人間の条件(五味川純平)。2. 川端康成, 国際ペンクラブ副会長就任。3. 久保栄(56, 劇作)自殺。12. コタンの口笛(石森延男)	1958. 2. **横山大観**(89, 日本画)。3. 日展新発足(法人)。西山翠嶂(79, 日本画)。8. 藤懸静也(77, 美術史)。12. 石井	1958. 2. ロカビリー旋風起る。3. 日本バレー協会結成。中国歌舞団来日。4. 日本芸術院会館落成。12. モスクワ芸	1958. 1. 若乃花, 横綱となる。7. 京大隊, チョゴリザ登頂成功。○男子水泳に山中毅・石本隆ら, 世界記録続出	1958. 2. **アラブ連合共和国成立(大統領ナセル)**。5. レバノンの反西欧暴動。イラク革命, 共和国宣言。9. 中国軍, 金門島を攻撃。12. **全アフリカ会議**(アクラ)	1958. 1. アメリカ, 人工衛星打上げに成功。3. **フルシチョフ, ソ連首相就任**。10. **フランス第5共和制発足**。10. 新教皇ヨハネス23世就任。12. 欧州	1958
1959. 3. 中央教育審議会, 育英事業振興の答申。5. 吉岡弥生(89, 女子教育)。11. 文部省, 長崎方式の勤評を認める	1959. ○前年来の歴史ブームつづく。3. 安保条約改訂阻止国民会議結成。4. 仏教紀元2500年祭。聖公会, 宣教100年祭。9. 三カ日原人の発掘	1959. 2. 黒部トンネル貫通。英文和訳電子機の完成。7. 紀勢線全通。8. 気象庁の凌風丸, 日本海溝調査。10. ガラパゴス諸島学術調査実施	1959. 2. 来日中のケストラー, 日本ペンクラブを批判。4. 高浜虚子(85, 俳句)。**永井荷風**(79, 小説)。○ぼんち(山崎豊子)。7. 新送りがな方式発表	柏亭(76, 洋画) 1959. 1. 和田英作(75, 洋画)。6. 国立西洋美術館開く(松方コレクション収蔵)。11. 名古屋城再	術座来日 1959. 1. 竹本住太夫(72, 文楽)。6. 大山王将九段, 升田名人を破る。土方与志(61, 演劇・演出)	1959. 3. 朝汐, 横綱となる。7. 女子200m背泳で田中聡子世界新記録。400m自由形で山中毅世界新記録	1959. 3. チベット暴動。4. 毛沢東主席退き, 劉少奇国家主席となる。6. シンガポール独立。8. 中印国境紛争。**バグダード条約を中央条約機構(CENTO)と改称**	通貨協定成立 1959. 1. **ドゴール仏大統領就任**。5. ダレス米国務長官死(1888～)。10. **ソ連の宇宙ステーション, 月の裏側の写真撮影に成功**	世 1959
1960. 6. 民主主義を守る全国学者研究者の会結成。10. 高等学校学習指導要領告示発表(63年度より実施)	1960 .3. 日本人初の枢機卿土井辰雄任命。4. 賀川豊彦(72, キリスト教社会運動)。5. 国際司法裁判所判事に田中耕太郎当選。12. 和辻哲郎(71)	1960. 3. 日本科学技術振興財団発足。9. **カラーテレビ本放送はじまる**。10. 南極観測福島隊員の殉職。岡山天体物理観測所設立 1961. 4. 秋田県道川で三	1960. 1. 火野葦平(52, 小説)。蒼い狼(井上靖)。6. 久留島武彦(87, 童話)。11. 風流夢譚(深沢七郎), 社会問題を起す(～61.2)。吉井勇(74, 短歌)	建成る 1960. 3. 白水阿弥陀堂境内庭園を発掘。4. 五島美術館開く。5. 世界デザイン会議。10. 永仁のつぼ	1960. 5. 鶴沢清六(71, 文楽三味線) 6. 歌舞伎はじめて渡米興行。8. NHK交響楽団, 海外演奏旅行 1961. 2. 松本幸四郎	1960. 7. 田中聡子, 女子背泳200mで新記録。8. ローマ・オリンピックに出場, 体操などに好成績をあげる	1960. 1. 中国・ビルマ不可侵条約。4. 韓国暴動, 李承晩退陣。**アフリカ諸国続々独立。ベルギー領コンゴ独立, 暴動発生**。8. キプロス独立。12. エチオピア革命	1960. 5. **欧州自由貿易連合(EFTA)発足**。7. キューバの反米ハバナ宣言。12. 西側20カ国, 経済協力開発機構(OECD)条約調印(61. 9.正式発足)	1960 紀
1961. 2. 小学校児童・中学校生徒指導要録の通達。6. 五年制工業高等専門学校法成立。10. 中学校生徒学力調査	1961. 1. 日ソ民間文化協定調印。5. 湯川秀樹, ローマ教皇庁科学アカデミー会員となる。11. 国立国会図書館新築開館。12. 津田左右吉(88, 古代史)	段式ロケット発射成功。6. 南極条約発効。7. 北陸トンネル貫通。新技術開発事業団発足。10. ソ連の核実験で各地で放射能検出。御母衣ダム完成	1961. 3. 宴のあと(三島由紀夫), プライバシー問題を起す。6. 青野季吉(72)。9. 宇野浩二(70, 小説)。10. 長与善郎(73, 劇作)。 1962. 1. 歌会初入選歌	偽作事件 1961. 2. 四天王寺壁画釈迦伝(中村岳陵)。4. 東京文化会館完成。5. 柳宗悦(73,民芸) 12. 称乾山作陶	ら東宝へ移籍。4. 東京世界音楽祭。5. 喜多村緑郎(91, 新派)。6. 歌舞伎の訪ソ興行。11. 70ミリ映画「釈迦」上映	1961. 4. 一橋大隊, プカイルカ北峰初登頂。10. 日紡貝塚訪欧バレー団連勝。大鵬・柏戸, 横綱となる	1961. 1. アフリカ首脳カサブランカ会議。5. モンロビア全アフリカ会議。7. 韓国, 朴正熙軍事政権成立。9. **中立国首脳ベオグラード会議**。10. モンゴル, 国連加盟	1961. 1. ケネディ米大統領就任。4. ソ連, 人間衛星船1号の打上げ成功。8. 東独, 西ベルリンへの交通を遮断。12. ソ連, アルバニアと断交	1961
1962. 4. アジア・ユネスコ文相会議。5. 大学管理法反対運動起る。11. 文部省, 少年生活指導要綱を発表	1962. 4. 田辺元(77,哲学) 8, 柳田国男(87, 民俗学の確立者)。現代史資料刊行開始(みすず書房)。10. 小倉金之助(77, 数学)。11. 瀧川幸辰(71, 法学)	1962. 3. 八幡製鉄戸畑製造所に世界一の熔鉱炉完成。4. 中谷宇吉郎(62, 実験物理学)。7. **タンカー日章丸進水**(13万t)。国産旅客機YS11完成	盗作問題起る。3. 室生犀星(73, 詩・小説)。武林無想庵(82,小説)。5. 秋田雨雀(79,劇作)。8. 吉川英治(70, 小説)。10. 飯田蛇笏(77, 俳句)。正宗白鳥(83)	器偽作問題起る 1962. 3. 正宗得三郎(78, 洋画)。7. 金沢本願寺・京都壬生寺焼失。9. 日本服飾美術展。11.ピカソ展	1962. 1. 石井漠(76, 洋舞)。2. 吉田文五郎(94, 文楽)。3. 海老蔵, 市川団十郎(十一代目)襲名。7. 読売交響楽団発足	1962. 7. 田中聡子, 女子背泳200mで世界新記録(2分31秒6)。10. 日本女子バレーチーム, 世界選手権獲得	1962. 3. パキスタン新憲法公布。ビルマ無血革命, ネウィン首相就任。9. ラオス中立宣言。西イリアン協定。10.～12. 中印国境武力衝突。12. 中ソの対立激化	1962. 1. 東独徴兵法施行。2. アメリカ, 人間衛星船1号の打上げ成功。7. アルジェリア独立。8. ソ連人間衛星船のランデヴー。10. **キューバ封鎖**	1962

★流行歌　五木の子守歌(1953), お富さん(1954), 月がとっても青いから(1955), ケセラセラ(1956), 有楽町で逢いましょう(1957), オーイ中村君(1958), 南国土佐を後にして(1959), ありがたや節(1960), 君恋し・上を向いて歩こう(1961), いつでも夢を(1962), こんにちは赤ちゃん・高校三年生(1963), 愛と死をみつめて・お座敷小唄(1964), 柔・網走番外地(1965), 夢は夜開く・星のフラメンコ(1966),

年表〔19〕

年代	内閣総理大臣	衆議院議長	参議院議長	最高裁判所長官	政治	外交	通商貿易	財政経済	労働事情	社会
					沖縄復帰問題と平和工作	国際提携の前進	国際競争時代	不況ムード	企業格差の増大	交通事故の続発
1963 昭和(38)	池田勇人(Ⅱ)(自民党) —12.—	清瀬一郎 —12.—	松野鶴平 —7.—		1963（昭和38） 1. 陸上自衛隊にミサイル部隊設置（習志野）。米原子力潜水艦の日本寄港申入れ（反対運動起る）。3. 石炭鉱業合理化4法案成立。7. 近畿圏整備本部発足。9. 池田首相，東南アジア4カ国を訪問。10. 衆議院解散（物価論争）。11. リュブケ西独大統領来日，日独首脳会談。総選挙（民社党進出）	1963. 1. カナダと第1回閣僚委員会を開く。2. アメリカ，日本綿製品に規制を要求。7.経済開発協力機構（OECD）に加盟。8. 部分核実験停止条約調印。大平外相，国連に出席	1963. 1. 見本市船さくら丸の中近東巡航。3. ビルマ追加賠償協定調印。5. 日仏通商協定調印。11. 日中民間漁業協定調印。○年末，国際収支赤字となる	1963. 3. **低金利政策はじまる。**外貨公債発行法公布。6. 麦，明治以来の凶作となる。7. 日本銀行，高率金利適用廃止。経済白書「先進国への道」を発表。11. 新千円札発行	1963. 2. 全国民主化運動連絡会議結成。全国農民総連盟結成。7. 失業対策法成立。海外移住事業団発足	1963. 1. 裏日本豪雪，死者76。2. 北九州市発足。3. 吉展ちゃん事件（65.7.誘拐犯人逮捕）愛知大パーティ薬師岳遭難。5. 狭山事件。8. 原水爆禁止大会分裂，大混乱。9. 松川事件最終判決，全員無罪。11. 国鉄鶴見事故，死者161
二 1964 (39)	池田勇人(Ⅲ)(自民党) —11.—	船田		横田	1964（昭和39） 1. ～5. 憲法調査会最終報告書原案の審議。4. 沖縄に関する日米協議委員会設置。5. 日本共産党，志賀義雄らを除名。6. 農地報償法・**林業基本法成立。**7. 米原子力潜水艦の日本寄港受諾。9. 常陸宮家創立。11. 中国の原爆実験に関し，周恩来首相あて池田書翰発言。佐藤内閣成立。公明党結成	1964. 1. ベルギー国王ボードワン1世来日。2. 特使吉田茂，台湾訪問。4. ポンピドゥ仏首相来日。5. ミコヤン・ソ連副首相，再来日。11. 米原子力船，佐世保に入港	1964. 1. IMF8条国に移行し開放経済体制に入る。5. 日中貿易に関する吉田書翰問題。6. 新ココムリスト発表。12. 貿易外取引を自由化する	1964. 1. 日本共同証券会社発足。4. 大日本紡績，ニチボーとして新発足。三菱重工業合併新発足。5. 第一・朝日両銀行合併。12. 日本特殊鋼倒産，会社更生法適用。この年企業倒産増大	1964. 6. 米価要求貫徹全国農民大会開く。11. 同盟会議・全労，合同，**全日本労働総同盟発足**	1964. 1. 第1回生存者叙勲。6. 新潟地震。7. 山陽地方集中豪雨。8. 東京の記録的酷暑と水不足。9. 琵琶湖大橋開通。羽田空港・浜松町間モノレール開通
1965 (40)	佐藤	中 —8.— 山口	重	喜三	1965（昭和40） 1. 佐藤首相，訪米。ILO調査団ドライヤー委員長来日。久原房之助（94）。4. 地方行政連絡会議法成立。5. 社会党委員長佐々木更三就任。山村振興法成立。行政監理委員会法成立。6. 参議院緑風会解散。7. 河野一郎（76）。8. 池田勇人（65）。10. 臨時国会，12. **日韓条約批准。**河上丈太郎（77）	1965. 2. 椎名外相，韓国訪問。4. 川島特使，バンドン会議10周年記念式典に出席。5. マライシア首相ラーマン来日。6. **日韓基本条約調印。**12. 日本，国連安保理非常任理事国に当選	1965. 1. 南ヴェトナムへの賠償供与完了。9. 東京晴海で英国博覧会開く。日中総合貿易（LT）協定調印（北京）	1965. 1. 日本証券保有組合発足。大阪府・市，マルク債発行契約調印。6. 経営不振の山一証券に日銀特別融資。10. 綿糸紡績業不況カルテル結成。○不況慢性化し，産業界再編問題活発となる	1965. 4. 太田総評議長，レーニン平和賞受賞。5. 港湾労働法成立。7. 労働市場センター発足。11. 公務員制度審議会発足。海運争議	1965. 1. 日刊新聞の日曜夕刊廃止はじまる（配達少年休養のため）。2. 鹿児島大火。5. ノルウェーのタンカー，室蘭で爆発。8. 松代群発地震のはじめ。10. マリアナ沖漁船台風遭難事件
十 1966 (41)	栄作(Ⅰ)(自民党)	喜久一郎 —12.＊	宗	郎 —8.—	1966（昭和41） 6. 郵便法改正（7月実施，はがき7円）。**基地基本法成立。**祝日法改正（敬老の日・体育の日決定，12月に建国記念日を決定）。7. 新東京国際空港（成田）公団発足。8. 佐藤彰治不祥事件。佐藤首相の国内視察のはじめ。10. 政界に黒い霧問題起る。12. 衆議院解散（黒い霧解散）	1966. 1. 椎名外相，ソ連・西独訪問。**日ソ航空協定調印。**5. 核探知クラブ専門家結成会議に参加。7. 日ソ領事条約調印。9. 北朝鮮漁船亡命事件。11. 川島特使，東欧諸国訪問	1966. 1. **日ソ貿易協定調印。**5. 輸入ユーザンスに超優遇金利を新設。7. 国際通貨改革10カ国蔵相会議。12. 東南アジア開発会議	1966. 1. 長期貸出金利引下げ。**第1回赤字国債発行。**5. 日本紡績協会，過剰設備300万錘廃棄。8. 日産・プリンス両自動車会社合併。9. アラスカ石油会社発足。10. 接収ダイヤモンドの売出し	1966. 4. 公労協・交通共闘統一スト。6. **ILO87号条約発効，国内法のたな上げ部分施行。**12. 総評民間単産発足	1966. 2. **全日空機羽田沖墜落事件，**133人全員死亡。5. 大阪釜ガ崎騒動。6. 第1回総理大臣顕彰賞。8. 東京山谷騒動。9. 天草五橋開通。11. 全日空機松山沖墜落事件。谷川岳の二重遭難事件
1967 (42)	—2.— 佐	—2.— 石井		横田	1967（昭和42） 1. 総選挙（公明党25議席）。4. **東京都知事選挙，革新系候補美濃部亮吉当選。**6. 民社党委員長西村栄一就任。佐藤首相，韓国訪問。8.社会党委員長勝間田清一就任。9. 佐藤首相，台湾および東南アジア（第1次）訪問（第2次，10月）。**吉田茂**（89）。11. 佐藤首相訪米，日米首脳会談	1967. 3. 日本共産党，公然と中国共産党を非難。5. 日韓航空協定調印。7. 三木外相，ソ連・東欧3国を訪問。9. 南極海捕鯨規制取決め調印（日本・ソ連・ノルウェー）	1967. 4. エカッフェ東京総会。東南アジア開発閣僚会議（マニラ）。太平洋経済委員会（4カ国）設立。6. **ケネディ・ラウンド調印**	1967. 7. **資本自由化正式実施。**8. 昭和41年度国民総生産，世界第3位と発表。鉄鋼業界の景気回復はじまる。10. 小売物価の連騰。11. トヨタ・ダイハツの業務提携。12. 日米自動車交渉（～68.8）	1967. 1. 労働戦線統一論争起る。5. 公労協第1波統一スト。7. 労働省に安全衛生局設置。11. ～12. 福島交通争議	1967. 4. 二荒芳徳（80）。6. コラーサ2世号（鹿島郁夫），2大洋横断成功。10. 第1次羽田空港デモ事件。成田空港測量開始。11. 第2次羽田空港デモ事件。○自動車保有台数1000万台を突破
								好況からドル・ショックへ		公害問題の摘発
世 1968 (43)	藤栄	光次郎	雄	正俊	1968（昭和43） 4. **小笠原返還協定調印（6月正式復帰）。**沖縄で戦後最大の県民大会（デモ隊，米兵と衝突）。6. 都市計画法公布。7. 参議院議員選挙，社会党敗退，タレント候補ら上位当選。10. 社会党委員長成田知巳就任。政府の広報紙「今週の日本」創刊。11. 明治百年祭挙行。12. 沖縄に革新政権誕生	1968. 1. 日ソ共産党会談開く。3. インドネシア大統領スハルト来日。4. ユーゴ大統領チトー来日。7. シベリア開発日ソ契約調印。10. 日タイ貿易合同委員会開く	1968. 1. **日米貿易経済合同委員会ホノルル会議（ドル防衛協力）。3. 第2次日中総合貿易（MT）協定調印**	1968. ○企業間の業務提携・合併などが盛んとなる。5. 消費者保護基本法公布。10. パリ東京銀行設立。日本楽器，株式を時価発行	1968. 1. 全逓3061人の処分。2. ～3. 国労の順法闘争。5. 国鉄，合理化闘争に対し大量処分。12. 日本サラリーマンユニオン発足	1968. 2. えびの地震。5. 1968年十勝沖地震。富山県のイタイイタイ病を公害病と認定。7. 交通反則金・郵便番号制発足。9. 水俣病を公害病と認定。10. 反戦デー新宿事件。12. 三億円事件（76年時効）
1969 (44)	作(Ⅱ)(自民党)	—7.— 松田竹千代	三	—1.— 石	1969（昭和44） 3. 予約米減税法成立。5. 国家公務員総定員法成立。自由流通米制度発足。7. 衆議院，健保法改正案強行可決。8. 参議院，大学運営臨時措置法（**大学法**）案強行可決。11. 民主社会党，公称を民社党と改める。佐藤首相渡米，沖縄返還問題を促進。12. 衆議院解散。総選挙，自民党伸び，社会党惨敗	1969. 5. 西独首相キージンガー来日。7. **軍縮委員会への日本の初参加。**9. 愛知外相ソ連訪問。10. 日米航空協定調印。11. 日ソ航空協定調印。12. 国際通貨基金（IMF）理事国に昇格	1969. 2. 日産自動車・東洋工業，フォードと合弁会社設立。3. 第2次資本自由化実施。日米繊維交渉開始。9. 世界広告会議開く	1969. 4. 川崎系3社合併，川崎重工業新発足。5. **いざなぎ景気，**長期継続新記録となる。6. 自動車メーカー，欠陥車種を公表。10. 古古米問題起る	1969. 1. 政府・労使の懇談会発足。4. 全国サラリーマン同盟発足。10. 安保廃棄・反戦デー等の統一スト盛行	1969. 4. 沖縄デー，東京駅周辺の騒乱。5. 初の公害白書。6. 東名高速バス開通。11. 大気汚染測定結果公表
紀 1970 (45)	—1.— 佐藤栄	—1.— 船田		田和	1970（昭和45） 1. 公明党の出版妨害事件起る。2. **核拡散防止条約調印。**3. 3万人市制法成立。4. 沖縄国政参加措置法成立。5. 鈴木茂三郎（77）。6. **日米安全保障条約自動延長。**公明党，創価学会との政教分離を決定。10. 初の防衛白書発表。佐藤首相渡米。11. 川島正二郎（80）。12. 公害諸法成立	1970. 3. 松村謙三らの友好使節団，中国訪問。4. ウ・タント国連事務総長来日。5. カンボジア問題アジア会議に出席。7. 閣議で，日本の呼称をニッポンに統一。12. 日中国交回復促進議員連盟発足	1970. 4. 日中覚書貿易協定調印。6. 日米繊維交渉事実上の決裂。8. 先進国貿易会議。9. 第3次資本自由化実施 1970. 12.～71. 1. 日本製テレビ・板ガラスに米財務省がダンピングと認定	1970. 1. 国際決済銀行に正式加盟。3. 八幡製鉄・富士製鉄合併，新日本製鉄として新発足。8. いざなぎ景気終息。10. ビール各社，相ついで値上げ。年末外貨準備高43億ドル（史上最高）	1970. 4.～5. 春季闘争でベースアップ1万円超過が続出。12. 全逓の休暇闘争	**1970. 3.～9. 日本万国博覧会** 1970. 3. 赤軍派学生による日航機よど号乗取り事件。7. 東京に光化学スモッグ発生，以後約2万人が被害。田子浦のヘドロ公害告発。8. 東京で歩行者天国はじまる
1971 (46)	作(Ⅲ)(自民党)	中	—7.— 河野謙三	外	1971（昭和46） 4. 裁判官の再任問題で司法界紛糾。西村栄一（67）。6. **沖縄返還協定調印。**7. 環境庁発足。8. 民社党委員長春日一幸就任。松村謙三（88）。参議院選挙，自民不振，社会・共産進出。9. 竹入公明党委員長刺傷事件。**天皇・皇后，西欧諸国を訪問。**10. 臨時国会，12. 沖縄関係5法成立	1971. 2. 非公式招請により藤山愛一郎ら中国訪問。10. **国連で日米共同提案の逆重要事項否決され，中国の国連加盟決定。**11. 日朝友好促進議員連盟発足	1971. 3. **対米繊維輸出自主規制宣言発表。**7. 第4次資本自由化実施（93％）	1971. 5. 東亜国内航空会社新発足。8. 米国の**ドル・ショック**により為替市場一時変動相場制に移行。10. 第一勧業銀行発足。12. 先進6カ国通貨会議，**スミソニアン体制成る**（新レート1ドル308円）	1971. 2. 沖縄全軍労48時間全面スト（4月までに3回）。4. 全日空等，初の統一スト。7. 国鉄空前の大処分（2万5158人）	1971. 2. 成田空港用地強制代執行，反対派農民らの闘争（第2次9月）。7. 東亜国内航空ばんだい号函館遭難。全日空機と自衛隊機の空中接触事故，死者161。10.～12. 東京都内で不法爆発物事件

 ＊1966.12.～67.2.の衆議院議長は綾部健太郎。注 OECD＝経済開発協力機構。1947年に発足した国際金融機関。ケネディ・ラウンド＝関税一括引下げ交渉。世界53カ国参加。

文				化			世界史		年代
教育	思想・学術	科学・技術	文学	美術	芸能	スポーツ	アジア・アフリカ	西洋	
大学紛争	未来社会論	宇宙開発への歩み	新文芸の模索	沈滞期	海外交流	興隆期	AA諸国の苦悩	多極化共存体制	
1963. 2. 日本教師会, 教育国民会議結成。4. 高等学校社会科に倫理社会を新設。12. 義務教育教科書無償配付法成立	1963. 1. 野村(胡堂)学芸財団設立。6. 山路(文子)自然科学振興財団設立。7. 宇井伯寿(81, 仏教学)。11. 三枝博音(71, 哲学)。国書総目録刊行(〜71)	1963. 3. 海洋研究船淡青丸進水。アジア・太平洋原子力会議。4. 徳川好敏(77)。6. 黒部川第4発電所完工。10. 東海村原子力発電所完成(65.3発足)	1963. 1. 歌会初入選歌, また盗作問題を起す。2. 日本近代文学館創立(東京駒場)。3. 野村胡堂(81, 小説)。5. 久保田万太郎(74, 小説・劇作)。12. 佐佐木	1963. 1. パリの日本館きょうと完成。5. 松林桂月(87, 日本画)。6. 富本憲吉(77, 陶芸)。10. 板谷波山(91, 陶芸)	1963. 2. 日本婦人交響楽団成立。4. ロンドン交響楽団来日。10. ベルリン・ドイツ・オペラ来日。11. 日生劇場開く	1963. 6. 国鉄球団金田投手, プロ野球最多勝記録。7. 田中聡子また記録更新(2分28秒2)。10. 東京国際スポーツ大	1963. 5. アフリカ憲章成立。9. マライシア連邦発足。10. 韓国大統領朴正熙就任(12月, 第3共和制発足)。11. 南ヴェトナム革命(ゴーディンジエム政権崩壊)	1963. 1. 仏・西独協力条約。8. 部分核実験停止条約調印。10. 西独エアハルト内閣成立。11. アメリカ大統領ケネディ暗殺され, ジョンソン就任	1963
1964. 2. 文部省, 道徳教育指導資料発表。6. 国立教育会館開館。12. 学園都市(茨城県筑波山麓)推進本部設置	1964. 2. 辰野隆(76, フランス文学)。5. 高橋里見(78, 哲学)。悪書追放特別委員会成立。光田健輔(88, 愛生園)。7. 阿部真之介(80, 評論)。10. ブラジルと	1964. 4. 宇宙航空研究所発足。科学技術館完成。8. 富士山頂レーダー完成。10. **東海道新幹線開業**(ひかり号の最高210km/h) 1965. 7. 名神高速道路全	信綱(91, 国文学) 1964. 2. 尾崎士郎(66, 小説)。4. 三好達治(61, 詩)。5. 佐藤春夫(72, 詩)。9. 宴のあと事件判決, 原告勝訴。12. 三木露風(75, 詩)	1964. 4. ミロのヴィーナス展。小杉放庵(83, 洋画)。朝倉文夫(81, 彫刻)。6. 姫路城修復成る。10. 日本古美術展	1964. 3. 東京交響楽団, 新組織で再出発。4. 大阪国際フェスティバル開く。7. 世界ジャズフェスティバル開く	会開く 1964. 1. 栃ノ海, 横綱となる。10. **東京国際オリンピック大会開く。**京大隊, アンナプルナ南峰登頂	1964. 1. パキスタンイスラム共和国成立。4. タンザニア連邦成立。5. ネール死(1889〜)。8. トンキン湾交戦事件。10. 第2回非同盟国会議。中国, 原爆実験実施	1964. 1. フランス, 中華人民共和国を承認。4. ニューヨーク万国博覧会。6. ソ連・東独友好相互援助条約調印。10. フルシチョフ失脚, コスイギン	1964 二
1965. 1. 中央教育審議会の期待される人間像中間報告。10. 中村文相, 教科書検定制度に関して再検討を指示	文化協定調印 1965. 2. 日ソ文化交流協会発足。6. 大賀一郎(82, 古代蓮の研究)。8. 佐々木惣一(88, 憲法学)。国会図書館, 明治の新聞をマイク	通。9. 三菱重工長崎造船所20重量トンドック完成。タンカー東京丸進水(15万t)。第1イケヤ・セキ彗星発見。12. **朝永振一郎, ノーベル賞受賞**	1965. 1. 河合酔茗(91, 詩)。7. 江戸川乱歩(70, 小説)。**谷崎潤一郎**(79, 小説)。8. 高見順(58, 詩)。9. 桜井忠温(86, 戦記)。12. 米川正夫(74, ロシア文学)	1965. 1. 東京カテドラル完成。5. 中尊寺金色堂の新覆堂落慶。8. ツタンカーメン展。杉浦非水(89, 図案)	1965. 1. 花柳章太郎(71, 俳優)。8. 信時潔(78, 作曲)。9. 囲碁新名人に林海峰(23歳)決定。12. 山田耕筰(79, 作曲)	1965. 1. 飛田穂洲(77, 野球)。三船久蔵(81, 柔道)。5. F・原田, ボクシングタイトル獲得(バンタム級)。8. アイガー	1965. 1. インドネシア, 国連脱退(66 復帰)。アラブ共同市場発足。2. ソ連首相コスイギン, 北ヴェトナム訪問。**米軍のヴェトナム北爆開始。**9. カシミール紛争再燃	首相就任 1965. 4. ドミニカの反乱。7. フランス, EEC等をボイコット。8. アメリカ黒人投票法成立。9. シュヴァイツァー死(1875〜)	1965
1966. 1.〜6. 早稲田大学の紛争激化。7. 東京都立高等学校の入試改善策(学校群等)決定。12. 明治大学の騒動	ロ化 1966. 5. 小宮豊隆(82, 文芸評論)。小泉信三(78, 経済学)。6. 安倍能成(83, 学習院院長)。仁井田陞(63, 法制史)。7. 鈴木大拙(96, 仏教	1966. 7. 日本近海海底地形図完成。8. 第1回原水爆禁止科学者会議。内之浦でカメラロケット初成功。国鉄新清水トンネル貫通。11. 佐々木興隆	1966. 1. 川田順(84, 短歌)。4月以来NHKテレビドラマ「おはなはん」(林謙一・小野田勇)好評。11. 亀井勝一郎(58, 評論)。○サルトル, パール・バ	1966. 3. ニューヨーク日本芸術見本市。4. 川端龍子(81, 日本画)。山下新太郎(85, 洋画)。5. 岸田日出刀(67, 建築学)	1966. 1. 藤蔭静樹(86, 日本舞踊)。3. 文楽, ニューヨークで初公演。9. 帝国劇場新築完成。11. 国立劇場開く	北壁登頂成功 1966. 4. ボストンマラソンに日本選手上位4位独占。7. アジア体操連盟発足 1967. 2. 高石真五郎	1966. 1. インド・パキスタンのタシケント宣言。2. ガーナのエンクルマ失脚。4. **中国文化大革命起る。**8. 北京に紅衛兵旋風。11. イスラエル・ヨルダン国境紛争	1966. 7. フランス, NATO軍より脱退。9. ソ連, 中国共産党路線を激しく非難。12. 西独, キージンガー内閣成立 1967. 1. 西独, ルーマニ	1966 十
1967. 2. 高崎経済大学の紛争。3. 国際テストで日本児童の数学, 世界一の成績。10. 小学校教育課程改善の答申	学) 1967. 6. 文部省に学術審議会設置。高柳賢三(80, 法学)。8. 新村出(91, 国語学)。9. 日本学術振興会発足。○**未来論**さかんとなる	(88, 医学) 1967. 1. 理化学研究所の新サイクロトロン完成。4. 湯川秀樹, 素領域理論を発表。6. 日ソ科学技術協定調印	ックら来日 1967. 2. 武島羽衣(93, 短歌)。山本周五郎(62, 小説)。柳原白蓮(82, 短歌)。3. 第1回吉川英治賞。4. 窪田空穂(90, 国文学)。6. 壺井	1967. 8. 和田三造(84, 洋画)。中村研一(72, 洋画)。10. 明治百年展。明治文化展。11. 帝国ホテル旧館解体	1967. 2. 三宅周太郎(75, 演劇評論)。3. 人形劇協会発足。4. 豊竹山城少掾(89, 文楽)。11. 河竹繁俊(78, 演劇史)	(87, スポーツ振興)。4. 藤猛(ウェルター級), 6. 沼田義明(ライト級), ジュニアボクシングタイトル獲得	1967. 2. **インドネシア大統領スカルノ失脚。**6. **中東戦争起る。**スエズ運河閉鎖。中国初の水爆実験。8. 東南アジア諸国連合結成。10. 低開発国アルジェ憲章	ア国交樹立。3. イギリス, 鉄鋼業を国有とする。5. **ケネディ・ラウンド妥結。**7. ドゴール, カナダ訪問。失言問題を起す。11. イギリス, ポ	1967
1968. 1. **東京大学紛争の発端, 医学部のスト。**6. 大学紛争拡大。7. 小学校新指導要領告示, 歴史教育に神話を導入	1968. 1. 平城宮東院の発掘。6. 文化庁発足。7. 海野晋吉(81, 法学)日本未来学界発足。歴史学54学会の明治百年祭反対声明 1969. 3. 羽原又吉(85, 水	1968. 2. 南極で行方不明の福島隊員の遺体発見。3. 科学技術基本法成立。5. 宇宙開発委員会設置。8. 日本最初の心臓移植手術。11. 飛騨天文台開設	栄(66, 小説) 1968. ○明治百年ブーム各界に起る。9. 広津和郎(75)。10. 沢瀉久孝(77, 上代文学史)。12. **川端康成, ノーベル賞受賞。**村岡花子	1968. 1. 藤田嗣治(82, 洋画)。4. 霞ヶ関ビル(地上36階, 高さ147m)完成。5. 法隆寺壁画の模写完成。9. 加藤土師萌	1968. 4. 幻の原爆映画初公開。5. 花柳徳兵衛(60, 日本舞踊)。6. 林海峰, 23期本因坊決定。10. 高川格, 7期名人となる	1968. 1. マラソン選手円谷幸吉(28)自殺。6. 米黒人選手陸上100mに10秒の壁を破る10. メキシコ・オリンピック	1968. 3. モーリシアス独立。4. 米韓首脳会談。コスイギン・ガンジー会談。5. ヴェトナム和平パリ会談開始。10. 米軍, 北爆を停止。11. 中国, 劉少奇国家主席の失脚	ンド切下げ 1968. 4. 米黒人指導者キング牧師暗殺される。5. フランス, 5月危機。6. R・ケネディ, 暗殺される。7. 核拡散防止条約調印。8. チェ	1968 世
1969. 1. 能研テスト廃止。京都大学紛争。4. 中学校新指導要領告示。8. 大学法公布。10. 大学封鎖, 相ついで解除	産経済史)。6. 矢部長克(89, 地質学)。11. 神道政治連盟発足。長谷川如是閑(94, ジャーナリスト)。12. 長谷部言人(87, 人類学)	1969. 5. 東名高速道路全通。6. 原子力船むつ進水。10. アメリカより「月の石」, 東京に到着。宇宙開発事業団発足, 宇宙開発推進本部解消	(74, 評論・童話) 1969. 2. 天と地と(海音寺潮五郎)がブーム。11. 伊藤整(64, 小説・評論)。石田波郷(56, 俳句) 1970. 3. 第1回大宅壮一	(68, 陶芸) 1969. 6. 国立近代美術館開館(石橋正二郎寄贈)。7. 坂本繁二郎(87, 洋画)。11. 中村岳陵(79, 日本画)	1969. 1. 加藤一二三, 将棋新十段(もと大山)。3. 日本歌舞団, アメリカ初公演。7. 新劇新人会解散。12. 大谷竹次郎	1969. 3. 海老原博幸, フライ級王座獲得。アイガー北壁直登成功。9. 第1回太平洋5カ国陸上競技大会開く	1969. 1. イスラエル首相エシコル死, 後任メイア女史。4. 中国, 毛林体制の発足。9. **ホーチミン大統領死。**11. インド国民会議派分裂。12. 中ソ国境会談(北京)	コ事件, ソ連侵入 1969. 1. **米大統領ニクソン就任。**4. **ドゴール退任。**7. アメリカ, アポロ11号の月往復成功。8. フランス, フランの切下げ。10. 西	1969
1970. 3. 東大改革案発表。5. 高等学校新学習指導要領案発表。音訓・おくりがな改正案発表。12. 東大入試制度改革	1970. 2. 土井辰雄(76, 枢機卿)。3. 市河三喜(84, 英語学)。4. 国際未来学会議開く。新著作権法成立。7. 教科書検定裁判, 家永三郎原告側勝訴	1970. 2. **国産人工衛星おおすみ打上げに成功**(世界で4番目の実施国)。7. 日航ジャンボジェット機就航。10. 坂田昌一(58物理学) 1971. 核融合国際討論会	賞に石牟礼道子が受賞辞退。8. 西条八十(78, 詩)。10. 森田たま(75, 随筆)。11. 大宅壮一(70, 評論)**三島由紀夫**(45)**割腹自殺事件**	1970. 3. 世界貿易センタービル(38階, 152m)完成。9. 海老原喜之助(66, 洋画)。福田豊四郎(65, 日本画)	(92, 松竹創始) 1970. 1. 榎本健一(65, 俳優)。人形町末広亭廃業。7. 大山康晴, 五冠王復活。8. 桐竹紋十郎(91, 文楽)	1970. 1. 北の富士・玉の海, 横綱となる。5. **日本山岳会, エベレスト登頂に成功。**10. 大場政夫, フライ級王座獲得	1970. 1. ナイジェリアの内戦終結。3. カンボジアの政変。4. 中国, 人工衛星打上げに成功。6. **スカルノ死。**9. **ナセル死。**10. 中国, 水爆実験 1971. 1. アスワン・ハイダ	独, マルクの切下げ 1970. 4. 米ソSALT本交渉開始。8. ソ連・西独条約調印。11. ドゴール死(1890〜)。12. ポーランド暴動 1971. 5. 西独マルク, 変	1970 紀
1971. 1. 教科書の公害記述を手直し。2. 通信簿の評価方式改善。3. 大学入試問題売買事件(大阪)。12. 当用漢字の音訓を追加する	1971. 2. 新聖書大辞典成る。4. 椎尾弁匡(93, 増上寺法主)。5. 平塚らいてう(雷鳥, 85, 婦人運動)。11. 金田一京助(89, 国語学)	開く。人工衛星たんせい打上げ。5. 岡邦雄(80, 科学史)。6. 京王プラザ竣工(47階170m)。9. 科学衛星しんせい打上げ。10. 海洋センター発足	1971. 1. 第1回高見順賞。3. 大宅賞にイザヤ・ベンダサン(日本人とユダヤ人)等受賞。4. 内田百閒(81)。6. 日夏耿之介(81)。10. 志賀直哉(88, 小説)	1971. 1. 東京国際版画ビエンナーレ。5. 児玉希望(72, 日本画)。山口蓬春(77, 日本画)。9. 西洋美術館偽作名画購入事件	1971. 1. 喜多六平太(96, 能楽)。5. 箕作秋吉(75, 作曲)。6. 石田芳夫, 26期本因坊(22歳)。8. 徳川夢声(77)。11. 大映解散	1971. 2. 札幌国際冬季スポーツ大会開く。3. 世界卓球選手権大会開く(名古屋)。7. 今井通子, 女子北壁三冠王達成	ム完工式。2. 石油輸出国, 原油値上げ決議。9. 南北朝鮮赤十字の予備会談開始。アラブ連邦発足。10. **中華人民共和国, 国連加盟。**12. **インド・パキスタン戦争**	動為替制に移行。8. **アメリカ, ドル防衛策を発表(ドル・ショック)。欧州の通貨不安高まる。**12. 国際通貨会議, **スミソニアン合意成る**	1971

★世相・流行語　ヤミ市(1945), アプレゲール(1946), 斜陽族(1947), 駅弁大学(1949), アルバイト(1950), パチンコブーム(1951), 空飛ぶ円盤(1952), 八頭身(1953), 家庭電化時代・ノイローゼ(1954) マネービル(1956), 団地族(1958), カミナリ族(1959), インスタント時代(1960), ミニスカート(1965), フーテン族(1967), 劇画・パンタロン(1969), SLブーム・バイコロジー(1972)

年代	内閣総理大臣	衆議院議長	参議院議長	最高裁判所長官	政治 長期安定政権の動揺	外交 先進国への参加	通商貿易 経済大国へ成長	財政経済 石油危機・大型不況	労働事情 労働運動の転機	社会 公害と値上げ旋風
1972 昭和(47)	佐藤栄作(Ⅲ)(自民党) —7.— 田	船田中 —12.—	河	石田	1972（昭和47） 1. 佐藤首相, 訪米。5. **沖縄復帰, 沖縄県復活**。恩赦令・復権令公布。7. 田中内閣成立。日本列島改造懇談会設置。改造論に野党反対。8. 日米首脳会談(ハワイ)。9. **田中首相, 中国訪問, 日中国交正常化成る**。椎名特使, 台湾訪問（外交関係断絶）。11. 衆議院解散。12. 総選挙, 社会・共産躍進。国土総合開発推進本部発足	1972. 2. モンゴルと国交樹立。フランスと原子力平和利用協定調印。9. 日本朝鮮文化交流協会発足。10. 大平外相, アメリカ・ソ連等訪問	1972. 1. **日米政府間繊維協定調印**。9. 日本銀行, 貿易収支の黒字縮少のため一部の特別手形制度を廃止。11. バス・トラック等に貿易管理令適用	1972. 2. 別子銅山閉坑。全国農業共同組合発足。3. 日本銀行, 世界銀行へ1000億円貸付契約。4. ドル・コール市場発足。6. 超低金利時代（〜73.4）	1972. 1. 日経連, 賃金白書発表。4. 交通ゼネスト。9. 国鉄, 2次にわたり3万8000人大量処分。12. 政府, 総評幹部と初めて協議	1972. 1. グアム島で元軍人横井庄一発見。2. 郵便料値上げ, はがき10円。連合赤軍あさま山荘事件。3. 妙義山連合赤軍事件。5. 初の環境白書発表。10. 中国から珍獣パンダ到着。運転者の初心者マーク交付
1973 (48)	中角	中村梅吉 —5.—	野	和外 —5.—	1973（昭和48） 4. 祝日振替え法成立。石橋湛山(88)。7. 自民党若手議員の青嵐会発足。田中首相訪米。日米首脳会談(ワシントン)。資源エネルギー庁発足。9. 田中首相, 仏・英・西独・ソ連を訪問。11. 政府, 石油危機でアラブ支持を明確化。愛知揆一(66)。刑法に**公害罪**を新設。12. 国民生活安定緊急措置法公布	1973. 2. ワルトハイム国連事務総長来日。3. 中国大使館開設。5. 東独と国交樹立。8. **金大中事件起る**。9. 北ヴェトナムと国交樹立。12. 三木特使の中東歴訪(石油問題)	1973. 4. **貿易自由化を100%決定**。7. アメリカ, 大豆輸出の規制を発表。9. GATT閣僚会議, 東京宣言。10. **中東戦争により石油危機発生, 日本向け輸出削減の通告**。11. **狂乱物価・異常インフレ起る**	1973. 1. **金融引締めはじまる**。2. **円為替, 変動相場制に移行**。足尾銅山, 3. 別子銅山閉坑。10. 太陽神戸銀行, 合併新発足。	1973. 2. 国鉄関係労組のスト権奪還順法闘争（3. 市民の怒り暴動化。4. 再発）。4. 春闘初のゼネスト。12. 郵政省, 全逓大量処分	1973. 3. 水俣病裁判患者側勝訴。石油コンビナート爆発事故続出。4. 老人対策本部発足。7. 水不足と電力ピンチ。10. 買溜め騒動。○週休2日制の企業漸増
1974 (49)	栄(Ⅰ・Ⅱ)(自民党) —12.—	前尾繁	謙	村上	1974（昭和49） 1. 田中首相, 東南アジア諸国歴訪各地で反日デモに遭う。3. 田中耕太郎（83）。会社臨時特別税法成立。5. 国土利用計画法成立。6. 国土庁発足。7.参議院議員選挙, 保革接近。10. 「文藝春秋」田中首相の金脈・人脈を暴露。12. 三木内閣成立。**佐藤栄作, ノーベル平和賞受賞。雇用保険法成立**	1974. 1. 日韓大陸棚協定調印。4. 日中航空協定調印。6. 日ソシベリア開発契約等調印。8. **韓国朴大統領狙撃事件**。10.〜11. 木村外相, アフリカ5国歴訪。11. **フォード大統領来日**	1974. 1. 日中貿易協定調印。2. 日米欧財界人会議。6. 対中鉄鋼プラント輸出協定調印。9. 日ソ北太平洋捕鯨規制協定調印。11. 日中海運協定調印	1974. 2. 石油業界の闇協定破棄を勧告, 業界を告発。4. 割増金付定期預金の初め。5. 日本熱学の倒産(戦後最大)。10. 紡績業操短開始。○GNP戦後初のマイナス	1974. 2. 労働4団体, 初の統一集会。4. 「国民春闘」交通ゼネスト。5. 春闘大型ベースアップ約3割。11. 空前の統一スト, 国鉄48時間スト（秋闘）	1974. 3. 鳥海山噴火。ルバング島で元軍人小野田寛郎発見。5. マーメイド3世号(堀江謙一), 世界一周に成功。8. 企業連続爆破事件の初め。10. サリドマイド訴訟和解
1975 (50)	三木	三郎	三	朝一	1975（昭和50） 2. 国民協会, 国民政治協会に改組。4. 防衛を考える会発足。5. 国土利用白書を発表。6. 佐藤栄作(74), 国民葬。宅地開発公団法成立。7. 日本共産党と創価学会の10年協定。金大中事件を政治的に決着。8. 三木首相, 訪米。9.〜10. **天皇・皇后訪米**。10. 公明党, 反共路線を打出す。10. 天皇初めて公式記者会見	1975. 1. 宮沢外相訪ソ。3. サウジアラビアと経済技術協定調印。5. 中国, 日中条約に覇権問題強調。**英女王エリザベス2世来日**。10. ハノイに日本大使館開設。11. 先進6カ国首脳**ランブイエ会議**(日・米・仏・西独・英・伊)	1975. 2. 東独と通商協定調印。中国から石油輸入の初め。6. 日ソ漁業操業協定調印。8. 日中漁業協定調印。12. 金の自由取引化。	1975. 1.〜5.繊維不況公認カルテル, ○企業の不況対策深刻化。3. 石坂泰三(88)。円高の初め。8. 興人倒産。12. 倒産件数戦後最悪を記録	1975. 4. 不況のため企業の新規採用極度に減少。日本航空のスト。5. 交通ゼネスト。11. 10日間のスト権スト	1975. 8. 台風5・6号, 四国・北海道で大被害。六価クロム公害表面化。11. 大阪空港公害訴訟, 住民側勝訴。国鉄料金32%余値上げ。12. 酒・たばこ・郵便料(はがき20円)値上げ
1976 (51)	武夫(自民党) —12.—	—12.—		—5.— 藤林	1976（昭和51） 2. **ロッキード疑獄事件**広まる。6. 河野洋平ら, 新自由クラブ結成。7. **田中角栄ら逮捕**(8.起訴, 保釈)。9. 三木内閣改造。10. 三木首相への偽名電話事件。財政特例法成立。11. 天皇の在位50周年記念式典挙行。12. 衆議院議員総選挙, 自民党大きく後退, 議席260。福田内閣成立	1976. 1. グロムイコ・ソ連外相来日。6. 日豪基本条約調印。**先進7カ国首脳, サンフアン会議**。9. **ソ連戦闘機ミグ25, 函館空港強行着陸, 操縦士米国亡命**。日ソ外相会談	1976. 4. 輸出好調に転じ, 景気上昇の兆し現われる。5. 日中絹交渉妥結。7. 日本の戦争賠償支払完了。11. 造船不況, 運輸省操短を勧告。12. 国際衣料縫製品連盟結成	1976. 6. 電力料値上げ。7. 青番号の新千円札発行。9. 石橋正二郎(87)。大同特殊鋼会社合併新発足。10. 常磐炭砿閉山。○倒産依然続出	1976. 3. 春闘統一スト, 不況のため成果上らず。4. 交通ゼネスト。10. 政策推進労組会議結成。雇用対策改善措置実施	1976. 1. マニラで日航機ハイジャック。鹿児島で五つ子誕生。5. 民法改正。9. **台風17号の全国的被害, 長良川の堤防決壊**。10. 酒田市大火。11. 国鉄・電話・電報料金50%前後値上げ
1977 (52)	福田	保利	—7.—	益三 —8.—	1977（昭和52） 1. ロッキード事件公判開始。4. 木戸幸一(87)。5. **領海12カイリ法・漁業水域200カイリ暫定措置法成立**。沖縄地籍明確化法成立。江田三郎(69)。社会市民連合結成(社会党旧江田派)。7. 参議院選挙, 自民党過半確保, 共産党後退。8. 首相, 東南アジア歴訪。11. ハイジャック防止法成立。立川基地返還	1977. 1. 日米首脳電話会談の初め。3. 日米首脳ワシントン会談。4. フィリピン大統領マルコス来日。5. 北朝鮮代表団来日。9. マレーシア首相フセイン・オン来日	1977. 3. **日米漁業協定調印**。4. 対ビルマ準賠償完了。ソ連, 漁業条約廃棄通告。5. 日ソ漁業暫定協定調印。11. 自由円の為替制限発動	1977. 3. 公定歩合引下げ, 景気刺激策。5. 独占禁止法改正。中小企業事業分野調整法成立。10. **円高(ドル安), 1ドル250円を割る。○戦後最大の不況到来**	1977. 3. 春闘国鉄時限スト。4. 官民統一スト。国鉄, 昇給に公労法16条発動。12. 離職者臨時措置法成立。失業者111万人	1977. 2. 鬼頭判事補弾劾裁判。6. 和歌山県有田市集団コレラ事件。8. 原水爆禁止統一世界大会。有珠山噴火。9. 曲尺・鯨尺復活。**日本赤軍ダッカ事件**。芸能界に大麻汚染者続出
1978 (53)	赳夫(自民党) —12.—	茂	安井	岡原昌男	1978（昭和53） 1. 共産党, 袴田里見を除名。2. 社会民主連合発足(代表田英夫)。5. 大規模地震対策特別措置法成立。成田新法成立。**成田空港運営開始**。片山哲(90)。7. 農林省を農林水産省と改称。栗栖統幕議長の超法規発言, 有事立法問題起る。9. 加藤勘十(86)。10. 無限連鎖講(ネズミ講)防止法成立。12. 大平内閣成立	1978. 1. 園田外相, ソ連と中東3カ国歴訪。4. 中国漁船団, 尖閣諸島領海侵犯。シェール西独大統領来日。8. **日中平和友好条約調印**。10. 鄧小平中国副首相来日, 条約批准書交換	1978. 3. 日本・EC通商協議。4. 日ソ漁業協力協定調印。10. 米国貿易使節団来日, 対日輸出の促進計画。12. インドネシアに900億円の新借款供与	1978. 1. 石油税新設。2. 永大産業倒産。5. 不二サッシの粉飾決算暴露。7. 筑摩書房倒産(再建開始)。10. 特定不況地域法成立。**円高180円を割り反転**	1978. 3. 失業者136万人。4. 公労協統一スト。交通統一スト。サラリーマン金融で生活破壊者相次ぐ。11. 60歳定年制論起る	1978. 1. 伊豆大島近海地震。5. 人質強要処罰法成立。6. 宮城県沖地震。7. 隅田川の花火復活。沖縄, 新交通方式へ移行。9. 大須事件騒乱罪確定。○インベーダーゲーム流行
1979 (54)	大平正芳	—1.— 灘尾弘	謙	—4.— 服部	1979（昭和54） 1. **グラマン・ダグラス疑獄事件**起る。3. 保利茂(77)。成田知巳(66)。4. 統一地方選挙, 保守中道が東京・大阪を制す。船田中(83)。6. **元号法公布**。9. 椎名悦三郎(81)。10. 衆議院議員総選挙, 自民党敗北, 共産党進出。自民党の内紛。11. 大平内閣再発足。新自由クラブの危機。12. 参院クラブ結成(代表有田寿一)	1979. 1. ソ連, 国後・択捉に基地建設。4. 日ソ共産党復交。5. 日比通商航海条約調印。6. **カーター米大統領ら来日, 東京サミット(7カ国首脳会議)**。12. 日中文化交流協定調印	1979. 4. 石油輸出国機構, 原油9.05%値上げ。7. ガット東京ラウンド議定書署名。10. 対カンボジア9億円の緊急援助。12. 当年度の国際収支最大赤字	1979. 5. 大光相互銀行不正融資事件。9. 鉄道建設公団の乱脈経理, 国際電信電話会社の密輸事件等, 官公社の不正発覚。11. 公定歩合再引上げ。円安, 250円	1979. 3. 全国労働組合総連合発足。4. 交通ゼネスト足並乱れる。6. 先進7カ国東京労働サミット。10. 鉄鋼大手の60歳定年制回答	1979. 3. 電話ダイヤル, 全国自動化達成。7. 東名高速日本坂トンネル炎上事故。8. 千葉県神野寺の虎脱走事件。9. スモン訴訟和解成る。10. **木曽御嶽山噴火**。11. 南極ツアー機墜落
1980 (55)	(Ⅰ・Ⅱ)(自民党) —7.— 鈴木善幸(自民党)	吉 —7.— 福田一	—7.— 徳永正利	高顕	1980（昭和55） 1. 防衛庁スパイ事件。2.〜3. 環太平洋合同演習(リムパック)参加。4. 浜田代議士賭博旅行事件。5.衆議院解散。6. 大平正芳急死(70)。**衆参両院同時選挙, 自民党圧勝**。7. 鈴木内閣成立。8. 奥野法相の改憲発言, 以後防衛論と憲法論盛んとなる。11. 山川菊枝(90, 婦人運動)。12. 総合安全保障関係閣僚会議発足	1980. 1. 大平首相, オセアニア3国歴訪。2. 米国, 日本の防衛費増額を要請。4. 首相, 米国・ユーゴ訪問。5. 華国鋒中国首相来日。6. ヴェネチア・サミット。12. 第1回日中閣僚会議	1980. 4. ECと対イラン経済制裁共同措置。日米自動車交渉開始。5. 日中渤海石油開発契約。6. 日米財界人会議。9. 北朝鮮と貿易ルール改定合意	1980. 1. 水産商社北商の思惑倒産。3. 公定歩合9%に。4. 電気・ガス・国鉄・酒・煙草の値上げ。5. 円相場220円。9. 東証ダウ, 7000円の大台乗せ。**冷夏のため水稲大不作**	1980. 2. 佐世保重工業の労使紛争(208日)解決。6. 航空スト。7. 松下電器, 65歳まで雇用延長。9. 労働戦線の統一を進める会発足合意	1980. 4. 現金1億円拾得事件。6. 南アルプス林道開通。パンダのカンカン急死。7. 国連の**婦人差別撤廃条約**に署名。8. 富士登山道大落石。冷害深刻化。11. 川治温泉火災(死者45)

皇太子夫妻の外遊 1960.9.〜10.アメリカ, 11.〜12.イラン・エチオピア・インド・ネパール。1962.1.〜2.パキスタン・インドネシア, 11.フィリピン。1964.5.メキシコ, 12.タイ。1967.5.南米。1971.5.アフガニスタン。1973.5.オーストラリア, 10.スペイン。1978.6.ブラジル。

文							世界史		
教育	思想・学術	科学・技術	文学	美術	芸能	スポーツ	アジア・アフリカ	西洋	年代
大学の再建	世紀末思想論	自然の再開発	若手作家の抬頭	美術の模索	新分野の開拓	女性の活躍	第三世界の形成	国際通貨体制の動揺	
1972. 4. 国立大学の授業料約3倍の値上げ。11. 早稲田大学構内リンチ事件。12. 高等学校指導要領の更新	1972. 2. 日米渡り鳥条約調印。3. **飛鳥高松塚古墳壁画発見**(10. 第1次学術調査を実施)。9. 書店の不売スト。11. 日本文化の国際会議	1972. 3. **山陽新幹線岡山まで開通**。6. 超音速飛行機コンコルドの来日。7. 間秒の初め。10. 本田技研, 低公害エンジンを開発	1972. 2. 平林たい子(66, 小説)。4. **川端康成自殺**(72, 小説)。○恍惚の人(有吉佐和子)。背教者ユリアヌス(辻邦生)。	1972. 3. 鏑木清方(93, 日本画)。5. 伊東深水(74, 日本画)。6. 鳥海青児(70, 洋画)。9. 長谷寺奥之院炎上。10. 琳派展	1972. 4. 伊志井寛(71,俳優)。6. 将棋新名人中原誠。東海林太郎(73, 歌手)。柳家金語楼(71, 落語)。12. 飯田蝶子(75, 女優)	1972. 2. 冬季オリンピック札幌大会開く。8. ミュンヘンオリンピック出場, 好成績。10. 太平洋クラブ, 西鉄球団買収	1972. 1. バングラデシュ独立。4. 北ヴェトナム軍の全面攻撃。7. 長沙漢墓の発掘。8. アラブ・ゲリラのミュンヘン乱射事件。11./12. 韓国・朝鮮ともに新憲法公布	1972. 2. **イギリス, EC加盟達成**。2. **ニクソン, 中国訪問**。5. 国連人間環境宣言。9. 米ソ戦略兵器制限協定調印。12. **東西ドイツ基本条約調印**	1972
1973. 5. 新音訓・送りがな改定を発表。9. **筑波大学法成立**。12. 国立大学協議会, 大学改革調査研究報告書を発表	1973. 4. 千葉県菅生遺跡で古墳時代の五弦琴発見。9. 日本平和学会発足。8. 福岡市で高床式住居遺構発見。10. 日ソ渡り鳥条約調印。我妻栄(76, 法学)。○世紀末思想	1973. 2. 東京天文台, 分子電波を発見。4. 吉田富三(70, 病理学)。8. 緒方知三郎(90, 病理学)。11. 関門橋完成。**江崎玲於奈, ノーベル賞受賞**。12. 大シベリア博覧会開く	1973. 1. 椎名麟三(61, 小説)。大仏次郎(75, 小説,「天皇の世紀」未完)。○日本沈没(小松左京)。7. 吉屋信子(77, 小説)。○文庫本ブーム起る。11. サトウ・ハチロー(70, 詩)	1973. 3. 石井鶴三(85, 彫刻)。京都方広寺大仏殿全焼。6. 第1回彫刻の森美術館大賞展。中国出土文物展	1973. 5. 関鑑子(73, 声楽)。6. 近衛秀麿(74,音楽指揮)。9.古今亭志ん生(83, 落語)。12. 浪花千栄子(66, 女優)	1973. 1. 日拓ホーム, 東映球団を買収(11.日本ハムが再買収)。琴桜, 横綱昇進。5. 輪島, 横綱昇進	1973. 1. **ヴェトナム和平協定調印**。4. パキスタン新憲法成る。7. 西アフリカ大かんばつ。8. インド大洪水。9. アルジェ非同盟諸国会議。10. **第4次中東戦争起る**	1973. 3. 国際通貨危機再発。4. **ピカソ死**(1881～)。6. ギリシア, 共和国宣言。9. 東西ドイツ, 同時に国連加盟。11. イギリス, 公定歩合13%となる	1973 二
1974. 2. 教員人材確保法成立。5. 教頭職法成立。6. 日教組幹部の一斉検挙事件。8. 日教組大会, 聖職論争起る	1974. 2. 日豪渡り鳥条約調印。宇野哲人(98, 中国哲学)。5. 南原繁(84, 政治学)。7. 務台理作(83, 哲学)。11. 新見吉治(100, 史学)	1974. 2. 誘導制御装置付ロケットたんせい2号打上げ成功。8. 原子力船むつ, 臨海実験に成功。9. むつ事件。10. 木曽観測所に大口径望遠鏡完成	1974. 1. **山本有三**(86, 文学)。2. 尾崎喜八(82, 詩)。3. 深尾須磨子(80, 詩)。6. 結城哀草果(80, 短歌)。8. 中村白葉(83,ロシア文学)。10. 石黒敬七(77, 随筆)	1974. 3. 福田平八郎(82, 日本画)。吉田五十八(79, 建築)。清水崑(61, 漫画)。4. モナリザ展。10. 宮本三郎(69, 洋画)	1974. 1. 川口章吾(81, ハーモニカ演奏)。6. 真野かつ(小唄勝太郎, 69)。9. 山本嘉次郎(72,映画監督)	1974. 4. ガッツ石松, ライト級チャンピオンとなる。5. 女性登山隊, マナスル登頂。7. 北の湖, 横綱昇進(最年少)	1974. 1. 韓国, 大統領緊急措置次々に発動。3. ビルマ, 民政に復帰。4. 孫子兵法の竹簡を発見。7. 第2次キプロス紛争。8. 朴大統領狙撃事件。9. エチオピア皇帝廃位	1974. 2. **ソルジェニーツィン追放事件**。4. ポンピドゥー急死(1911～)。8. **ニクソン辞任。フォード大統領就任**。12. 仏ソ経済協力協定調印	1974
1975. 6. 日教組の教育課程改革案成る。日本教育会発足。7. 私学振興助成法成る。10. 小・中・高校に主任制決定	1975. 3. 中川善之助(77, 民法学)。戒能通孝(66, 法学)。5. 古畑種基(83, 法医学)。11. 倉石武四郎(78, 中国語学)	1975. 3. **新幹線岡山・博多間開通**。丹羽保次郎(81, 電気工学)。7. **沖縄海洋博覧会**(～76.1)。11. シートピア計画実験完了。三島徳七(82, 金属工学)。12. 大三島橋起工	1975. 2. 夏目伸六(66, 随筆)。5. 渡辺一夫(75, フランス文学)。梶山季之(45, 小説)。9. 空海の風景(遼太郎)	1975. 3. 重森三玲(78, 庭園)。5. 矢代幸雄(84, 美術評論)。6. 林武(78, 洋画)。9. 堂本印象(83, 日本画)。棟方志功(72, 版画)。	1975. 1. 坂東三津五郎(68, 俳優)。3. 守田勘弥(68, 俳優)。10. 豊増昇(63, ピアニスト) 11. 東京宝塚劇場, ベルサイユのばら, ヒット	1975. 5. **日本女子登山隊, エベレスト登頂成功**。6. 第1回エスピック。11. 小林則子, ヨットレースで女性の新記録	1975. 1. 中国第4期全国人民代表会議。3. サウジアラビア, ファイサル王暗殺される。4. **ヴェトナム戦争終る。蔣介石死**(1887～)。12. ラオス人民共和国成立	1975. 1. 英豪華客船Qエリザベス号の世界周航。6.～7. **国際婦人年世界会議**。7. 全欧安保協力首脳会議。11. ランブイエ会議。**フランコ死**(1892～)	十 1975
1976. 3. 偏差値の実態調査。4. 専修学校創始。5. 大学院制の改革。10. 高知・佐賀・大分各医科大学開校	1976. 4. 東本願寺の内紛起る(～80)。5. **被占領下外交文書公開**。7. 石原謙(75, キリスト教史)。9. 宮沢俊義(77, 憲法学)。10. 金子大栄(75, 仏教学)	1976. 1. 中原和郎(79, 医学)。3. 藤岡由夫(73, 物理学)。5. ウラン濃縮装置完成。11. 渡辺寧(80, 電子工学)。草木ダム完成	1976. 1. 舟橋聖一(71, 小説)。坂西志保(79, 評論)。3. 久松潜一(81, 国文学)。4. **武者小路実篤**(90)。5. **荻原井泉水**(91, **俳句**)。10. 武田泰淳(63, 小説)	1976. 4. 韓国美術五千年展。中国古代青銅器展	1976. 3. 藤原義江(77, オペラ歌手)。6. 中原誠, 将棋永世名人となる。10. 福田蘭童(71, 尺八)。12. 古今亭今輔(78,落語)	1976. 7. モントリオールオリンピック(女子バレー・柔道など健闘)。王貞治, 700号本塁打	1976. 1. 周恩来死(1898～)。7. **ヴェトナム社会主義共和国樹立**。河北大地震。朱徳死(1886～)。8. 非同盟諸国コロンボ会議。9. 毛沢東死(1893～)。10. 党主席華国鋒就任	1976. 5. 北イタリア大地震。6. 欧州29カ国共産党会議。サンファン会議。7. ヴァイキング1号火星着陸。10. 西ドイツ, マルク切上げ	1976 世
1977. 1. 新漢字表試案の発表。5. 大学入試センター発足。7. 小中学校新学習指導要領告示。12. 小原国芳(91)	1977. 2. 高橋亀吉(86, 経済学)。末川博(84, 民法学)。4. 和歌森太郎(61, 日本史)。5. 大塚金之助(84, 経済学)。8. 石田茂作(82, 仏教考古学)。11. 国立民族学博物館開館	1977. 2. 国産戦闘機F-1完成。4. 平戸大橋開通。生命の起源国際会議。7. 藪田貞次郎(88, 農芸化学)。8. オーロラ立体観測成功	1977. 5. 藤森成吉(84, 小説)。7. 大木惇夫(82, 詩)。吉田健一(65, 文芸評論)。9.今東光(79, 小説, 僧)。10. 野尻抱影(92, 英文学)。12. 海音寺潮五郎(76, 小説)	1977. 1. 土方久功(76, 彫刻)。川崎小虎(90,日本画)。3. 木内克(85, 彫刻)。8. 硲伊之助(81, 洋画)。10. 大阪国立国際美術館開館。前田青邨(92,日本画)	1977. 3. 田中絹代(67, 女優)。4. 幸祥光(84, 能楽小鼓)。8. 野口光彦(81, 御所人形)	1977. 4. 河野満, 卓球世界選手権に優勝。6. 樋口久子, 全米女子プロゴルフ選手権に優勝。9. 王貞治, 756号ホーマー(**国民栄誉賞の初め**)	1977. 3. アジア・アフリカ首脳会議(カイロ)。ガンジー首相失脚。8. 国連砂漠会議。9. **ヴェトナム, 国連加盟**。11. サダト・エジプト大統領, イスラエル訪問	1977. 1. **カーター米大統領就任**。6. 英女王即位25周年記念式典。ソ連, 新憲法公表, **ブレジネフ体制成る**。9. パナマ運河条約調印。10.西独赤軍事件	1977
1978. 1. 学生・生徒の自殺多発。8. 高等学校新学習指導要領告示。10. 私立歯科大学の乱脈経営問題起る	1978. 3. 橋本凝胤(80, 薬師寺長老)。4. 藤井寺市の古墳から修羅を発掘。5. 高安城の礎石群発見。9. **稲荷山古墳出土の鉄剣に銘文を発見**	1978. 3. **岡潔**(76, **数学**)。4. 実験放送衛星ゆり打上げ。7. サンシャイン60完成。9. 日本テレビ音声多重放送開始。10. 本四架橋児島—坂出ルート着工	1978. 4. 平野謙(70, 評論)。5. 網野菊(78, 小説)。6. 柴田錬三郎(61, 小説)。9. 山岡荘八(71, 小説)。12. 渡辺紳一郎(78, 随筆)	1978. 1. 浜田庄司(83, 陶芸)。2. 小絲源太郎(90, 洋画)。4. **東郷青児**(80, **洋画**)。**安田靫彦**(94,**日本画**)	1978. 5. 落語協会の内紛と分裂。6. 尾上多賀之丞(90, 歌舞伎)。7. **古賀政男**(73, **作曲**)	1978. 5. **植村直巳, 単身北極点に到達**。若三杉, 横綱昇進。若乃花襲名。10. 男子体操団体総合で世界V10達成	1978. 1. カンボジア・ヴェトナム紛争。3. **中国新憲法公布**。10. キャンプデーヴィド会談(エジプト・イスラエル和平合意)。11. ヴェトナム・ソ連友好協力条約調印	1978. 3. イタリア, モロ前首相誘拐事件。7. イギリスで体外授精児誕生。10. 教皇ヨハネ・パウロ2世就任。11. ガイアナで人民寺院集団自殺	紀 1978
1979. 1. 国公立大学初の共通一次学力試験実施。3. 常用漢字表案の中間答申。○学生・生徒・学童の自殺多発	1979. 1. **太安万侶墓誌出土**。3. 二十一世紀文化学術財団発足。5. 江馬務(94, 風俗史)。10. **WHO, 全世界天然痘根絶宣言**。12. 福岡県今川遺跡で最古の青銅器発見	1979. 1. 萩原雄祐(91, 天文学)。5. 日米科学技術協定調印。本四架橋大三島橋開通。7. **朝永振一郎**(73, **理論物理学**)。9. 榊原仟(68, 心臓外科)。12. 濃縮ウラン生産成功	1979. 2. 富安風生(93, 俳句)。3. 藤浦洸(80, 作詩)。4. 西尾実(93, 国文学)。6. 中島健蔵(76, 評論)。8. 中野重治(77, 小説)。12. 松岡洋子(63, 評論)	1979. 2. 谷口吉郎(74, 建築)。5. 小野竹喬(89, 日本画)。12.**平櫛田中**(107, **彫刻**)	1979. 2. 加藤一二三, 棋王・王将位獲得。5. 巌本真理(53, バイオリン)。9. 勅使河原蒼風(78, 華道)。10. 水谷八重子(74, 女優)。12. 寿々木米若(80, 浪曲)	1979. 1. 私立立川女子高校山岳部, ヒマラヤ登頂。7. 三重ノ海, 横綱となる。11. 第1回東京国際女子マラソン大会	1979. 1. ヴェトナム軍, プノンペンを攻略。2. 中国軍, ヴェトナム侵攻。イラン, ホメイニ師実権掌握。10. **韓国大統領朴正熙射殺事件**。11. イラン民衆, 米大使館占拠。12. **ソ連軍アフガニスタン侵入**, 新政権を擁立	1979. 1. **米中国交樹立**。5. 英, サッチャー保守党内閣成立。米ソSALTⅡ基本合意成る。6. 教皇, ポーランド訪問	1979
1980. 2. 文部省指導要録改定(到達度評価を導入)。3. 早稲田大学商学部入試問題漏洩事件。4. 松下政経塾発足	1980. 3. 天野貞祐(96, 哲学)。4. 冷泉家の古文書調査。吉川幸次郎(76, 中国文学)。5. 大内兵衛(91, 経済学)。明日香保存法成立	1980. 2. 湯浅年子(71, 原子物理学)。4. 日本学術会議, 科学者憲章採択。7. 富山湾で1万年前の埋没林発見。9. 内村祐之(82, 精神医学)	1980. 2. 新田次郎(67, 小説)。4. **土岐善麿**(94, **短歌**)。7. 時雨音羽(81, 作詩)。8. 上林暁(77, 小説)。9. 榊山潤(79, 小説)。11. 白井喬二(91, 小説)	1980. 4. 清水六兵衛(78, 陶芸)。7. 薬師寺西塔再建。8. **岩田藤七**(87, **ガラス工芸**)。10. 東大寺大仏殿昭和大修理落慶法要。12. 堅山南風(93,日本画)	1980. 5. 東山千栄子(89, 女優)。映画「影武者」グランプリ獲得。天津乙女(74, 女優)。11.越路吹雪(56, 女優)	1980. 3. **日本山岳会隊チョモランマ北東稜登頂**。佐伯達夫(87)。7. モスクワオリンピック不参加	1980. 1. インド, ガンジー政権復活。4. ジンバブエ(旧ローデシア)独立。5. 韓国光州暴動。9. **イラン・イラク戦争**。11. 中国反革命集団の裁判	1980. 4. 米・イラン断交。**サルトル死**(1905～)。5. **チトー死**(1892～)。7. モスクワオリンピック。11. ボイジャー1号, 土星接近探査成功	1980

(注) WHO＝世界保健機構。

(注) チョモランマはエベレスト山の中国側の呼び名。

年代	内閣総理大臣	衆議院議長	参議院議長	最高裁判所長官	政治	外交	通商貿易	財政経済	労働事情	社会
					行政改革と憲法論議	多面外交の展開	大企業の国際化	不況の慢性化	戦線統一論議	高齢化社会と保障問題
1981 昭和(56)	鈴木善	福	徳永	服部	1981（昭和56） 1. 2月7日を「**北方領土の日**」と決定。2. 市川房枝(87, 婦人運動家)。4. **行政改革推進本部発足**。5. 鈴木首相訪米, 共同声明に同盟と明記。山口喜久一郎(83)。6. 日米防衛首脳会談。7. 前尾繁三郎(75)。9. 鈴木首相, 北方領土視察。石井光次郎(92)。10. 西尾末広(90)。11. 鈴木内閣改造。12. 平野力三(83)	1981. 1. 鈴木首相, ASEAN5カ国歴訪。5. 東独国家評議会議長ホーネッカー来日。6. 鈴木首相, 西欧諸国訪問。7. オタワ・サミット。11. タイ首相プレム来日	1981. 3. 出光佐三(95)。4. 日米自動車輸出規制協議会議。日産自動車, 西独VWと業務提携。8. 鈴木自動車, 米GMと業務提携	1981. 4. 東京証券取引所, 外人買いで活況, ダウ7500円台を超え続騰。8. 国鉄の累積赤字6兆5000億円を超過。9. 日立銅山閉坑	1981. 5. ポーランド自主管理労組「連帯」のワレサ議長来日。12. 労働戦線統一準備会発足。雇用事情深刻化	1981. 3. **神戸ポートピア'81開幕**(～9.)。貨物船日昇丸, 米原子力潜水艦ジョージ・ワシントン号と衝突沈没。敦賀市原子力発電所の放射能漏洩事件。8. 石狩川流域の水害。小貝川の堤防決潰。10. 北炭夕張炭坑災害
1982 (57)	幸 (自民党) —11.—	田 一	正 利	高顕 -10.-	1982（昭和57） 3. 大浜英子(80)。6. 生物兵器禁止等の軍縮三条約批准可決。7. 参議院全国区制改正法成立。**臨時行政調査会, 基本答申を提出**。8. 老人保健法成立。9. 文化庁汚職事件起る。10. 商法改正法施行(総会屋締出し)。鈴木首相, 退陣表明。11. 中曽根内閣成立, 田中派系7ポストを占める。	1982. 3. イタリア大統領ペルチーニ来日。4. フランス大統領ミッテラン来日。5. 中国首相趙紫陽来日。6. ヴェルサイユ・サミット。9. サッチャー英首相来日	1982. 1. 日・米加・EC三極通商会議(フロリダ)。6. **IBM産業スパイ事件起る**。11. 円安278円を底値に復調	1982. 3. 東京金(金地金先物)取引所設立。4. 500円硬貨発行。7. トヨタ自工, トヨタ自販を吸収合併。9. **鈴木首相, 財政事情非常事態を強調**	1982. 4. 春闘, 14年ぶりに交通ストを回避。日本航空労組24時間スト。12. 全日本民間労働組合協議会結成	1982. 2. ホテルニュージャパン火災。日航機の羽田墜落事故。7. 平均寿命, 男女とも世界の長寿国となる。長崎市集中豪雨(57.7豪雨と命名)。8. 三越岡田社長解任事件。9. 大量の偽5千円札事件。11. 中央自動車道西宮線全通
1983 (58)	中	—12.—	—7.—	寺	1983（昭和58） 1. 中川一郎, 札幌で自殺(57)。日本を不沈空母化との首相発言。2. **臨時行政改革調査会の最終答申**。5. 国鉄再建監理委員会設置法成立。6. 比例代表制採用最初の参議院議員選挙, 自民党, 安定多数維持。8. 社会党委員長石橋政嗣就任。12. 衆議院議員総選挙, 自民党過半数を割る。	1983. 1. 日韓首脳公式会談。5. ウィリアムズバーグ・サミット。9. **大韓航空機撃墜事件**。10. コール西独首相来日。11. **レーガン米大統領来日**。胡耀邦中国党総書記来日	1983. 1. 円高229円(8月に続落)。先進10カ国蔵相パリ会議。10. 円高に戻る。11. EC, 日本製CDプレーヤー輸入規制	1983. 3. 8. 日米・西独, 外国為替市場へ協調介入。ダウ1月以来急伸9203円。10. 公定歩合引下げ, 5%。12. 新メディアのキャプテンサービス社発足	1983. 2. 総評代表団中国訪問。8. 日教組岡山大会, 右翼団体妨害事件。10. 国家公務員の給与, 人事院勧告を削る	1983. 1. 短銃強奪犯人の広域殺人事件。4. サラリーマン金融2法成立。5. **日本海中部地震**(死者・行方不明102)。7. 奇病AIDS発生。免田事件被告, 無罪確定。8. 銀行等, 第2土曜日休業開始。10. **三宅島大噴火**。ビール値上げ, 大瓶で285円
1984 (59)	曽	福永健司	木村	田治	1984（昭和59） 1. 児玉誉士夫(72, ロッキード事件被告)。3. 社会党左派集団社会主義協会分裂。5. 国籍法・戸籍法改正案成立(国際結婚の男女平等を承認)。6. 関西新空港会社法成立。7. 横田正俊(85)。総理府を統廃合し総務庁発足。湖沼法成立。9. 自民党本部放火事件。12. 三笠宮憲仁親王, 高円宮家創立。	1984. 3. 首相, 中国訪問, 4. インド・パキスタン訪問。9. **全斗煥韓国大統領来日, 天皇, 統治期間を遺憾と表明**。11. 安倍外相, エチオピア飢餓地帯訪問。12. 日ソ共産党首脳会談	1984. 1. 米国の対日赤字200億ドル突破。4. 日米農産物交渉決着。トヨタ自動車, 米GMと合弁認可。10. 円急落, 250円を割り, 後やや回復	1984. 1. 東証ダウ1万円台突破。2. 大沢商会倒産。5. 永野重雄(83)。7. リッカー・ミシン倒産。11. **新紙幣発行(1万円札他)。ニューメディア時代**	1984. 2. 反日教組組織の全日本教職員連合発足。3. 日本航空乗務員スト。11. 石炭労働組合協議会発足	1984. 1. 三池有明鉱海底坑道火災事件。3. 財田川事件無罪判決。**グリコ社長誘拐事件**。6. **厚生省, 日本が世界一長寿国と発表**。7. 松山事件無罪判決。9. **長野県西部地震**。10. オーストラリアの珍獣コアラ, 初来日
1985 (60)	根	—1.— 坂田道	睦男	郎 -11.-	1985（昭和60） 1. 国籍法・戸籍法改正施行。2. 藤山愛一郎(87)。3. 大阪府興信所条例成立。4. 改正国民年金法成立(年金の一元化)。6. 政治倫理審査会設置法成立。8. 首相・閣僚の靖国神社公式参拝(野党及び中国からも抗議声明を受ける)。佐藤藤佐(91, 元検事総長)。9. 入江相政(80, 侍従長)。12. 佐々木更三(85)	1985. 3. 首相, 大洋州諸国歴訪。3. 日ソ首脳会談。4. ボン・サミット。7. 首相, 仏伊等4国訪問。8. 日中原子力協定調印。石橋社会党書記長訪ソ。11. インド首相ガンディ来日	1985. 2. 円安261円。8. 日米通商摩擦激化。9. 先進5カ国蔵相会議, 為替市場協調介入合意。12. 対米貿易黒字395億ドル	1985. 4. **日本電信電話株式会社・日本たばこ産業株式会社発足**。5. 東京証券取引所, 新市場館で取引開始。8. 三光汽船倒産。11. 白洲次郎(83)	1985. 5. メーデー, 和気あるスポーツ祭演出。**男女雇用機会均等法成立**。6. 労働者人材派遣事業法成立	1985. 2. 新風俗営業法施行。6. 大鳴門橋開通。7. 舶来有害ワイン問題起る。8. **日航ジャンボ機墜落事故, 死者520人**。9. ロサンゼルス疑惑(84.3)の三浦和義逮捕。○桜島南岳連続噴火
1986 (61)	康	太 —7.—	—7.—		1986（昭和61） 4. 日本撚糸工連汚職事件, 政界に波及。天皇在位60年記念式典。5. 衆議院定数是正法公布。6. 長寿社会対策大綱決定。7. **衆議院議員総選挙, 衆議院同日選挙, 自民党圧勝(衆議院, 304議席)**。8. 新自由クラブ解党, 自民党へ復帰。9. **社会党委員長土井たか子就任**。中曽根首相, 韓国訪問。12. 公明党委員長矢野絢也就任	1986. 1. 中曽根首相カナダ訪問。5. **東京サミット開催**。日ソ文化協定調印。8. 日ソ共産党首脳会談。9. 西春彦(93)。11. フィリピン大統領アキノ来日	1986. 1. **円相場続騰**, 8月に152円80銭を記録して反落。1. 日米加EC四極通商会議。7. 日米半導体交渉決着。11. 日米繊維交渉大綱決着	1986. 8. **経済企画庁, 景気後退宣言**。10. 住友銀行, 平和相互銀行を合併。11. 三菱高島礦閉山。公定歩合1月以来引下げ, 3%	1986. 4. **60歳定年法成立**。5. メーデー100周年行事, 各地で開催。9. 国鉄民営化に伴う職員の自殺多発	1986. 2. 老人医療費の自己負担率引上げ。熱川温泉大東館火災。長寿世界一の泉重千代(120歳)。5. **英皇太子夫妻来日, ダイアナフィーバー**。11. **61年伊豆大島噴火**。三井物産若王子フィリピン支店長誘拐事件(～87.4)
1987 (62)	弘 (I～III) (自民党) —11.—	原	藤田正	矢	1987（昭和62） 1. 野党及び各界からの売上税反対運動起る。田川誠一, 進歩党結成。2. 高松宮宣仁親王逝去(82)。5. **売上税法案廃案となる**。7. 自民党田中派解体, 竹下派の経世会発足。8. 岸信介(90)。9. 西村英一(90)。**天皇, 腸の手術をされる**。11. 竹下内閣成立	1987. 1. 首相, 東欧4国歴訪。日米原子力協定改正。中国首脳の台湾問題対日批判。7. 日米戦略防衛構想(SDI)協定調印。9.～11. 土井社会党委員長, 米・朝鮮・中国訪問	1987. 3. **米国, 対日経済制裁措置発表**。5. 東芝機械ココム違反事件。6. 富士通・IBM著作権紛争和解。円高倒産1000件突破	1987. 1. **円高加速**, 4月に139円。2. NTT株上場, 買い殺到。3. 銀行の不動産融資増大地価高騰。4. **国鉄分割, JRグループ発足**。7. 景気回復宣言。10. 稲川嘉寛(83)。11. 日本航空, 民営社となる	1987. 1. 完全失業率3%。2. 鉄道労連発足。新日本製鉄・日本鋼管の合理化計画。11.全民労連(連合)発足	1987. 3. **南氷洋商業捕鯨終幕**。豊田商事詐欺事件。4. 1万円札大量偽造事件。6. 老人ホーム松寿園火災。8. 高知県でサーファー落雷事故。9. 功明ちゃん殺害事件。沖縄で金環食。11. 最上興産脱税事件(地上げがらみ)
1988 (63)	竹下登 (自民党)	健三郎	明 —9.—	口洪	1988（昭和63） 1. 三笠宮宜仁親王, 桂宮家復興。2. 布施健(75, 検事総長)。5. 伊藤栄樹(63, 検事総長)。福永健司(77)。6. 明電工株価操作事件, 前会長中瀬古巨額脱税事件。消費税導入の税制改革要綱決定。リクルート関連株の異常収益事実発覚, 贈収賄容疑, 政界に波及。9. **天皇の発病**, 催事の自粛ひろまる。11. 三木武夫(81)	1988. 1.～9. 竹下首相訪米以後, カナダ・ヨーロッパ諸国・オーストラリア・中国を訪問。4. ガンジー・インド首相来日。6. 主要先進国首脳会議(トロント・サミット)。8. カンボジア・シアヌーク殿下来日。12. ソ連シュワルナゼ外相来日	**1988. 6. 日米牛肉・オレンジ交渉最終決着**。円急落に転じ, 7. 135円台で反転し, 11月に121円台	1988. 4. 銀行の丸優制度大幅廃止。5. 国税の自然増収判明。7. NTTデータ通信社創業。8. 土光敏夫(91)。12. 消費税法成立	1988. 4. 労働基準法改正施行(**週40時間制へ**)。6. パートタイマー専門家会議発足。7. 有効求人倍率急増	1988. 3. **青函トンネル鉄道開業, 青函連絡船終幕**。上海郊外列車衝突事故, 日本人学生ら28人死亡。**4. 瀬戸大橋開通**。6. 上野動物園のパンダ出産。7.潜水艦なだしお, 大型釣り船と衝突, 乗客30人死亡。11. 異常気象と全国的冷害
1989 平成(1)	—6.— 宇野宗佑 (自民党) —8.— 海部俊樹 (自民党)	—6.— 田村元	土屋義彦	一	1989（平成1） **1. 昭和天皇逝去(87)**, 皇太子明仁即位。2. 竹下首相訪米。昭和天皇大喪礼。3. 志賀義雄(88)。政治浄化連盟発足。5. 春日一幸(79)。6.～8. 宇野内閣。7. 参議院議員選挙, 自民党惨敗, 社会党躍進。8. 海部内閣発足。海部首相訪米。**消費税の見直しと廃止論活発化**。9. パチンコ業界の政治献金問題化。10. 田中角栄引退	1989. 1. 朝鮮労働党代表団来日。2. 大喪礼に伴う弔問外交40カ国。4. 李鵬中国首相来日。国連軍縮京都会議。7. アルシュ・サミット	1989. 3. 日韓ニット摩擦決着。4. トヨタ自動車, 英国に生産工場進出。5. 外貨準備高1000億ドル突破。9. 象牙輸入の暫定的禁止	1989. 2. 相互銀行の普通銀行転換。3. 五島昇(72)。新日鉄釜石製鉄所閉炉。**4. 消費税実施**。松下幸之助(94)。12. 土地基本法成立	1989. 2. 銀行の土曜全面休業開始。5. 中央メーデー分裂。9. 日教組分裂。11. 日本労働組合総連合会発足, 総評解散	1989. 1. 官公庁の土曜2回休日実施。2. 祝日法改正(みどりの日・天皇誕生日)。4. 仙台市政令都市となる。竹藪1億円事件。5. **ヴェトナム難民長崎県に上陸の初め**。6. 伊豆半島東方沖群発地震。11. 生体肝移植手術の初め

文				化			世界史		年代
教育	思想・学術	科学・技術	文学	美術・文化財	芸能	スポーツ	アジア・アフリカ	西洋	
教育改革問題	新しい動き	技術革新の模索	文学者の世代交代	文化財の発掘	大衆芸能の発達	国際競争の激化	南北問題の明暗	多極外交の展開	
1981. 4. 中学社会科公民的分野の教科書全面改訂。7. 放送大学学園発足。10. 常用漢字表（1945字）告示	1981. 1. 宮本常一(73,民俗学)。2. **ローマ教皇来日**。3. **荒畑寒村(93,社会主義運動)**。8. 神近市子(93,婦人運動)。12. 福井謙一,ノーベル化学賞受賞	1981. 8. 香川県仁尾町の太陽熱発電開始。9. **湯川秀樹(74,物理学)**。10. 成人型白血病ウィルス発見。11. 新種の鳥ヤンバルクイナ発見(沖縄)	1981. 1. 福原麟太郎(86,英文学)。3. 堀口大学(89,作詩)。7. **水原秋桜子(88,俳句)**。10. 保田與重郎(71,文芸評論)。12. 浦松佐美太郎(80,文芸評論)	1981. 1. 谷内六郎(59,版画)。5. **清水多嘉示(83,彫刻)**。6. 京都聖護院の文化財の調査。10. 三輪休和(86,萩焼)	1981. 4. 水戸光子(62,女優)。7. 囲碁本因坊に趙治勲決定。平岡養一(73,木琴)。四谷文子(75,声楽)。10. 銀座雅楽堂落成。芥川比呂志(61,新劇)	1981. 3. 瀬古利彦,3万m競走に世界新記録(1時間29分18秒)。7. 千代の富士,横綱となる。8. 早大登山隊,ヒマラヤK2初登頂成功	1981. 5. 孫文の未亡人宋慶齢死,国葬。バングラデシュ大統領ラーマン暗殺。10. **エジプト大統領サダト暗殺**。12. イスラエル,ゴラン高原併合決議	1981. 1. レーガン米大統領就任。5. フランス大統領ミッテラン就任。7. 英皇太子チャールズの結婚式。12. ポーランド全土戒厳令布告	1981
1982. 4. 上代タノ(95)。7. **教科書記述につき中国・韓国から抗議**。8. 鳩山薫(93)。12. 戸塚ヨットスクール事件	1982. 2. 高橋誠一郎(97,経済学)。5. 歯科医師国家試験問題の漏洩事件。7. 江上不二夫(71,生化学)。10. 日本食品標準成分表の全面改定発表	1982. 3. 9惑星の直列現象。6. **東北新幹線開業(大宮—盛岡)**。8. 超高速電算機の開発(日立製作所)。9. 古賀逸策(82,電気工学)。11. **上越新幹線開業**	1982. 1. 文学者287人の反核声明。6. 西脇順三郎(88,詩)。7. 池田弥三郎(67,国文学)。坪田譲治(92,児童文学)。12. 諸橋轍次(99,漢学)	1982. 3. 桂離宮解体修理完了。8. 三雲祥之助(80,洋画)。鹿児島寿蔵(83,紙塑人形)。10. 宮尾しげを(80,漫画)。12. **飛鳥山田寺遺構出土**	1982. 2. 江利チエミ(45,歌手)。7. 佐藤美子(79,声楽)。加藤一二三,将棋新名人位獲得。9. 中村翫右衛門(81,前進座創立者)	1982. 2. 岡本綾子,米国ツアー女子プロゴルフに優勝。4. 京大登山隊,カンペンチン初登頂成功	1982. 3. 韓国,金大中らを恩赦減刑。7. カンボジアの反ベトナム三派,連合政府樹立。8. **イスラエル軍,西ベイルート突入**。12. 中国新憲法制定	1982. 4. **フォークランド諸島事件**。6. 米ソ戦略兵器削減交渉(START)開始。11. **ブレジネフ死**(1909〜)	1982
1983. 6. 文部省,高校の学内暴力につき全国調査結果発表。7. 東京医科歯科大学不祥事件。8. 私学助成金10%削除	1983. 2. 御木徳近(82,PL教団主)。梅原末治(89,考古学)。5. 東畑精一(84,経済学)。6. 羽仁五郎(82,歴史学)。8. 鈴木安蔵(79,憲法)。12. 安岡正篤(85,陽明学)	1983. 1. 青函トンネル貫通。2. 通信衛星さくら2号a打上げ。4. 南極観測船ふじ,現役終了。12. 武見太郎(79,日本医師会会長)	1983. 1. **里見弴(94,小説)**。3. 小林秀雄(80,文芸評論)。4. 木俣修(76,短歌)。8. 中村草田男(82,俳句)。10. 花登筐(56,軽演劇作家)。11. 田村泰次郎(72,小説)	1983. 4. 東寺執行職阿刀家,秘蔵史料を寄贈。田中一松(87,美術評論)。中原淳一(70,服飾美術)。	1983. 2. 田村秋子(77,新劇)。3. 片岡千恵蔵(79,映画俳優)。4. 中村鴈治郎(81,歌舞伎)。6. 谷川浩司,将棋新名人。7. 林海峰,本因坊復活	1983. 2. 青木功,米ゴルフツアー優勝。7. 隆の里,横綱となる。11. 金栗四三(92,マラソン)	1983. 2. インド,アッサム州大量虐殺事件。8. **アキノ暗殺事件**。9. **大韓航空機撃墜事件**。10. **レバノン駐留米仏軍宿舎爆破事件**。**ラングーン爆発テロ事件**	1983. 5. ウィリアムズバーグ・サミット。6. ソ連幹部会議長アンドロポフ就任。7. ポーランド,戒厳令解除。10. **米軍,グレナダ侵攻**	1983
1984. 6. 文部省,来年度の教科書に差別用語の記述削除を指示。8. **臨時教育審議会設置法成立**(9. 同事務局発足)	1984. 1. 松江岡田山古墳出土の鉄剣銘発見。4. 高木八尺(94,政治学)。7. 今日出海(80,評論)。8. 大河内一男(79,社会学)。12. 美濃部亮吉(80)	1984. 1. 放送衛星ゆり2号a打上げ。4. 岡部金治郎(88,電子工学)。8. 気象衛星ひまわり3号打上げ。10. 九大グループ,胃がん遺伝子を発見	1984. 2. 渋沢秀雄(92,随筆)。6. 吉田精一(76,国文学)。竹山道雄(80,ドイツ文学)。7. 野田宇太郎(75,詩・文芸評論)。8. 有吉佐和子(53,小説)。10. 関屋五十二(81,童話)	1984. 1. 田崎広助(85,洋画)。3. 山口華楊(84,日本画)。芹沢銈介(88,型絵染)。4. 山田智三郎(75,美術評論)。8. 堀口捨巳(89,建築)。**12. 楠部弥弌(87,陶芸)**	1984. 4. 長谷川一夫(76,俳優)。霧島昇(69,歌手)。6. 松原操(73,歌手)。10. 梅中軒鶯童(82,浪曲)。11. 三遊亭円馬(85,落語)。12. 大川橋蔵(55,俳優)	1984. 2. 植村直己(43)マッキンリー単独登頂後行方不明。7.〜8. ロサンゼルスオリンピック。10. 山下泰裕,国民栄誉賞受賞	1984. 1. アフリカの飢餓拡大。7. 中国,オリンピック初参加。9. ソウル周辺洪水。**インド首相ガンディー(67)暗殺される**	1984. 2. イタリア・ヴァティカン新協約。6. ロンドン・サミット。7. ロサンゼルスオリンピック,ソ連圏欠席,ルーマニア出場	1984
1985. 2. 現代かなづかい改定案発表。9. 文部省,日の丸掲揚,君が代斉唱を通達。教育課程審議会発足	1985. 1. 向坂逸郎(87,経済学)。4. 藤岡謙二郎(70,歴史地理学)。5. 田岡良一(87,国際法学)。6. 谷口雅春(91,生長の家)。12. 田中美知太郎(83,哲学)	1985. 1. 人工惑星さきがけ打上げ。2. 日本縦貫光ケーブル完成。**3. 科学万博つくば85開幕**。12. 各務鉱三(89,ガラス工芸)	1985. 1. 石川達三(79,小説)。2. 中野好夫(81,評論)。3. **野上弥生子(99,小説)**。6. 川口松太郎(85,小説)。9. 源氏鶏太(73,小説)。10. 物集高量(106)	1985. 1. 日比野五鳳(83,書)。4. 菊池一男(76,彫刻)。8. 荒川豊蔵(91,陶芸)。12. 加藤唐九郎(87,陶芸)	1985. 3. 笠置シヅ子(70,歌手)。5. 鈴木伝明(85,俳優)。10. 宝井馬琴(83,講談)。永田雅一(79,大映)	1985. 1. **両国国技館復興**。4. 中山竹通,マラソン日本最高記録(2時間8分15秒)。8. 神戸ユニバーシアード開催	1985. 3. イラン・イラク戦争再燃。7. 米中原子力協定調印。9. 韓国・朝鮮,互に故郷訪問実現。10. ダッカのサイクロン大被害	1985. 1. アメリカ,ユネスコを脱退。3. ソ連議長チェルネンコ死(1911〜),7. 後継,グロムイコ就任。4. ボン・サミット。9. **メキシコ大地震**	1985
1986. 5. 復古調の教科書問題起る。7. 道徳教育に副読本選定制導入。12. 文部省,いじめの全国調査結果発表	1986. 1. 石母田正(73,歴史学)。2. 藤井寺市で旧石器時代の住居跡発見。3. 小野清一郎(95,刑法学)。8. 真野毅(98,元最高裁判所判事)	1986. 1. 天王星新衛星2個を発見。3. ハレー彗星最接近。4. 古賀忠道(82,上野動物園長)。7. 木原均(92,遺伝学)。11. 東大工学部,高温超伝導ゼラミックス発見	1986. 4. 高倉輝(94,共産党作家)。6. 武田繁太郎(66,小説)。戸川マエ(74,評論)。10. 石坂洋次郎(86,小説)。11. **円地文子(81,小説)**。12. 宮柊二(74,短歌)	1986. 1. **梅原龍三郎(97,洋画)**。2. 山本丘人(85,日本画)。6. **松田権六(90,漆芸)**。前川国男(81,建築)。10. 荻須高徳(84,洋画)	1986. 1. 宮田東峰(87,ハーモニカ)。8. 桐竹勘十郎(66,文楽人形遣)。10. 加藤正夫,囲碁新名人。11. 木村義雄(81,将棋)	1986. 1. 猪谷六合雄(95,スキー)。5. 体協スポーツ憲章制定。7. 双羽黒(北尾)横綱昇進。9. ソウル・アジア大会,中国参加,日本不振。10. 北京マラソンに,児玉泰介,日本新記録(2時間7分35秒)	1986. 2. **フィリピン大統領アキノ夫人就任**。3. 米軍,シドラ湾でリビヤと交戦	1986. 4. **ソ連チェルノブイリ原子力発電所大事故**。8. 彫刻家ヘンリー・ムーア死(1889〜)。11. **米ソ首脳レイキャヴィク会談**。米,SALT IIを破棄	1986
1987. 1. 先進国代表教育サミット(京都)。3. 大学入試新制度発足。8. 臨時教育審議会の教育改革最終答申。11. 道徳重視の審議公表	1987. 1. 岸俊男(66,日本史)。貝塚茂樹(82,中国史)。坂本太郎(85,日本史)。6. 三上次男(80,東洋史)。7. 羽仁説子(84,評論)。8. **世界七大宗教者会議**	1987. 2. X線天文衛星ぎんが打上げ。地球観測衛星もも1号打上げ。3. 日米チーム,ニュートリノ検出。8. 増本量(92,金属学)。10. 瀬戸大橋完成。12. 利根川進,ノーベル医学・生理学賞受賞	1987. 2. 磯田光一(56,評論)。4. 野間光辰(77,国文学)。7. 臼井吉見(82,評論)。8. 渋沢龍彦(59,フランス文学)。石森延男(90,児童文学)。12. 石川淳(88)	1987. 2. 小山敬三(89,洋画)。3. **北村西望(102,彫刻)**。手島右卿(85,書道)。4. 福井県清大寺大仏落慶。6. 高田博厚(86,彫刻)	1987. 2. 鶴田浩二(62,俳優)。7. 石原裕次郎(52,俳優)。8. 栗島すみ子(85,女優)。砂原美智子(64,オペラ)。9. 劇団新国劇解散	1987. 2. 牧野正蔵(71,水泳)。5. 北勝海,横綱昇進。6. 衣笠祥男に国民栄誉賞。9. 大乃国,横綱昇進	1987. 2. フィリピン新憲法公布。8. メッカ巡礼団衝突事件。イラン・イラク戦争,ペルシア湾で国際化。10. チベットの暴動。韓国新憲法公布	1987. 5. 国連,世界人口50億人突破と発表。**○ソ連,ペレストロイカ(改革)始まる**。7. 米,包括貿易法成立。イタリア,ゴリア内閣。**12. 米ソ,中距離核兵器廃棄条約調印**	1987
1988. 3. 専修大学偽造学生証事件。4. コンピューター教育の推進。私立大学26新設	1988. 3. **有沢広巳(92,経済学)**。4. 神川彦松(98,国際政治学)。6. 岩村忍(82,東洋史)。8. 清水幾太郎(81,社会学)。9. 「長屋親王」木簡出土。12. 森蘊(83)	1988. 2. 黒川利雄(91,医学)。4. コウノトリの人工繁殖に成功。7. 末広恭雄(84,魚類学)。9. 宇宙基地協力協定。11. 茅誠司(90,金属物理学)	1988. 4. **桑原武夫(83,フランス文学)**。5. 山本健吉(81,文芸評論)。8. 瀬沼茂樹(83,文芸評論)。9. 中村汀女(88,俳諧)。11. 草野心平(85,詩)	1988. 1. 松井如流(87,書道)。4. 高野山地蔵院等炎上。8. おおば比呂司(66,漫画)。9. 池田遙邨(92,日本画)。10. 藤ノ木古墳石棺開蓋調査。12. **小磯良平(85,洋画)**	1988. 1. 宇野重吉(73,俳優)。3. 田谷力三(89,浅草オペラ)。4. 小沢栄太郎(79,俳優)。5. 田中路子(78,ソプラノ歌手)	1988. 3. 東京ドーム開業。5. 三国友好登山隊,チョモランマ交差同時登頂達成。9. **ソウルオリンピック,日本選手不振**	1988. 4. アフガニスタン和平協定調印。8. **イラン・イラク戦争終結**	1988. 1. 仏・西独軍事協力協定調印。6. トロント・サミット。ECとコメコンの相互援助関係樹立	1988
1989. 2. 文部省,学習指導要領案で日の丸・君が代の義務づけ。慶応義塾大学入試問題盗難。5. 高村象平(83,慶応義塾塾長)	1989. 2. 小林行雄(77,考古学)。佐賀県吉野ヶ里遺跡調査。7. 牧健二(96,法制史)。8. 矢内原伊作(71,哲学)。**9. 谷川徹三**(94)	1989. 5. 井深八重(90,看護婦長)。6. 兼重寛九郎(90,機械工学)。8. しんかい6500,日本海溝6527m水深到達	1989. 6. 藤沢桓夫(84,小説)。7. 内村直也(79,劇作)。9. 入江徳郎(76,評論)	1989. 2. 手塚治虫(60,漫画)。5. 鈴木信太郎(93,色彩画)。**西川寧(87,書)**。9. 東京上野輪王寺全焼	1989. 1. 芥川也寸志(63,作曲)。**6. 美空ひばり(52,歌手),国民栄誉賞**。尾上松緑(76,歌舞伎)。8. 古関裕而(80,作曲)	1989. 3. 伊藤みどり女子フィギュア優勝。9. 千代の富士,国民栄誉賞受賞	1989. 2. アフガニスタンのソ連軍撤退完了。6. イランのホメイニ師死。ビルマ,国名をミャンマーと改称。**北京天安門の悲劇**。9. ヴェトナム軍のカンボジア撤退	1989. 1. アメリカ大統領ブッシュ就任。7. フランス革命200年祭。8. **東独市民の西独集団脱出**。**10. ハンガリー・ポーランドの民主化改革**	1989

年表〔22〕

年代	内閣総理大臣	衆議院議長	参議院議長	最高裁判所長官
1990 平成(2)	海部俊樹 (I・II)(自民党)	—2.— 桜内義雄	土屋義彦	
1991 (3)	—11.— 宮沢喜一		—10.— 長田裕二	草場良八
1992 (4)	(自民党)		—8.— 原文兵衛	
1993 (5)	—8.— 細川護熙 (日本新党,連立)	—8.— 土井たか子		
1994 (6)	—4.— 羽田孜(新生党他) —6.— 村山富市			
1995 (7)	(社会・自民さきがけ)		—8.— 斎藤十朗	—11.— 三好達
1996 (8)	—1.— 橋本龍太郎	—11.— 伊藤宗一郎		
1997 (9)	(I)(自民・社民さきがけ)(II)(自民党)			—11.— 山口繁
1998 (10)	—7.— 小渕恵三(自民党)			

政治　平成時代の幕明け

1990（平成2） 1. 海部首相,欧州諸国歴訪。衆議院解散。2. 衆議院議員総選挙,自民党安定多数確保。3. 日米首脳会談。4. 海部首相,南西アジア歴訪。5. 日韓首脳会談(東京)。8. 中東危機に伴う日本の対応策について，国会での論議渋滞（国連平和協力法案廃案となる） 11. **即位式・大嘗祭挙行**。議会開設100年記念式典

1991（平成3） 1. 海部首相訪韓。3. 湾岸支援90億ドル拠出。東京都庁舎新築落成。4. ～10. 海上自衛隊の掃海艇6隻,ペルシア湾へ出動。5. 東京都金平輝子副知事。7. 社会党委員長田辺誠。11.宮沢喜一内閣発足

1992（平成4） 2. **東京佐川急便の巨額不正融資事件**の発端。5. 細川護熙,新党結成(日本新党)。**国連平和維持活動(PKO)法成立**。7. 参議院議員選挙,自民党改選の過半数獲得。8. 東京佐川急便の金丸信への5億円の政治献金事件。9. 共産党，野坂参三名誉議長を解任。10. 金丸信，議員辞職。12. 宮沢改造内閣発足

1993（平成5） 1. 社会党委員長山花貞夫選出。2. 金丸信を逮捕，起訴。3. 天皇・皇后，沖縄訪問。6. **皇太子の結婚式挙行**。武村正義，新党さきがけ結成。羽田孜，新生党結成。7. 自民党総裁河野洋平就任。8. 宮沢内閣総辞職。**細川護熙(日本新党)連立内閣**（非自民・非共産）発足。9. 社会党委員長村山富市選出。11. 環境基本法成立。野坂参三（101）。12. **田中角栄（75）**

1994（平成6） 1. 政治改革関連4法成立。4. 羽田孜内閣(新生党・公明党)発足。6. 民社党委員長米沢隆就任。**村山富市内閣**(自民・社会・新党さきがけ)発足。7. 日米首脳会談(ナポリ)。11.新生党解党。12. 公明党，解党し2派を結成。**新進党結成(党首海部俊樹)**。民社党解党。**改正公職選挙法施行(小選挙区など)**

1995（平成7） 4. 東京都知事青島幸男・大阪府知事横山ノック就任。6. 戦後50年国会決議。7. 福田赳夫(90)。参議院議員選挙，新進党躍進。8. 村山改造内閣発足。政府，官官接待自粛申し合わせ。9. 自民党総裁橋本龍太郎就任。11. 植民地発言で江藤総務庁長官辞任。12. 首相，米軍用地強制使用問題で沖縄県知事を提訴

1996（平成8） 1. 橋本龍太郎内閣発足。社会党，社会民主党に党名変更。4. 日米両政府,沖縄米軍基地縮小問題で合意。6. **住宅金融専門会社(住専)処理法成立**。8. フィリピンの元従軍慰安婦に償い金支給開始。9. 米軍基地・日米地位協定についての沖縄県民投票。民主党結成。10. 小選挙区比例代表並立制初の衆議院議員選挙。11. 橋本内閣再発足。12. 太陽党結成

1997（平成9） 2. 屋良朝苗(94)。4. **改正駐留軍用地特別措置法成立**。5. **アイヌ文化振興法成立**(7.1施行)。9. 第2次橋本改造内閣成立，佐藤孝行総務庁長官辞任・更迭。宮本顕治，共産党中央委員会名誉議長になる。**日米安保条約の新ガイドライン合意**。10. ゼネコン汚職中村喜四郎に懲役1年6月の一審判決。12. 名護市民，海上基地投票反対52.86％

1998（平成10） 3. NPO法成立。4. 新「民主党」結成,代表菅直人。6. 中央省庁等改革基本法。7. 日中共産党和解。参議院選挙自民党惨敗，小渕恵三内閣成立。10. **旧国鉄債務処理法**，金融機能早期健全化緊急措置法，**金融再生関連法成立**。11. 沖縄県知事に稲嶺恵一当選

外交　国際化への模索

1990. 5. 盧泰愚韓国大統領来日。7. ヒューストン・サミット。8. 中東危機の貢献策として40億ドル支出決定。9. シュワルナゼ・ソ連外相来日。9. 朝鮮との国交正常化交渉はじまる

1991. 4. **ソ連大統領ゴルバチョフ来日**。4. ～5. 首相，ASEAN諸国訪問。8. バルト3国の独立承認。9. **天皇・皇后，東南アジア3国訪問**

1992. 1. ブッシュ米大統領来日。4. 自社両党訪問団，平壌入り。首相，仏独訪問。7. ミュンヘン・サミット。9. 自衛隊カンボジア出動(PKO活動)。10. **天皇・皇后，中国訪問**

1993. 1. 宮沢首相，ASEAN諸国歴訪。5. 首相，オーストラリア・ニュージーランド訪問。東京サミット。9. **カンボジアPKO任務終了**。10. **ロシア大統領エリツィン来日**。11. 日韓首脳会談(慶州)

1994. 7. ナポリ・サミット。9. ルワンダ難民救援のため自衛隊派遣(PKO協力)。12. ワレサ・ポーランド大統領，ラビン・イスラエル首相，来日

1995. 3. 朝鮮半島エネルギー開発機構（KEDO）発足（日米韓協定調印）。5. 首相中国訪問。6. ハリファクス・サミット。9. 首相中東3国歴訪。**沖縄米兵少女暴行事件**

1996. 2. 自衛隊，ゴラン高原到着(PKO)。排他的経済水域(200カイリ)設定閣議了解。3. アジア欧州首脳会議(ASEN)。4. クリントン米大統領来日。12. **ペルーの日本大使公邸で人質事件(翌年4月解放)**

1997. 2. レバノンで日本赤軍幹部拘束。4. 化学兵器禁止条約発効。6. 首相ノルウェー訪問，初の北欧5カ国首脳との会談。11. 朝鮮在住の日本人妻里帰り

1998. 5～6. 天皇イギリス・オランダ訪問。6. PKO協力法改正。8. 朝鮮ミサイル三陸沖に落下。9. 対人地雷全面禁止条約批准。10. 金大中韓国大統領来日。11.クリントン米大統領，江沢民中国国家主席来日

通商貿易　外貨提携と円高下

1990. 1. 前年の経常黒字大幅減少と発表。3. 三菱グループ，西独ベンツグループと提携。6. **日米構造問題協議最終結着**。9. 日立製作所，米IBMと技術提携

1991. 3. 牛肉・オレンジ市場自由化開放。4. 欧州復興開発銀行の設立に日本も拠出。6. 日米半導体交渉結着

1992. 4. 主要7カ国蔵相会議,日本に内需拡大を要請。9. 円高騰し，月末に一時118円台に入る

1993. 8. 連騰の円が一時的に100円40銭の高値をつけて反転。10. 凶作のためコメの緊急輸入はじまる。12. **ウルグアイ・ラウンド決着**

1994. 2. 米国の対日貿易赤字593億ドル。4. 1993年の貿易黒字1219億ドル余と発表(2年連続して過去最高)。7. **円相場1ドル96円台**

1995. 1. 世界貿易機関（WTO）関連法発足。3月以来円高始まり，4月80円を割る。5. 朝鮮，コメ援助要請。6. **日米自動車交渉合意**。8. 円安加速。11. APEC（アジア太平洋経済協力会議）大阪会議

1996. 4. マツダ，フォードの傘下に。8. 日米半導体交渉合意。12. 円安進行，1ドル116円

1997. 2. ベルリンでG7。4. ワシントンでG7。9. ヤオハンジャパン倒産。12. 温暖化防止京都会議(EU8％，米国7％，日本6％)

1998 .6. 東京で緊急通貨会議（日米欧アジア17国）。9. 日韓新漁業協定。11. 日本生命とドイツ銀，業務提携

財政経済　バブル崩壊と不況

1990. 2. **株価の暴落**はじまり，バブル(泡)現象露呈。3. 銀行の土地融資を総量規制。4. 太陽神戸三井銀行発足（後，さくら銀行）。7. 大手銀行幹部の融資犯罪発覚

1991. 4. 協和埼玉銀行発足(後，あさひ銀行)。地価税法成立。6. **大手証券会社の巨額損失補填問題化**。8. 本田宗一郎(84，本田技研)

1992. 3. 公示地価，17年ぶりに下落。7. 証券監視委員会発足。11. 日産自動車はじめて経常赤字となる

1993. 4. 金融制度改革法施行。6. 改正商法成立。10. JR東日本株上場。東証株価大幅下落。12. コメ部分開放決定

1994. 6. 景気回復基調に乗る。7. 国産米の単品販売を解禁。9. 政府，事実上の景気回復宣言。10. 普通預金など金利自由化。**東京都2信用組合の経営危機表面化**

1995. 7. **コスモ信用組合経営破綻**。8. **兵庫銀行・木津信用組合経営破綻**。9. 住専8社の不良債権8兆円を越える。大和銀行，米国で巨額の損失,11月に米国撤退命令。11. 新食糧法施行

1996. 4. 東京三菱銀行発足。9. 住友商事，銅不正取引で26億ドルの損失と発表。11. 阪和銀行業務停止命令

1997. 4. **消費税5％**。日産生命破綻。6. **日銀法・独禁法改正**(持株会社解禁) 9. 総会屋に不正融資の証券会社主脳陣交代。11. **北海道拓殖銀行破綻**。**山一証券自主廃業**

1998. 1. 大蔵検査官2名収賄容疑で逮捕，蔵相・次官など更迭。4. 金融ビッグバン始動。6. 金融監督庁発足。10. 日本長期信用銀行，一時国有化

労働事情　雇用不安顕在化

1990. 1. 職業安定所の愛称をハローワークと決定。○外国人労働者の激増。5. 企業の人手不足急増し，働く人の意識も変革

1991. 3. 春闘の賃上げ率下る。8. 人事院，完全週休2日制の勧告

1992. 3. 日教組，社団法人となり綱領より争議行為の項目を削除。4. 育児休業法成立。5. JR連合発足（10労組，7万人余）

1993. 4. 就職内定取り消し企業多し。5. 改正労働基準法成立，年間総労働時間1800時間をめざす。9. 職業を持つ女性，人口の5割を越える

1994. 3. 完全失業率2.9％。○東南アジア系労働者の入国著増。10. 連合の新体制発足

1995. 4. 完全失業率3.2％。5. 首相がメーデーに初めて出席(東京代々木)。6. 育児・介護休業法成立

1996. ○女子学生の就職難深刻。5. 川崎市，職員採用で国籍条項外す。完全失業率3.5％

1997. 2. 岩井章(74，元総評事務局長)3. 三井三池炭鉱閉山。4. 改正男女雇用機会均等法成立。11. 完全失業率3.5％。12. 公的介護保険法成立

1998. 4. 97年度GDP実質成長率マイナスと発表。6. 完全失業率4.3％。9. 太田薫(86，元総評議長)

社会　繁栄と社会のひずみ

1990. 2. 偽造金貨大量流入発覚。4. ～9. **国際花と緑の博覧会(大阪)**。6. 礼宮文仁親王，川島紀子と結婚，秋篠宮家創立。8. ～11. 大嘗祭反対派の小規模テロ・ゲリラ行為頻発

1991. 2. **皇太子，立太子礼挙行**。5. 信楽高原鉄道列車衝突事件。6. 島原半島雲仙普賢岳，異常噴火はじまる。9. 台風19号の被害，九州・北日本にひろまる。10. 借地借家法成立。12. 土呂久公害，和解成立

1992. 3. 暴力団対策法施行。5. 証券25社の決算がともに経常赤字，計2100億円。7. 山形新幹線開業。プルトニウムの陸路輸送実施。8. 川崎製鉄千葉公害訴訟，和解成立。9. 100歳以上の高齢者，4000人突破。11.島原鉄道列車正面衝突事故

1993. 1. プルトニウム輸送船あかつき丸フランスより帰着。6. 仙台市長ゼネコン収賄事件。7. **北海道南西沖地震**。茨城県知事ゼネコン収賄事件。8. 鹿児島県集中豪雨。10. 冷害で米作75％。11. はがき50円，封書80円となる。

1994. 4. 中華航空墜落事故(名古屋)。6. 製造物責任(PL)法成立。8. 全国的猛暑と水不足。9. **関西空港開港**。10. 北海道東方沖地震。12. 被爆者援護法成立

1995. 1. **阪神・淡路大震災(死者約6000人)**。3. **東京地下鉄サリン事件。オウム真理教の強制捜査開始(5. 教祖麻原彰晃ら逮捕)**。4. 高レベル放射性廃棄物陸揚げ。5. 東京都知事，世界都市博中止を決定。8. 国連世界女性会議(北京)。12.「もんじゅ」ナトリウム漏れ事故

1996. 2. 北海道豊浜トンネル崩落事故。3. らい予防法廃止。**東京・大阪HIV訴訟和解**。5. 水俣病訴訟終結。7. **病原性大腸菌O157，患者6000人超す**。9.～10. エイズ薬害で官学業に逮捕者。12. 厚生省汚職で前次官ら逮捕

1997. 1. ロシアのタンカー日本海で沈没，重油北陸海岸に漂着。3. 二風谷ダム建設違法判決。4. 最高裁愛媛県玉串料違憲判決。有明海諫早湾堤防閉鎖。5. 河野兵市(39)徒歩で北極点到達。6. 環境影響評価法，**臓器移植法**。医療保険法改正。10. 神戸連続児童殺傷事件の少年(15)医療少年院送致

1998. 4. 明石大橋開通。韓国人元従軍慰安婦に国による賠償判決(関釜裁判)。7. PKO日本人政務官秋野豊タジキスタンで殺さる。和歌山でカレー毒物混入事件。8.～10. 集中豪雨と台風被害大

PKO=Peace-Keeping Operations　国連の平和維持活動。紛争地域への監視団，国連軍派遣など。　NPO=non-profit organization　非営利団体。市民運動やボランティア活動などをする人々が結成。

文				化			世界史		年代
教育	思想・学術	科学・技術	文学	美術・文化財	芸能	スポーツ	アジア・アフリカ	西洋	
教育改革問題	担い手の交替	新技術への展開	新人作家の待望	文化財の再評価	芸能界の推移	多様化と国際化	中東情勢の転変	東欧民主化と西欧	
1990. 1. 大学入試に新テスト方式採用。3. 外来語表記に原音・慣用音尊重を採用試案。4. 日の丸・君が代を高校で	1990. 3. 古在由重(88,哲学)。7.小川芳男(81,英語学)。10. **岡義武(87,政治史)**。11. 西谷啓治(90,哲学)。長広敏雄(84,中国芸術史)	1990. 6. 日立, 半導体DRAM64メガビット製品の試作成功。7. 高柳健次郎(91,テレビ開拓)。8. 森重文, 数学のフィールズ賞受賞。12. 日本人初の	1990. 3. 池田潔(86,エッセイ)。5. 池波正太郎(67,小説)。10. 幸田文(86,小説)。12. **土屋文明(100,歌人)** ○雑誌の創刊さかん, マンガ本全盛	1989. 12. 田河水泡(90,のらくろ漫画) 1990. 9. 土門拳(80,写真)。**奥村土牛(101,日本画)**。11. 泉涌寺展 1991. 2. **中川一政(97,**	1990. 5. 藤山寛美(60,新喜劇)。高峰三枝子(71,女優)。6. 木暮実千代(72,女優)。8. 観世左近(60,能楽)。12. 浜口庫之助(73,作曲)	1990. 2. 女子駅伝競争に日本選手初優勝。3. 千代の富士, 1000勝達成。7. 旭富士, 横綱昇進。9. 北京アジア大会	1990. 6. カンボジア和平東京会議。8. イラク軍,クウェート制圧(**中東危機**)。9. 韓国,ソ連と国交樹立 1991. 1.〜4. **湾岸戦争**。	1990. 3. ゴルバチョフ,初代ソ連大統領就任。10. **ドイツ統一成る**。11. 欧州通常戦力条約・22カ国共同宣言(不戦宣言)調印	1990
義務化 1991. 5. 森学園前理事長の業務上横領事件。明治大学替え玉受験事件	1991. 2. 関牧翁(87,天竜寺管長)。3. 宮本又次(84,大阪学)。5. 末永雅雄(93,考古学)。7. 吉田光邦(70,科学技術史)。8. 松前重義(89,東海大学総長)。	宇宙飛行(秋山豊寛) 1991. 2. 関西電力美浜原発事故。6. 永田武(77,地球物理学)。7. 初の脳死肝移植実施 1992. 3. 日本医師会,尊厳死容認。6. 今西錦司	1991. 1. 野間宏(75,小説)。蔵原惟人(88,左翼文芸評論)。**井上靖(83,小説)**。3. 青木雨彦(68,コラムニスト)。10. 宇野信夫(87,創作) 1992. 4. 扇谷正造(79,評論)。	**洋画)**。3. 橋本明治(86,日本画)。5.〜10. 鳥取県上淀廃寺から最古級の壁画発見。5. 奈良県石光寺境内で古石仏出土。10. 東大寺仁王	1991. 4. 升田幸三(73,将棋)。6. ディック・ミネ(82,歌手)。8. 山田一雄(78,音楽指揮)。11. 上原謙(82,俳優) 1992. 2. 岡田嘉子(89,	1991. 1. 田部井淳子,6大陸最高峰登頂達成。4. 海老原博幸(51,プロボクシング) 1992. 2. アルベールヴィル冬季五輪。	6. フィリピンのピナトゥボ火山大噴火。9. 韓国・朝鮮同時に国連加盟。10. カンボジア和平最終合意成立 1992. 4. アフガニスタ	1991. 6. **コメコン解散**。7. **ワルシャワ条約機構完全解体**。8. **ソ連保守派のクーデター失敗(八月革命)**。**ソ連共産党解体**。12. **ソ連邦消**	1991
1992. 6. 文部省, 中学公民の教科書に自衛隊明記を指示。9. **学校の週休2日制(第二土曜)はじまる**	12. 村川堅太郎(84,西洋史) 1992. 1. 寿岳文章(91,英文学)。滝川政次郎(94,法制史)。5. 川島武宜(82,法社会学)	(90,人類学)。9. **米シャトルの宇宙実験(日本人毛利衛同乗)成功**。11. 赤堀四郎(92,有機化学) 1993. 3. 福岡県宗像市で日本最古の大型哺乳	5. 長谷川町子(72,漫画)。井上光晴(66,創作)。8. 松本清張(82,小説)。中上健次(46,創作)。12. 小田切進(68,文芸評論)。阿波野青畝(93,俳句)	像の修復に当り運慶の墨書発見 1992. 1. 入江泰吉(86,写真)。5. 奈良県唐古遺跡から楼閣を描いた土器片出土。10. 福沢一郎(94,絵画)	女優)。5. いずみたく(62,作曲・参議院議員)。6. 中村八大(61,作曲)。7. 大山康晴(69,将棋) 1993. 1. 服部良一(85,作曲)。3. 笠智衆	7. 今給黎教子,女性単独ヨット世界一周達成。バルセロナ五輪 1993. 1. **曙,横綱に昇進**。5. Jリーグ開幕。10. 世界柔	ン内戦終結。8. **中国,韓国と国交樹立**。9. ミャンマー戒厳令解除 1993. 2. 韓国大統領金泳三就任。3. 中国国家主席江沢民就	**滅**,独立国家共同体創設。ロシア共和国大統領エリツィン 1992. 4. 旧ユーゴスラヴィア解体。11. イギリス・ロシア基本条約調印	1992
1993. 2. 文部省, 業者テストの排除を通知。7. 文部省, 高校指導要録を改定 1994. 9. 村山首相の国旗・国歌容認	1993. 1. 井筒俊彦(78,言語学)。石井良助(85,法制史)。2. 横田喜三郎(96,国際法学)。4. 大谷光暢(89,真宗大谷派門首)。8. 小川環樹(82,中国文学)。	類(汎歯目)の化石発見。12. 矢野健太郎(81,数学) 1994. 2. 国産ロケットH2打上げ成功。4. 高速増殖原型炉「もんじゅ」始動。7. 女性	1993. 1. 安部公房(68,小説)。3. 芹沢光治良(96,小説)。7.加藤楸邨(88,俳句)。森瑤子(52,小説)。**井伏鱒二(95,創作)** 1994. 3. 小島政二郎(100,小説)。**山口誓子(92,俳**	1993. 1. 園山俊二(57,漫画)。2. 青山杉雨(80,書道)。5. 猪熊弦一郎(90,洋画)。10. 杉山寧(84,日本画)。屋久島など4件,世界遺産に初登録	(88,俳優)。8. 藤山一郎(82,歌手)。10. 山本安英(90,女優)。マキノ雅広(85,映画監督)。12. 益田喜頓(84,喜劇俳優)	道選手権で中村佳央・行成兄弟優勝,田村亮子,最年少優勝 1994. 2. リレハンメル冬季五輪大会。9. プロ野球選手	任。4. エリトリア,エチオピアから独立。9. **イスラエルとパレスチナ解放機構(PLO)相互承認**。**カンボジア新憲法発布**	1993. 1. 欧州共同体統一市場発足。アメリカ大統領クリントン就任。10. **モスクワ流血騒乱**。11. **欧州連合条約(マーストリヒト条約,**	1993
発言, 社会党内で問題となる。11. 文部省, CD-ROM教材用ソフト開発 1995. 3. 文部省, 学校でのいじめ問	9. 尾高邦雄(84,社会学) 1994. 2. 山田恵諦(98,延暦寺住職)。3. 田畑忍(92,憲法学)。5. 村松剛(65,評論)。広松渉(60,哲学)	宇宙飛行士向井千秋, 米シャトル搭乗。12. 坂口謹一郎(97,微生物学) 1995. 1. 和達清夫(92,地震学)。3. 純国産大型ロケットH2の3号	**句)**。4. 目加多誠(90,中国文学)。7. 吉行淳之介(70,創作)。10. 飯沢匡(85,劇作)。12. **大江健三郎, ノーベル文学賞受賞**。中河与一(97,小説)	1994. 9. 匠秀夫(69,美術評論)。12. 京都の文化財が世界遺産に登録(文化財では法隆寺・姫路城に次ぎ3件目) 1995. 3. 小原豊雲(86,	1994. 3. 片岡仁左衛門(90,歌舞伎)。9. 東野英治郎(86,俳優)。10. 三木鶏郎(80,作曲)。12. 千田是也(90,俳優)。乙羽信子(70,女優)	イチロー, 200安打達成。10. **第12回アジア競技大会(広島)**。11. **貴乃花,横綱昇進** 1995. 2. プロ野球野茂英雄,米大リー	1994. 5. 南ア大統領マンデラ就任。7. **朝鮮,金日成死(82),子息金正日後継発足**。10. イスラエルとヨルダン平和条約に調印	**EC12カ国)発効** 1994. 1. ウルグアイ・ラウンド発足。4. ココム解散。5. **ユーロトンネル開通**。9. バルト海客船沈没	1994
題につき対策を計る。9. 日教組, 文部省との協調路線を決定 1996. 7. 文部省,いじめ対策で欠席容認。8. 小中学生	1995. 1. 服部四郎(86,言語学)。5. 福山敏男(90,建築史)。宮崎市定(93,中国史)。8. 古島敏雄(83,農業史)。12. 改正宗教法人法成立。大久保利謙(95,	機打上げ成功。無人深海探査機かいこう,マリアナ海溝の海底に到達 1996. 8. ロケットH2の実用機打ち上げ。9. 石垣島白保海域, 国	1995. 3. 五味川純平(78,小説)。6. 福田清人(90,児童文学)。7. 高橋義孝(82,ドイツ文学)。8. 山口瞳(68,小説)。12. 田中千禾夫(90,劇作家)。○パソコン雑誌40冊以	華道)。4. 西岡常一(86,宮大工棟梁)。7. 山野愛子(86,美容)。10. 丸木位里(94,日本画)。12. 白川郷・五箇山の合掌造り集落,世界遺産登録	1995. 3. 尾上梅幸(79,歌舞伎)。天中軒雲月(79,浪曲)。5. 米川文子(100,箏曲)。10. 水谷良重,二世水谷八重子襲名 1996. 2. 将棋の羽生善	グに入団(新人賞)。3. ノルディックスキー世界選手権ジャンプで日本選手金銀獲得 1996. 5. サッカー	1995. 3. 朝鮮半島エネルギー開発機構発足。5. **中国,地下核実験**。9. **パレスチナ自治拡大協定調印**。11. **イスラエル,ラビン首相暗殺**	1995. 1. 世界貿易機関(WTO)発足。5. フランス,シラク大統領就任。8. 米,ヴェトナムと国交樹立。9. **フランス,地下核実験**。12. **ボスニア**	1995
の不登校8万人を越える。○教科書の従軍慰安婦記述など歴史教育についての論争 1997. 8. 家永三郎教	近代史) 1996. 7. **大塚久雄(89,経済史)**。8. **丸山真男(82,政治学)**。10. 島根県加茂町で銅鐸39個出土。11. 芭蕉自筆「奥の細道」発見	立公園に編入 1997. 3. **秋田新幹線開通**。動燃再処理施設で爆破。7. 小平邦彦(82,数学,フィールズ賞受賞者)。10. **長野新幹線開通**。11. 土井隆雄,	上創刊 1996. 2. 司馬遼太郎(72,小説)。4. 三島由紀夫の未発表作品発見を公表。5. 北條秀司(93,劇作家)。6. 宇野千代(98,小説)。9. 山村美沙(62,小説)。	1996. 1. 岡本太郎(84,芸術)。4. 円山応挙の「群鶴図屏風」発見。9. 藤子・F・不二雄(62,漫画) 1997. 3. 池田満寿夫(63,美術)。5. 鹿児島国	治, 史上初の7冠王。武満徹(65,作曲)。5. 上原真佐喜(92,箏曲)。8. 渥美清(68,俳優), 国民栄誉賞 1997. 4. 杉村春子(91,	2002年W杯,日韓共催決定。7. ウィンブルドンテニス, 伊達公子準決勝進出。アトランタ五輪 1997. 3. 原田雅彦ノ	1996. 3. 台湾初の総統直接選挙,李登輝就任。9. 朝鮮の潜水艦,韓国侵入。アフガニスタン,反政府ゲリラタリバーン首都制圧	**和平協定調印** 1996. 3. 英,狂牛病問題。9. 米,イラク軍のクルド人自治区進攻に対し制裁攻撃。**国連,包括的核実験禁止条約(CTBT)**	1996
科書検定裁判,最高裁「731部隊」の記述等の処分を違法とす,30年余の訴訟の判決確定 1998. 1. 栃木県の中	1997. 3. 竹内理三(89,日本史)。4. 磯村英一(94,都市社会学)。6. 増田四郎(88,西洋史) 1998. 2. 林屋辰三郎(83,	宇宙船搭乗, 宇宙遊泳成功。12. 東京湾アクアライン開通。井深大(89,ソニー創業) 1998. 1. 福井謙一(79,化学)。7. 衛星おりひめ・ひこぼしの無人	遠藤周作(73,小説) 1997. 2. 芥川賞作家柳美里右翼の脅迫電話のためサイン会中止。5. 金達寿(77,小説)。6. 住井すゑ(95,小説)。12. 中村真一郎(79,創作)	分市上野原遺跡(縄文早期集落跡)。8. 高槻市安満宮山古墳,「青竜3年」銘鏡出土 1998. 1. 黒塚古墳で三角縁神獣鏡32面出土	女優)。5.「うなぎ」カンヌ映画祭グランプリ。9.「HANA-BI」ベネチア映画祭グランプリ。10. 新国立劇場開く。12. 三船敏郎(77,俳	ルディックスキーで優勝。4. 西田修平(87,棒高跳び)。7. 南部忠平(93,三段跳び) 1998. 2. 長野冬季五輪。3. 長野パラ	1997. 2. **鄧小平死**(1904〜)。7. 香港中国にもどる。10. **金正日朝鮮労働党総書記に就任**。11. 韓国,IMFへ支援要請 1998. 2. **韓国大統領金**	**採択** 1997. 4. 化学兵器禁止条約発効。6. デンバー・サミットにロシア参加。7. 火星探査機画像送信開始。8. ダイアナ元	1997
学生,学校で教師を刺殺。4.横浜教科書訴訟, 検定一部違法判決。6.学校教育法改正(公立の中高一貫教育も)	日本中世史)。4. 広島平和研究所(所長明石康)開設(広島市立大学)。6. 高田好胤(74,薬師寺管主)。7. 西嶋定生(79,東洋史)	ドッキング成功。クローン技術の「ヒト応用」禁止。10. 向井千秋2度目の宇宙飛行	1998. 1. 星新一(71,小説)。3. 高橋健二(95,ドイツ文学)。9. 堀田善衛(80,創作)。佐多稲子(94,小説)。10. 犬養孝(91,万葉学)。12. 白州正子(88,随筆)	と発表。石ノ森章太郎(60,漫画家)。3. キトラ古墳の星宿図発見。9. 台風で室生寺五重塔屋根損壊。12. 奈良の文化財, 世界遺産に登録	優) 1998. 6. 吉田正(77,作曲家)国民栄誉賞。9. 黒沢明(88,映画監督)国民栄誉賞。12. 木下恵介(86,映画監督)	リンピック。5. サッカーくじ法。**若乃花横綱昇進**。6. サッカーW杯日本初出場。12. 織田幹雄(93,三段跳び)	**大中就任**。5. インドネシア暴動, ハビビ大統領昇格就任。**インド・パキスタン地下核実験**。8. 長江, 松花江など洪水被害	英皇太子妃事故死 1998. 1. ローマ法王キューバ訪問。5. バーミンガム・サミット。6. クリントン米大統領中国訪問	1998

PL=product liability　欠陥商品などに対して製造業者や販売業者が負う損害賠償責任。　WTO=World Trade Organization　1948年発足のGATTの後身, 95年正式な国際機関となる。貿易に関する国際裁判所的存在。

年代	内閣総理大臣	衆議院議長	参議院議長	最高裁判所長官
1999 平成(11)	小渕恵三 (自民・自由)(自民・自由・公明)	伊藤宗一郎	斎藤十	
2000 (12)	4. 森喜朗 (I・II)	6.	朗 10.	山口
2001 (13)	(自民・公明・保守) 4. 小泉	綿貫	井上裕	繁
2002 (14)	純一郎	民輔	4. 倉田	11.
2003 (15)	(I)(自民・公明・保守) 11.		寛之	町田
2004 (16)	(II)(自民・公明)	河	7.	顕
2005 (17)		野洋	扇	
2006 (18)	(III)(自民・公明) 9. 安倍	平	千景	10. 島
2007 (19)	晋三 (自民・公明) 9. 福田康夫 (自民・公明)		8. 江田五月	田仁郎

政治 ― 政界の低迷・政治不信

1999（平成11）1.自民・自由両党の連立小渕改造内閣成立。3.自衛艦日本海の不審船2隻に警告射撃。4.統一地方選,東京都知事に石原慎太郎。**5.情報公開法・ガイドライン関連法(防衛指針法)成立**。7.中央省庁改革関連法(1府12省庁へ)成立。8.**国旗・国歌法,通信傍受法**成立。10.自・自・公連立小渕第2次改造内閣成立

2000（平成12）1.憲法調査会両院に設置。2.大阪府知事に女性初の太田房江。4.保守党,自由党から分離。小渕恵三首相病気入院(5.死去,62)。森喜朗内閣成立(自民・公明・保守3党連立)。5.森首相,神の国発言。6.竹下登(76)。8.与党公共事業233件中止勧告。11.あっせん利得処罰法。高度情報通信ネットワーク社会形成基本法(IT基本法)

2001（平成13）4.**小泉純一郎内閣成立**。小泉内閣メールマガジン創刊。7.参院選,自民大勝。8.小泉首相靖国神社参拝。韓国・中国等激しく反発。9.小泉首相訪米。10.テロ対策特別措置法。11.自衛艦対米支援のためインド洋派遣

2002（平成14）1.田中真紀子外相・野上次官更迭等一連の外務省混乱。4.小泉首相,靖国神社参拝。テロ資金供与処罰法。鈴木宗男代議士逮捕。7.長野県議会,田中康夫知事不信任案可決。(知事辞任,9.再選)。8.住民基本台帳ネットワークシステム施行。9.小泉改造内閣。11.構造改革特区法成立

2003（平成15）1.小泉首相靖国神社参拝。4.さいたま市,政令指定都市に。郵政公社発足。5.個人情報保護関連5法成立。6.**有事関連3法成立**。7.**イラク復興支援特別措置法成立**(自衛隊派遣可能)。9.小泉第2次改造内閣。10.**民主党と自由党合併**。11.総選挙,与党3党過半数獲得。民主党躍進,社民・共産大敗。土井たか子社民党首辞任

2004（平成16）1.小泉首相靖国神社参拝。外国貿易法成立。2.**陸上自衛隊イラクのサマワ入り**。5.道路公団民営化法成立。年金未加入問題で菅直人民主党代表辞任。6.年金改革関連法成立。**有事関連7法成立**。**自衛隊の多国籍軍参加を決定**。7.参議院選挙,民主党50・自民党49議席。鈴木善幸(93)。9.第2次小泉改造内閣

2005（平成17）6.天皇・皇后サイパン島に慰霊。7.改正自衛隊法成立。8.参院郵政民営化法案否決,衆院解散。国民新党・新党日本・新党大地旗揚げ。9.**総選挙で与党大勝**。第3次小泉連立内閣。在外選挙権制限に最高裁違憲判決。10.小泉首相,靖国神社参拝。自民党憲法改正草案決定。第3次小泉連立改造内閣。道路公団民営化,新会社発足。郵政民営化法成立。改正政治資金規正法成立

2006（平成18）5.行政改革推進法成立。改正出入国管理・難民認定法。6.医療制度改革関連法。7.橋本龍太郎(68)。ドミニカ移民問題で政府謝罪,特別一時金支給決定。9.安倍晋三内閣成立

2007（平成19）1.防衛省発足。2.公的年金保険料納付記録5000万件の不明発覚。3.夕張市財政再建団体に。6.宮沢喜一(87)。社会保険庁改革関連法・年金時効撤廃特例法・公務員制度改革関連法成立。7.久間防衛大臣失言問題で辞任。宮本顕治(98)。**参院選**で与党惨敗。**民主党躍進・野党過半数獲得**。8.安倍改造内閣。9.安倍首相退陣。福田康夫内閣発足。

外交・通商 ― 依存外交

1999.2.日韓漁船の操業条件合意。3.日産自動車ルノーと提携。小渕首相訪韓。5.小渕首相訪米,KEDOとの資金供与協定に調印。6.ケルン=サミット。7.小渕首相中国・モンゴル訪問。8.日韓首脳会談

2000.1.小渕首相,東南アジア3カ国訪問。2.アラビア石油,サウジアラビアの原油採掘権失効。5.天皇訪欧,オランダで心の痛み発言。7.新日鉄・浦項製鉄提携発表。**九州・沖縄サミット**。8.首相,インド・パキスタンなど歴訪。9.ロシア大統領プーチン来日。11.船舶検査法成立

2001.3.「新しい歴史教科書をつくる会」主導の歴史・公民教科書検定に合格し,韓国・中国等の批判激化。7.ジェノバサミット。10.小泉首相,訪中・訪韓。12.東シナ海で海上保安庁巡視船,不審船を追跡,発砲,沈没さす

2002.1.首相ASEAN歴訪・シンガポールと自由貿易協定に調印。ブッシュ米大統領来日。3.米国,鉄鋼製品にセーフガード発動。小泉首相訪韓。5.中国・瀋陽日本公使館敷地内で朝鮮人亡命者を拘束。6.カナダ・カナナスキス・サミット。9.**小泉首相訪朝**。**金正日総書記と会談**(10.拉致被害者5人帰国)

2003.6.エビアン・サミット(フランス)。8.朝鮮の万景峰号の新潟港入港をめぐり混乱。11.日本人外交官2名イラクで殺害される。12.米国で初の牛海綿状脳症(BSE)感染牛。米牛肉の輸入禁止,外食産業に打撃

2004.1.竹島切手発行で韓国に厳重抗議。2.改正外為法成立。4.イラクで日本人3人拘束のち解放。5.小泉首相平壌訪問・拉致被害者家族5人帰国。6.米シーアイランドでG8サミット。8.沖縄普天間で米軍ヘリ墜落。9.メキシコとFTA締結。10.イラクで青年人質,遺体で発見。11.中国海軍原潜日本領海を侵犯

2005.3.島根県議会「竹島の日」条例制定。韓国で反発拡がる。4.メキシコとのFTA発効。北京・上海等中国各地で反日運動激化。7.サミット英(グレンイーグルズ)で開催。8.日タイFTA交渉決着。9.六者協議共同声明(北朝鮮核放棄確約)。10.首相の靖国神社参拝に中・韓抗議

2006.5.沖縄で太平洋・島サミット開催。6.小泉首相訪米。7.マレーシアとFTA発効。ロシア(サンクトペテルグ)サミット。陸上自衛隊イラク撤収完了。米牛肉の輸入再開決定。8.小泉首相,モンゴル訪問。カザフスタン・ウズベキスタン・イスラエル・フィンランド訪問。10.日中・日韓首脳会談

2007.2.国連で拉致禁止条約に日本を含む57カ国署名。4.温家宝中国首相来日,初の国会演説。海洋基本法成立。安倍首相訪米,中東5カ国歴訪。6.ドイツ・ハイリゲンダムでサミット。7.米下院,慰安婦問題で日本の首相に公式謝罪を求める決議。11.福田首相訪米。12,福田首相中国訪問

経済 ― 不況長期化・企業の合併再編

1999.1.地域振興の商品券配布。2.15銀行に公的資金7兆4.500億円の資本金注入。失業者300万越す。5.大手銀行15行の不良債権計20兆円。6.失業率4.9％。7.NTT分割再編。8.人事院,戦後初の国家公務員給与引下げ勧告。10.盛田昭夫(78,ソニー創業)。11.佐治敬三(80,サントリー)

2000 2.長銀を欧米の投資グループに譲渡契約。4.国内航空運賃完全自由化。6.ナスダック・ジャパン取引開始。7.金融庁発足。雪印大阪工場で食中毒事件。そごう倒産。2000円札発行。10.みずほ金融グループ発足。KDDI発足。千代田生命破綻。○この年生命保険の破綻あい次ぐ。12.朝銀近畿破綻

2001.4.三井住友銀行発足。農産物(ネギ,生椎茸,畳表)セーフガード発動。6.中国セーフガード報復関税(自動車・空調機と携帯・移動電話)。9.スーパーマイカル倒産。失業率,初の5.3％。10.中国・台湾のWTO加盟承認

2002 1.UFJ銀行発足。雪印食品,牛肉偽装事件発覚(4.会社解散)。3.全農チキン鶏肉偽装発覚。4.斎藤英四郎(90)。5.経団連と日経連統合し**日本経団連発足**(奥田碩会長)。8.日本ハムの牛肉偽装発覚。東電,原発トラブル隠し発覚。10.株価安値更新。ナスダック撤退。12.三井住友銀行・わかしお銀行合併

2003.1.台湾新幹線,日本企業7社受注。2.ハウステンボス会社更生法適用申請。4.産業再生機構発足。02年度全失業率5.4％。5.食品安全基本法成立。西武百貨店・そごう(ミレニアムリテイリンググループ)発足,経営統合。6.りそなグループへの1兆9600億円の公的資金注入決定。改正労働基準法成立。11.足利銀行破綻

2004.2.カネボウ産業再生機構により再建。5.三菱自動車欠陥隠し問題。6.金融再生機能強化法成立。9.ヤマト運輸が日本郵政公社を提訴。10.金融庁,UFJ銀行を告発。ダイエー,産業再生機構に支援要請。11.新札流通(1万円福沢諭吉・5千円樋口一葉・千円野口英世)。12.ジャスダック証券取扱所に移行

2005.3.堤義明コクド前会長証券法違反容疑で逮捕。4.**ペイオフ凍結全面解除**。「新銀行東京」営業開始。ニッポン放送株をめぐるフジテレビとライブドアの和解成立。7.偽造・盗難カード預貯金者保護法成立。8.悪質リフォーム被害急増。10.三菱フィナンシャルグループ誕生。12.東証で大量誤発注トラブル

2006.1.ソフトバンク,ボーダフォンを買収。5.中央青山監査法人に業務停止命令。6.村上ファンド代表,インサイダー取引容疑で逮捕。金融商品取引法成立。7.日銀,短期金融市場金利の誘導目標を0%から0.25%に引き上げ。10.携帯電話番号持ち運び制開始。12.任天堂,新型ゲーム機「Wii」発売

2007.2.日銀,短期金利の誘導目標を0.5％に引上げ。東証でも中国発の世界同時株安。3.東京地裁,ライブドア粉飾決算事件で堀江貴文被告に実刑判決。4.シティーグループによる日興TOB成立。5.平岩外四(92,元経団連会長)。改正パート労働法。9.大丸・松坂屋経営統合。瀬島龍三(95,元大本営参謀・元伊藤忠商事会長)。全国商業地16年ぶりに地価上昇。10.**郵政民営化**。11.改正最低賃金法・労働契約法成立

社会 ― リストラ・失業と環境問題の深刻化

1999.3.指紋押捺制度全廃(外国人登録法改正)。5.瀬戸内しまなみ海道開通。川崎公害訴訟和解。児童買春・児童ポルノ処罰法。7.ダイオキシン類対策特別措置法成立。全日空機ハイジャック(機長刺殺)。結核緊急事態宣言。12.オウム2法(団体規制法・被害者救済法)

2000.1.吉野川可動堰計画の徳島市住民投票。3.北海道有珠山噴火。5.西鉄バスジャック事件。○少年の犯罪が社会問題に。犯罪被害者法成立。ストーカー規制法成立。6.香川県豊島の不法産業廃棄物公害調停成立。9.三宅島再噴火で全島避難(～05.2)。10.鳥取西部地震。11.改正少年法。花岡事件和解成立(鹿島,救済基金5億円拠出)。12.都営大江戸線全線開通

2001.2.米原潜,漁業実習船えひめ丸に衝突。3.サッカーくじトト販売開始。4.DV防止法(配偶者暴力防止・被害者保護法)。5.さいたま市発足。6.大阪教育大付属小で児童8人殺傷さる。9.新宿歌舞伎町で雑居ビル火災。牛海綿状脳症(狂牛病)感染の牛確認。11.東京地裁,ヤコブ病訴訟で「国・企業に責任」の判決。12.雅子皇太子妃,内親王出産

2002.4.成田空港暫定滑走路の供用開始。有明海諫早湾水門一時開門。5.地球温暖化防止の京都議定書批准承認。情報公開請求者リストを防衛庁幹部の回覧発覚。6.都市再生特別措置法。三井じん肺訴訟,和解・謝罪。12.東北新幹線(盛岡―八戸間)開通

2003.4.東京電力全原発停止。巨大再開発区の六本木ヒルズ開業。5.岩手・宮城県で震度6弱の地震。6.宮城県で震度6強の地震。7.少子化対策法成立。九州中部中心に豪雨。9.十勝沖地震。10年ぶりの冷夏,稲不作。10.新幹線品川駅開業。苫小牧石油タンク炎上

2004.1.鳥インフルエンザ騒動。5.裁判員制度法成立。バグダット近郊でジャーナリスト2人襲撃され死亡。8.美浜原発で蒸気漏れ事故5人死亡。佐賀地裁,農水省に諫早湾干拓工事差し止め命令。7～10.上陸の台風10個,死者・不明者190人を超す。10.水俣病で最高裁判決,国・県の責任確定。新潟中越地震

2005.2.中部国際空港開港。3.福岡県西方沖地震・震度6弱。愛知万博開幕(～9)。4.**JR西日本福知山線尼崎事故**・107人死亡。6.改正看護保健法成立(06.4施行)。7.石綿(アスベスト)関連死問題起こる。8.アフガニスタンで日本人2名殺害される。10.障害者自立支援法成立。11.マンション・ホテルの耐震強度偽装発覚。12.日本の人口,初めて自然減

2006.1.携帯電話9000万台突破。2.神戸空港開港。3.北九州空港開港。4.堺市政令指定都市に。5.国民年金保険料の不正免除発覚。6.町づくり3法・自殺対策法・がん対策基本法成立。エレベーター事故で高校生死亡。9.41年ぶりに皇室に男子(秋篠宮悠仁親王)誕生。オウム真理教元代表松本智津夫(麻原彰晃)の死刑確定

2007.1.宮崎県で鳥インフルエンザ。3.タミフルの10代への投与禁止。能登半島地震・震度6強。4.新潟市・浜松市,政令指定都市に。長崎市長伊藤一長,狙撃され死亡。○この頃,はしか流行。5.改正児童虐待防止法・改正少年法成立。7.中越沖地震・震度6強。柏崎刈羽原発運転中止命令。12.10年連続年間自殺者3万人超

ナスダック・ジャパン　全米証券業協会(NASD)とソフトバンク・大阪証券取引所共同のベンチャー企業対象の証券市場(2000.6発足～'02.10撤退)。　**FTA**　自由貿易協定

文		化	世界史		年代
思想・学術・科学技術	教育・スポーツ	文学・美術・文化	アジア・アフリカ	欧米	
情報通信の急進展	教育の混迷とスポーツの盛況	発掘盛況(光と影)・新文化の模索	経済の低迷・中東不安	欧州の統合	
1999. 2.久野収(88,哲学)。糸川英夫(86,ロケット開発)。初の脳死判定,臓器移植実施。4.リニアモーターカー時速552キロ達成。6.ピル解禁。8.30品目に遺伝子組み換え表示義務。9.**東海村核燃料工場で臨界事故**。中村元(86,インド思想)。〇コンピューター2000年問題	1999. 1.ジャイアント馬場(61,プロレス)。4.沖縄尚学、選抜高校野球で初優勝。5.武蔵丸横綱昇進。野球界松坂大輔人気。6.大阪朝鮮高級学校初の高校総体出場決定。9.全米テニス,杉山・フバン組混合ダブルス優勝 2000. 3.教育改革国民会議(座長江崎玲於	1999. 1.富本銭飛鳥池遺跡から大量出土。4.名古屋ボストン美術館開館。5.東山魁夷(90,日本画)。6.飛鳥京の大庭園跡発見。7.江藤淳(66,文芸評論)。辻邦生(73,小説)。奈良・平安期の木簡から稲の品種16種類判明。淡谷のり子(92,歌手)。10.庄司紗矢香パガニーニコンクールで日本人初優勝。三浦綾子(77,小説)。12.日光の社寺,世界文化遺産に登録 2000. 2.明日香村で最古の流水遺構(石造)出土。3.奈良県	1999. 4.カンボジア,ASEAN加盟。5.イスラエル,新首相にバラク。8.キルギスで日本人技師拉致(10月解放)。9.台湾大地震。10.パキスタンでクーデター。東ティモール,インドネシアから正式分離 2000. 3.陳水扁台湾総統に当選。ロ	1999. 3.コソボ紛争でNATO軍ユーゴ空爆。5.NY株式1万ドル突破。NATO軍ベオグラードの中国大使館誤爆。国連,ユーゴのミロシェビッチ大統領を起訴。6.ユーゴ軍コソボより撤退。12.北アイルランド自治政府発	1999
2000. 2.宮田登(63,民俗学)。3.河盛好蔵(97,仏文学)。4.武谷三男(88,理論物理学)。5.コンピューターウィルス「I love you」世界に被害。7.政府,IT(情報通信技術)戦略会議設置。11.ヒトクローン技術規制法。12.BSデジタル放送開始。**白川英樹ノーベル化学賞受賞**。東京都議会,ディーゼル規制法	奈)発足。鶴岡一人(83,プロ野球)。9.シドニー五輪,女子選手活躍。高橋尚子マラソンで女子陸上初の金メダル(11.国民栄誉賞)。10.シドニー・パラリンピック。11.イチロー野手として初の米大リーグ(マリナーズ)入り決定 2001. 6.山形大・富山大・金沢大で入試ミ	桜井市ホケノ山古墳最古の前方後円墳と確認。4.出雲大社で巨大神殿の柱出土。5.中田喜直(76,作曲)。寂光院本殿焼失。小田切秀雄(83,文芸評論)。6.滝沢修(93,新劇)。7.小倉遊亀(105,日本画)。10.ミヤコ蝶々(80,女優)。11.上高森遺跡調査団長の旧石器発掘ねつ造が発覚。12.琉球王国のグスクおよび関連遺跡,世界遺産に登録 2001. 3.上村松篁(98,日本画)。杉浦明平(87,小説)。4.キト	ーマ法王中東聖地訪問。6.**南北朝鮮首脳平壌で初会談**。7.モンゴルで旧共産党政権復帰。8.南北朝鮮の離散家族ソウルで再会。10.パレスチナ騒乱。11.金大中韓国大統領にノーベル平和賞 2001. 1.フィリピン大統領にアロ	足 2000. 1.米国企業ヒトゲノム約97%解読。5.**ロシア大統領にプーチン就任**。7.メキシコで71年ぶりの政権交代。コンコルド墜落。8.ロシア原潜沈没。9.デンマーク,ユーロ導入否決	2000
2001. 1.古田紹欽(89,仏教学)。2.櫛田ふき(101,女性運動)。3.奈良本辰也(87,日本史)。5.スパイ容疑で,日本人医療研究者2人を米大陪審が起訴。8.H2Aロケット打ち上げ成功。10.石井進(70,日本史)。11.浜岡原発放射能水漏れ。12.野依良治,ノーベル化学賞受賞 2002. 3.京都大学再生医科学研究所の人間ES	ス発覚。シンクロ世界選手権で立花・武田組優勝。教育改革3法成立。9.ベルリン・マラソンで高橋尚子世界記録で優勝。10.イチロー,米アリーグで首位打者・盗塁王の2冠(11.新人賞・MVP) 2002. 2.ソルトレーク冬季五輪。3.冬季パラリンピック。4.公立学校,完全週5日	ラ古墳石室内に朱雀の壁画発見。中村歌右衛門(84,歌舞伎)。三波春夫(77,歌手)。勅使河原宏(74,草月流,映画)。5.團伊玖磨(77,作曲)。10.古今亭志ん朝(63,落語家)。近松直筆「傾城反魂香」の一部発見。秋野不矩(93,日本画)。11.横山隆一(92,漫画)。12.江戸家猫八(80,講談)。朝比奈隆(93,指揮者) 2002. 2.アニメ「千と千尋の神隠し」ベルリン映画祭で金熊	ヨ。2.イスラエル首相公選,右派のシャロン圧勝。3.タリバン,バーミヤン大仏破壊。11.中国・台湾WTO加盟決定。アフガニスタン・タリバン政権崩壊 2002. 5.東チモール独立。7.アフリカ連合(AU)(53カ国,約8億人)発	2001. 1.ブッシュ米大統領就任。7.トレド,ペルー大統領就任。9.**米のニューヨーク・ワシントン同時多発テロ**。10.米で炭疽菌による生物テロ。米国等,アフガニスタン空爆・地上作戦開始。12.米,ABM条約脱退	2001
細胞作製が国内初の計画承認。4.HP匿名投稿に著作権認める判決。6.香料に食品衛生法無認可の添加物使用が発覚し,製品回収。9.国産ロケットH2A3号機打ち上げ成功。11.燃料電池車,トヨタとホンダが発売。12.ノーベル賞ダブル受賞—小柴昌俊(物理学賞)・田中耕一(化学賞)	制実施。6.サッカーW杯,コリア・ジャパン大会。トルシエ日本,決勝リーグ進出。9.アジア競技大会(釜山)。12.松井秀喜,米ヤンキース入団 2003. 1.横綱貴乃花引退。朝青龍モンゴル人初の横綱昇進。4.米ドジャース野茂英雄,大リーグ通算100勝。5.三浦雄一	賞。4.斎藤史(93,歌人)。5.柳家小さん(87,落語家)。6.村田英雄(73,歌手)。山本直純(69,指揮者)。上原綾子チャイコフスキー国際音楽コンクール(ピアノ部門)で日本人初優勝。9.柳美里の小説,プライバシー侵害で出版差し止め。美智子皇后IBBY(国際児童図書評議会,スイス・バーゼル)に出席・スピーチ。11.家永三郎(89,日本史学) 2003. 1.深作欣二(72,映画監督)。秋山庄太郎(82,写真家)	足。アフリカ・チャドから最古の猿人化石発見。10.バリ島,爆弾テロ事件。朝鮮,核兵器開発表明。11.イラク,査察を巡る国連決議受諾。中国でSARS患者発生 2003. 1.朝鮮NPT脱退宣言。3.**中国共産党総書記・国家主席に胡**	2002. 1.ユーロ流通開始。5.ロシア,NATOに準加盟。米・ロ,戦略核削減条約調印。6.国際刑事裁判所(ICC)発足。米・ワールドコム倒産。10.チェチェン武装勢力,モスクワの劇場占拠事件 2003. 3.米・英軍,イラク軍事攻撃。	2002
2003. 3.初の偵察衛星打ち上げ成功。4.**ヒトゲノム解読完了宣言**(日米英等の国際チーム)。5.中国・香港発の重症急性呼吸器症候群(SARS)感染者の日本国内旅行等で騒動。8.火星,約6万年ぶりの大接近。9.米マイクロソフトと「トロン」提携。10.トキの「キン」死亡,日本産トキ絶滅	郎(70)エベレストの最高齢登頂記録を5歳更新。7.**国立大学法人法成立**。北島康介,世界水泳選手権平泳ぎ100・200mで世界新の2冠。8.末続慎吾,世界陸上パリ大会で短距離では日本人初の銅メダル(200m)。11.法科大学院66校認可。12.フィギュアスケート・グランプ	2.山住正己(72,教育学)。薬師寺講堂落慶。隅谷三喜男(86,労働経済学)。藤原彰(80,軍事史)。3.黒岩重吾(79,作家)。長編アニメ「千と千尋の神隠し」にアカデミー賞。9.日本の調査団,バーミヤン遺跡から三蔵法師時代の仏典の断片を発見。養老孟司「バカの壁」200万部突破。12.西村公朝(88,仏像修理) 2004. 1.芥川賞最年少ダブル受賞(綿矢りさ・金原ひとみ)。	**錦濤。新首相に温家宝**。5.盧武鉉韓国大統領就任。8.イラク,国連事務所爆弾テロ。10.中国,有人宇宙船「神舟5号」打上げ。国連,バグダッド撤退。中国西安で学生の反日デモ。 2004. 9.中国,胡錦濤党中央軍事委	4.米・英軍,バグダッド占領,フセイン政権崩壊。8.欧州各地で異常熱波。12.**フセイン前イラク大統領拘束される**。リビア,大量破壊兵器の廃棄表明 2004. 3.マドリードで列車同時爆破テロ。4.スペイン軍,イラク	2003
2004. 1.東京地裁,青色ダイオードの開発者中村修二へ特許権代価200億円の支払いを日亜化学に命令。2.網野善彦(76,日本中世史)。3.九州新幹線開業。6.ヒトクローン胚の作成,条件付き容認。7.高畠通敏(70,政治学)。永原慶二(81,日本中世史)。8.林健太郎(91,ドイツ史)。10.鈴木尚(92,人類学)	リファイナルで村主章枝日本人初のV 2004. 8.アテネオリンピック。9.プロ野球で初のスト,パラリンピックで日本活躍。10.イチロー米大リーグで最多安打262の新記録樹立。11.田臥勇太,日本人初のNBA入団。12.パリーグに新球団楽天誕生 2005. 5.プロ野球セパ両リーグ交流戦はじ	4.加山又造(76,日本画)。5.カンヌ国際映画祭で14歳柳楽優弥最優秀男優賞。6.大江健三郎ら9人「9条の会」結成。7.「紀伊山地」世界遺産に登録。8.キトラ古墳,壁画の一部はぎ取り保存。9.水上勉(85,小説)。高松塚古墳の壁画劣化,白カビ除去作業。10.金沢21世紀美術館開館。中国で遣唐使の墓誌発見(唐の734年に「日本」使用)。11.南条範夫(96,時代小説)。島田正吾(98,新国劇)。12.法隆寺内	主席。イラクなどで自爆テロ頻発。インドネシア大統領にユドヨノ。11.パレスチナ・アラファトPLO議長死(75)。12.**スマトラ沖大地震**M9.0。インド洋沿岸に大津波死者12万以上 2005. 4.バンドン会議50周年記念ア	から撤退開始。5.EU25カ国体制スタート。6.EU憲法採択。9.北オセチア共和国で武装集団学校占拠,ロシア特殊部隊突入死者多数。12.ウクライナ大統領やり直し選挙,ユシチェンコ当選政権交代	2004
2005. 1.青色LED訴訟和解(和解金8億4000万円)。2.CO2削減の**京都議定書発効**。H2A7号機打ち上げ成功。3.丹下健三(91,建築)。4.清家清(86,建築)。7.縄文土器に籾の圧痕。8.アップルの音楽配信開始。スペースシャトル・デスカバリー成功,野口聡一搭乗。平城京九条大路の南に道路跡発見	まる。7.モントリオール世界水泳選手権で日本メダル12個。8.ヘルシンキ世界陸上男子400メートル障害で為末大,男子マラソンで尾方剛が銅メダル。11.東京女子マラソンで高橋尚子復活優勝。世界体操で富田洋之優勝 2006. 2.トリノ・冬季オリンピックで女子フ	若草伽藍跡から,焼けた壁画破片出土。宮本亜門,ブロードウエーで日本人初のミュージカル「太平洋序曲」演出 2005. 2.ベネチア国際映画祭で宮崎駿監督に栄誉金獅子賞。岡本喜八(81,映画監督)。4.丹羽文雄(100,作家)。7.北海道・知床が世界自然遺産に。文字・活字文化振興法成立。朝吹登水子(88,翻訳)。10.九州国立博物館開館。11.歌舞伎,世界無形遺産に登録。12.中村鴈治郎,4代目坂	ジア・アフリカ首脳会議。6.イラン大統領に保守強硬派アフマディネジャード。7.中国,元2%切り上げ(1ドル8.28→8.11元)。10.**パキスタン大地震**(M7.7)。12.東アジアサミット初開催(16カ国) 2006. 5.ジャワ島で地震M6.9(死者	2005. 4.教皇ベネディクト16世就任。5.フランス国民投票でEU憲法拒否。6.オランダもEU憲法否決。7.ロンドンで同時多発テロ。8.ハリケーン・カトリーナ米ニューオーリンズに上陸,被害大。10.フランス各地	2005
2006. 2.都留重人(93,経済学)。ファイル交換ソフトウィニーにより陸上・海上自衛隊の情報流失。3.ウィニー禍拡大,政府使用自粛を要請。8.国際天文学連合総会,太陽系惑星を8個とし冥王星は擬惑星とする。第1回ガウス賞に伊藤清。第8回世界宗教者平和会議(京都)開催。10.白川静(96,漢	ィギュアスケート荒川静香金メダル。3.トリノ・パラリンピック金2銀5銅2。第1回ワールド・ベースボール・クラシック(WBC)で日本優勝。6.サッカーW杯ドイツ大会。10.全国の高校で履修単位不足発覚。12.ドーハ・アジア大会。**改正教育基本法成立** 2007. 3.フィギュアスケート世界選手権で	田藤十郎を231年ぶりに襲名 2006. 1.加藤芳郎(80,漫画)。5.萱野茂(79,アイヌ文化)。今村昌平(79,映画監督)。藤原正彦「国家の品格」発売190日で200万部突破。岩城宏之(73,音楽指揮)。7.吉村昭(79,作家)。鶴見和子(88,社会学)。9.吉田玉男(87,文楽人形遣い)。10.木下順二(92,劇作家)。11.灰谷健次郎(72,児童文学)	6000人以上)。7.朝鮮ミサイル発射7発。イスラエル軍,レバノン侵攻。8.レバノン停戦発効。9.タイ,クーデター,タクシン政権崩壊。10.**朝鮮,地下核実験**,国連安保理,制裁決議。12.フセイン前イラク大統領死刑執行	で移民系若者の暴動。11.ドイツ,初の女性首相メリケル就任 2006. 9.ローマ法王のイスラム教の聖戦批判にイスラム諸国反発。非同盟諸国首脳会議(キューバ・ハバナ)米国を批判。11.米中間選挙民主党勝利	2006
字研究)。 2007. 7.児玉幸多(97,日本近世史)。河合隼雄(79,元文化庁長官,心理学)。9.月探査衛星「かぐや」打上げ成功。猿橋勝子(87,地球科学,猿橋賞創設)。10.黒川紀章(73,建築)。11.山中伸弥京大教授,人の皮膚からiPS万能細胞開発に成功	安藤美姫優勝。4.43年ぶりに小6・中3に全国学力テスト。5.白鵬(モンゴル出身)横綱昇進。6.教員免許更新制など教育三法成立。9.高校日本史教科書検定で「軍の(集団自決)強制」削除を巡り沖縄で抗議行動高まる。10.大相撲協会,力士死亡で時津風親方を解雇	2007. 1.国立新美術館開館。3.城山三郎(79,作家)。植木等(80,歌手・俳優)。4.高松塚古墳石室解体。5.熊井啓(76,映画監督)。河瀬直美監督の「殯(もがり)の森」カンヌ映画祭でグランプリ。6.観世栄夫(79,能楽師)。石見銀山,世界遺産に登録。チャイコフスキー国際コンクールバイオリン部門で神尾真由子(21歳)優勝。7.小田実(75,作家)。8.阿久悠(70,作詞家)。9.高山辰雄(95,日本画)	2007. 1.国連事務総長に潘基文(韓国)。7.インド大統領,初の女性パティル。9.ミャンマーで民主化要求運動活発化,日本人カメラマン銃撃死。10.盧武鉉韓国大統領訪朝,南北首脳会談。12.ブットパキスタン元首相暗殺	2007. 1.ルーマニア・ブルガリア,EU加盟。5.仏大統領にサルコジ。英ブラウン内閣(労働党)成立。8.サブプライム問題で日米英が協調資金供給。10.**EU新基本条約採択**(リスボン条約,09.12.発効)	2007

臨界事故　原子炉で核燃料がある量に達し,核分裂反応が起こるようになった人為的な事故。　**ヒトゲノム**　人間の染色体または遺伝子の一組。人間の全遺伝情報を解読し,活用する国際的な研究が進行している。

年代	内閣総理大臣	衆議院議長	参議院議長	最高裁判所長官	政治 中央集権と地方分権	外交・通商 対米協調とアジア外交	経済 グローバル化と日本経済	社会 社会のきしみの噴出
2008 平成(20)	9. 麻生太郎 (自民・公明)	河野洋平	江田五月	11. 竹崎博允	2008（平成20）5.改正道路整備費財源特例法,衆院で再可決。6.国家公務員制度改革基本法成立。アイヌ民族は先住民族と国会決議。8.福田改造内閣発足。9.社会保険庁の年金記録改竄問題6万9千件以上と判明。汚染米問題で太田農水大臣・白須事務次官辞職。福田首相退陣,麻生太郎内閣発足	2008. 5.胡錦濤中国国家首席来日。6.日中東シナ海ガス田共同開発で合意。7.北海道洞爺湖サミット。新学習指導要領解説書に竹島明記で韓国反発。9.米原子力空母ジョージ・ワシントン横須賀入港・母港化。11.航空自衛隊,イラクから撤収(5年間活動)。12.クラスター爆弾禁止条約に署名(10.8.発効)。福岡で初の日中韓サミット	2008. 1.NY原油,初の100ドル台に。2.東芝HDDVD生産撤退,ブルーレイディスクに一本化。3.経営難の新銀行東京に400億円の追加出資。6.中国産ウナギ蒲焼きの産地偽装発覚。9.日銀,異例のドル大量供給。10.国土交通省の外局,観光庁発足。松下電器,パナソニックに社名変更,ブランドも一本化。株価乱高下	2008. 1.薬害肝炎救済法成立。中国製ギョウザで中毒事件。2.海自イージス艦あたご,漁船と衝突。4.後期高齢者医療制度始まる。6.東京秋葉原で無差別殺傷事件。岩手・宮城内陸地震,震度6強。○深刻化する不況で「派遣切り」増。「年越し派遣村」開設
2009 (21)	9. 鳩山由紀夫 (民主・社民・国民新党)	9. 横路孝弘			2009（平成21）8.衆院総選挙で民主党圧勝(308)・自公大敗(自民119・公明21)。9.麻生内閣総辞職。**民主党・社民党・国民新党三党連立の鳩山由紀夫内閣成立。**1886年以来の事務次官会議廃止。自民党総裁に谷垣禎一。11.オバマ米大統領来日,政策演説。10年度概算要求の事業仕分け	2009. 7.国際原子力機関IAEA事務局長に天野之弥。9.国連気候変動サミットで鳩山イニシアチブ(2020年迄に90年比温室効果ガス25％削減を各国とともにめざす)を公表	2009. 1.株券電子化完了。4.改正道路整備事業財政特別法成立(道路特定財源を一般財源化)。6.改正薬事法スタート。7.失業率最悪の5.7％。9.消費者庁発足。10.日本郵政新社長に元大蔵事務次官(民営化見直し)。日本航空,国管理下で再建へ。11.政府,デフレ宣言。12.日米でオープンスカイ協定正式締結	2009. 2.「かんぽの宿」売却撤回。4.障害者団体向け郵便料金割引制度不正発覚。7.水俣病救済法・改正臓器移植法成立。8.東京地裁で初の市民参加の裁判員裁判。原爆症訴訟被告全員救済。9.新型インフルエンザ国内で流行。10.厚労省,貧困率(低所得者の占める割合)15.7％と発表
2010 (22)	6. 菅直人 (民主党・国民新党)		9. 西岡武夫		2010（平成22）4.独立行政法人の事業仕分け。5.社民党,連立政権から離脱。6.鳩山首相辞任,小沢幹事長も退陣。菅直人内閣成立。7.参議院選挙,民主党敗北(与党過半数に達せず)。9.菅改造内閣発足。10.元民主党代表小沢一郎を政治資金規正法違反容疑で強制起訴(2012.11無罪確定)	2010. 1.インド洋で給油活動中の海上自衛隊撤収。3.外務省,日米安保条約改訂時の核持ち込み密約の存在を認定。8.パキスタン大洪水,自衛隊派遣。9.尖閣諸島沖で海上保安庁の巡視船に衝突した中国漁船船長を逮捕,処分保留のまま釈放。11.ロシア大統領,国後島訪問。12.日米共同統合演習	2010. 1.トヨタ,北米でアクセルの不具合でリコール拡がる。4.第一生命保険,株式会社化。5.経団連会長に米倉弘昌(住友化学会長)。6.改正貸金業法完全施行。9.日本振興銀行破綻(初のペイオフ発動)。武富士,会社更生法申請。10.日銀,ゼロ金利政策	2010. 3.子ども手当法。足利事件の菅野被告,再審で無罪判決。4.殺人罪の時効を廃止。5.宮崎県で牛豚の口蹄疫多発,口蹄疫対策特別措置法。7.熱中症死者94名。9.郵便不正事件で村木厚子厚労省元局長に無罪判決,9.～10.大阪地検特捜部検事逮捕。12.東北新幹線(東京～青森間)全線開通
2011 (23)	8. 野田佳彦 (民主党・国民新党)		11. 平田健二		2011（平成23）1.菅再改造内閣発足。3.前原外相辞任,後任松本剛明。**3.11.東日本大震災(M9),福島第一原発水素爆発。**自衛隊10万人以上・米軍,救援のため出動。7.菅首相脱原発表明。8.民主党新代表に野田佳彦。菅内閣総辞職,野田佳彦内閣発足。9.鉢呂経産相辞任,後任に枝野幸男。東京地裁,小沢元秘書三人に有罪判決	2011. 5.日韓中首脳会談,李大統領・温首相東日本被災地訪問見舞。8.S＆P,米国債を格下げ。サルコジ仏大統領来日,福島第一原発事故対策への技術支援を表明。10.野田首相韓国訪問,「朝鮮王室儀軌」返還	2011. 1.2010年のGDPで日本は世界3位,中国が2位。4.ライブドア粉飾決算事件,堀江貴文被告の実刑確定。東京・東北電力管内に電力使用制限令発動(9月初旬解除)。8.原子力損害賠償支援機構法。10.オセアニア外国為替市場で円高戦後最高値(1ドル＝75.32円)	2011. 1.霧島連山の新燃岳噴火。2.妨害行為により南極海での調査捕鯨を中止。**3.東日本大震災,**津波による被害甚大。放射能汚染地域拡大(福島県の避難住民増大)。九州新幹線(博多～鹿児島中央間)全通。5.改正民法・改正児童福祉法成立。9.台風12号・15号,死者・行方不明者120余名
2012 (24)	12. 安倍晋三 (自民・公明)	12. 伊吹文明	8. 山崎正昭		2012（平成24）1.野田改造内閣。2.復興庁発足。天皇,狭心症手術。公務員給与削減法成立。6.野田再改造内閣。7.「国民の生活が第一」結党。8.改正労働契約法可決。社会保障・税一体改革関連法可決。9.原子力規制委員会発足。「日本維新の会」発足。10.野田3次改造内閣。石原都知事辞任(11月に「日本維新の会」代表)。11.都知事選。12.衆院選,新興勢力乱立で最多12党。投票率は戦後最低の59.3％。野田内閣総辞職,第二次安倍晋三内閣発足	2012. 1.貿易収支31年ぶり赤字。4.ミャンマー大統領来日,円借款再開。7.ロシア首相,国後島訪問。8.韓国大統領,竹島訪問。シリアで日本人記者死亡。**9.尖閣諸島国有化。**10.新型輸送機MV22オスプレイ,普天間基地に配備	2012. 2.AIJ投資顧問,年金資産消失。エルピーダメモリ,会社更生法適用申請。4.三重野康(88,元日銀総裁)5.国内の全原発停止(大飯7月に再稼働)。6.円と人民元の直接取引。TOPIX700円割れ。東電実質国有化。10.政府・日銀,共同文書	2012. 1.JR福知山線事故,無罪判決。3.改正労働者派遣法。改正児童手当法。4.改正郵政民営化法。関越自動車道で高速バス衝突。○原発抗議デモ。7～9.PC遠隔操作で犯罪予告,誤認逮捕。9.生活保護211万人超。11.東電OL事件無罪判決。○ゆるキャラブーム。12.山梨県笹子トンネルで天井板崩落
2013 (25)					2013（平成25）3.インターネットによる選挙運動解禁。衆院選,初の無効判決。5.共通番号法成立。7.参院選。11.'12年衆院選,1票の格差が違憲と判決。**12.特定秘密保護法案可決。**国家安全保障戦略策定。安倍首相が靖国参拝	2013. 1.海上保安庁,尖閣専従部隊新設を決定。4.台湾と尖閣諸島周辺の漁業協定。閣僚靖国参拝,韓国外相が訪日中止。サンフランシスコ講和条約61年記念式典,沖縄で抗議集会。5.トルコへの原発輸出合意。11.ケネディ駐日大使。COP19で日本温室効果ガス新目標に批判。日韓関係緊張	2013. 1.経済政策アベノミクス。2013年度予算案過去最大規模の92.6兆円。給与総額,バブル後最低。2.日銀白川方明総裁辞任。新総裁に黒田東彦。東京金融市場で円安・株高。4.日銀,量的・質的金融緩和を決定。7.東証と大証統合。日本,TPP交渉に合流。8.国の借金1000兆円超。11.堤清二(86,セゾン元代表)	2013. 6.脱法ハウスが社会問題化。8.『はだしのゲン』閲覧制限。9.JR北海道でレール異常放置発覚。10.台風26号で伊豆大島土砂崩れ。○あまちゃんブーム。11.食材偽表示の発覚が多発。○福島第一原発の汚染水問題。12.イタイイタイ病全面解決。年間ストーカー被害2万件超,児童虐待7万件超
2014 (26)		12. 町村信孝		4. 寺田逸郎	2014（平成26）2.東京都知事に舛添要一。**7.集団的自衛権閣議決定。**9.安倍改造内閣。土井たか子(85)。10.安倍内閣の女性閣僚2名辞任。11.最高裁,2013年参院選「違憲状態」と判断。沖縄県知事選。翁長雄志当選。衆院解散。12.安倍2次改造内閣	2014. 3.日米韓の初会談。4.オバマ大統領訪日。5.安倍首相,欧州歴訪。7.オーストラリアとEPA合意。7.安倍首相,中南米五カ国歴訪。9.大陸棚延長。小笠原・伊豆諸島に中国のサンゴ密漁船団。10.拉致訪朝団派遣	2014. 2.記録的大雪で農作物被害。3.ビットコイン取引所経営破綻。大手企業の賃上げ最高水準。**4.消費税8%。**6.虎ノ門ヒルズ開業。10.日本マクドナルド営業赤字。日銀が追加緩和。11.消費増税(10%)先送りを決定。タカタ製エアバッグ問題でホンダ車リコール,米上院公聴会	2014. 2.北陸新幹線の談合事件。3.袴田事件再審決定。4.STAP細胞問題。5.認知症行方不明が社会問題化。7.脱法ドラッグ事件相次ぐ。ベネッセ顧客情報流出。8.朝日新聞の慰安婦報道問題。広島で土砂災害。9.御嶽山噴火。10.PC遠隔操作事件被告に懲役10年求刑。11.長野北部で地震
2015 (27)		4. 大島理森			2015（平成27）2.違法政治献金で農相が引責辞任。5.「大阪都構想」住民投票,反対多数。6.町村信孝(70,衆議院議長)。**改正公職選挙法成立,選挙権年齢18歳以上に引き下げ。**7.参院選の選挙区改革(4県で合区)。8.戦後70年安倍首相談話。女性活躍推進法成立。9.**安全保障関連法案可決。**10.安倍3次改造内閣	2015. 1.日・オーストラリア経済連携協定発効。イスラム過激派組織ISILが邦人人質2名を殺害。2.英ウィリアム王子初来日。4.天皇皇后,パラオ共和国訪問。8.露メドベージェフ首相,択捉訪問。10.TPP大筋合意。「舞鶴への生還」記憶遺産登録	2015. 1.格安航空会社スカイマーク経営破綻。3.北陸新幹線開通。7.東芝の歴代社長3人が不正会計処理で辞任。9.改正労働者派遣法成立。アベノミクス「新・三本の矢」。10.横浜市の大型マンション傾斜,旭化成建材の基礎工事データ改ざん発覚	2015. 3.水俣病判決。5.ドローン(小型無人航空機)の悪用・安全性など社会問題化。6.日本年金機構,電子メールから個人情報流出を発表。7.明治日本の産業革命遺産,世界遺産に登録。8.川内原発,東日本大震災後の新規制基準下で初の再稼働。9.豪雨で鬼怒川決壊。10.マイナンバー制度施行。○化血研の不正製造問題が発覚
2016 (28)			9. 伊達忠一		2016（平成28）6.女性再婚禁止期間100日に短縮。ヘイトスピーチ対策法施行。舛添東京都知事,政治資金の私的流用問題で辞職。**7.天皇,生前退位の意向を表明。**小池百合子,初の女性都知事に。築地市場移転延期。8.第3次安倍再改造内閣発足。9.米軍普天間飛行場の辺野古移設問題,高裁で国勝訴の判決	2016. 1.天皇皇后,フィリピン訪問。5.G7サミット(伊勢志摩)。**米オバマ大統領,広島訪問。**6.ロシア・中国軍艦が尖閣接続水域に入る。中国軍艦が口永良部島周辺の日本領海航行。9.安倍首相キューバ初訪問,経済支援強化方針。11.スーチー氏,ミャンマー新政権発足後初来日。日印,原子力協定で合意	2016. 1.宮崎勇(92,元経済企画庁長官)。訪日客数過去最高。経済再生担当相が違法献金疑惑で引責辞任。日銀,マイナス金利を初導入。3.三菱商事,発足後初の赤字。北海道新幹線開業。4.台湾電子機器,鴻海がシャープ買収。7.ポケモンGO日本配信,市場規模3兆円超。9.日銀,金融緩和を量から金利に変更。11.JR北海道,事業見直しを発表	2016. 1.○教科書会社の謝礼問題。元プロ野球選手,麻薬所持で逮捕。4.秋山ちえ子(99,放送ジャーナリスト)。熊本地震。山岸章(86,連合初代会長)。ハンセン病特別法廷問題,最高裁謝罪。6.高浜原発,初の運転延長認可。7.福祉施設で元職員による殺傷事件。10.三笠宮崇仁親王(100)

文		化	世界史		年代
思想・学術・科学技術	教育・スポーツ	文学・美術・文化	アジア・アフリカ	欧米	
情報・通信技術の進展	変転する教育・スポーツの国際化	文化のグローバル化と伝統文化	イスラムと中・印の台頭	問われる欧米中心	
2008. 5.防衛利用も可能な宇宙基本法成立。6.国際宇宙ステーションに日本の船内実験室きぼうの取り付けを成功。7.iPhone3G国内販売開始。10.ノーベル物理学賞を南部陽一郎(米国籍)・益川敏英・小林誠,化学賞を下村脩が受賞。12.加藤周一(89,文芸評論家)	2008. 3.フィギュアスケート世界選手権で浅田真央優勝。8.北京オリンピック。北島康介平泳ぎ100m・200m2連覇。大相撲大麻汚染問題で3力士解雇。大分県教委汚職事件。	2008. 1.片岡球子(103,画家)。江藤俊哉(80,バイオリン)。2.市川崑(92,映画)。『主婦の友』休刊(1917～)。4.石井桃子(101,児童文学)。6.土本典昭(79,映画監督)。7.中国人作家楊逸芥川賞受賞。8.赤塚不二夫(72,漫画家)。11.筑紫哲也(73,ジャーナリスト)。○小林多喜二『蟹工船』(1929)ブーム	2008. 2.韓国大統領李明博就任。3.チベットで暴動化。台湾総統に国民党の馬英九。5.ミャンマーでサイクロン被害甚大。中国四川省で大地震。ネパール王制廃止,連邦共和制に。8.新疆地方でテロ続発。11.インド,ムンバイ同時多発テロ	2008. 2.カストロ・キューバ議長辞任。5.ロシア大統領にメドベージェフ・首相にプーチン前大統領。8.グルジア・ロシア武力衝突。9.アメリカ金融危機,証券大手リーマン・ブラザーズ経営破綻。10.各国公的資金を金融機関に投入。	2008
2009. 7.「きぼう」完成,国際宇宙ステーション(ISS)に若田光一4カ月余滞在し帰還。9.H2Bロケット打ち上げ成功,無人輸送機(HTV)のISSへのドッキングにも成功。出雲市砂原遺跡出土の石器,旧石器か。10.山中伸弥にラスカー賞。11.玄海原子力発電所でプルサーマル発電の試運転開始。奈良纒向遺跡で3世紀前半の大型建物跡見つかる。情報衛星「光学3号」打ち上げ成功	2009. 3.WBC第2回大会で日本連続優勝。4.イチロー,日米通算3086本安打達成。8.古橋広之進(80,水泳)。9.イチロー大リーグ通算2000本安打達成。11.松井秀喜,米大リーグワールドシリーズでMVP。12.男子ゴルフで石川遼(18歳)史上最年少の賞金王に	2009. 1.福田繁雄(76,グラフィックデザイナー)。2.「おくりびと」(滝田洋二郎監督)米アカデミー賞外国語映画賞・「つみきのいえ」(加藤久仁生監督)短編アニメーション賞に。5.藤沢秀行(83,囲碁)。「放浪記」2000回上演で森光子に国民栄誉賞。9.「ヴィヨンの妻」(根岸吉太郎監督)モントリオール世界映画祭で最優秀監督賞。10.広島地裁,歴史的景観「鞆の浦」の埋め立てを認めず。11.森繁久弥(96,俳優)	2009. 4.タイ,反政府デモ隊乱入で,ASEAN会議,中止。5.スリランカ,内戦終結。7.朝鮮ミサイル7発連射。中国新疆ウイグル自治区で争乱。10.アフガニスタン,タリバンが国連施設襲撃	2009. 1.米大統領にオバマ就任。4.米大統領プラハにて核廃絶の演説。米国とメキシコで新型インフルエンザ発生,各国に拡大。6.GM連邦破産法11条の適用申請。10.オバマ米大統領にノーベル平和賞	2009
2010. 4.山崎直子,ISS往復し帰還。5.もんじゅ14年ぶりに運転再開。金星探査機「あかつき」打ち上げ成功。6.野口聡一,宇宙滞在163日で帰還。小惑星探査機「はやぶさ」7年ぶりに地球帰還。7.梅棹忠夫(90,文化人類学)。10.ノーベル化学賞を鈴木章・根岸英一が受賞	2010. 1.暴行容疑の横綱朝青龍引退。2.バンクーバー冬季オリンピック。3.高校授業料無償化法。6.南アでサッカー世界大会,日本ベスト16。7.大嶽親方・大関琴光喜を野球賭博で解雇。9.初代若乃花(82,元横綱)。イチロー大リーグ10年連続200本安打達成。横綱白鵬4場所連続全勝優勝(62連勝,11.連勝63で止まる)。11.広州アジア大会	2010. 2.立松和平(62,作家)。4.井上ひさし(75,作家.劇作家)。平城遷都1300年祭(～11)。7.つかこうへい(62,劇作家)。石井好子(87,シャンソン歌手)。8.川本喜八郎(85,人形アニメ作家)。10.長岡輝子(102,俳優)。榊莫山(84,書道)。12.高峰秀子(86,女優)	2010. 4.中国青海省玉樹で地震。5.上海万国博。5.韓国,哨戒艦は北の魚雷で沈没と断定。9.北朝鮮総書記の後継者に金正恩確定。10.ノーベル平和賞に劉暁波(中国人権活動家)。11.朝鮮,韓国の延坪島を砲撃	2010. 1.ハイチ大地震(M7.0)。2.チリ大地震(M8.8)。4.ギリシャ金融危機。メキシコ湾石油掘削基地で爆発事故(9月原油流出完全封鎖)。7.米,金融監督・規制改革法成立。10.チリ鉱山落盤事故,70日ぶりに全員生還	2010
2011. 2.マリアナ諸島沖でニホンウナギの卵発見。6.次世代スーパーコンピュータ「京」演算速度世界1位。7.京大,iPS細胞の特許を欧米で取得。9.遠山茂樹(97,日本近代史)。11.古川聡,ISSに167日滞在し帰還	2011. 2.京大等でインターネット上に入試問題流出。3.大相撲八百長問題で春場所中止。東日本大震災,プロ野球開幕延期,Jリーグ試合中止。4.大相撲八百長問題で25人追放処分。7.**女子サッカー・ワールドカップでなでしこジャパン優勝**,国民栄誉賞受賞(8月)。魁皇通算最多の1047勝を遺し引退。10.内村航平,世界体操3連覇	2011. 2.中村富十郎(81,歌舞伎俳優)。5.福岡・筑豊の炭鉱記録画が世界記憶遺産に。6.小笠原諸島が世界自然遺産に,平泉が世界文化遺産に登録。9.福岡市の元岡古墳群で「庚寅」の銘入り象嵌太刀発見。10.中村芝翫(83,歌舞伎女形)。10.鷹島沖海底で元寇船発見。11.立川談志(75,落語家)。佐陀神能(島根),壬生の花田植(広島)無形文化遺産。12.柳宗理(96,デザイナー)	2011. 1.チュニジア独裁体制崩壊。2.エジプト・ムバラク政権崩壊。ニュージーランド,大地震。5.**米,ビンラディンをパキスタンで殺害**。7.南スーダン共和国独立。8.リビア・**カダフィ政権崩壊**。10.タイ,大洪水	2011. 5.スイス(34年までに),独(22年までに)脱原発表明。7.米,アフガン撤収開始。10.仏,デクシア(銀行)破産。米,ジョブズ(56,アップル創業者)。ギリシャ全土でゼネスト。米ウォール街から発生した反格差デモ世界に波及。11.COP17,京都議定書延長。12.米,イラク撤退	2011
2012. 1.西山松之助(99,日本史) 4.トキのひな国内36年ぶりに孵化。5.外村彰(70,量子力学)。太平洋側で金環日食。東京スカイツリー開業。10.山中伸弥,ノーベル医学生理学賞。11.星出彰彦,ISSから帰還。宇宙遊泳21時間。12.佐渡で新種のカエル発見	2012. 1.センター試験配布ミスで混乱。ダルビッシュ有,米レンジャーズと契約。7.大津市いじめ事件で市教委・学校強制捜査。ロンドン五輪。9.日馬富士,横綱昇進。レスリング吉田沙保里13連覇,国民栄誉賞。11.小中高いじめ14万件。桜宮高バスケ部高2体罰で自殺	2012. 3.杉岡華邨(98,書家)。吉本隆明(87,評論家・詩人)。5.吉田秀和(98,音楽評論)。6.国分松本遺跡で最古の戸籍木簡。大場松魚(96,漆芸家)。7.山田五十鈴(95,女優)。北村治(75,能楽小鼓方)。10.丸谷才一(87,作家)。11.森光子(92,女優)。京都で最古の平仮名土器。12.中村勘三郎(57,歌舞伎俳優)。小沢昭一(83,俳優)。三輪壽雪(102,萩焼)	2012. 6.エジプト,モルシ大統領。9.中国,尖閣諸島をめぐる反日デモ。イラク全土でテロ相次ぐ。シリア内戦激化。EU・米によるイランの制裁強化。11.国連総会,パレスチナ国家格上げ。**中国国家主席習近平**	2012. 10.フェイスブック利用者10億人超える。EUにノーベル平和賞。11.欧州23カ国で財政緊縮策への抗議デモ。米オバマ大統領再選	2012
2013. 1.全日空ボーイング787トラブルで航空停止。3.山口昌男(81,文化人類学)。東北新幹線はやぶさ世界最速の320キロ/時。伊東豊雄,プリツカー建築賞受賞。6.慶長遣欧使節関係資料,御堂関白記,記憶遺産登録	2013. 1.納谷幸喜(72,元横綱大鵬)。2.柔道女子監督の暴力問題。ノルディックスキーW杯,高梨沙羅(16)最年少優勝。5.三浦雄一郎(80)最高齢エベレスト登頂。8.イチロー4000安打。9.東京五輪決定。バレンティン,シーズン最多本塁打。10.内村航平,世界体操4連覇。10.川上哲治(93,プロ野球) 11.楽天,初の日本一	2013. 1.渡辺力(101,デザイナー)。大島渚(80,映画監督)。安岡章太郎(92,作家)。2.市川団十郎(66,歌舞伎)。5.河竹登志夫(88,比較演劇学)。茂山千作(93,大蔵流狂言師)。6.14代酒井田柿右衛門(78,有田焼)。富士山,世界文化遺産。9.山崎豊子(88,作家)。10.やなせたかし(94,漫画家)	2013. 1.アルジェリア人質拘束事件。2.**韓国大統領に女性初の朴槿恵**。7.エジプト,モルシ大統領解任。11.フィリピン台風で被害甚大。○中国,PM2.5による大気汚染が深刻化	2013. 1 米,「財政の崖」回避法案。6.CIA元職員,米国家安全保障局の情報管理をリーク。10.化学兵器禁止機関(OPCW)にノーベル平和賞。米による独首相の携帯電話盗聴疑惑	2013
2014. 2.沖縄で旧石器時代の貝器。5.若田光一帰還。6.国際自然保護連合,ニホンウナギを絶滅危惧種に指定。8.木田元(85,哲学)。9.昭和天皇実録公開。宇沢弘文(86,経済学)。北澤宏一(71,超電導)。10.坂本義和(87,国際政治学)。赤崎勇・天野浩・中村修二,ノーベル物理学賞(青色LED)。12.はやぶさ2号打ち上げ	2014. 2.ソチ五輪。フィギュア羽生結弦金メダル。3.鶴竜,横綱昇進。6.米男子ゴルフツアー松山英樹(22)日本人最年少優勝。9.テニス全米オープンで錦織圭が決勝進出。10.内村航平,世界体操V5。11.ノルディックスキーW杯,葛西紀明(42)最年長優勝	2014. 2.山本邦山(76,尺八)。まどみちお(104,詩人)。3.大西巨人(97,作家)。6.富岡製糸場,世界遺産登録。8.常盤津一巴太夫(83,浄瑠璃)。曽根中生(76,映画監督)。米倉斉加年(80,劇団民芸)。9.山口淑子(94,女優「李香蘭」) 10.赤瀬川原平(77,前衛芸術)。11.高倉健(83,俳優)。「手漉和紙技術」ユネスコ無形文化遺産。菅原文太(81,俳優)。11.呉清源(100,囲碁)。12.遠山一行(92,音楽評論)	2014. 7.朝鮮,拉致調査委設置。5.タイでクーデター。9～.香港で反政府デモ。○西アフリカでエボラ出血熱。10.パキスタン,マララ・ユスフザイ(17),史上最年少ノーベル平和賞	2014. 2.ウクライナ政権崩壊。3.クリミア独立宣言。7.EU,対ロ経済制裁。8.米がイラク空爆。9.ICPO,サイバー捜査機関を開設。スコットランド独立住民投票で否決。米,「イスラム国」空爆。12.黒人圧迫死警官不起訴で全米で抗議デモ	2014
2015. 1.奥平康弘(85,憲法学者)。2.栄久庵憲司(85,工業デザイン)。7.南部陽一郎(94,ノーベル物理学賞)。青木昌彦(77,経済学)。鶴見俊輔(93,哲学)。10.大村智,ノーベル生理学医学賞(寄生虫感染症薬開発)。梶田隆章,ノーベル物理学賞(ニュートリノ質量証明)。11.H2Aロケット商業用打ち上げ成功。12.探査機「あかつき」金星周回軌道に入る。油井亀美也帰還	2015. 1.斉藤仁(54,柔道)。白鵬,歴代最多33回優勝。4.谷桃子(94,バレエ)。7.新国立競技場の建設計画見直し決定。10.スポーツ庁設置,初代長官鈴木大地。ラグビーW杯で初の日本3勝。プロ野球選手の野球賭博発覚。10.世界体操,男子団体37年ぶり金。11.北の湖(62,元横綱)。12.フィギュアGP羽生結弦が世界最高優勝	2015. 1.宮尾登美子(88,作家)。片山幽雪(84,能楽観世流)。河野多惠子(88,作家)。2.坂東三津五郎(59,歌舞伎)。松谷みよ子(89,児童文学)。3.桂米朝(89,落語)。7.竹本源大夫(83,人形浄瑠璃)。阿川弘之(94,作家)。9.原節子(95,女優)。福島菊次郎(94,写真家)。10.「東寺百合文書」記憶遺産登録。11.水木しげる(93,漫画) 12.野坂昭如(85,作家)	2015. 4.ネパール地震。7.イラン核問題,「包括的共同行動計画」で最終合意。10.屠呦呦,中国初のノーベル自然科学賞受賞。「南京大虐殺」資料が世界記憶遺産に登録。○中国の南シナ海開発。米海軍,南シナ海で中国主張の「領海」内航行	2015. 1.フランス連続テロ。欧州中央銀行が量的金融緩和決定。7.米・キューバ国交回復。9.EUが難民受け入れ案を発表。11.パリ劇場などで同時テロ。12.米,ゼロ金利政策解除。	2015
2016. 3.上田正昭(88,古代史)。5.ル・コルビュジエ設計の国立西洋美術館,世界遺産に。6.113番元素ニホニウム,日本初の命名。9.キトラ古墳壁画,初の一般公開。脇田晴子(82,歴史)。10.大隅良典,細胞の自食作用解明でノーベル医学生理学賞。大西卓哉帰還	2016. 2.高梨沙羅,ノルディックスキーW杯10連勝。7.千代の富士(61,元横綱)。8.イチロー,米3000安打。リオデジャネイロ五輪,レスリング伊調馨4連覇。9.広島東洋カープ,25年ぶり優勝。豪栄道,日本人力士20年ぶりの全勝優勝。11.横綱白鵬1000勝	2016. 1.桂春団治(85,落語)。中村梅之助(85,俳優)。2.宝生閑(81,能楽)。3.三雲・井原遺跡で弥生後期硯発見。5.冨田勲(84,シンセサイザー・作曲)。蜷川幸雄(80,舞台演出)。永六輔(83,放送作家)。7.大橋巨泉(82,タレント)。8.吉田文雀(88,文楽)。「君の名は。」公開,興行収入200億円突破。10.山・鉾・屋台行事,ユネスコ無形文化遺産へ	2016. 4.EU・トルコ政府,違法移民強制送還。○世界各地でISによるテロ相次ぐ。.6 フィリピン,ロドリゴ=ドゥテルテ大統領。9.朝鮮核実験,規模最大。.11 韓国検察,朴大統領を側近国政介入の共謀容疑で捜査	2016. 3. **パナマ文書で各国首脳等のタックスヘイブン関与が暴露**。.6 イギリス国民投票,EU離脱支持側が勝利。○ロシアの国主導ドーピングが問題化。9 コロンビア内戦終結。11. **米大統領選,トランプ氏当選**	2016

年表〔25〕

年代	内閣総理大臣	衆議院議長	参議院議長	最高裁判所長官
2017 平成(29)	安	大	伊達	寺田逸郎
2018 (30)	倍晋	島	忠一	1. 大谷
2019 令和(1)	三 (自民・公明)	理森	8. 山東	直
2020 (2)	9. 菅義偉 (自民・公明)		昭子	人
2021 (3)	10. 岸	11. 細田		
2022 (4)	田文	博之	8. 尾辻	6. 戸倉
2023 (5)	雄 (自民・公明)	10. 額賀福志郎	秀久	三郎

政治

政治の混迷と民主主義の危機

2016（平成28）11. 所得税の配偶者控除見直し。年金制度改革法案。12. カジノ解禁法

2017（平成29）1. ○文部科学省の天下りあっせん問題。○森友学園への国有地売却問題。○加計学園の学部新設問題。6. 天皇の退位等に関する皇室典範特例法。テロ準備罪を柱とした改正組織犯罪処罰法。7. 防衛大臣，PKO日報問題で引責辞任。8. 第3次安倍第3次改造内閣。11. 第4次安倍内閣

2018（平成30）3. 国有地売却に関する公文書改竄，国税庁長官辞任。5.「政治分野における男女共同参画推進法」可決。6.「18歳成人」改正民法可決。7.改正公職選挙法成立。8. 翁長雄志(67，沖縄県知事)。9. 沖縄県知事選，玉城デニー当選。10. 第4次安倍改造内閣。12. 外国人労働者受け入れを拡大する入管法改正案可決

2019（令和元）5. **明仁天皇退位し上皇に。徳仁天皇即位，令和に改元**。7. 元ハンセン病患者家族への賠償を命じた熊本地裁判決に対し，国は控訴せず。9. 第4次安倍再改造内閣。11. 大嘗祭。中曽根康弘(101，元首相)

2020（令和2）○**新型コロナウイルスCOVID-19感染拡大**。4. 全国に緊急事態宣言発令。8. 安倍晋三首相，辞任表明。9. 自由民主党総裁選挙，菅義偉内閣成立。11. 秋篠宮，立皇嗣の礼

2021（令和3）○新型コロナワクチンをめぐり異物混入や接種会場などで混乱。4. 政府が福島第一原発のALPS処理水海洋放出方針を決定。6. 公文書改ざん問題で国が大阪地裁に「赤木ファイル」提出。9. 菅首相，総裁選不出馬を表明。10. 岸田文雄内閣発足

2022（令和4）7. 安倍晋三元首相，遊説中の銃撃により死去。8. 第2次岸田改造内閣。9. 五輪汚職で出版大手会長等逮捕。安倍元首相国葬，国内外4300人参列。○政党と宗教団体との関係が問題に。12.政府，防衛力強化に向け安保政策転換

2023（令和5）2. 原発建て替えを閣議決定。4. 和歌山市で岸田首相に爆発物が投げられ暴発。5. 新型コロナウイルス感染症の分類を「5類」に引き下げ。6. 改正マイナンバー法などが成立。8. 東京電力，福島第一原発処理水の海洋放出を開始

外交・通商

対米協調とアジア外交

2016.12. 露プーチン首相来日，北方領土での共同経済活動に関する声明。安倍首相，真珠湾慰霊

2017. 3. サウジアラビア国王，46年ぶり来日。○南スーダンPKOから陸自撤収。5. 海自，米艦防護を初実施。8. 北朝鮮の弾道ミサイルが日本上空を通過。11. トランプ大統領，初来日

2018. 4. G7（カナダ，トロント）。6. G7サミット(シャルルボワ)。米朝首脳会談で日本人拉致被害者問題に言及。9. 東方経済フォーラムでロシア大統領が日露平和条約締結を提案。10. 韓国最高裁，徴用工への賠償支払いを命じる判決が確定

2019. 1. 日本，トルコ原発撤退へ。6. G20(大阪)日本初開催。7. 日本政府，韓国をホワイト国除外。9. 日米貿易協定合意，車追加関税を回避。10. 緒方貞子(92，元国連難民高等弁務官)。11. ローマ教皇フランシスコ来日

2020. 6. 横田滋(87，北朝鮮拉致被害者家族)。10. 日米政府，カーボンリサイクル技術研究で連携。菅新総理，所信表明演説で温室効果ガス排出2050年ゼロ宣言。日英EPA署名

2021. 4. 菅首相，初訪米。バイデン米大統領と会談。9. 菅首相，日米豪印4カ国(クアッド)首脳会議に出席

2022. 3. ロシアのウクライナ侵攻で米欧日，対露経済制裁。露，日本との平和条約交渉打ち切りを発表。ウクライナ大統領国会演説。5. 経済安全保障推進法，可決・成立。日米首脳会談。11. タイにて3年ぶりとなる日中首脳会談

2023. 1. 日米安保条約に初めて宇宙も適用。3. ルーマニアのヨハニス大統領訪日。日韓首脳会談，関係正常化で一致。ショルツ首相訪日，初の日独政府間協議。岸田首相，ウクライナを訪問し首脳会談。5. G7広島サミット開催，ウクライナのゼレンスキー大統領が来日し出席

経済

産業衰退と高齢化社会

2016. 12. 16年度税収前年度割れで7年ぶり赤字国債追加発行。もんじゅ廃炉が正式決定

2017. 2. 東芝，東証2部降格。国内製造業過去最大の赤字計上。4. 五輪警備費の一部を国負担方針決定。5. 与謝野馨(78，元財務相)。○日本郵政，買収した豪物流業績悪化で数千億円損失か。7. 日本とEUのEPA交渉，大枠合意

2018. 4. 診療報酬・介護報酬同時改定。6. 働き方改革関連法案成立，「高度プロフェッショナル制度」導入。7. 松下康雄(元日銀総裁，92)。7. 日欧EPA署名。カジノを含む統合型リゾート(IR)実施法案可決・成立。10. 中央卸売市場，築地から豊洲へ移転。11. 日産会長，金融商品取引法違反で解任。私的な損失付け替え容疑で再逮捕

2019. 2. 堺屋太一(83，経済評論家)。7. 日本IWCから脱退，商業捕鯨を再開，規制受けず。9. 関西電力会長ら，数億円の金品受領が問題に。10. **消費税率10%に引き上げ**

2020. 4. 政府，2020年度補正予算案を閣議決定。特別定額給付金・持続化給付金・Go Toキャンペーンの経済対策を打ち出す。○ステイホームにより巣ごもり消費拡大。9. 西川善文(82，三井住友銀行初代頭取)

2021. 1. 3次補正予算が成立，感染・経済対策に21兆円。3. 日本郵政，楽天に1500億円出資，業務提携。6. 福井県の美浜原発3号機が再稼働。7. IR整備法施行。10. 小容量スマホ，低価格プランの競争激化

2022. 7. KDDI通信障害。福島原発事故に関し東電に東京地裁判決で13兆円賠償命令。民事過去最高額。8. 稲盛和夫(90，企業経営)。○資源高騰による商品の値上げ相次ぐ。約32年ぶりの円安

2023. 4. 植田和男が日銀総裁就任。7. ビッグモーター，自動車保険の不正請求問題により兼重宏行社長が辞任。8. そごう・西武の売却に反発する労働組合がストライキ。9. 日銀，大規模金融緩和継続を決定。10. 消費税に関わる新ルール・インボイス制度開始

社会

社会のきしみの噴出

2016. 12. 糸魚川で大火，140棟延焼。広告大手社長，社員の過労自殺で引責辞任へ

2017. 2. 米軍飛行場移設計画，辺野古で海上での本体工事に着手。4. 復興相，失言で辞任。6. もんじゅ運営主体の起こした内部被ばく問題に。6. 小林麻央(市川海老蔵の妻，34)闘病ブログが話題に。7. 九州北部，豪雨災害。10. SNSをきっかけにした座間9遺体事件

2018. 1. オウム事件裁判終結。5. 日大アメフット選手の反則行為が問題に。7. オウム真理教の教団元代表ら死刑執行。西日本豪雨，死者200人以上。8. 私立医大の入試得点操作が発覚。9.『新潮45』休刊。10. シリアで拘束されていたジャーナリスト開放

2019. 3. 34年前の松橋事件，再審で無罪判決。京都のアニメ制作会社放火事件。○台風15号で千葉県大規模停電。9. 東電福島第一原発事故，東京地裁判決で無罪。○台風19号上陸，首都圏全面運休。東日本各地で記録的な大雨，52河川で決壊。12. かんぽ生命の不正問題。日産前会長，無断出国

2020. ○マスク等品不足に。三密回避，リモートなど新習慣が広まる。東京高検検事長，賭け麻雀で辞職。SNSの誹謗中傷が社会問題に。6. 川崎富作(95，川崎病発見)。12. 大阪地裁，大飯原発設置許可取り消し

2021. ○クラブハウスなど新形態のコミュニケーションがネット上で流行。○18歳未満の「ヤングケアラー」注目される。7. 熱海市伊豆山で土石流。10. 秋篠宮長女結婚

2022. ○新型コロナ，オミクロン株拡大。3. 西村京太郎(91，鉄道ミステリー作家)。4. 成人年齢20歳から18歳へ引き下げ。5. 沖縄復帰50年式典。7. 2008年秋葉原無差別殺傷事件の死刑執行

2023. 2. 五輪談合容疑で組織委大会運営局元次長らを逮捕。4. こども家庭庁発足。6.「闇バイト」に絡む強盗事件で，警視庁は指示役「ルフィ」とみられる男を再逮捕。9. ジャニーズ事務所が性加害の事実を認めて謝罪，藤島ジュリー景子社長が辞任。○日本の人口，前年比の減少幅が過去最大に。夏の平均気温、統計開始以降で最高

文		化	世界史		年代
思想・学術・科学技術	教育・スポーツ	文学・美術・文化	アジア・アフリカ	欧米	
情報・通信技術の高度化	変転する教育・スポーツの国際化	文化のグローバル化と伝統文化	軍事的活動の顕在化	アメリカ政治の混乱	
2017. 1. ○電子出版市場2000億円突破。岡田節人(89, 発生生物学)。2.「江戸始図」発見。鳥取で平安時代の柳の街路樹跡発見。NASAなど国際チームが39光年離れた恒星の周りに地球に似た惑星7個の発見を発表。7. 日野原重明(105, 終末期医療)。8. 山梨県甲州市のケカチ遺跡から平仮名を刻んだ平安の土器発見。中村雄二郎(91,	2016. 12. 荒川博(86, プロ野球コーチ) 2017. 1. 稀勢の里, 日本人19年ぶり横綱。4. フィギュア浅田真央引退。○将棋の藤井聡太, 最年少で29連勝。7. 大相撲白鵬, 通算勝利数歴代最多の1047を抜く。9. 陸上桐生祥秀, 100メートル日本人初の9秒台。11.大相撲横綱の暴行問題。12. 羽生善治, 史上初の永世7冠	2017. 2. 三浦朱門(91, 小説)。鈴木清順(93, 映画監督)。高木聖鶴(93, 書道)。4. 大岡信(86, 詩人)。5. 杉本苑子(91, 作家)。7. 犬養道子(96, 評論)。9. 安室奈美恵, 翌年9月の引退を発表。10. 日系イギリス人のカズオ・イシグロ, ノーベル文学賞受賞。11. 上野三碑, 朝鮮通信使に関する記録,「世界の記憶」に登録。12. 井上靖の未発表日記が見つかる 2018. 2. 石牟礼道子(90, 作家)。3. メーキャップ辻一	2016. 12. 西アフリカのガンビア大統領選, 22年ぶり政権交代 2017. 1.モロッコ, アフリカ統一機構(AU)加盟。3. 韓国, 朴大統領罷免。5. 韓国, 文在寅大統領。9. 国連安保理, 北朝鮮制裁決議。10. 中国, 習主席が軍事委を掌握	2017. 1. 米, TPP永久離脱。3. 英, EU離脱通告。4. 米, シリア攻撃。5. 仏, マクロン大統領。6. 米, パリ協定離脱を表明。7. 国際NGO ICANが主導した核兵器禁止条約が採択される 2018. 3. ドイツ社会民主党, キリスト教民主・社会同盟と連立継	2017
哲学) 2018. 1. 西部邁(78, 評論家)。7. 東条英機開戦前夜の言葉の高官メモ発見。10. 京都大高等研究院の本庶佑にノーベル医学生理学賞(がん免疫療法)。下村脩(90, ノーベル化学賞)	2018. 1. 星野仙一(70, 元プロ野球監督)。2. 平昌冬季五輪, フィギュア羽生結弦, スケート小平奈緒金メダル。5. 藤井聡太, 最年少7段。9. テニス大坂なおみ, 日本選手初の全米オープン優勝。大相撲貴乃花親方引退。10. 輪島(70, 大相撲)。12. フィ	弘, アカデミー賞。4. 高畑勲(82, アニメーション監督)。竹本住大夫(93, 文楽, 人間国宝)。5. 西城秀樹(63, 歌手)。是枝裕和監督「万引き家族」カンヌ最高賞。7. 桂歌丸(81, 落語)。8. さくらももこ(53, 漫画家)。9. 樹木希林(75, 女優) 2019. 3. 内田裕也(80, ロック)。4. モンキー・パン	2018. 4. 米英仏の3カ国がシリアを攻撃。○米中貿易戦争。5.日中韓首脳会談, 非核化で連携。6. 史上初の米朝首脳会談 2019. 2. 米朝首脳再会談。非核化合意に至らず。○香港で「逃亡	続。第4次メルケル政権。米, 鉄鋼・アルミニウム制裁関税。元情報機関員の暗殺未遂事件を巡りEU加盟国等20カ国以上がロシア外交官国外追放。6. 史上初の米朝首脳会談	2018
2019. 1. 梅原猛(93, 哲学者)。6. 岩手県立博物館の文化財切り取り問題。7. JAXA, はやぶさ2リュウグウ, 初の地下物質採取。10. 吉野彰, リチウムイオン電池開発でノーベル化学賞。10. 首里城正殿・北殿・南殿が全焼	ギュアGP, 紀平梨花優勝 2019. 2. 双羽黒(55, 大相撲)。3. イチロー引退。6. サニブラウン陸上男子100m日本記録。7. 水泳世界選手権, 瀬戸大也200・400m金。8. ゴルフ全英女子で渋野日向子優勝。10. 金田正一(86, 野球)。ラグビーW杯日本大会,	チ(81, 漫画家)。5. 京マチ子(95, 女優)。5. 加藤典洋(71, 文芸評論)。6. 田辺聖子(91, 作家)。7. 百舌鳥・古市古墳群が世界遺産に。7. ジャニー喜多川(87, 実業家)。8.「あいちトリエンナーレ2019」の企画展「表現の不自由展・その後」が一時中止となる	犯条例」改正案の撤回を求めるデモ。○韓国で日本商品の不買運動。○米中追加関税。10. 香港, 緊急法を発動, 覆面禁止法を施行。デモ拡大。12. 中村哲(73, 医師), アフガン	2019. 2. 米朝首脳再会談, 非核化合意に至らず。5. バーゼル条約の締約国会議, 廃プラ世界規模での規制が採択。6. 英メイ首相辞任。7. 英ジョンソン首相就任。9. スウェーデンの高校	2019
2020. 4. C・W・ニコル(79, 環境保護活動)。5. 秀吉の「京都新城」遺構発見。7.「民族共生象徴空間ウポポイ」開業。10. 日本学術会議人事をめぐり菅首相の介入が問題に。11. 小柴昌俊(94, ノーベル物理学賞)。	アジア初開催。日本初の8強 2020. 1. 大相撲, 幕尻の徳勝龍が優勝。2. 野村克也(84, 野球)。新型コロナ対策で政府が臨時休校要請。3. IOCが東京五輪1年程度の延期を発表。7. 藤井聡太, 最年少	2020. 1. 奈良原一高(88, 写真)。2. 古井由吉(82, 小説)。3. 別役実(82, 演劇)。志村けん(70, お笑い)。7. 山本寛斎(76, 服飾デザイン)。外山滋比古(96, 英文学)。10.『鬼滅の刃』大ヒット。高田賢三(81, 服飾デザイン)。筒美京平(80, 作曲)。12. なかに	で武装集団に襲撃され死亡 2020. 1. 米, 対イラン情勢緊迫化を受け, 中東に3000人超増派。6. 中国の全人代で「香港国家安全維持法」成立	生グレタ・トゥーンベリ, 気候変動サミットに参加。11. EU欧州議会に初の女性委員長 2020. 1. 英国が欧州連合(EU)離脱	2020
慶応大・東京歯科大, 合併協議入り 2021. ○大学を中心にオンライン授業広まる。4. 赤崎勇(92, 青色LEDでノーベル物理学賞)。立花隆(80, 評論)。9. 色川大吉(96, 歴史)。10. 真鍋淑郎ほか(地球温暖化予測)	で棋聖, 8月2冠 2021. 4. ゴルフ松山英樹, メジャー優勝。7. **東京2020オリンピック・パラリンピック**, 日本金メダル最多。9. 藤井聡太, 最年少3冠。大相撲横綱白鵬引退。11. MLB大谷	し礼(82, 作詞)。安野光雅(94, 画家) 2021. 3. 篠田桃紅(107, 書家)。田中邦衛(88, 俳優)。4. 橋田寿賀子(95, 脚本)。8. 笑福亭仁鶴(84, 落語)。千葉真一(82, 俳優)。9. さいとう・たかを(84, 漫画)。すぎやまこういち(90, 作曲)。10. 早稲田	2021. 1. 北朝鮮金正恩, 総書記就任。2. ミャンマー国軍がクーデター。スー・チー氏拘束される。8. **米軍, アフガニスタン撤退, タリバンが首都カブール制圧**	2021. 1. 米バイデン大統領就任, 副大統領に初の黒人女性カマラ・ハリス。2. ロシアで反体制派指導者ナワリヌイ氏, 刑務所に移送。12. 独ショルツ政権	2021
にノーベル物理学賞。10. 中根千枝(94, 社会人類学)。11. 平安京の内裏で初の建物跡発見 2022. 5. 武者小路公秀(92, 国際政治学)。10. 東工大・東京医歯大, 統合を決定。東京国立博物館にて14年ぶりの「日本国宝展」	翔平, 二刀流で活躍し, MVP受賞。藤井聡太, 最年少4冠。 2022. 2. 北京冬季五輪。高木美帆金メダル最多。6. 囲碁, 本因坊文裕, 11連覇。7. フィギュア羽生結弦, プロ転向。8. 大谷翔平, 104年ぶり2桁勝利, 2桁本塁打。10. プロ	大学に「村上春樹ライブラリー」開館。11. 瀬戸内寂聴(99, 小説)。中村吉右衛門(77, 歌舞伎) 2022. 2. 石原慎太郎(89, 作家・政治家)。3. 濱口竜介監督「ドライブ・マイ・カー」アカデミー賞受賞。7. 岩波ホール閉館。8. 三宅一生(84, 服飾デザイン)。森英恵(96, 服飾デザイン)	2022. 6. フィリピン, マルコス大統領。8. 中国, 日米と対立先鋭化。5. 韓国, 野党の尹錫悦, 大統領就任。11. カタールにてサッカーワールドカップ開催	2022. 2. **ロシアによるウクライナ侵攻**。9. 英エリザベス女王死去, チャールズ3世即位。4. 仏マクロン大統領再選。10. 実業家イーロン・マスクがツイッター社の買収完了	2022
が話題に 2023. 2. 豊田章一郎(97, トヨタ創業者)。3. JAXA, 新型ロケット「H3」1号機打ち上げ失敗。文化庁が京都に移転。8. 国立科学博物館が標本・資料の費用を集めたクラウドファンディングが9億円に達する	野球村上宗隆, 56号本塁打, 史上最年少三冠王 2023. 3. 国枝慎吾, パラ選手で初の国民栄誉賞受賞。WBCで日本が優勝。5. 中西太(90, 野球)。7. 小田凱人, 車いすテニス男子シングルスで四大大会連覇。10. 藤井聡太, 史上初の8冠達成。11. 大谷翔平, 史上初2回目のMVP受賞	2023. 1. 奈良の富雄丸山古墳から盾形銅鏡・蛇行剣出土。永井路子(97, 作家)。2. 宅見将典「Sakura」が米グラミー賞受賞。松本零士(85, 漫画)。3. 大江健三郎(88, 作家)。坂本龍一(71, 音楽家)。4. 畑正憲(87, 作家)。5.カンヌ国際映画祭で役所広司が男優賞, 坂本裕二が脚本賞を受賞。7. 市川沙央, 重度障害者が主人公の『ハンチバック』で芥川賞受賞	2023. 2.トルコ・シリアで地震。8. 中国政府, 日本産水産物輸入の停止を発表。10. イスラエル・ハマス衝突。北京で習近平国家主席とプーチン露大統領が会談	2023. 3. 国際刑事裁判所よりプーチン露大統領らへ逮捕状発行。米連邦大陪審がトランプ前大統領を起訴	2023

文献一覧

年代	書名	著者	内容
	漢書・地理志	班固	紀元前後の日本
	後漢書・東夷伝	范曄	1世紀ごろの日本
	三国志・魏志・倭人伝	陳寿	3世紀ごろの日本
414	好太王碑		4世紀～5世紀の朝鮮出兵
	三経義疏	聖徳太子	法華・維摩・勝鬘の注釈
701	大宝律令	刑部親王 藤原不比等	翌年施行（散逸）
712	古事記	太安万侶	神代～推古朝の歴史
	風土記		国毎の歴史・地理・伝統など
718	養老律令	藤原不比等	757施行，律・令各10巻
720	日本書紀	舎人親王	30巻　神代～持統の歴史
751	懐風藻	淡海三船	漢詩集64人　120首余
	万葉集	大伴家持ら	20巻　約4,500首
797	続日本紀	菅野真道	文武～桓武の歴史
807	古語拾遺	斎部広成	斎部氏一族の事跡を述ぶ
814	新撰姓氏録	良峯安世ら	皇別・神別・蕃別諸氏の出自
833	令義解	藤原緒嗣ら	令の注釈書
841	日本後紀	藤原緒嗣ら	桓武～淳和の歴史
	令集解	惟宗直本	養老令の注釈書
869	続日本後記	藤原良房ら	仁明天皇一代の歴史
879	文徳実録	藤原基経ら	文徳天皇一代の歴史
901	三代実録	藤原時平ら	清和～光孝の歴史
905	古今和歌集	紀貫之ら	20巻約1,100首，最初の勅撰
	類聚三代格		律令追加法を分類したもの
927	延喜式	藤原忠平ら	50巻，律令追加法施行細則
	伊勢物語	不詳	在原業平の歌中心の短篇
	土佐日記	紀貫之	土佐より帰京までの日記
	蜻蛉日記	右大将道綱母	平安朝女性の家庭生活記録
	大和物語	不詳	歌をふくむ物語集
	宇津保物語	不詳	貴宮を中心とする長篇物語
	今昔物語集	不詳	インド・シナ・日本の仏教説話・世俗説話集
985	往生要集	源信	念仏・往生の要を親切に記述
	御堂関白記	藤原道長	998～1021の日記
1004	和泉式部日記	和泉式部	歌をふくむ恋愛生活記録
	枕草子	清少納言	宮廷生活のすぐれた随筆
	源氏物語	紫式部	54帖，宮廷の恋愛小説
	紫式部日記	紫式部	公事節会などの情趣的写実
	狭衣物語	不詳	源氏物語を模倣した小説
	大鏡	不詳	文徳～後一条　藤原氏の栄華時代の紀伝体の歴史。世継物語
	更級日記	菅原孝標女（橘俊通妻）	少女時代より夫に死別するまでの生活記録
	栄花物語	赤染衛門?	道長の栄華を中心とした小説
	今鏡	源通親?	後一条～高倉の紀伝体歴史
	山家集	西行	西行の歌集
	保元物語	不詳	保元の乱の物語
	平治物語	不詳	平治の乱の物語
1200	玉葉	九条兼実	1164～99年の日記　源平興亡の跡を知る資料
1205	新古今和歌集	藤原定家ら	勅撰集20巻　2,000首
1212	方丈記	鴨長明	隠遁生活の随筆無常感
1213	金槐集	源実朝	実朝の歌集
1220	愚管抄	慈円（慈鎮）	仏教的歴史観による史書
	明月記	藤原定家	1180～1235の日記
1232	貞永式目（関東御成敗式目）	北条泰時	51条頼朝以来の習慣等を法令化した武家法制
1243	東関紀行	三善康連 源親行?	京・鎌倉の往復の記録
	平家物語	不詳	無常観に基く平家の盛衰史
	源平盛衰記	不詳	平家物語よりくわしく描く
1280	十六夜日記	阿仏尼	関東下向のさいの紀行文
1293	蒙古襲来絵詞	土佐長隆?	元寇の模様を描く
	吾妻鏡	鎌倉幕府	1180～1266の幕府の日記
1322	元亨釈書	虎関師錬	日本の仏教史
	徒然草	吉田兼好	儒仏老荘の思想を根底とした随筆
1339	神皇正統記	北畠親房	古代～後村上の歴史
1350?	梅松論	不詳	南北朝時代史実録
1360	園太暦	洞院公賢	1311～1360の記録
	曾我物語	不詳	曾我兄弟の物語
	太平記	小島法師?	南朝50年の盛衰を描く
	増鏡	不詳	後鳥羽～後醍醐，承久・元弘の二乱中心の公武の争いを描く
1402	花伝書	世阿弥	能楽の意義をかいた書
	義経記	不詳	源義経の生涯
	尊卑分脈	洞院公定	諸家の系譜を集大成
	建武以来追加	室町幕府	尊氏以来の式目の追加法令
	満済准后日記	三宝院満済	1411～35の日記
	朝倉敏景十七箇条	朝倉敏景	国法，戦国大名の治国法
1466	善隣国宝記	周鳳	明，朝鮮との交渉記録
	政所壁書		1430～1466室町幕府の法令
	元親百箇条	長曽我部元親	国法，戦国大名の治国法
1526	今川仮名目録	今川氏	同，　同
1536	塵芥集	伊達氏	同，　同
1526	信玄家法	武田信玄	同，　同
1587	信長公記	太田牛一	信長の一代記
1597	大内家壁書	大内氏	国法，戦国大名の治国法
1614	慶長見聞集	三浦浄心	江戸中心の見聞集
1615	武家諸法度		大名統制の法
1615	禁中並公家諸法度	家康・秀忠	朝廷・公家に対する禁令規則
1622	三河物語	大久保忠教	徳川氏と大久保氏の由来
1627	塵劫記	吉田光由	和算の書
1643	寛永諸家系図伝		大名・旗本各家の系図を集成
	大日本史	水戸徳川家	古代～南北朝の伝記体歴史
1669	中朝事実	山鹿素行	日本の国体の美を説く
1670	本朝通鑑	林春斎	神武～後陽成編年体歴史
1682	好色一代男	井原西鶴	人間性を描いた小説
1694	奥の細道	松尾芭蕉	奥州紀行の俳文
1690	万葉代匠記	契沖	万葉集の注釈
1692	世間胸算用	西鶴	町人のさまざまの生活を描く
1697	農業全書	宮崎安貞	農業の改良を説く
	御当家令条		1615～1696の法令
1701	藩翰譜	新井白石	大名の家譜・伝説
1709	大和本草	貝原益軒	薬学の書
1712	読史余論	新井白石	武家政治を正当化した史論
1715	西洋紀聞	新井白石	シドッチの訊問より得た西洋事情
1716	古史通	新井白石	古代史を研究した書
1716	折たく柴の記	新井白石	自叙伝
1736	政談	荻生徂徠	吉宗将軍に対する時局論
1739	都鄙問答	石田梅岩	心学道話
1742	公事方御定書	江戸幕府	
	御触書寛保集成	評定所編	1615～1743の法令
1755	自然真営道	安藤昌益	平等社会を提唱
	御触書宝暦集成	評定所編	1744～1760の法令
1783	赤蝦夷風説考	工藤平助	ロシアの状況をしるす
1785	三国通覧図説	林子平	蝦夷・朝鮮・琉球の地理
	御触書天明集成	評定所編	1760～1787の法令
1791	海国兵談	林子平	対外策の急務を説く
1791	寛政重修諸家譜	江戸幕府	武家関係の諸家系図集大成
1795～96	経世秘策	本多利明	時局の四大急務を説く
1796	西域物語		西洋の進歩を説く
1802～09	東海道中膝栗毛	十返舎一九	弥次喜多の滑稽小説
1803	夢の代	山片蟠桃	洋学をも取入れた　世界観の書
1806	椿説弓張月	滝沢馬琴	読本　為朝中心の物語
1808	浮世風呂	式亭三馬	滑稽小説，風呂屋内の雑談
1814	南総里見八犬伝	滝沢馬琴	読本，勧善懲悪思想をもる
1815	蘭学事始	杉田玄白	蘭学草創の苦心談
1822	山陵志	蒲生君平	歴代山陵の記
1827	経済要録	佐藤信淵	産業開発による富国策
1835～38	鳩翁道話	柴田鳩翁	心学道話
1836	窮理通	帆足万里	物理学の書
	洗心洞箚記	大塩平八郎	
	御触書天保集成	評定所編	1788～1837の法令
1838	慎機論	渡辺崋山	対外論策
1838	夢物語	高野長英	同
1849	徳川実紀	江戸幕府	家康より家治に至る編年史
1866	西洋事情	福沢諭吉	欧米の事情紹介
1871	西国立志編	中村正直	スマイルズの自助論の訳
1872	学問ノススメ	福沢諭吉	
1875	文明論の概略	同	近代文明の本質を説く
1877	日本開化小史	田口卯吉	日本の文化史
1889	大日本帝国憲法	伊藤博文ら	主権在天皇の欽定憲法
1907	開国五十年史	大隈重信撰	明治史の概説
1911	自由党史	板垣退助	
1943	立憲政友会史	政友会	
1946	日本国憲法		主権在民の民主憲法

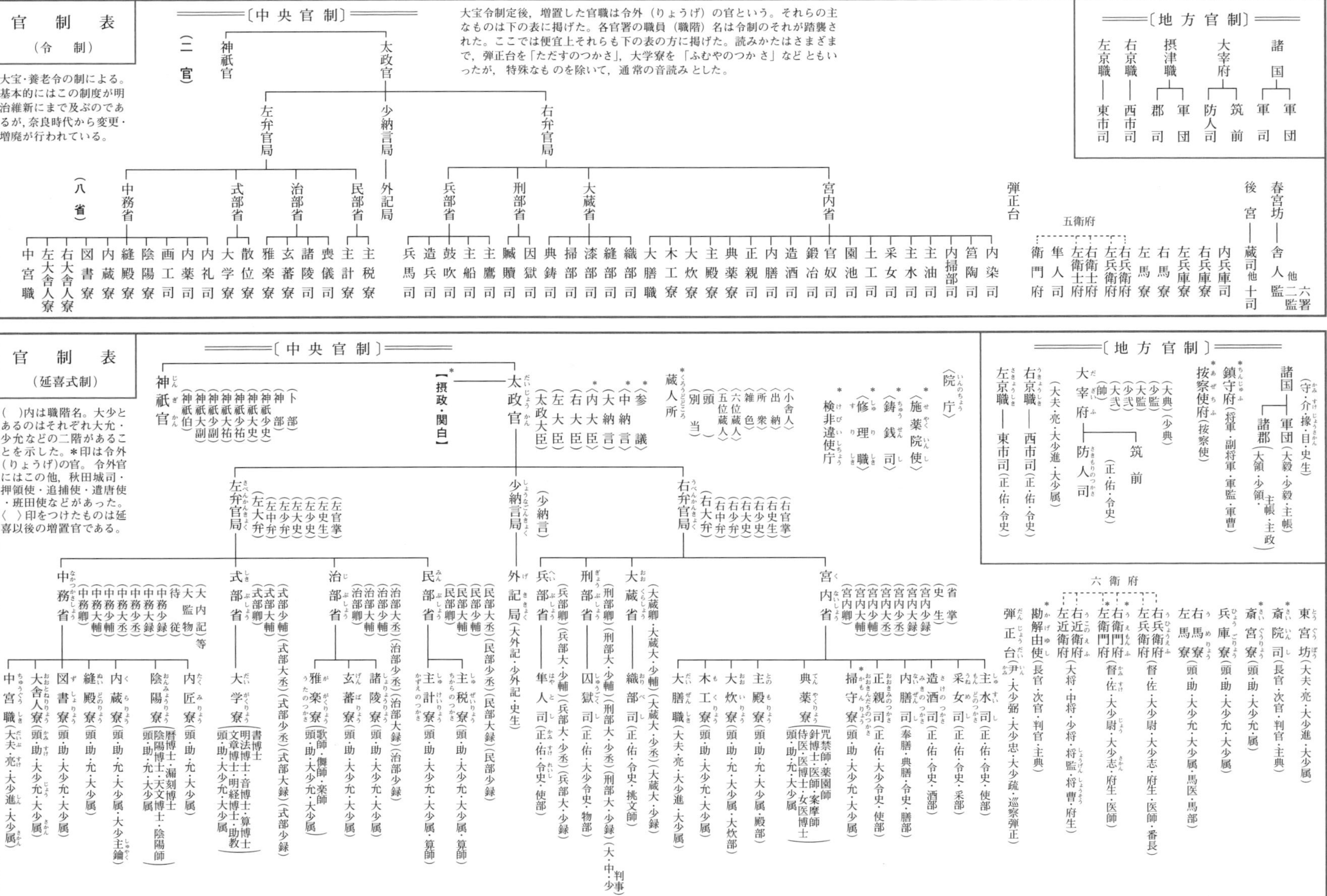
官制表
（令制）
大宝・養老令の制による。基本的にはこの制度が明治維新にまで及ぶのであるが，奈良時代から変更・増廃が行われている。
〔中央官制〕
（二官）
神祇官
太政官
左弁官局
少納言局
右弁官局
（八省）
中務省
中宮職　左大舎人寮　右大舎人寮　図書寮　内蔵寮　縫殿寮　陰陽寮　画工司　内薬司　内礼司
式部省
大学寮　散位寮
治部省
雅楽寮　玄蕃寮　諸陵司　喪儀司
民部省
主計寮　主税寮
外記局
兵部省
兵馬司　造兵司　鼓吹司　主船司　主鷹司
刑部省
贓贖司　囚獄司
大蔵省
典鋳司　掃部司　漆部司　縫部司　織部司
宮内省
大膳職　木工寮　大炊寮　主殿寮　典薬寮　正親司　内膳司　造酒司　鍛冶司　官奴司　園池司　土工司　采女司　主水司　主油司　内掃部司　筥陶司　内染司
弾正台
五衛府
衛門府　隼人司　左衛士府　右衛士府　左兵衛府　右兵衛府
左馬寮　右馬寮　左兵庫寮　右兵庫寮　内兵庫司
後宮 ― 蔵司 他十司
春宮坊 ― 舎人監 他二監六署
大宝令制定後，増置した官職は令外（りょうげ）の官という。それらの主なものは下の表に掲げた。各官署の職員（職階）名は令制のそれが踏襲された。ここでは便宜上それらも下の表の方に掲げた。読みかたはさまざまで，弾正台を「ただすのつかさ」，大学寮を「ふむやのつかさ」などともいったが，特殊なものを除いて，通常の音読みとした。
〔地方官制〕
左京職 ― 東市司
右京職 ― 西市司
摂津職 ― 郡司　軍団
大宰府 ― 防人司　筑前
諸国 ― 軍司　軍団
官制表
（延喜式制）
（ ）内は職階名。大少とあるのはそれぞれ大允・少允などの二階があることを示した。＊印は令外（りょうげ）の官。令外官にはこの他，秋田城司・押領使・追捕使・遣唐使・班田使などがあった。〈 〉印をつけたものは延喜以後の増置官である。
〔中央官制〕
神祇官（神祇伯）（神祇大副）（神祇少副）（神祇大祐）（神祇少祐）（神祇大史）（神祇少史）（神部）（卜部）
【摂政・関白】＊
太政官（太政大臣）（左大臣）（右大臣）（＊内大臣）（大納言）（＊中納言）（＊参議）
＊蔵人所（別当）（頭）（五位蔵人）（六位蔵人）（雑色）（所衆）（出納）（小舎人）
＊検非違使庁
〈＊修理職〉
〈＊鋳銭司〉
〈＊施薬院使〉
〈院庁〉
左弁官局（左大弁）（左中弁）（左少弁）（左大史）（左少史）（左史生）（左官掌）
少納言局（少納言）
右弁官局（右大弁）（右中弁）（右少弁）（右大史）（右少史）（右史生）（右官掌）
中務省（中務卿）（中務大輔）（中務少輔）（中務大丞）（中務少丞）（中務大録）（中務少録）（侍従）（大監物）（大内記）等
中宮職（大夫・亮・大少進・大少属）
大舎人寮（頭・助・大少允・大少属）
図書寮（頭・助・大少允・大少属）
縫殿寮（頭・助・允・大少属）
内蔵寮（頭・助・允・大少属・大少主鑰）
陰陽寮（頭・助・允・大少属）（暦博士・漏刻博士・陰陽博士・天文博士・陰陽師）
内匠寮（頭・助・允・大少属）
式部省（式部卿）（式部大輔）（式部少輔）（式部大丞）（式部少丞）（式部大録）（式部少録）
大学寮（頭・助・大少允・大少属）（明法博士・音博士・書博士・文章博士・明経博士・算博士・助教）
治部省（治部卿）（治部大輔）（治部少輔）（治部大丞）（治部少丞）（治部大録）（治部少録）
雅楽寮（頭・助・大少允・大少属）（歌師・儛師・楽師）
玄蕃寮（頭・助・大少允・大少属）
諸陵寮（頭・助・大少允・大少属）
民部省（民部卿）（民部大輔）（民部少輔）（民部大丞）（民部少丞）（民部大録）（民部少録）
主計寮（頭・助・大少允・大少属・算師）
主税寮（頭・助・大少允・大少属・算師）
外記局（大外記・少外記・史生）
兵部省（兵部卿）（兵部大・少輔）（兵部大・少丞）（兵部大・少録）
隼人司（正・佑・令史・使部）
刑部省（刑部卿）（刑部大・少輔）（刑部大・少丞）（刑部大・少録）（大・中・少判事）
囚獄司（正・佑・大少令史・物部）
大蔵省（大蔵卿・大蔵大・少輔）（大蔵大・少丞）（大蔵大・少録）
織部司（正・佑・令史・挑文師）
宮内省（宮内卿）（宮内大輔）（宮内少輔）（宮内大丞）（宮内少丞）（宮内大録）（宮内少録）（史生）（省掌）
大膳職（大夫・亮・大少進・大少属）
木工寮（頭・助・大少允・大少属）
大炊寮（頭・助・允・大少属・大炊部）
主殿寮（頭・助・允・大少属・殿部）
典薬寮（頭・助・允・大少属）（呪禁師・薬園師・針博士・医師・按摩師・侍医・医博士・女医博士）
＊掃守寮（頭・助・大少允・大少属）
正親司（正・佑・大少令史・使部）
内膳司（奉膳・典膳・令史・膳部）
造酒司（正・佑・令史・酒部）
采女司（正・佑・令史・采部）
主水司（正・佑・令史・使部）
〔地方官制〕
左京職 ― 東市司（正・佑・令史）
右京職 ― 西市司（正・佑・令史）（大夫・亮・大少進・大少属）
大宰府（帥）（大弐）（少弐）（大監）（少監）（大典）（少典）
防人司（正・佑・令史）
筑前
＊按察使府（按察使）
＊鎮守府（将軍・副将軍・軍監・軍曹）
諸国（守・介・掾・目・史生）
軍団（大毅・少毅・主帳）
諸郡（大領・少領・主帳・主政）
六衛府
弾正台（尹・大少弼・大少忠・大少疏・巡察弾正）
＊勘解由使（長官・次官・判官・主典）
左近衛府　右近衛府（大将・中将・少将・将監・将曹・府生）
＊左衛門府　＊右衛門府（督・佐・大少尉・大少志・府生・医師）
左兵衛府　右兵衛府（督・佐・大少尉・大少志・府生・医師・番長）
左馬寮　右馬寮（頭・助・大少允・大少属・馬医・馬部）
兵庫寮（頭・助・大少允・大少属）
＊斎宮寮（頭・助・大少允・属）
＊斎院司（長官・次官・判官・主典）
東宮坊（大夫・亮・大少進・大少属）

鎌倉幕府職制表

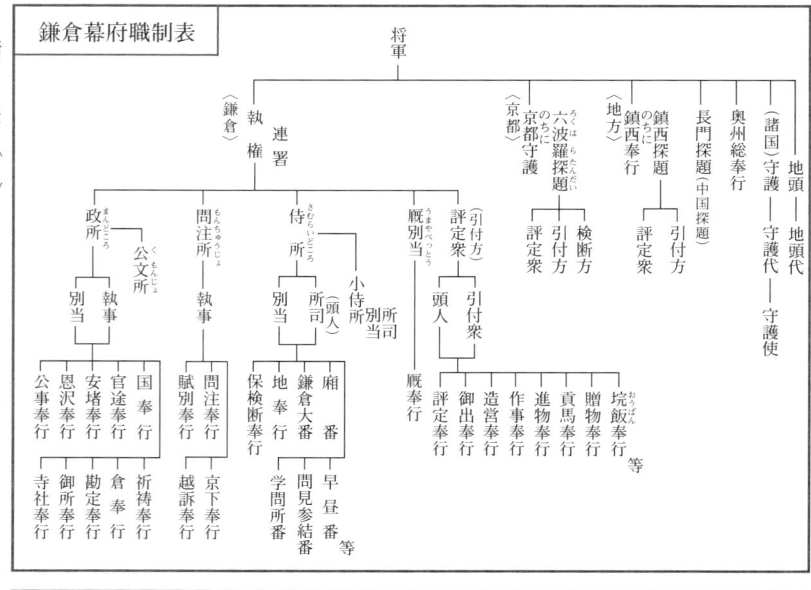

室町幕府職制表

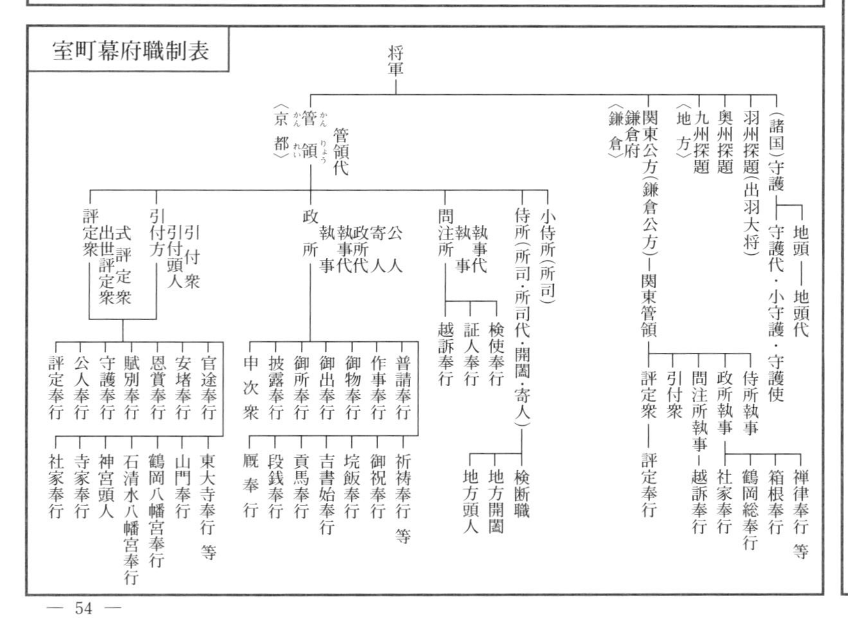

江戸幕府職制表

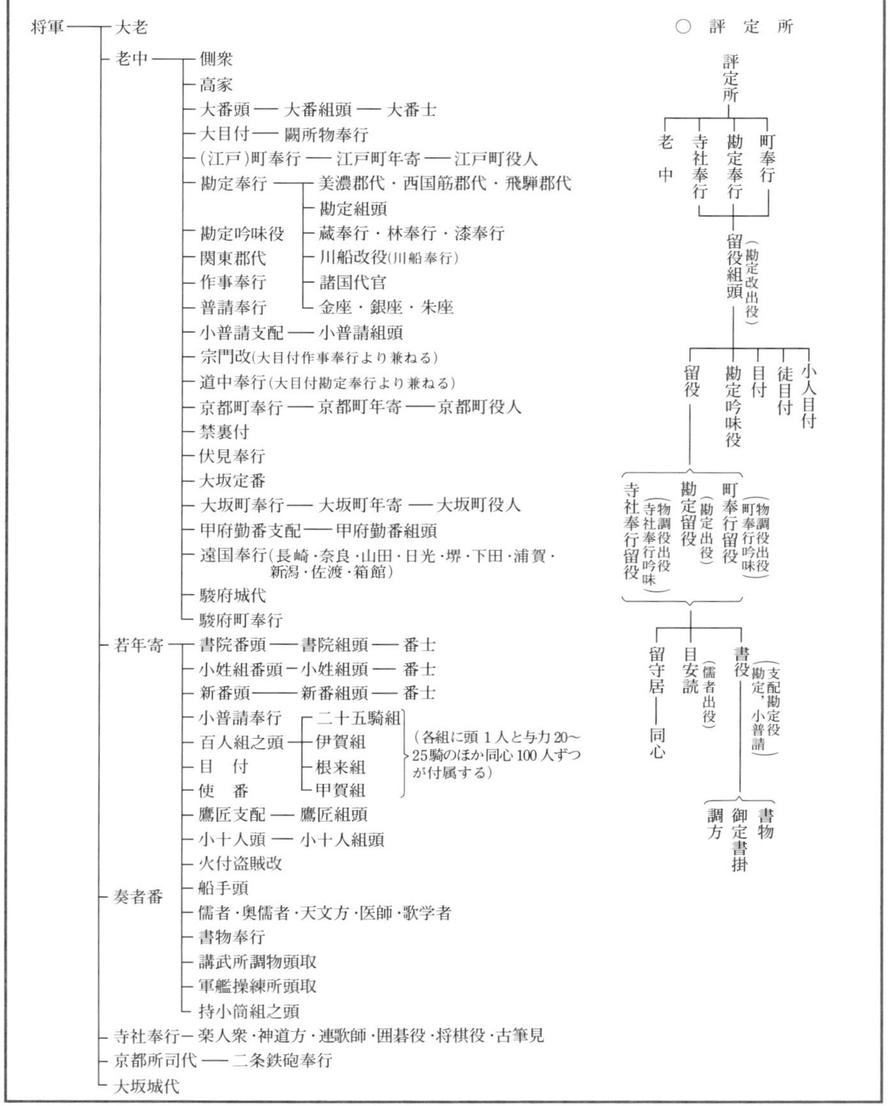

- 将軍
  - 大老
  - 老中
    - 側衆
    - 高家
    - 大番頭 ── 大番組頭 ── 大番士
    - 大目付 ── 闕所物奉行
    - （江戸）町奉行 ── 江戸町年寄 ── 江戸町役人
    - 勘定奉行
      - 美濃郡代・西国筋郡代・飛騨郡代
      - 勘定組頭
      - 蔵奉行・林奉行・漆奉行
      - 川船改役（川船奉行）
      - 諸国代官
      - 金座・銀座・朱座
    - 勘定吟味役
    - 関東郡代
    - 作事奉行
    - 普請奉行
    - 小普請支配 ── 小普請組頭
    - 宗門改（大目付作事奉行より兼ねる）
    - 道中奉行（大目付勘定奉行より兼ねる）
    - 京都町奉行 ── 京都町年寄 ── 京都町役人
    - 禁裏付
    - 伏見奉行
    - 大坂定番
    - 大坂町奉行 ── 大坂町年寄 ── 大坂町役人
    - 甲府勤番支配 ── 甲府勤番組頭
    - 遠国奉行（長崎・奈良・山田・日光・堺・下田・浦賀・新潟・佐渡・箱館）
    - 駿府城代
    - 駿府町奉行
  - 若年寄
    - 書院番頭 ── 書院組頭 ── 番士
    - 小姓組番頭 ─ 小姓組頭 ── 番士
    - 新番頭 ── 新番組頭 ── 番士
    - 小普請奉行
    - 百人組之頭 ── 二十五騎組・伊賀組・根来組・甲賀組（各組に頭1人と与力20～25騎のほか同心100人ずつが付属する）
    - 目　付
    - 使　番
    - 鷹匠支配 ── 鷹匠組頭
    - 小十人頭 ── 小十人組頭
    - 火付盗賊改
    - 船手頭
    - 儒者・奥儒者・天文方・医師・歌学者
    - 書物奉行
    - 講武所調物頭取
    - 軍艦操練所頭取
    - 持小筒組之頭
  - 奏者番
  - 寺社奉行 ─ 楽人衆・神道方・連歌師・囲碁役・将棋役・古筆見
  - 京都所司代 ── 二条鉄砲奉行
  - 大坂城代

○ 評定所

- 評定所
  - 町奉行・勘定奉行・寺社奉行・老中
    - 留役組頭（勘定改出役）
      - 小人目付・徒目付・目付・勘定吟味役
      - 留役
        - 町奉行留役（物調役町奉行吟味役出役）
        - 勘定留役（勘定出役）
        - 寺社奉行留役（物調役寺社奉行吟味役出役）
          - 書役（支配勘定・勘定役小普請）
            - 書物御定書掛
            - 調方
          - 目安読（儒者出役）
          - 留守居 ── 同心

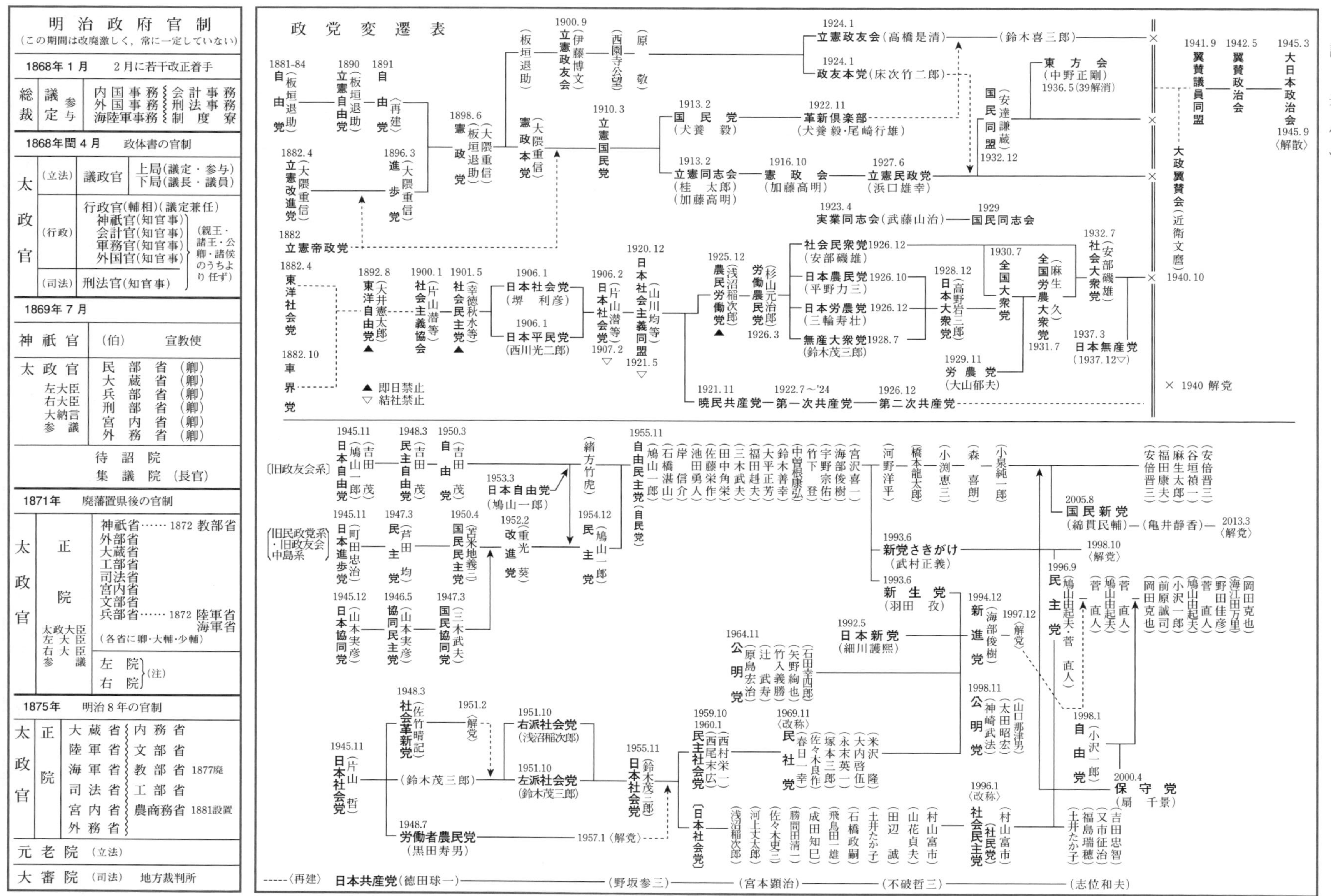

（注）1871年の官制中，左院は議長・議官が立法を掌り，右院は諸省の長官・次官が省務を協議した。

（注）1990年代以降の政界再編にともなって成立した政党の一部は，便宜的に省略した。

総人口（大正まで）

単位：1000人

西暦 年号	総数	男	女
1721（享保 6）	26,065	…	…
1726（〃 11）	26,549	…	…
1732（〃 17）	26,922	…	…
1744（延享 1）	26,153	…	…
1750（寛延 3）	25,913	…	…
1756（宝暦 6）	26,071	…	…
1762（〃 12）	25,921	…	…
1768（明和 5）	26,252	…	…
1774（安永 3）	25,990	…	…
1780（〃 9）	26,011	…	…
1786（天明 6）	25,086	…	…
1792（寛政 4）	24,891	…	…
1798（〃 10）	25,471	…	…
1804（文化 1）	25,622	…	…
1822（文政 5）	26,602	…	…
1828（〃 11）	27,201	…	…
1834（天保 5）	27,064	…	…
1846（弘化 3）	26,908	…	…
1872（明治 5）	34,806	17,666	17,140
1877（〃 10）	35,870	18,187	17,683
1882（〃 15）	37,259	18,854	18,405
1887（〃 20）	38,703	19,554	19,149
1892（〃 25）	40,508	20,443	20,065
1897（〃 30）	42,400	21,356	21,044
1902（〃 35）	44,964	22,606	22,358
1907（〃 40）	47,416	23,786	23,630
1912（大正 1）	50,577	25,365	25,212
1916（〃 5）	53,496	26,841	26,655
1921（〃 10）	56,120	…	…

日本銀行公定歩合の推移

年 月 銭厘		
昭和	45.10.—6.00	58.10.—5.00
26.10.—1.6	46. 1.—5.75	61. 1.—4.50
30. 8.—2.0	46. 5.—5.50	61. 3.—4.00
32. 3.—2.1	46. 7.—5.25	61. 4.—3.50
32. 5.—2.3	46.12.—4.75	61.11.—3.00
33. 6.—2.1	47. 6.—4.25	62. 2.—2.50
33. 9.—2.0	48. 4.—5.00	平成
34. 2.—1.9	48. 4.—5.50	1. 5.—3.25
34.12.—2.0	48. 7.—6.00	1.10.—3.75
35. 8.—1.9	48. 8.—7.00	1.12.—4.25
36. 1.—1.8	48.10.—9.00	2. 3.—5.25
36. 7.—1.9	50. 4.—8.50	2. 8.—6.00
36. 9.—2.0	50. 6.—8.00	3. 7.—5.50
37.10.—1.9	50. 8.—7.50	3.11.—5.00
37.11.—1.8	50.10.—6.50	3.12.—4.50
38. 3.—1.7	52. 3.—6.00	4. 4.—3.75
38. 4.—1.6	52. 4.—5.00	4. 7.—3.25
39. 3.—1.8	52. 9.—4.25	5. 1.—2.50
40. 1.—1.7	53. 3.—3.50	5. 9.—1.75
40. 4.—1.6	54. 4.—4.25	7. 4.—1.00
40. 6.—1.5	54. 7.—5.25	7. 9.—0.50
42. 9.—1.6	54.11.—6.25	13. 2.—0.35
43. 1.—1.7	55. 2.—7.25	13. 3.—0.25
43. 8.—1.6	55. 3.—9.00	13. 9.—0.10
44. 9.—1.7	55. 8.—8.25	18. 7.—0.40
%	55.11.—7.25	19. 2.—0.75
44. 9.—6.25	56. 3.—6.25	20.10.—0.50
	56.12.—5.50	20.12.—0.30

最近における主要統計

年次	総人口（総務省「国勢調査」）単位：1000人			米産額（農水省「農林水産統計」）単位：トン	主要食料自給率（農水省「食料需給表」）単位：% 自給率＝国内生産量/国内消費志向量×100					国民総所得（総支出）（内閣府「国民経済計算」）単位：昭和15年まで100万円 昭和25年以降10億円 （　）＝成長率%〈前年比〉		日銀券発行高（日本銀行「時系列統計データ」）各年末，単位：億円	貿易総額（財務省「貿易統計」）単位：昭和20年まで100万円 昭和25年以降億円		
	総数	男	女		米	小麦	野菜	果物	牛肉	名目	実質		輸出	輸入	差額
1926（昭和1）	60,741	30,521	30,220	8,338,923						15,975（1.8）	12,424（0.7）	16	2,045	2,378	333
1930（昭和5）	64,450	32,390	32,060	10,031,330						14,671（9.9）	13,882（1.1）	14	1,470	1,546	76
1935（昭和10）	69,254	34,734	34,520	8,618,546						16,734（6.8）	16,624（2.3）	17	2,499	2,472	27
1940（昭和15）	73,075	36,541	36,535	9,131,138						39,396（19.1）	20,628（6.6）	48	3,656	3,453	203
1945（昭和20）	71,998	33,894	38,104	5,872,410						――	――	554	388	957	569
1950（昭和25）	84,115	41,241	42,873	9,650,835						3,947（16.9）	16,240（12.2）	4,221	2,980	3,482	502
1955（昭和30）	90,077	44,243	45,834	12,384,737						8,399（―）	47,246（―）	6,739	7,238	8,897	1,659
1960（昭和35）	94,302	46,300	48,001	12,858,000	102	39	100	100	96	15,998（21.3）	71,631（13.3）	12,341	14,596	16,168	1,572
1965（昭和40）	99,209	48,692	50,517	12,409,000	95	28	100	90	95	32,773（11.3）	110,968（5.7）	25,640	30,426	29,408	1,018
1970（昭和45）	104,665	51,369	53,296	12,689,000	106	9	99	84	90	73,188（17.9）	187,918（10.3）	55,560	69,544	67,972	1,572
1975（昭和50）	111,940	55,091	56,849	13,165,000	110	4	99	84	81	148,170（10.6）	234,203（3.2）	126,717	165,453	171,700	6,247
1980（昭和55）	117,060	57,594	59,467	9,692,000	100	10	97	81	72	240,099（8.2）	290,454（2.7）	193,472	293,825	319,953	26,128
1985（昭和60）	121,049	59,497	61,552	11,662,000	107	14	95	77	72	321,556（6.8）	344,166（4.6）	254,743	419,557	310,849	108,708
1990（平成2）	123,611	60,697	62,914	10,499,000	100	15	91	63	51	444,687（7.8）	464,166（4.8）	397,978	414,569	338,552	76,017
1995（平成7）	125,570	61,574	63,996	10,748,000	104	7	85	49	39	501,575（1.2）	501,472（1.5）	462,440	415,309	315,488	99,821
2000（平成12）	126,926	62,111	64,815	9,472,000	95	11	81	44	34	519,955（0.3）	534,811（1.8）	633,972	516,542	409,384	107,158
2005（平成17）	127,768	62,349	65,419	9,074,000	95	14	79	41	43	516,571（1.6）	543,477（1.9）	792,705	656,565	569,494	87,071
2010（平成22）	128,057	62,328	65,730	8,483,000	97	9	81	38	42	491,930（1.1）	511,981（2.2）	823,143	673,996	607,650	66,346
2015（平成27）	127,110	61,829	65,280	7,989,000	98	15	80	40	40	552,109（2.8）	543,339（2.7）	984,299	756,139	784,055	27,916
2020（令和2）	126,227	61,360	64,867	7,763,000	97	12	80	38	36	554,667.1（4.2）	548,247.5（3.9）	1,183,281	684,005	678,371	5,634

為替レート

インターバンク相場，各年末（1973年,円変動相場制に移行）

年	円／ドル
1955（昭和30）	360.00
1970	360.00
1973（昭和48）	280.00
1975	305.15
1980	203.60
1985	200.60
1989（平成1）	143.40
1990	135.40
1991	125.25
1992	124.65
1993	111.89
1994	99.83
1995	102.91
1996	115.98
1997	129.92
1998	115.20
1999	102.08
2000	114.90
2001	131.47
2002	119.37
2003	106.97
2004	103.78
2005	117.48
2006	118.92
2007	113.12
2008	90.28
2009	92.13
2010	81.51
2011	77.57
2012	86.32
2013	105.37
2014	119.80
2015	120.42
2016	117.11
2017	112.65
2018	110.40
2019	109.15
2020	103.33

公定歩合は日本銀行が一般市中銀行に対して担保貸付をするときの金利率で，金融市場における標準金利をなすものである。景気の過熱を防ぐときは利率を上げ，景気の回復を計るときはこれを下げて調節する。昭和44年9月から，日歩計算を年利率に改めた。正式名称は基準貸付利率（基準割引率）。1990年代後半から，主な金融調整の手段は公開市場操作に移行し，短期金融市場の金利操作が重要政策となっている。

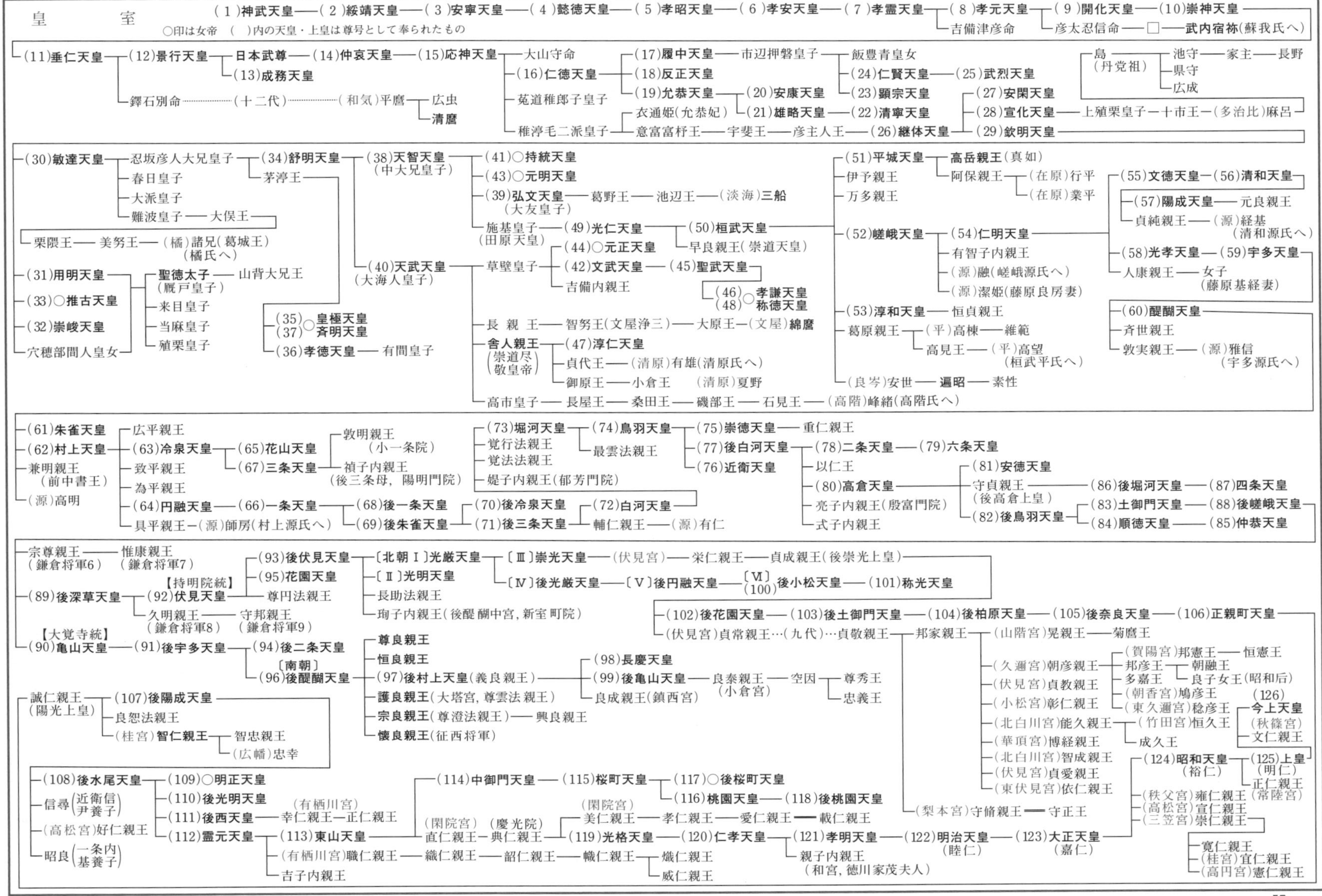
皇室
(1)神武天皇—(2)綏靖天皇—(3)安寧天皇—(4)懿徳天皇—(5)孝昭天皇—(6)孝安天皇—(7)孝霊天皇—(8)孝元天皇—(9)開化天皇—(10)崇神天皇
○印は女帝 ( )内の天皇・上皇は尊号として奉られたもの
吉備津彦命
彦太忍信命—□—武内宿祢(蘇我氏へ)
(11)垂仁天皇—(12)景行天皇—日本武尊—(14)仲哀天皇—(15)応神天皇—大山守命
(13)成務天皇
鐸石別命……(十二代)……(和気)平麿—広虫
清麿
(16)仁徳天皇—(17)履中天皇—市辺押磐皇子—飯豊青皇女
(18)反正天皇
(24)仁賢天皇—(25)武烈天皇
(19)允恭天皇—(20)安康天皇
(23)顕宗天皇
(21)雄略天皇—(22)清寧天皇
菟道稚郎子皇子
衣通姫(允恭妃)
稚渟毛二派皇子—意富富杼王—宇斐王—彦主人王—(26)継体天皇
(27)安閑天皇
(28)宣化天皇—上殖栗皇子—十市王—(多治比)麻呂
(29)欽明天皇
島(丹党祖)—池守—家主—長野
県守
広成
(30)敏達天皇—忍坂彦人大兄皇子—(34)舒明天皇—(38)天智天皇(中大兄皇子)
春日皇子
大派皇子
難波皇子—大俣王
茅渟王
栗隈王—美努王—(橘)諸兄(葛城王)(橘氏へ)
(31)用明天皇—聖徳太子(厩戸皇子)—山背大兄王
来目皇子
当麻皇子
殖栗皇子
(33)○推古天皇
(32)崇峻天皇
穴穂部間人皇女
(35)(37)○皇極天皇 斉明天皇
(36)孝徳天皇—有間皇子
(41)○持統天皇
(43)○元明天皇
(39)弘文天皇(大友皇子)—葛野王—池辺王—(淡海)三船
施基皇子(田原天皇)—(49)光仁天皇—(50)桓武天皇
早良親王(崇道天皇)
(40)天武天皇(大海人皇子)—草壁皇子—(44)○元正天皇
(42)文武天皇—(45)聖武天皇—(46)(48)○孝謙天皇 称徳天皇
吉備内親王
長親王—智努王(文屋浄三)—大原王—(文屋)綿麿
舎人親王(崇道尽敬皇帝)—(47)淳仁天皇
貞代王—(清原)有雄(清原氏へ)
御原王—小倉王 (清原)夏野
高市皇子—長屋王—桑田王—磯部王—石見王—(高階)峰緒(高階氏へ)
(51)平城天皇—高岳親王(真如)
阿保親王—(在原)行平
(在原)業平
伊予親王
万多親王
(52)嵯峨天皇—(54)仁明天皇
有智子内親王
(源)融(嵯峨源氏へ)
(源)潔姫(藤原良房妻)
(53)淳和天皇—恒貞親王
葛原親王—(平)高棟—維範
高見王—(平)高望(桓武平氏へ)
(良岑)安世—遍昭—素性
(55)文徳天皇—(56)清和天皇
(57)陽成天皇—元良親王
貞純親王—(源)経基(清和源氏へ)
(58)光孝天皇—(59)宇多天皇
人康親王—女子(藤原基経妻)
(60)醍醐天皇
斉世親王
敦実親王—(源)雅信(宇多源氏へ)
(61)朱雀天皇
(62)村上天皇—広平親王
(63)冷泉天皇—(65)花山天皇
(67)三条天皇—敦明親王(小一条院)
禎子内親王(後三条母,陽明門院)
致平親王
為平親王
(64)円融天皇—(66)一条天皇—(68)後一条天皇
(69)後朱雀天皇—(70)後冷泉天皇
(71)後三条天皇—(72)白河天皇
輔仁親王—(源)有仁
具平親王—(源)師房(村上源氏へ)
兼明親王(前中書王)
(源)高明
(73)堀河天皇—(74)鳥羽天皇—(75)崇徳天皇—重仁親王
最雲法親王
(77)後白河天皇—(78)二条天皇—(79)六条天皇
以仁王
(80)高倉天皇—(81)安徳天皇
守貞親王(後高倉上皇)—(86)後堀河天皇—(87)四条天皇
(82)後鳥羽天皇—(83)土御門天皇—(88)後嵯峨天皇
(84)順徳天皇—(85)仲恭天皇
亮子内親王(殷富門院)
式子内親王
(76)近衛天皇
覚行法親王
覚法法親王
媞子内親王(郁芳門院)
宗尊親王(鎌倉将軍6)—惟康親王(鎌倉将軍7)
(89)後深草天皇—(92)伏見天皇【持明院統】—(93)後伏見天皇—〔北朝Ⅰ〕光厳天皇—〔Ⅲ〕崇光天皇—(伏見宮)—栄仁親王—貞成親王(後崇光上皇)
〔Ⅳ〕後光厳天皇—〔Ⅴ〕後円融天皇—〔Ⅵ〕(100)後小松天皇—(101)称光天皇
〔Ⅱ〕光明天皇
長助法親王
珣子内親王(後醍醐中宮,新室町院)
(95)花園天皇
尊円法親王
久明親王(鎌倉将軍8)—守邦親王(鎌倉将軍9)
(102)後花園天皇—(103)後土御門天皇—(104)後柏原天皇—(105)後奈良天皇—(106)正親町天皇
(伏見宮)貞常親王…(九代)…貞敬親王—邦家親王—(山階宮)晃親王—菊麿王
(久邇宮)朝彦親王—(賀陽宮)邦憲王—恒憲王
邦彦王—朝融王
良子女王(昭和后)
多嘉王
(朝香宮)鳩彦王
(東久邇宮)稔彦王
(伏見宮)貞教親王
(小松宮)彰仁親王
(北白川宮)能久親王—(竹田宮)恒久王
成久王
(華頂宮)博経親王
(北白川宮)智成親王
(伏見宮)貞愛親王
(東伏見宮)依仁親王
(梨本宮)守脩親王—守正王
【大覚寺統】
(90)亀山天皇—(91)後宇多天皇—(94)後二条天皇
〔南朝〕(96)後醍醐天皇—尊良親王
恒良親王
(97)後村上天皇(義良親王)—(98)長慶天皇
(99)後亀山天皇—良泰親王(小倉宮)—空因—尊秀王
忠義王
良成親王(鎮西宮)
護良親王(大塔宮,尊雲法親王)
宗良親王(尊澄法親王)—興良親王
懐良親王(征西将軍)
誠仁親王(陽光上皇)—(107)後陽成天皇
良恕法親王
(桂宮)智仁親王—智忠親王
(広幡)忠幸
(108)後水尾天皇—(109)○明正天皇
(110)後光明天皇
(111)後西天皇—(有栖川宮)幸仁親王—正仁親王
(112)霊元天皇—(113)東山天皇—(114)中御門天皇—(115)桜町天皇—(117)○後桜町天皇
(116)桃園天皇—(118)後桃園天皇
(閑院宮)直仁親王—典仁親王(慶光院)—美仁親王—孝仁親王—愛仁親王—載仁親王
(119)光格天皇—(120)仁孝天皇—(121)孝明天皇—(122)明治天皇(睦仁)—(123)大正天皇(嘉仁)—(124)昭和天皇(裕仁)—(125)上皇(明仁)—(126)今上天皇
(秋篠宮)文仁親王
正仁親王(常陸宮)
(秩父宮)雍仁親王
(高松宮)宣仁親王
(三笠宮)崇仁親王—寛仁親王
(桂宮)宜仁親王
(高円宮)憲仁親王
親子内親王(和宮,徳川家茂夫人)
(有栖川宮)職仁親王—織仁親王—韶仁親王—幟仁親王—熾仁親王
威仁親王
吉子内親王
信尋(近衛信尹養子)
(高松宮)好仁親王
昭良(一条内基養子)

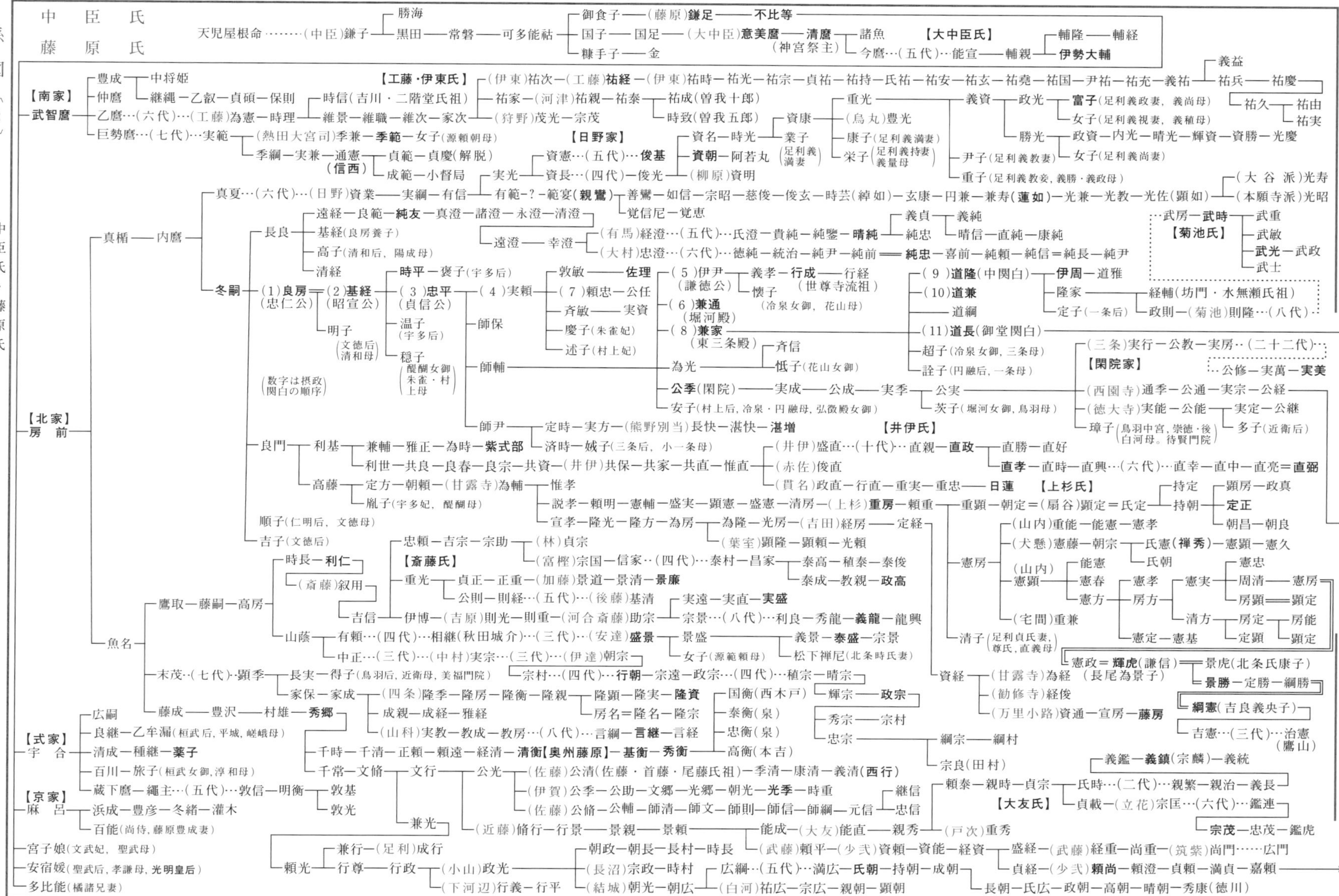

○ 后は皇后。皇后と中宮は，同じ意味のもの。

○ 武家の系図などには祖先の疑問のものもあるが，通説に従っておく。

大伴氏

道臣命……(大伴)武以
室屋——談——**金村**
□—咋——長徳(馬飼)——安麻呂
狭手彦
御行—□—駿河麿
旅人—**家持**——永主
書持
田主
宿奈麻呂—田村大嬢
坂上大嬢(家持妻)
坂上娘女
馬来田——道足
智仙娘(藤原鎌足母)
？古麿—継人—(伴)国道—**善男**—中庸

物部氏

饒速日命…伊香色雄命
(物部)十市根—膽咋—五十琴—伊莒弗—目—荒山——**尾輿**—**守屋**—？
真椋—小事
懐—木蓮子—麻佐良
麁鹿火
雄君—(石上)馬古—公麻呂—乙麻呂—**宅嗣**
大咩布命—(大部)豊日…… 稲守—(有道)氏道…(三代)…維広
維能(藤原伊周家令)——(児玉)維行(**児玉党**)—弘行——家行—家弘—弘高—家長—(本庄)家次
経行(秩父・人見氏等祖)—時行—行家

蘇我氏・紀氏

武内宿禰
(巨勢)小柄
(蘇我)石川麿—満智—韓子—高麗—**稲目**—**馬子**——**蝦夷**——**入鹿**
女子(聖徳太子妃)
倉麿——**倉山田石川麿**
連子——安麿
赤兄
堅塩媛(欽明妃，用明・推古母)
小姉君(欽明妃，崇峻母)
(平群)木菟—**真鳥**—鮪
(紀)大人—園益—諸人
麻呂—飯麻呂—古佐美—広浜—長江—豊河—兼弼
御園—御豊
善峰—夏井
麻呂名—真人——国守—貞範—**長谷雄**
淑望
猿取——船守——梶長—□—本道
望行—**貫之**—時文—輔時
文正
有友—**友則**
助内侍(古今作家)
(紀)角—田鳥……小弓—大磐
(葛城)**襲津彦**—葦田
□——玉田—円

小野氏

(小野)**妹子**——毛人——毛野——永見——**岑守**
篁—俊生——義材
葛弦—**好古**
道風
時季—孝泰—(横山)義孝——資孝—経兼
(**横山党**)
時貞—(猪俣)時範——忠兼
(**猪俣党**)

橘氏

敏達天皇…(三代)…美努王
(橘)**諸兄**—奈良麿—島田麿—真材—峰範—広相…(六代)…盛仲
長谷雄…(四代)…道貞—小式部内侍
和泉式部
当主…(五代)…元愷—永愷(**能因**)
有主—継氏—善根—性空(**書写**)
清友—氏公—峰継
嘉智子(嵯峨后，檀林皇后)
入居——**逸勢**
(県犬養橘)三千代(橘夫人)
光明皇后
(藤原)不比等
(楠木)正遠—**正成**—**正行**
正時
正儀
正季
(和田)正氏
【**楠木氏**】

藤原氏

(12)**頼通**——(14)**師実**—(15)**師通**——(16)**忠実**—(17)**忠通**——(18)(近衛)**基実**—($^{20,22}_{24}$)基通——($^{26}_{28}$)家実—(近衛)兼経—基平—家基—経平—基嗣…(六代)…稙家—前久
【**五摂家**】
(鷹司)兼平—基忠—冬平—冬教—師平—冬通
通子(高倉妃)
(19)(松殿)基房——(21)師家
(以下摂政関白の順を略す)
信尹(三藐院)＝信尋(後陽成皇子)—尚嗣—基熙—**家熙**(予楽院)—家久—内前
経熙—基前—忠熙—忠房—篤麿—**文麿**
(23)(九条)**兼実**—(25)良経—($^{27,29}_{31}$)道家—(九条)教実—忠家—忠教—房実—道教—経教…(十三代)…輔家＝輔嗣
(二条)良実—師忠—兼基—道平—良基—師嗣—持基—持通—政嗣
良冬—基冬—師冬—**満済**(三宝院)
(一条)実経—家経
立子(順徳后)(仲恭母)
任子(後鳥羽后)
慈円(慈鎮)
頼長(悪左府)
泰子(鳥羽后)
(花山院)家忠
(大炊御門)経実—経宗—頼実—師経
懿子(後白河妃，二条母)
嫄子(敦康親王女，後朱雀中宮)
寛子(後冷泉中宮)
頼宗—俊家—(中御門)宗俊—宗忠
能信—茂子(後三条妃，白河母)
(13)**教通**—信長
歓子(後冷泉后)
(御子左)長家—忠家—俊忠—**俊成**—**定家**—為家—為氏—(二条)**為世**—為通—為定
(御子左)為藤—為明
為冬—為重
女子(後醍醐妃，尊良・宗良母)
(京極)為教—為明
(冷泉)為相—為秀
彰子(一条中宮，上東門院)
妍子(三条中宮)
威子(後一条中宮)
嬉子(後朱雀妃，後冷泉母)
→実氏—公相—実兼—公衡—実衡—寧子(後伏見女御 光厳・光明母)
瑛子(亀山中宮)
鏱子(伏見中宮)
禧子(後醍醐中宮)
公宗—実俊…(二十代)…師季＝**公望**
公重
公良(伊予西園寺氏祖)
姞子(後嵯峨中宮，後深草亀山母)
公子(後深草后)
実雄(山階)—(洞院)公守—実泰—公賢—実夏—公定
佶子(亀山中宮，後宇多母)
愔子(後深草妃，伏見母)
季子(伏見妃，花園母)
内実—内経—経通—経嗣—**兼良**
教房(土佐一条)—房家—房冬—房基
冬良—房通—内基＝昭良(後陽成皇子)……(六代)…忠香—実良
美子(明治后，照憲皇太后)
尚忠—幸経—道孝—道実——道秀
夙子(孝明后)
節子(大正后，貞明皇后)

菅原氏

野見宿祢……宇庭—(秋篠)安人
(菅原)古人——清公—善主——宗岳
是善——**道真**—高規—雅規—資忠—孝標—定義—(高辻)是綱
(唐橋)在良
女子(橘俊通妻，更級日記作者)
菅忠—持賢—永頼(美作菅家党祖)
文時—雅熙—宣義
淳茂
寧子(尚侍)
女子(斉世親王室)
衍子(宇多女御，斉子内親王母)
忠臣
興善
(大枝)真仲——直臣

高階氏・高氏

天武天皇—高市皇子…(四代)…(高階)峰緒—茂範—師尚—良臣
成忠—明順
敏忠—業遠—業敏—経成—経俊＝通憲(信西，藤原実兼子)
成佐—惟章＝惟頼—(高)惟真—惟範—惟長—惟重—重氏—師氏—師重—師泰——師世
師直—師友
師詮
師冬
師夏
師茂
成経—泰仲—重仲—泰重—**泰経**—経仲

越智氏・河野氏

(越智)益躬…………時孝—為綱—(寺町)宗綱
(北条)親孝—康孝——安経
(河野)親経—親清—通清—通信
(得能)通俊—通村—**通綱**(通言)
通久——通継——**通有**—(土居)**通治**
通盛—通朝—通尭—通義—通久—通直—通宣—通直—(一柳)宣高
通弘—通則—通兼—(稲葉)通祐
(林)通忠
通広—(別府)通朝
智真(**一遍**)
(土居)通成—**通増**
通世—通村

清原氏

天武天皇—舎人親王—貞代王—(清原)有雄—通雄—海雄—房則—業恒—広澄…(十四代)…宗業—**業忠**
深養父——顕忠——元輔——**清少納言**
…？(四代)…**武則**—武貞—**真衡**——成衡
家衡
清衡
武衡
(舟橋)宗賢—宣賢—業賢—頼賢
(舟橋)枝賢—国賢—秀賢
秀相—相賢
(伏原)賢忠
御原王—小倉王—(清原)**夏野**
(龍造寺)家純—家門
周家—**隆信**—政家
高房
→教頼—政資—**直茂**—**勝茂**—忠直
経直—(鍋島)経房—茂尚—清房

大江氏

(大枝)本主—(大江)音人—玉淵—朝綱
千里—維繁
千古—維明—仲宣—以言
維時—重光—匡衡—**赤染衛門**
挙周—成衡
江侍従
匡房—維順—維光—**広元**—親広—広時
(長井)時広
(那波)宗光
(毛利)季光—経光…(八代)…弘元—興元
元就
(海東)忠成
隆元—**輝元**—秀就—綱広
(吉川)元春
(小早川)隆景＝秀秋

系図〔4〕 桓武平氏・嵯峨源氏・宇多源氏・佐々木氏

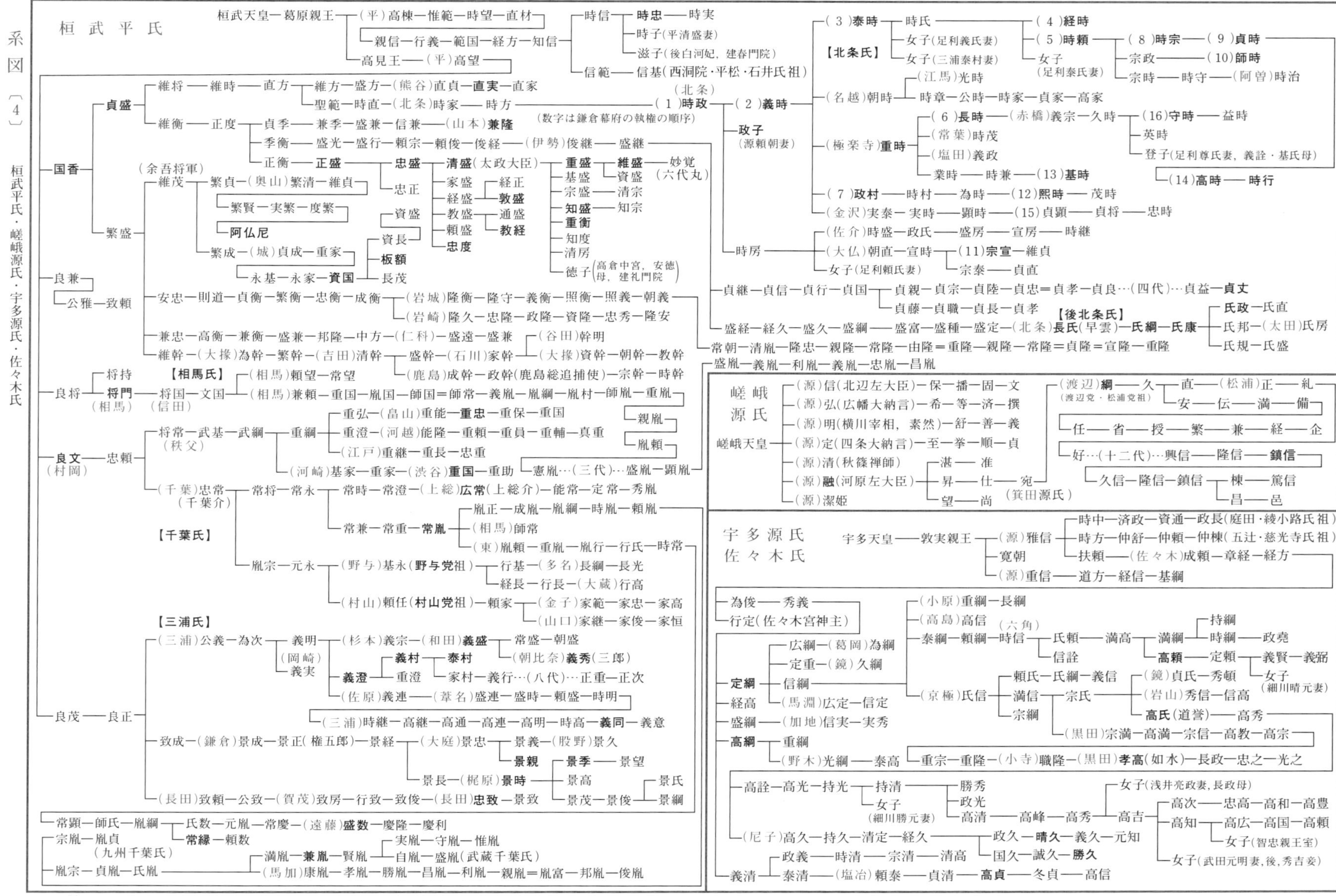

清和源氏

清和天皇――貞純親王　(多田)頼綱―明国―行国―頼盛―行綱―定綱―光綱　頼康―康行―(世保)康政―持頼　**頼芸**―頼次―頼勝

仲政―**頼政**(源三位)―**仲綱**―宗綱―公綱―忠綱　(揖斐)頼雄―詮頼　成頼―政房　治頼―治英―治綱

(源)経基―**満仲**(多田新発意)―**頼光**―頼国―(山県)国直―国政―頼清―経国　光行―(饗庭)光俊―国綱―国純―国成―国義　頼忠―頼益―持益―女子(六角高頼妻)

(八島)満政―忠重　国房――光国――(土岐)光信―光基　光衡　光定―頼貞――頼清　(多治見)**国長**　頼基―頼重……(九代)……(明智)**光秀**

満快　頼家―満綱　光長―国長　(舟木)頼重――頼春　**幸長**―長晟―光晟―綱晟―綱長

満季―致公　頼房―頼俊―(宇野)頼治―親弘　親治―有治　(浅野)光時―光忠―光盛―国盛―頼隆……(不明)……長勝＝**長政**　長慶―長直―長友―**長矩**

頼親　(福原)頼遠―(石河)有光(柳津源太)　(高木)基弘―信光…(十四代)…宣光―清秀―正次―正成　師義―氏幸―熙之―教之―豊之―政之

致任―定俊―(高屋)為経　源賢(丹波犬甘党祖)　義理―義清―教清―政清　豊定―豊国

頼信　**義平**(悪源太)　(数字は将軍の順序)　家村―家景―(馬場)家佐　氏冬　時清

義朝―(1)**頼朝**―(2)**頼家**―一幡丸　(千村)家重　【山名氏】　教豊―政豊　致豊

義賢　希義　(3)**実朝**　公暁　基家―家仲―家教　(木曽)　勝豊―豊時　誠豊

為朝(鎮西八郎)　**範頼**(蒲冠者)　女子(藤原頼経妻)　家道…(八代)…義康―義昌　**氏清**　満氏

全成(阿野禅師)　(山名)　義範―義節―重国―重村―義長―義俊―政氏―時氏　時義―時熙―**持豊**(宗全)　政豊　祐豊

義親――**為義**　**行家**(新宮十郎)　義円

義経(源九郎)　義成　義基―義秀―忠義―義胤―義連―基義―家兼―家基―**義実**―成義　義通―義豊

(八幡太郎)　(清水)　(里見)(田中)　(大井田)義継　実尭―義尭―義弘

義家　維義(松井冠者)　女子(一条能保妻)　義隆　義俊　清義　【新田氏】

(木曽)**義仲**(旭将軍)　義基―義茂　(大新田)　(鳥山)時成　義頼―義康―忠義

義国――**義重**(新田)　義兼(小新田)―義房―政義　(新田)政氏―基氏―時氏―**義貞**　義顕

義時―義基―(石川)義兼―頼房…(十一代)…家成―忠総―勝康―昌勝　(大館)家氏―宗氏―氏明　(脇屋)義助　義興

成尭―総長―総良　(堀口)家貞―貞義　義宗

頼義　(若槻)頼隆―頼胤―(押田)胤義　(得川)義季　頼章―頼夏―頼尹

(森)義隆―頼定―定氏―頼氏…(十代)…可成―長定(蘭丸)　(仁木)　義長…(？)…(榊原)利長　(細川)**忠興**―忠利

忠政―長継―長俊　(額田)経義　実国―義俊―義継―師義―義勝　光尚―綱利＝宣紀

(賀茂二郎)　(細川)　和氏―清氏　**頼之**【細川氏】―教春

義綱　(美乃)義仲―盛宗―(石橋)盛俊―家盛―盛行　義清―義実―義季―公頼　頼春　頼有―頼長―持有　常有―元有―元常―(長岡)**藤孝**(細川幽斎)

(三上)盛実―盛経―盛員―家員　俊氏　師氏―氏春　頼元―満元―持之―**勝元**　澄之

義光(新羅三郎)　(手原)実保　頼貞―顕氏―繁氏　詮春　満国　持賢　政元　高国―氏経

国氏―国詮―満泰―持泰―政泰―(二本松)尚泰　満之　澄元―晴元―信良

(佐竹)義業―昌義―隆義―秀義―義重―長義―義胤―行義―貞義―義篤―義宣　(足利)　【畠山氏】　持春―政国―政賢―澄賢

【佐竹氏】　(山本)義定―義経―(錦織)義弘―義重　義盛＝義仁―義俊―義治―義舜　義康　高国　国清―義清　満家―持国―**義就**―義豊―義英―昭高

(柏木)義兼―義章―頼兼　(畠山)　義純―泰国―時国―貞国―家国―義深―基国　持富―**政長**―尚順―政国―政頼

(逸見)　義篤―義昭―義重―**義宣**＝義隆―義処

清光―光長―基義―惟義　義長　義生―義方―宗義―宗国―直宗　満則―義忠―義有―義統

(一条)忠頼―(甘利)行忠―行義

【武田氏】　(板垣)兼信―頼重　義格＝義峰＝義堅　(吉良)満氏―貞義―満義―満貞―俊氏―義尚＝義元―義尭―義安―義定―義弥―義冬―**義央**

(武田)義清―(武田)信義―信光―信政―信時―時綱―信宗―信武　長氏　(今川)　範氏―泰範―範政―範忠―義忠―氏親―**義元**―氏真―範以

国氏―基氏―範国　**貞世**(了俊)―貞臣―貞相―範政―貞延　女子(北条氏康妻)

信成―信春―信満―信重―信守―信昌―信縄―信虎―**晴信**(信玄)―**勝頼**―信勝　義兼

氏信―満信―信守―信繁―信賢(安芸武田)―元綱―元繁　(斯波)　**高経**―家長―詮経　義豊　**義廉**

国信(若狭武田)―元信―元光―信豊―義統―元明　家氏―宗家―家貞　義将―義重―義淳　義郷―義健　**義敏**―義寛

(加々美)　義氏　(渋川)義顕　家兼―(最上)兼頼―直家―満直―満家―義春―義秋―満氏

遠光―(秋山)光朝―光忠―時忠―時光―光氏―氏時―光時　(石塔)

【小笠原氏】　(安田)義定　(小笠原)長清―長経―長忠―長政―長氏―宗長―貞宗　頼茂―義房　義淳―義定―義守―義光―家親―義俊

(二宮)清隆　(三好)長房…(九代)…之長―長秀　女子(伊達輝宗妻，政宗母)

(田井)義長　泰氏　義春―貞頼―義季―直頼―義行―満頼―義俊―義鏡―義尭―義基

(曽根)厳尊　元長―**長慶**―義興　満行―(御調)満直―教直　(板倉)頼重

(奈胡)義行　康長(笑岩)―之康　義次―長之―長継　(一色)

(浅利)義成　(十河)長正―存保　公深―範氏―範光―詮範―満範―持範―政照―政具―晴具―藤長―範勝

(八代)信清　(南部)光行―実光…(十三代)…助政―信時―政康―高信　直氏―氏兼　義範―義直―義春　秀勝―**崇伝**

(足利)頼氏　(4)**義持**―(5)**義量**　好重―勝重―重宗―重郷

信直―利直―重信　(数字は将軍の順序)　直冬　義嗣　(7)**義勝**　重大　重冬

政長―長基―長将　持長―清宗―長朝―貞朝―長棟―長時　家時―貞氏―(1)**尊氏**―(2)**義詮**―(3)**義満**―(6)**義教**―(8)**義政**―(9)**義尚**　重昌　**重矩**

有義―(金津)資義　政康―光康―家長　直義　義視―(10)**義植**(義材，義尹)　(13)**義輝**

(平賀)盛義　義信―(大内)**惟義**―惟信―惟時―信治―(竹内)氏治　貞慶―秀政　【足利氏】　義久　政知―茶々丸　(12)**義晴**　(15)**義昭**

朝政―朝経　忠脩―長次　長章―長胤　(鎌倉公方)　春王　(堀越公方)　(11)**義澄**　義維　(14)**義栄**

頼清―仲宗―顕清―(村上)為国―安信―信村―胤信―信泰―**義日**(義光)―義隆　長勝＝長胤＝長円　**基氏**―氏満―満兼―持氏　安王　成氏―政氏―高基―晴氏―(喜連川)義氏＝国朝

頼季―(井上)満実―(村山)家平―義直―義重―義助―義信　義国…(五代)…頼衡―義清―義利　隆義―義房―信義　持仲　(古河公方)　義明(小弓御所)――頼純――国朝

村上源氏

村上天皇—具平親王—(源)師房

俊房—師頼 / 顕通—明雲
顕房—雅実—雅定—(久我)雅通—(土御門)通親 / (唐橋)通資
雅兼—季房…(八代)…(名和)行高—長年—義高—顕興
定房
師忠

通宗—通子(土御門妃, 後嵯峨母)
(堀川)通具—具実—基具—具守—基子(後宇多妃, 後二条母)
(久我)通光—通忠(久我・岩倉・千種氏祖)
定通—顕定 / 通有—(六条)有房—有忠—有光—有孝 / (千種)忠顕
通方—(中院)通成—通頼—通重
(北畠)雅家—師親—師重—親房—顕家 / 顕信 / 顕能
師行—具行
在子(後鳥羽妃, 土御門母)
【北畠氏】

定忠—師季—(赤松)季方—季則
頼則—則景—家範—久範—茂範
則村(円心)—範資—光範—満弘—元久
貞範—顕範—満貞—貞村—教祐 / 貞祐—元祐
持貞
【赤松氏】
則祐—義則—満祐—教康
満則—義雅—性存—政則═義村—晴政—義祐—則房
氏則
(有馬)義祐—持家—元家—則秀—澄則—則景—重則—則頼—豊氏—忠頼—頼利—頼旨
円光—(別所)敦光—敦範—宗秀—則治—光治—安治—長治

顕俊—俊通—(木造)俊康—持康—教親—政宗—俊茂—具政—長政
俊康—(坂内)雅俊—具能—房郷—親能—具祐—具房
顕泰—満雅—教具—政具—材親—晴具—具教—信雄(織田信長子)
(大河内)顕雅═親郷
(大河内)親忠—親泰
(星合)頼房—具種—教房
(神戸)具盛(神戸養子)—信孝(織田信長子)

島津氏

(惟宗)基言—広言—(島津)忠久—忠義
比企禅尼(源頼朝乳母)—丹後局
(比企)能員(妻は源頼家乳母)—宗員 / 若狭局(源頼家妻, 一幡母)
(山田)忠継—忠宗—貞久—氏久—元久 / 久豊
(伊作)久長
久経—時久(新納氏祖) / 資久(樺山氏祖) / 資忠(北郷氏祖)
忠経—俊忠—久兼(伊集院氏祖)

忠国—友久—忠幸＝忠良—忠将—征久—忠興—久雄—忠高
立久—忠昌—勝久＝貴久—義久
義弘—家久—光久—綱久—綱貴 / 綱貴—吉貴—継豊—宗信 / 重年—重豪—女子(徳川家斉妻)
斉宣—斉興—齊彬═忠義 / 久光—忠義

大内氏

百済王子琳聖太子……(多々良)正恒……(十四代)……(大内)弘幸—弘世—義弘—持世 / 盛見—持盛
(山口)盛幸—盛重—盛政—重政—弘隆—重貞
教幸—任世—教仲
教弘—政弘—義興—義隆—義長(大友義鑑子) / 義国
女子(大友義鑑妻)

浅井氏

(浅井)賢政—亮政—久政—長政—淀君(茶々)(豊臣秀吉妻, 秀頼母) / 女子(京極高次妻) / 江与姫(徳川秀忠妻, 家光母)
女子(京極高吉妻)
女子(京極高秀妻)

朝倉氏

(朝倉)広景—氏景—貞景—孝景—教景
氏景—貞景—孝景—義景—教景—忠景
景紀—景恒
景延—女子(斎藤龍興妻)

織田氏

(織田)久長—敏広—敏信 / 敏定—信定
信秀—信広—女子(丹羽長秀妻)
信長—信忠—秀信(三法師)
信雄(北畠)—信良—信昌 / 高長—長頼
信孝(神戸)
秀勝(豊臣秀吉養子)
信行—信澄
長益(有楽)—長政 / 尚長
女子(浅井長政妻, 淀君母, 後, 柴田勝家妻)
信康—信清—信益—女子(松平秀康妻) / 女子(徳川義直妻)

豊臣氏

(杉原)家利—家次—長房
女子(浅野長勝妻)
(木下)助右衛門—家定—重長 / 勝俊(長嘯) / 利房—利当 / 延俊—俊治 / 秀秋(小早川嗣)
女子 / おやや(浅野長政妻) / おねね(北政所, 高台院)
(三好)一路—秀次 / 秀勝 / 秀俊
(木下)弥右衛門—瑞龍院日秀
女子(大政所)—(豊臣)秀吉—秀勝 / 秀次
筑阿弥—秀長(大和大納言)═秀俊 / 朝日姫(徳川家康妻)
棄君(鶴松)
秀頼—国松 / 女子(東慶寺尼)
(佐久間)盛次—盛政
女子
(浅井)長政—淀君
(織田)信秀—女子
(柴田)勝家═勝政(佐久間盛政弟)

徳川氏

(数字は将軍の順序)

(松平)親氏—泰親—益親
広親(酒井)【酒井氏】—氏忠—忠勝—康忠—忠親—忠次—家次—忠勝—忠当—忠義—忠真
家忠—信親—家次
(本多)助政—定通—定忠—定助—助時…(三代)…忠勝—忠政 / 正時—信正—重正—重次
【本多氏】
定正…(四代)…俊正—正信—正純
正親—重忠—忠世
女子
(榊原)長政—康政—忠政—忠行—忠清 / 忠挙—忠相
【榊原氏】
女子

広忠—(1)(徳川)家康
伝通院夫人—康元 / 康俊 / 定勝〔久松松平〕
(久松)俊勝

【松平氏】
守家〔竹谷松平〕
親忠—親長〔岩津松平〕 / 長親 / 乗元〔大給松平〕 / 親光〔西福釜松平〕 / 乗清〔瀧脇松平〕
興嗣〔形原松平〕
光重〔大草松平〕
恵景〔深溝松平〕
光親〔能見松平〕
親則〔長沢松平〕
信重〔長沢松平〕
信忠—清康 / 信孝〔三木松平〕 / 康孝〔鵜殿松平〕
親盛〔福釜松平〕
信定〔桜井松平〕
義春〔東条松平〕
利長〔藤井松平〕

(岡崎)信康
女子(奥平信昌妻)
女子(北条氏直妻, 後, 池田輝政妻)
(結城)秀康(福井松平)—(松平)忠直—光長(津山)
(松平)忠昌—光通(福井)
(松平)直政(松江)
(2)秀忠
千姫(豊臣秀頼妻, 後, 本多忠刻妻)
(3)家光—(4)家綱═(5)綱吉═(6)家宣—(7)家継═(8)吉宗
(甲府)綱重 / 綱吉
家宣
清武(館林)
忠長(駿河)
和子(後水尾中宮 東福門院)
(保科)正之(会津松平)
(武田)信吉
女子(蒲生秀行妻, 後, 浅野長晟妻)

(9)家重—(10)家治═(11)家斉—(12)家慶
【清水】重好—敦之丞═斉順—斉明
【田安】宗武—治察═斉匡—斉位 / 慶寿 / 慶永(福井松平)—義親 / 慶頼—家達 / 達孝 / 頼倫 / 慶蔵
(白河)(松平)定信
【一橋】宗尹—治済—家斉 / 斉匡 / 斉敦—斉礼＝斉位＝慶昌＝慶寿＝慶喜
斉順 / 斉明 / 斉荘 / 斉温 / 斉彊
(13)家定＝(14)家茂＝(15)慶喜—家達 / 慶久
慶昌

【尾張】義直—光友—綱誠—吉通—五郎太
継友＝宗春＝宗勝—宗睦—治行═斉朝═斉温
斉朝
義行 / 継友 / 宗春
義昌
友著—宗勝
斉荘＝慶蔵═慶勝═茂徳＝義宜＝慶勝＝義礼＝義親
義宜
【紀伊】頼宣—光貞—綱教＝頼職＝吉宗＝宗直—宗将—重倫—治貞＝治宝＝斉順
頼職 / 治貞 / 頼謙—治宝 / 頼看 / 頼啓—頼学—茂承
吉宗
頼純—宗直
斉彊═慶福(家茂)═茂承═頼倫═頼貞
慶福
【水戸】頼房—(高松松平)頼重—頼条(綱条) / 頼常—頼豊—宗尭
光圀—綱条＝宗尭—宗翰—治保—治紀—斉脩═斉昭—慶篤═昭武 / 慶喜 / 篤敬
頼常
頼元 / 頼隆 / 頼雄
頼恕—頼聡—義礼
斉昭
義和—義健—慶勝 / 茂徳
篤敬—圀順

○1937年（昭和12年）

長岡半太郎 1865〜1950 物理学
本多光太郎 1870〜1954 物理学
木村栄 1870〜1943 天文学
佐佐木信綱 1872〜1963 国文学
幸田露伴 1867〜1947 文学
岡田三郎助 1869〜1939 洋画
竹内栖鳳 1864〜1942 日本画
横山大観 1868〜1958 日本画
藤島武二 1867〜1943 洋画

○1940年（昭和15年）

高木貞治 1875〜1960 数学
西田幾多郎 1870〜1945 哲学
川合玉堂 1873〜1957 日本画
佐々木隆興 1878〜1966 医学

○1943年（昭和18年）

伊東忠太 1867〜1954 建築学
鈴木梅太郎 1872〜1943 農化学
朝比奈泰彦 1881〜1975 薬学
湯川秀樹 1907〜1981 物理学
徳富蘇峰 1863〜1957 評論
三宅雪嶺 1860〜1945 史伝
和田英作 1874〜1959 洋画

○1944年（昭和19年）

高楠順次郎 1866〜1945 仏教学
狩野直喜 1868〜1947 漢学
田中館愛橘 1856〜1952 物理学
岡部金治郎 1896〜1984 電気工学
稲田竜吉 1874〜1950 医学
志賀潔 1870〜1957 細菌学

○1946年（昭和21年）

中田薫 1877〜1967 法制史
宮部金吾 1860〜1951 植物学
俵国一 1872〜1958 冶金学
仁科芳雄 1890〜1951 物理学
梅若万三郎 1868〜1946 能楽
岩波茂雄 1881〜1946 出版

○1948年（昭和23年）

木原均 1893〜1986 遺伝学
長谷川如是閑 1875〜1969 評論
安田靫彦 1884〜1978 日本画
朝倉文夫 1883〜1964 彫刻
上村松園 1875〜1949 日本画

○1949年（昭和24年）

尾上菊五郎 1885〜1949 歌舞伎
津田左右吉 1873〜1961 歴史学
鈴木大拙 1870〜1966 仏教学
三浦謹之助 1864〜1950 医学
岡田武松 1874〜1956 気象学
真島利行 1874〜1962 化学
志賀直哉 1883〜1971 文学
谷崎潤一郎 1886〜1965 文学

○1950年（昭和25年）

牧野英一 1878〜1970 法学
土井晩翠 1871〜1952 文学
田辺元 1885〜1962 哲学
藤井健次郎 1866〜1952 細菌学
三島徳七 1893〜1975 金属学
小林古径 1883〜1957 日本画
正宗白鳥 1879〜1962 文学

○1951年（昭和26年）

柳田国男 1875〜1962 民俗学
西川正治 1884〜1952 物理学
菊池正士 1902〜1974 物理学
光田健輔 1876〜1964 医学
武者小路実篤 1885〜1976 文学
斎藤茂吉 1882〜1953 和歌
中村吉右衛門 1886〜1954 歌舞伎

○1952年（昭和27年）

梅原竜三郎 1888〜1986 洋画
熊谷岱蔵 1880〜1962 医学
佐々木惣一 1878〜1965 憲法学
辻善之助 1877〜1955 歴史学
朝永振一郎 1906〜1979 物理学
永井荷風 1879〜1959 文学
安井曾太郎 1888〜1955 洋画

○1953年（昭和28年）

宇井伯寿 1882〜1963 印度哲学
羽田亨 1882〜1955 歴史学
矢部長克 1878〜1969 地質学
板谷波山 1872〜1963 陶芸
香取秀真 1874〜1954 鋳金
喜多六平太 1874〜1971 能楽

○1954年（昭和29年）

鏑木清方 1878〜1972 日本画
高浜虚子 1874〜1959 俳諧
萩原雄祐 1897〜1979 天文学
金田一京助 1882〜1971 言語学
勝沼精蔵 1886〜1963 医学

○1955年（昭和30年）

和辻哲郎 1889〜1960 倫理学
増本量 1895〜1987 物理学
二木謙三 1873〜1966 医学
稀音家浄観 1874〜1956 長唄
平沼亮三 1879〜1959 体育
大谷竹次郎 1877〜1969 芸能振興
前田青邨 1885〜1977 日本画

○1956年（昭和31年）

山田耕筰 1886〜1965 作曲
坂本繁二郎 1882〜1969 洋画
安藤広太郎 1871〜1958 農学
古畑種基 1891〜1975 法医学
村上武次郎 1882〜1969 冶金学
八木秀次 1886〜1976 電気工学
新村出 1876〜1967 言語学

○1957年（昭和32年）

牧野富太郎 1862〜1957 植物学
山田孝雄 1873〜1958 国語学
吉住慈恭 1876〜1972 長唄
西山翠嶂 1879〜1958 日本画
緒方知三郎 1883〜1973 病理学
久保田万太郎 1890〜1963 文学
小平邦彦 1915〜1997 数学

○1958年（昭和33年）

北村西望 1884〜1987 彫刻
野副鉄男 1902〜1996 有機化学
松林桂月 1875〜1963 日本画
近藤平三郎 1878〜1963 薬学

○1959年（昭和34年）

川端竜子 1885〜1966 日本画
小泉信三 1888〜1966 経済学
里見弴 1888〜1983 文学
丹羽保次郎 1893〜1975 電気工学
吉田富三 1903〜1973 病理学

○1960年（昭和35年）

田中耕太郎 1890〜1974 法学
佐藤春夫 1892〜1964 文学
吉川英治 1892〜1962 文学
岡潔 1901〜1978 数学

○1961年（昭和36年）

鈴木虎雄 1878〜1963 中国文学
水島三一郎 1899〜1983 構造化学
川端康成 1899〜1972 文学
堂本印象 1891〜1975 日本画
福田平八郎 1892〜1974 日本画
富本憲吉 1886〜1963 陶芸

○1962年（昭和37年）

梅沢浜夫 1914〜1986 医学
桑田義備 1882〜1981 細胞学
平櫛田中 1872〜1979 彫刻
奥村土牛 1889〜1990 日本画
中村岳陵 1890〜1969 日本画

○1963年（昭和38年）

久野寧 1882〜1977 生理学
古賀逸策 1899〜1982 電気工学

○1964年（昭和39年）

茅誠司 1898〜1988 物理学
大仏次郎 1897〜1973 文学
藪田貞次郎 1888〜1977 農芸化学
吉田五十八 1894〜1974 建築
我妻栄 1897〜1973 法学

○1965年（昭和40年）

赤堀四郎 1900〜1992 有機化学
小絲源太郎 1887〜1978 洋画
諸橋轍次 1883〜1982 漢文学
山口蓬春 1893〜1971 日本画
山本有三 1887〜1974 文学

○1966年（昭和41年）

井伏鱒二 1898〜1993 文学
徳岡神泉 1896〜1972 日本画
仁田勇 1899〜1984 結晶化学

○1967年（昭和42年）

坂口謹一郎 1897〜1994 微生物学
林武 1896〜1975 洋画
村野藤吾 1891〜1984 建築
山県昌夫 1898〜1981 造船工学
小林秀雄 1902〜1983 文学評論

○1968年（昭和43年）

黒川利雄 1897〜1988 内科学
鈴木雅次 1889〜1987 土木工学
浜田庄司 1894〜1978 陶芸
堅山南風 1887〜1980 日本画

○1969年（昭和44年）

獅子文六 1893〜1969 文学
落合英二 1898〜1974 薬化学
正田建次郎 1902〜1977 数学
東山魁夷 1908〜1999 日本画

○1970年（昭和45年）

冲中重雄 1902〜1992 内科学
棟方志功 1903〜1975 版画

○1971年（昭和46年）

野上弥生子 1885〜1985 文学
赤木正雄 1887〜1972 砂防工学
荒川豊蔵 1894〜1985 陶芸
安井琢磨 1909〜1995 経済学

○1972年（昭和47年）
内田祥三 1885～1972 建築構造学
小野清一郎 1891～1986 刑法学
岡鹿之助 1898～1978 洋画
早石修 1920～2015 生化学

○1973年（昭和48年）
勝木保次 1905～1994 生理学
久保亮五 1920～1995 統計力学
瀬藤象二 1891～1977 電気工学
谷口吉郎 1904～1979 建築設計
石原謙 1882～1976 宗教史

○1974年（昭和49年）
江崎玲於奈 1925～ 電子工学
石坂公成 1927～2018 免疫学
永田武 1913～1991 地球物理学
橋本明治 1904～1991 日本画
杉山寧 1909～1993 日本画

○1975年（昭和50年）
江橋節郎 1922～2006 薬理学
小山敬三 1897～1987 洋画
田崎広助 1898～1984 洋画
中川一政 1893～1991 洋画
広中平祐 1931～ 数学

○1976年（昭和51年）
井上靖 1907～1991 文学
木村資生 1924～1994 遺伝学
森嶋通夫 1923～2004 理論経済学
小野竹喬 1889～1979 日本画
松田権六 1896～1986 漆芸

○1977年（昭和52年）
桜田一郎 1904～1986 応用化学
田宮博 1903～1984 細胞生理化学
中村元 1912～1999 インド哲学
丹羽文雄 1904～2005 文学
山本丘人 1900～1986 日本画

○1978年（昭和53年）
尾崎一雄 1899～1983 文学
楠部弥弌 1897～1984 陶芸
杉村隆 1926～2020 ガン生化学
田中美知太郎 1902～1985 哲学・西洋古典学
南部陽一郎 1921～2015 理論物理学

○1979年（昭和54年）
今西錦司 1902～1992 霊長類学
中村歌右衛門 1917～2001 歌舞伎
沢田政広 1894～1988 彫塑
高橋誠一郎 1884～1982 経済学史
堀口大学 1892～1981 詩・翻訳

○1980年（昭和55年）
小倉遊亀 1895～2000 日本画
小谷正雄 1906～1993 分子・生物物理学
丹下健三 1913～2005 建築学
東畑精一 1899～1983 農業経済学
中村勘三郎 1909～1988 歌舞伎

○1981年（昭和56年）
高柳健次郎 1899～1990 電子工学・テレビ工学
永井龍男 1904～1990 文学
松本白鸚 1910～1982 歌舞伎
山口華楊 1899～1984 日本画
横田喜三郎 1896～1993 国際法学
福井謙一 1918～1998 工業化学

○1982年（昭和57年）
坂本太郎 1901～1987 日本史学
高山辰雄 1912～2007 日本画
津田恭介 1907～1999 薬学・有機化学
藤間勘十郎 1900～1990 邦舞
吉識雅夫 1908～1993 船舶工学

○1983年（昭和58年）
山本健吉 1907～1988 文芸評論
牛島憲之 1900～1997 洋画
小磯良平 1903～1988 洋画
服部四郎 1908～1995 言語学
武藤清 1903～1989 建築構造学

○1984年（昭和59年）
上村松篁 1902～2001 日本画
奥田元宋 1912～2003 日本画
貝塚茂樹 1904～1987 東洋史学
高橋信次 1912～1985 放射線医学
利根川進 1939～ 分子生物学

○1985年（昭和60年）
円地文子 1905～1986 文学
黒沢明 1910～1998 映画
相良守峯 1895～1989 ドイツ語学・ドイツ文学
西川寧 1902～1989 書道
和達清夫 1902～1995 地球物理学

○1986年（昭和61年）
岡義武 1902～1990 政治史
荻須高徳 1901～1986 洋画
土屋文明 1890～1990 短歌
名取礼二 1912～2006 筋生理学
林忠四郎 1920～2010 宇宙物理学

○1987年（昭和62年）
池田遙邨 1895～1988 日本画
岡田善雄 1928～2008 細胞遺伝学
草野心平 1903～1988 詩
桑原武夫 1904～1988 仏文学・評論
尾上松緑 1913～1989 歌舞伎

○1988年（昭和63年）
今井功 1914～2004 流体力学
円鍔勝三 1905～2003 彫刻
河盛好蔵 1902～2000 翻訳・評論
末永雅雄 1897～1991 考古学
西塚泰美 1932～2004 生化学

○1989年（平成元年）
片岡球子 1905～2008 日本画
鈴木竹雄 1905～1995 商法学
富永直樹 1913～2006 彫刻
西沢潤一 1926～2018 電子工学
吉井淳二 1904～2004 洋画

○1990年（平成2年）
石井良助 1907～1992 日本法制史
市古貞次 1911～2004 国文学
井上八千代 1905～2004 邦舞
金子鷗亭 1906～2001 書道
長倉三郎 1920～2020 物理化学

○1991年（平成3年）
猪瀬博 1927～2000 電子工学
江上波夫 1906～2002 アジア考古学
蓮田修吾郎 1915～2010 工芸
福沢一郎 1898～1992 洋画
森繁久弥 1913～2009 現代演劇

○1992年（平成4年）
青山杉雨 1912～1993 書道
井深大 1908～1997 電子技術
大塚久雄 1907～1996 西洋経済史
佐藤太清 1913～2004 日本画
森野米三 1908～1995 構造化学

○1993年（平成5年）
大隅健一郎 1904～1998 商法・経済法
小田稔 1923～2001 宇宙物理学
帖佐美行 1915～2002 工芸
司馬遼太郎 1923～1996 小説
森田茂 1907～2009 洋画

○1994年（平成6年）
朝比奈隆 1908～2001 洋楽
岩橋英遠 1903～1999 日本画
梅棹忠夫 1920～2010 民族学
島秀雄 1901～1998 鉄道工学
満田久輝 1914～2006 栄養化学

○1995年（平成7年）
遠藤周作 1923～1996 小説
佐治賢使 1914～1999 漆芸
団藤重光 1913～2012 刑事法学
花房秀三郎 1930～2009 ウィルス学
増田四郎 1908～1997 西洋経済史

○1996年（平成8年）
浅蔵五十吉 1913～1998 陶芸
伊藤清永 1911～2001 洋画
伊藤正男 1928～2018 神経生理学・神経科学
竹内理三 1907～1997 日本史学
森英恵 1926～2022 服飾デザイン

○1997年（平成9年）
宇沢弘文 1928～2014 理論経済学
小柴昌俊 1926～2020 素粒子実験
千宗室 1923～ 茶道
高橋節郎 1914～2007 漆芸
向山光昭 1927～2018 有機化学

○1998年（平成10年）
芦原義信 1918～2003 建築
岸本忠三 1939～ 免疫学
平山郁夫 1930～2009 日本画
村上三島 1912～2005 書道
山本達郎 1910～2001 東洋史学

○1999年（平成11年）
阿川弘之 1920～2015 小説
秋野不矩 1908～2001 日本画
伊藤正己 1919～2010 英米法・憲法
梅原猛 1925～2019 日本文化研究
田村三郎 1917～2015 生物有機化学

○2000年（平成12年）
石川忠雄 1922～2007 中国現代史
大久保婦久子 1919～2000 皮革工芸
白川英樹 1936～ 物質科学
杉岡華邨 1913～2012 書道
野依良治 1938～ 有機化学
山田五十鈴 1917～2012 現代演劇

○2001年（平成13年）
井口洋夫 1927～2014 分子エレクトロニクス
豊島久真男 1930～2022 ウィルス学
中根千枝 1926～2021 社会人類学
守屋多々志 1912～2004 日本画・古画再現
淀井敏夫 1911～2005 彫刻

○2002年（平成14年）
小宮隆太郎 1928～2022 国際経済学
近藤次郎 1917～2015 航空宇宙工学・応用数学

新藤兼人 1912～2012 映画
杉本苑子 1925～2017 小説
田中耕一 1959～ 質量分析学
藤田喬平 1921～2004 ガラス工芸

○2003年（平成15年）

大岡信 1931～2017 詩・評論
緒方貞子 1927～2019 国際活動・国際貢献
加山又造 1927～2004 日本画
西島和彦 1926～2009 素粒子物理学
森亘 1926～2012 病理学

○2004年（平成16年）

中村雀右衛門 1920～2012 歌舞伎
小林斗盦 1916～2007 書（篆刻）
白川静 1910～2006 中国文学
戸塚洋二 1942～2008 宇宙線物理学
福王寺法林 1920～2012 日本画

○2005年（平成17年）

青木龍山 1926～2008 陶芸
斎藤真 1921～2008 米政治外交史
沢田敏男 1919～2017 農業工学
日野原重明 1911～2017 終末期医療
森光子 1920～2012 舞台俳優

○2006年（平成18年）

荒田吉明 1924～2018 高温工学・溶接工学
大山忠作 1922～2009 日本画
篠原三代平 1919～2012 日本経済論
瀬戸内寂聴 1922～2021 小説
吉田秀和 1913～2012 音楽評論

○2007年（平成19年）

岡田節人 1927～2017 発生生物学
茂山千作 1919～2013 狂言
中西香爾 1925～2019 有機化学
中村晋也 1926～ 彫刻
三ヶ月章 1921～2010 民事訴訟法

○2008年（平成20年）

伊藤清 1915～2008 数学
小澤征爾 1935～ 指揮
小林誠 1944～ 素粒子物理学
下村脩 1928～2018 海洋生物学
田辺聖子 1928～2019 小説
ドナルド・キーン 1922～2019 日本文学
古橋広之進 1928～2009 スポーツ
益川敏英 1940～2021 素粒子物理学

○2009年（平成21年）

飯島澄男 1939～ 材料科学
桂米朝 1925～2015 古典落語
坂田藤十郎 1931～2020 歌舞伎
速水融 1929～2019 社会経済史
日沼頼夫 1925～2015 ウイルス学

○2010年（平成22年）

有馬朗人 1930～2020 原子核物理学
安藤忠雄 1941～ 建築
鈴木章 1930～ 有機合成化学
蜷川幸雄 1935～2016 演出
根岸英一 1935～2021 有機合成化学
三宅一生 1938～2022 服飾デザイン
脇田晴子 1934～2016 日本史学

○2011年（平成23年）

赤崎勇 1929～2021 半導体電子工学
大樋年朗 1927～2023 陶芸
丸谷才一 1925～2012 小説
三谷太一郎 1936～ 日本政治外交史
柳田充弘 1941～ 分子遺伝学・分子生理学

○2012年（平成24年）

小田滋 1924～ 国際法学・国際貢献
高階秀爾 1932～ 美術評論・文化振興
松尾敏男 1926～2016 日本画
山田康之 1931～2021 植物分子細胞生物学・植物バイオテクノロジー
山田洋次 1931～ 映画
山中伸弥 1962～ 幹細胞生物学

○2013年（平成25年）

岩崎俊一 1926～ 工学
高倉健 1931～2014 俳優
高木聖鶴 1923～2017 書道
中西進 1929～ 比較文化
本庶佑 1942～ 医化学・分子免疫学

○2014年（平成26年）

天野浩 1960～ 電子・電気材料工学
中村修二 1954～ 半導体工学
河野多惠子 1926～2015 小説
岸本欣一 1924～2018 人形浄瑠璃文楽
國武豊喜 1936～ 分子組織化学
根岸隆 1933～ 経済理論・経済学説史
野見山曉次 1920～2023 洋画

○2015年（平成27年）

大村智 1935～ 天然物有機化学・薬学
梶田隆章 1959～ 素粒子・宇宙線物理学
塩野宏 1931～ 法律学・行政法学
志村ふくみ 1924～ 工芸（染織）
末松安晴 1932～ 光通信工学
仲代達矢 1932～ 俳優
中西重忠 1942～ 神経科学

○2016年（平成28年）

大隅良典 1945～ 細胞生物学
草間彌生 1929～ 絵画・彫刻
中野三敏 1935～2019 日本近世文学
太田朋子 1933～ 集団遺伝学
平岩弓枝 1932～2023 小説
船村徹 1932～2017 作曲

○2017年（平成29年）

奥谷博 1934～ 洋画
芝祐靖 1935～2019 雅楽
斯波義信 1930～ 中国史
藤嶋昭 1942～ 光化学・電気化学
松原謙一 1934～ 分子生物学

○2018年（平成30年）

一柳慧 1933～2022 作曲
今井政之 1930～2023 陶芸
金子宏 1930～2022 租税法学
長尾真 1936～2021 情報工学
山崎正和 1934～2020 劇作・評論

○2019年（令和元年）

吉野彰 1948～ 電気化学
野村萬 1930～ 狂言
佐々木毅 1942～ 政治学
田沼武能 1929～2022 写真
甘利俊一 1936～ 数理工学
坂口志文 1951～ 免疫学

○2020年（令和2年）

橋田壽賀子 1925～2021 脚本
奥田小由女 1936～ 工芸（人形）
久保田淳 1933～ 日本文学
近藤淳 1930～2022 物性物理学
澄川喜一 1931～2023 彫刻

○2021年（令和3年）

長嶋茂雄 1936～ 野球
真鍋淑郎 1931～ 気象学・気候学
岡崎恒子 1933～ 分子生理学
岡野弘彦 1924～ 短歌
川田順造 1934～ 文化人類学
絹谷幸二 1943～ 洋画
七代目尾上菊五郎 1942～ 歌舞伎
牧阿佐美 1934～2021 バレエ
森重文 1951～ 数学

○2022年（令和4年）

上村淳之 1933～ 日本画
山勢松韻 1932～ 箏曲
榊裕之 1944～ 電子工学
松本白鸚 1942～ 歌舞伎
別府輝彦 1934～ 発酵学
吉川忠夫 1937～ 中国思想史・中国史

○2023年（令和5年）

井茂圭洞 1936～ 書道
岩井克人 1947～ 経済学
川淵三郎 1936～ スポーツ
塩野七生 1937～ 小説
谷口維紹 1948～ 分子生物学・免疫学
玉尾皓平 1942～ 有機合成化学・有機金属化学
野村万作 1931～ 能楽

年号表 附 年号の読み方

大化 645～649
白雉 650～54
(白鳳 672～85)
朱鳥 686
大宝 701～03
慶雲 704～07

(奈良)

和銅 708～14
霊亀 715～16
養老 717～23
神亀 724～28
天平 729～48
天平感宝 749
天平勝宝 749～56
天平宝字 757～64
天平神護 765～66
神護景雲 767～69
宝亀 770～80
天応 781～

(平安)

延暦 782～805
大同 806～09
弘仁 810～23
天長 824～33
承和 834～47
嘉祥 848～50
仁寿 851～
斉衡 854～56
天安 857～58
貞観 859～76
元慶 877～84
仁和 885～88
寛平 889～97
昌泰 898～900
延喜 901～22
延長 923～30
承平 931～37
天慶 938～46
天暦 947～56
天徳 957～60
応和 961～63
康保 964～67
安和 968～69
天禄 970～72
天延 973～75
貞元 976～77
天元 978～82
永観 983～84
寛和 985～86
永延 987～88
永祚 989
正暦 990～94
長徳 995～98
長保 999～1003
寛弘 1004～11
長和 1012～16
寛仁 1017～20
治安 1021～23
万寿 1024～27
長元 1028～36
長暦 1037～39
長久 1040～43
寛徳 1044～45
永承 1046～52
天喜 1053～57
康平 1058～64
治暦 1065～68
延久 1069～73
承保 1074～76
承暦 1077～80
永保 1081～83
応徳 1084～86
寛治 1087～93
嘉保 1094～95
永長 1096
承徳 1097～98
康和 1099～1103
長治 1104～05
嘉承 1106～07
天仁 1108～09
天永 1110～12
永久 1113～17
元永 1118～19
保安 1120～23
天治 1124～25
大治 1126～30
天承 1131
長承 1132～34
保延 1135～40
永治 1141
康治 1142～43
天養 1144
久安 1145～50
仁平 1151～53
久寿 1154～55
保元 1156～58
平治 1159
永暦 1160
応保 1161～62
長寛 1163～64
永万 1165
仁安 1166～68
嘉応 1169～70
承安 1171～74
安元 1175～76
治承 1177～80 (83)
養和 1181

(鎌倉)

寿永 1182～
元暦 1184
文治 1185～89
建久 1190～98
正治 1199～1200
建仁 1201～03
元久 1204～05
建永 1206
承元 1207～10
建暦 1211～12
建保 1213～18
承久 1219～21
貞応 1222～23
元仁 1224
嘉禄 1225～26
安貞 1227～28
寛喜 1229～31
貞永 1232
天福 1233
文暦 1234
嘉禎 1235～37
暦仁 1238
延応 1239
仁治 1240～42
寛元 1243～46
宝治 1247～48
建長 1249～55
康元 1256
正嘉 1257～58
正元 1259
文応 1260
弘長 1261～63
文永 1264～74
建治 1275～77
弘安 1278～87
正応 1288～92
永仁 1293～98
正安 1299～01
乾元 1302
嘉元 1303～05
徳治 1306～07
延慶 1308～10
応長 1311
正和 1312～16
文保 1317～18
元応 1319～20
元亨 1321～23
正中 1324～25
嘉暦 1326～28
元徳 1329～30
元弘 1331～33

(南朝)

建武 1334～35
延元 1336～39
興国 1340～45
正平 1346～69
建徳 1370～71
文中 1372～74
天授 1375～80
弘和 1381～83
元中 1384～91

(北朝)

元徳 1329～31
正慶 1332～33
建武 1334～37
暦応 1338～41
康永 1342～44
貞和 1345～49
観応 1350～51
文和 1352～55
延文 1356～60
康安 1361
貞治 1362～67
応安 1368～74
永和 1375～78
康暦 1379～80
永徳 1381～83
至徳 1384～86
嘉慶 1387～88
康応 1389

(室町)

明徳 1390～93
(1392 合一)
応永 1394～1427
正長 1428
永享 1429～40
嘉吉 1441～43
文安 1444～48
宝徳 1449～51
享徳 1452～54
康正 1455～56
長禄 1457～59
寛正 1460～65
文正 1466
応仁 1467～68
文明 1469～86
長享 1487～88
延徳 1489～91
明応 1492～00
文亀 1501～03
永正 1504～20
大永 1521～27
享禄 1528～31
天文 1532～54
弘治 1555～57
永禄 1558～69
元亀 1570～72
天正 1573～91
文禄 1592～95

(江戸)

慶長 1596～1614
元和 1615～23
寛永 1624～43
正保 1644～47
慶安 1648～51
承応 1652～54
明暦 1655～57
万治 1658～60
寛文 1661～72
延宝 1673～80
天和 1681～83
貞享 1684～87
元禄 1688～1703
宝永 1704～10
正徳 1711～15
享保 1716～35
元文 1736～40
寛保 1741～43
延享 1744～47
寛延 1748～50
宝暦 1751～63
明和 1764～71
安永 1772～80
天明 1781～88
寛政 1789～00
享和 1801～03
文化 1804～17
文政 1818～29
天保 1830～43
弘化 1844～47
嘉永 1848～53
安政 1854～59
万延 1860
文久 1861～63
元治 1864
慶応 1865～67

(近代)

明治 1868～1912
大正 1912～26
昭和 1926～89
平成 1989～2019
令和 2019～

読み方は慣例によって大体正しいと思われるものによったが，必ずしも一定したものでなく文献によってまちまちなものが少くない。数字は継続した西暦時代。末年は改元の年を含まないが，明治・大正のように明らかに改元の日によって区別したものは改元の年をも含めた。